劳动者权益·人事对策专家

劳动法实务

主　编 ○ 姚会平

副主编 ○ 李　璟　徐　岚　唐小波

西南财经大学出版社
Southwestern University of Finance & Economics Press
中国·成都

图书在版编目(CIP)数据

劳动法实务/姚会平主编．—成都：西南财经大学出版社，2019.1

ISBN 978-7-5504-3485-1

Ⅰ.①劳…　Ⅱ.①姚…　Ⅲ.①劳动法—研究—中国
Ⅳ.①D922.504

中国版本图书馆 CIP 数据核字(2018)第 103667 号

劳动法实务

主　编　姚会平
副主编　李璟　徐岚　唐小波

责任编辑：高小田
封面设计：何东琳设计工作室
责任印制：朱曼丽

出版发行	西南财经大学出版社(四川省成都市光华村街 55 号)
网　　址	http://www.bookcj.com
电子邮件	bookcj@foxmail.com
邮政编码	610074
电　　话	028-87353785　87352368
照　　排	四川胜翔数码印务设计有限公司
印　　刷	四川五洲彩印有限责任公司
成品尺寸	185mm×260mm
印　　张	16
字　　数	411 千字
版　　次	2019 年 1 月第 1 版
印　　次	2019 年 1 月第 1 次印刷
印　　数	1—3000 册
书　　号	ISBN 978-7-5504-3485-1
定　　价	39.80 元

前言

劳动用工牵连劳动者的幸福人生，也牵连单位的生存与发展。劳动力市场供给大于需求和劳资双方实力悬殊等的残酷现实，让众多劳动者求职就业之路变得艰难和痛苦：就业遭受歧视，工资被恶意拖欠，休息休假没有保障，生产环境安全卫生条件恶劣，社会保险未及时足额办理，法定经济补偿和工伤待遇难以依法享受，等等。面对用人单位滥用强大的经济、技术等资源优势，劳动者维权之路也变得困难重重甚至遥遥无期。在劳动用工过程中，个别劳动者就业欺诈和违反劳动纪律的损害单位权益的行为，也让用人单位成为“受伤者”，苦不堪言。可以说，劳动用工过程的各种违法行为，多源于当事人没有劳动法律思维，其结果不但伤害劳动者的工作热情和敬业精神，而且危及用人单位的生产秩序和长远发展。

我国重视劳动立法，1995 年 1 月 1 日颁布实施的《中华人民共和国劳动法》，翻开了我国劳动用工法制化、规范化的新篇章。随着市场经济改革的不断深化，新的劳动用工违法突出而尖锐，引发社会强烈关注。国家再次大力度地强化劳动立法，2008 年颁布实施了《中华人民共和国就业促进法》《中华人民共和国劳动合同法》《中华人民共和国劳动争议调解仲裁法》《中华人民共和国社会保险法》。为了配合劳动立法新动向，国家陆续修改了《中华人民共和国工伤保险条例》等法律法规，废除了《违反和终止劳动合同的经济补偿办法》等旧的法律制度。为了规范劳动人事争议仲裁和维护当事人合法劳动权益，新版《劳动人事争议仲裁办案规则》于 2017 年 7 月 1 日正式实施。劳动立法新动向体现了一个共同的特点：强化用人单位的基准劳动义务，增加用人单位违法成本，降低劳动者的劳动维权门槛，切实有效保护劳动者劳动权益，实现和谐的劳动秩序。一般意义而言，劳动法主要规范劳动关系各方当事人的劳动行为，制裁劳动违法行为，维护各方合法劳动权益。但劳动用工实践又表明，劳动关系不对等，多数劳动者处于绝对弱势的地位，劳动者的劳动权益得不到应有的尊重。因此，劳动法以国家名义对劳动关系进行强烈干预，以保护劳动者应有的劳动权益。从某种意义上说，劳动法实质上就是劳动者权益保护法。

在劳动法律制度完善和劳动司法力度加强的形势下，保护劳动者劳动权益、构建良好生产工作秩序、实现共赢共享共谋发展，是劳动关系各方当事人的共同目标，更是现代人力资源管理工作的使命。无论是劳动者还是用人单位的人力资源管理工作者，都应当明白“知法是前提，守法是基础，维权是保障”的社会道理。系统地学习劳动法实务知识，不但让劳动者维权更加轻松，而且还有助于人力资源管理有法可循。为了便于劳动法知识的学习和运用，我们组织高校劳动法教师、劳动司法实战律师、劳动争议仲裁员和企业人力资源管理工作者共同编写了这本《劳动法实务》。

本书具有如下显著特点：①内容新颖，把握准确。将最新颁布施行的劳动法律法规纳入编写体系，力求法律专业知识的准确性。②通俗简明，趣味性强。为了便于学法用法，理论知识力求阐述简洁清晰、通俗易懂。对重点知识部分均配有“案例链接”“知识拓展”“法律链接”和“律师提示”等，以增加阅读的趣味性和获得感。③注重操作，增强互动。在章节内容上配有典型的“导入案例”“案例讨论”“实训项目”等，将学习知识和业务技能有机地结合起来。④简化理论，突出实务。在就业服务、劳动合同、工资发放、社会保险、劳动监察、劳动仲裁和劳动诉讼等环节所遇到的劳动法律问题，采用劳动司法典型案例分析，并尽力彰显劳动者劳动权益保护和人力资源管理工作中的法律技巧。

全书由姚会平（经济法副教授、律师、仲裁员）担任主编，李璟、徐岚、唐小波担任副主编。全书共分十二章，各章参编人员及分工如下：姚会平负责撰写第一章；徐岚负责撰写第二章；姚会平、车飞共同负责撰写第三章；向欣负责撰写第四章；姚琪负责撰写第五章；聂文俊负责撰写第六章；李镜宇负责撰写第七章；唐小波、聂文俊共同负责撰写第八章；李璟负责撰写第九章；李璟、朱利平共同负责撰写第十章；杨成宇负责撰写第十一章；唐小波负责撰写第十二章。全书由主编姚会平统一审定。

本书突出劳动法实务技能，是劳动者和人力资源管理者的劳动法知识读本，是各院校和单位人力资源管理的劳动法课程的优选教材。无论劳动者还是人力资源管理工作者，我们都热情期待《劳动法实务》能成为你身边的劳动法顾问。

在本书编写过程中，长期从事劳动司法仲裁工作的车飞同志和从事劳动司法审判工作的汪仁可同志给予了专业指导；四川蓉城律师事务所申波、王劲夫、陈庆国等律师提供了部分劳动司法案例。同时，本书编写内容也借鉴了《劳动者权益保护法律实务》的精华。在本书出版之际，对热情支持和帮助本书编写的专家和同行，我们深表感谢。

由于知识有限，时间紧迫，疏漏在所难免。在此，欢迎读者和专家联系编者（联系电话：18982265400；电子信箱：18982265400@163.com）提出宝贵意见和建议，以便再版时修订。

编者

2019年1月

目 录

目 录

目 录

第一章
劳动法概论

【导入案例】

劳动者加班工资与经济补偿案

2012 年 2 月，高职汽修专业毕业的陈某在四川省某汽车销售服务有限公司（以下简称公司）上班工作，前后与公司所签订的三份劳动合同中都明确规定，公司实行五天工作制，每天八个小时。但在实际工作中，公司却要求所有普通职工包括陈某必须在星期六加班一天。对此，公司周末上班实行签名制，并规定“值班签到严禁他人代签，违者视为无效并按未签到处理；未签到或迟到的罚款 20 元/次。”虽然公司要求不甚合理，但是陈某非常珍惜这份工作，只好忍受公司不合理的规章制度，从未中断公司的加班。但让陈某等职工更不愉快的是，公司对于加班的职工既不发加班工资也未安排补休，即使陈某等人多次主张相关待遇，公司都没有给予正式答复。为了防止职工流失，在未征得职工同意的情况下，公司还自作主张每月扣发职工工资的 10% 作为风险金（后更名为预存金），待职工离开公司时归还。对于公司违反劳动法的行为，陈某做了长期的证据收集和保存。

2016 年 5 月，陈某与公司有汽车保养业务往来的一名客户之间发生借款纠纷并产生冲突。对客户的投诉，在没有查清事情真相的情况下，公司进行了非公正处理，严重损害了陈某与公司的正常工作关系。同时，也基于公司管理问题和严重损害劳动者的合法利益加班制度，陈某依据《中华人民共和国劳动合同法》第三十八条第（二）、（四）规定，于 2016 年 6 月正式向公司提出了解除劳动合同。在劳动合同解除后，陈某要求公司退还风险金、支付四年来的加班工资和解约经济补偿等。除退还风险金外，公司对其加班工资和经济补偿两项请求未给予答复。陈某根据《中华人民共和国劳动争议调解仲裁法》规定，并以申请人名义向成都市某劳动争议仲裁委员会申请劳动仲裁。

2016 年 10 月，劳动争议仲裁庭依法开庭审理，并经双方当事人对劳动合同、单位工资单和加班签到表等相关证据的质证和辩论，仲裁庭确认：关于劳动者主张用人单位非法加班的证据确实充分予以采信；关于用人单位已在劳动者工资中支付了加班费的主张因无相应证据不予支持。同时，关于劳动者辞职的理由属于经济补偿法定情形，经济补偿金的请求应当予以支持。根据《中华人民共和国劳动合同法》第三十八条、第四十六条和第四十七条等规定，劳动仲裁庭当庭裁决：支持申请人对工作期间所有的加班费和经济补偿金主张（两项费用共计 76 000 元）；用人单位应在裁决生效后 10 日内向陈某履行支付义务。

对此裁决，双方都未提起诉讼。在裁决生效后不久，经陈某请求，用人单位履行了劳动争议仲裁书中的金钱支付义务。

第一节 劳动法概述

劳动就业成就幸福人生是广大劳动者的生活信念。在劳动力市场供需失衡的现实面前，劳动者求职就业之路并非一帆风顺，“弱势角色”无处不在。在劳动合同签订阶段，处于劳动就业“饥渴”状态的劳动者，为了获取难得的工作机会，不得不接受用人单位苛刻的用工条件；在劳动合同履行阶段，劳动者成为用人单位的员工，接受用人单位的管理、指挥和领导。因单位不公正地行使劳动纪律制定权、劳动行政管理权、劳动成果考评权等，劳动者甚至有“被人鱼肉”感觉；在劳动争议阶段，用人单位自恃强大的经济、技术和法律等资源优势也让劳动者维权之路困难重重且遥遥无期。

用人单位的高效运营，需要劳动力资源的优化配置和科学管理。劳动力市场的供给机制、竞争机制和新陈代谢机制，让用人单位的人力资源管理获得了更多的运作空间。在劳动力成本的最小化和经济效益的最大化的驱使下，劳动合同短期化、劳动关系模糊化、单位行政管理随意化等成为当前人力资源管理业界常态。不规范的人力资源管理，或许眼前节省了单位人力资源成本，但在根底里挫伤了劳动者的工作激情和对单位的认同感，甚至可能还会演变成劳动纠纷并损害单位的长远利益。

用人单位为劳动者提供劳动报酬、劳动者为用人单位创造物质财富，让劳动关系双方当事人在经济利益冲突的情况下又存在合作的经济基础。如何促进双方合作生产共享财富成果，如何调节利益平衡避免劳动冲突，不但是劳动者永远关心的工作问题，更是单位人力资源管理工作必须面对和解决的现实问题。为了构建和谐劳动关系，保护劳动者劳动权益，劳动法为劳动者和用人单位提供了法律的利益平衡机制和矛盾化解机制。

【案例链接】　劳动者误入“劝辞”，劳动权益遭受损害

2013 年年初胡某到武汉市某机械私营企业上班，单位与其签订了劳动合同。2017 年 3 月，用人单位打算解除与胡某的劳动关系，但又不愿支付经济补偿，于是就通过内部岗位调整方式将他调到新的工作岗位。由于专业知识与工作上有差异，胡某难以胜任新的工作要求。单位遂要求胡某提出辞职请求，条件是支付其三个月的基本工资以作为补偿。无奈之下，胡某只好提出书面辞职申请。在离开公司后，胡某一时难以找到新工作，想到了享受失业保险，但办理时被失业保险机构拒绝，因为提交的辞职材料表明其不属于“非自愿失业”。事后，胡某申请仲裁要求享受相当于五个月工资的经济补偿金，也因其解除劳动关系时中“无法定理由”而未获得劳动争议仲裁部门的支持。

一、劳动法

（一）劳动法概念

劳动法有广义和狭义之分，广义的劳动法是指调整劳动关系以及与劳动关系密切联系的其他社会关系的法律规范的总称，包括劳动法律、劳动法规、地方劳动法规和国家批准参加的国际劳动公约，也还包括有关部门制订的劳动规章和劳动司法解释等；狭义的劳动法是指由国家最高立法机关制定并颁布实施的劳动法典。在我国，狭义上劳动法专指《中华人民共和国劳动法》。除加有书名号外，本书中所使用劳动法的概念均属于广义上的劳动法。

一般意义而言，劳动法规范劳动关系各方当事人的劳动行为，制裁劳动违法行为，维护劳动关系各方合法权益。在实际劳动用工过程中，劳动关系双方地位不平衡，多数情况下劳动者处于绝对弱势的地位，劳动者的劳动得不到应有的尊重，劳动权益频繁遭受侵害。为了纠正劳动用工违法行为，劳动法以国家名义对劳动关系进行强烈干预，规定劳动者应有的基本劳动权益，规定用人单位应当承担的基准劳动义务。可以说，劳动法实质上就是劳动者权益保护法。

【案例链接】　用人单位拖欠劳动报酬被查处案

2018 年 2 月，国家人力资源和社会保障部公布：2017 年 3 月 13 日，重庆市长寿区人力资源和社会保障局接到投诉，称重庆市人能建筑劳务有限公司存在拖欠农民工工资问题。经查，人能建筑劳务有限公司在承建长寿古镇同元御府华庭工程项目施工期间，拖欠 236 名农民工工资共计 1 372.98 万元。2017 年 4 月 20 日，长寿区人力资源和社会保障局依法向该公司下达了责令支付文书，该公司逾期未足额支付。2017 年 4 月 26 日，长寿区人力资源和社会保障局以涉嫌拒不支付劳动报酬罪依法将该案移送公安机关立案查处。

（二）劳动立法

为了规范劳动用工行为，促进劳动就业，维护劳动者权益，构建和谐劳动关系，自中华人民共和国成立以来我国就颁布实施了繁多的劳动法律制度。1994 年 7 月 5 日，第八届全国人大常委会第八次会议通过《中华人民共和国劳动法》（以下简称《劳动法》），成为我国市场经济体制下劳动立法的重要里程碑。

随着市场经济的发展，用人单位不正常的劳动用工行为逐渐盛行，劳动者基本权益难以保障，社会劳动关系变得紧张而尖锐，与践行社会主义核心价值观构建和谐劳动关系格格不入。为了切实保护劳动者的合法权益，维护正常生产秩序，促进国家经济发展和人文进步，21 世纪初我国加大了劳动立法工作。2008 年 1 月 1 日实施的《中华人民共和国就业促进法》（以下简称《就业促进法》）和《中华人民共和国劳动合同法》（以下简称《劳动合同法》）、2008 年 5 月 1 日实施的《中华人民共和国劳动争议调解仲裁法》（以下简称《劳动争议调解仲裁法》）、2010 年国务院修正的《工伤保险条例》、2011 年 7 月 1 日实施的《中华人民共和国社会保险法》（以下简称《社会保险法》）、2018 年 12 月 29 日第二次修改的《劳动法》等，成为社会主义新时期劳动立法重大成果。它们让我国劳动法律体系得到极大的进步和完善，更加彰显劳动法对劳动者权益保护和对用人单位违法用工处罚力度的加大。这些新劳动法让劳动者的劳动司法维权出现“井喷”现象。在“暴风骤雨式”劳动司法判例的洗礼下，用人单位违法用工行为得到了极大的遏制，人力资源管理模式逐渐转型并走上了规范化、法制化的轨道。

二、劳动法调整对象

【案例讨论】去年，南方某学院为配合本市大学生春季运动会的举办，决定对院内环境进行整顿，其中有几处破旧的土木结构建筑需要拆除。为了在7天工期内完成拆除项目，学院后勤服务公司还与赵某签订了《旧房拆除承揽合同》，合同约定“赵某根据公司的指示提供多人劳务，完成拆除事项外公司承担支付30万元的劳务费”。在指挥房屋拆除过程中，赵某被倒下的木条砸伤，住院治疗。经鉴定，赵某构成8级伤残，就业能力及生活都受到影响。赵某认为，其是在公司安排下拆迁房屋并受伤的，公司应对其承担工伤责任。请问：

赵某与公司建立了劳动关系吗？为什么？

劳动者与用人单位之间的社会关系属于劳动关系，并成为双方劳动权利与劳动义务产生的基石。劳动关系是劳动法调整的最主要对象，但劳动法的调整对象还包括与劳动关系有着密切联系的其他社会关系。正确认识劳动关系，是正确处理劳动纠纷的法理基础。

（一）劳动关系

由于人们对劳动力的提供者与劳动力的使用者的称谓不同，出现了许多与劳动关系近似的概念，如“劳资关系”“产业关系”“雇佣关系”“劳工关系”“劳使关系”等。其中，劳动关系是我国劳动法使用的法律概念。劳动关系是指劳动者事实上已成为用人单位的成员，并为其提供有偿劳动所形成的社会关系。不同于其他社会关系，劳动关系具有以下法律特征：

（1）劳动关系当事人具有特定性。一方是劳动者，另一方是用人单位。劳动者是劳动力的所有者，用人单位是生产资料的所有者和经营管理者。换言之，在劳动者之间和用人单位之间是不会发生劳动关系的。非单位的个人雇佣关系和农村劳动关系、家庭成员的共同劳动关系等均不构成劳动法意义上的劳动关系。

（2）劳动关系时间具有特定性。其只发生在用人单位劳动用工过程中。所谓劳动用工关系，就是劳动者与用人单位的生产资料相结合产生劳动成果的过程，即“生产过程”。只有当劳动者与用人单位建立劳动关系就是在“生产过程”形成的社会关系。劳动者工作之余时间的劳动不会产生劳动法所调整的劳动关系。

（3）劳动关系具有人身属性。由于劳动力存在于劳动者的身体且与劳动者不可分离。一般情况下，劳动者向用人单位提供劳动力时，也将其人身在一定程度上交附于用人单位，即劳动者成为用人单位管理的职工。劳动者的职工身份是其接受用人单位的人事管理和劳动支配根本原因。劳动者提供劳动的具体内容不是由劳动者决定的，而是由用人单位决定的。当事人仅向单位提供劳务而不接受单位人事管理的，双方之间不会构成劳动关系。

（4）劳动关系具有财产属性。财产关系是人们在物质资料生产、分配、交换和消费过程中形成的社会关系。劳动就业是人们谋生的主要手段，通过劳动来换取工资为主的劳动报酬是人们提供劳动的最主要目的。因此，劳动关系必然体现为劳动力的让渡和劳动报酬的交换关系。

基于劳动关系特征，《关于确立劳动关系有关事项的通知》（劳社部发〔2005〕12号）对劳动关系的构成条件做出规定：“具备下列情形的，劳动关系成立：①用人单位和劳动者符合法律、法规规定的主体资格；②用人单位依法制定的各项劳动规章制度适用于劳动者，劳动者受用人单位的劳动管理，从事用人单位安排的有报酬的劳动；③劳动者提供的劳动是用人单位业务的组成部分。”《关于确立劳动关系有关事项的通知》提出认定事实劳动关系时，当事人可参照下列凭证：①工资支付凭证或记录、缴纳各项社会保险费的记录；②用人单位向劳动者发放的“工作证”“服务证”等证明身份的证件；③劳动者填写的用人单位招工招聘“登记表”“报名表”等招用记录；④考勤记录；⑤其他劳动者的证言等。其中，第①、③、④有关凭证由用人单位负举证责任。

【知识拓展】　劳务关系与人事关系的区别

劳务关系是指劳务提供方根据约定向劳务接受方提供劳动形式的劳务活动，而劳务接受方向劳务提供方支付劳务报酬的社会关系。劳务关系主要特征：一是劳务关系可能发生在法人之间，也可能发生在自然人之间，还可能发生在法人与自然人之间；二是提供劳务的一方不是单位的成员，不接受单位的内部劳动纪律管理；三是提供劳动的一方不享受工资待遇和社会保险待遇等；四是劳务关系由民法而非劳动法调整。

人事关系又称人事行政关系，是指国家机关、事业单位、社会团体等组织与有国家人事编制的公务员或工作人员之间因工作所形成的社会关系。人事关系的工作人员，包括实施公务员法的机关的聘任制公务员、参照公务员法管理的机关（单位）的聘任工作人员、事业单位或社团组织的工作人员、军队聘用单位的文职人员等。人事关系与劳动关系的共性较多，但人事职工的入职、工作内容、工资待遇、工作考核等更多地遵守人事行政法律法规和政策。人事争议仲裁适用人事争议仲裁程序法，人事争议仲裁程序没有规定的，适用劳动争议仲裁程序法规定。

（二）与劳动关系密切联系的其他社会关系

除了劳动关系外，劳动法的调整对象包括“与劳动关系有密切联系的其他社会关系”。“与劳动关系有密切联系的其他社会关系”本身不是劳动关系，但与劳动关系有着密切的联系：有的是劳动关系发生的前提，有的是劳动关系产生、变更、消灭时的直接或附带结果。其与劳动者劳动权益及其保护有着密切相关。它们主要表现为：

（1）劳动力管理方面的社会关系。其主要是指劳动行政管理部门、其他业务主管部门与用人单位、劳动用工单位等之间因劳动用工的招收、录用、调配和培训等方面发生的社会关系。

（2）劳动力配置服务方面的社会关系。其主要是指在劳动力配置与流动提供服务过程中，劳动服务公司、职业介绍机构和职业技能培训机构与用人单位、劳动者之间发生的社会关系。

（3）社会保险方面的社会关系。国家社会保险机构、用人单位和劳动者之间在执行社会保险制度过程中发生的社会关系。

（4）工会组织与用人单位之间发生的关系。工会组织参与单位民主管理，并代表职工整体利益与用人单位之间发生的社会关系。

（5）劳动保障监察方面的社会关系。国家劳动行政管理部门、安全生产监督管理部门、卫生管理部门等与用人单位之间因劳动监察的监督、检查劳动法律法规执行情况而发生的社会关系。

（6）处理劳动争议方面的关系。劳动争议调解组织、劳动争议仲裁机构、人民法院与用人单位、劳动者之间因处理劳动争议而产生的社会关系。

【案例评析】赵某的想法缺乏相应法律依据。因为在劳动关系中，劳动者对用人单位存在人身依附关系成为用人单位的职工，并接受其人事管理。而在本案中，赵某不接受公司规章制度的管理，没有公司职工身份，因提供劳务而获得劳务费。赵某与公司之间没有劳动关系特征，属于平等的劳务合作关系，不能形成事实上的劳动关系。因此，赵某是在房屋拆除过程中受伤，不属于劳动法上的工伤，公司依法可以不承担其工伤保险责任。

三、劳动立法

劳动维权和人力资源管理必须有据有理，其中的“理”就是相关劳动法律规定。只有这样才会获得劳动执法机关和劳动司法部门的支持和帮助。劳动立法繁多，可以分为劳动管理立法、劳动就业立法、劳动关系协调方面立法、劳动标准立法、社会保险立法和劳动权利保障与救济方法立法等。目前，我国劳动立法主要有：

（1）宪法。宪法有关劳动者劳动权利、用人单位劳动义务和国家机关保护劳动者权益的职责方面的规定很多，并成为劳动立法的“母法”依据。《中华人民共和国宪法》（以下简称《宪法》）第四十二条规定：“中华人民共和国公民有劳动的权利和义务。国家通过各种途径，创造劳动就业条件，加强劳动保护，改善劳动条件，并在发展生产的基础上，提高劳动报酬和福利……国家对就业前的公民进行必要的劳动就业训练。”《宪法》规定劳动者有休息的权利和女职工在劳动就业方面享有同男职工平等的权利等。

（2）法律。法律指全国人大及其常务委员会依据宪法制定和修改的劳动基本法和各种单项劳动法律。《劳动法》是我国的劳动基本法，是其他单行劳动法规的立法依据。它也是规范用人单位和劳动者之间劳动关系的最主要的法律。为保障《劳动法》全面实施，国家还制定了许多单项劳动法律，如《劳动合同法》、《劳动就业促进法》、《劳动争议调解仲裁法》、《中华人民共和国安全生产法》（以下简称《安全生产法》）、《中华人民共和国工会法》（以下简称《工会法》）等。

（3）行政法规。国务院根据《宪法》《劳动法》和其他法律所制定的各种涉及劳动关系和与劳动关系密切联系的其他社会关系的行政法规，如《劳动合同法实施条例》《社会保险条例》《工伤保险条例》《失业保险条例》《劳动保障监察条例》《禁止使用童工规定》等。

（4）部委规章。国家有关部委依法制定的劳动行政管理的规范性文件，它对劳动法律、行政法规的具体化、操作性做出的规定，是劳动司法的依据。部委规章繁多，例如《关于贯彻执行〈劳动法〉若干问题意见》《违反和解除劳动合同的经济补偿办法》《劳动部关于印发〈工资支付暂行规定〉的通知》等。

（5）地方性法规和规章。前者是指省、自治区、直辖市以及省会城市和经国务院批准的较大城市的人大及其常务委员会制定的劳动规范性文件。后者是指省、自治区、直辖市人民政府及省会城市和经国务院批准的较大城市的人民政府制定的劳动规范性文件。其只对本辖区内的劳动司法具有重要的指导意义或者成为劳动司法的依据。

（6）劳动法规解释。对劳动法律法规有解释权的国家机关，就劳动法律、法规在执行中的问题所作的具有普遍约束力的解释，其包括立法解释、司法解释和行政解释。

（7）国际劳动公约。中国缔结或者参加的国际劳动公约在与国内法不一致时，应当优先适用国际劳动公约的规定。我国参加或者缔结的国际劳动公约有《工业企业中实行每周休息公约》《本国工人与外国工人关于事故赔偿的同等待遇公约》《制订最低工资确定办法公约》《对男女工人同等价值的工作付予同等报酬公约》等。

【案例链接】　错过法定期限，维权陷入“沼泽”

2013年3月，赵某到重庆某物流公司上班时交了6 000元押金。由于种种原因，离开公司的赵某一直没能讨回这笔押金。2016年7月，在一次劳动法律宣传后，赵某才得知该企业的做法是违法的，于是来到当地劳动保障部门投诉。

劳动保障监察部门经审核发现本案错过了投诉期限，根据《劳动保障监察条例》规定，劳动部门不再查处。《劳动保障监察条例》第二十条规定：违反劳动保障法律、法规或者规章的行为，在2年内未被劳动保障行政部门发现，也未被举报、投诉的，劳动保障行政部门不再查处。

四、劳动法的基本原则

劳动法基本原则是劳动法宗旨的体现，在劳动立法、守法、执法及司法过程中应当体现其基本原则。

（一）劳动权利与义务相一致的原则

劳动直接关系到劳动者生活保障，关系到劳动者职业技能和聪明才智的发挥、关系到劳动者的人生价值和人格尊严。我国《宪法》明确规定：中华人民共和国公民有劳动的权利和义务。这项宪法规定被确立为劳动法的基本原则。只要有劳动权利能力，劳动者都有权参加劳动并获得劳动报酬，有权选择符合自己要求的职业岗位和用人单位，有权参加国家、社会提供的职业培训机会。同时，劳动也是法律赋予劳动者的一项光荣义务。劳动者应当按照法律规定和劳动合同约定，认真履行各项劳动义务，完成劳动任务，并严格执行劳动安全卫生规程，遵守劳动纪律和职业道德，维护良好生产和生活秩序。在劳动过程中，反对只强调劳动权利而回避义务，或者只讲劳动义务而忽视劳动权利。在劳动关系中，当事人的劳动权利与义务是统一的，也是相一致的。

（二）注重劳动者权益保护的原则

无论是党的政策还是宪法和劳动法，都明确规定保护劳动者的权益。劳动者权益主要有：平等就业和选择职业的权利、取得劳动报酬的权利、休息休假的权利、获得劳动安全卫生保护的权利、接受职业培训的权利、享受社会保险和福利的权利、申请劳动仲裁的权利等。强调并注重劳动者权益的保护，是劳动关系主体的特殊性的本质要求。若主张劳动双方权益平等原则，作为弱势群体的劳动者必然会失去很多权益保障的机会，有失社会公正和正义精神。在实践中，劳动维权需要国家在劳动立法、执法和司法过程中更多的关心和帮助。目前，劳动立法更加注重劳动者权益保护原则，让劳动法成为“劳动者权益保护法”。

（三）主体合法利益平等的原则

劳动法主体利益包括国家利益、劳动者利益和用人单位利益。在处理具体劳动关系时，只要是当事人的合法利益都应彼此尊重，也理应得到同等的法律保护。在强调保护劳动者权益的同时，也要规范某些劳动者不当行为，保护用人单位的合法利益。例如，《劳动合同法》规定，在竞业限制方面用人单位与劳动者都享有权利，也都承担义务。任何一方违反法律或者劳动合同损害对方的合法利益，受害人无论是劳动者还是用人单位都应当得到法律的同等尊重和保护。劳动者的权益得到保护，不但改善了劳动关系，还有利于激发劳动者的劳动热情和劳动创造；用人单位的合法利益得到保障，才能让其改善生产条件和经营管理，为劳动者提供更多的就业机会和良好的劳动待遇。

【案例链接】 **学法用法，轻松维权**

自2016年3月起，李先生就在宜宾某酒业有限公司工作，对劳动报酬和工作条件都感到非常满意，但工作近12个月单位还是没有意识到与其签订劳动合同。当李先生向朋友就此事诉苦时，一位比较精通劳动法的朋友说，若此情况持续时间达到1年以上，劳动者不但可以要求单位签订无固定期限劳动合同，而且还可以依法主张应签而未签订书面劳动合同期间的两倍工资。

“说者无意，听者有心”。随后李先生查阅了《劳动合同法》，并详细地咨询了专业律师，获得了相同的答案。在工作满一年后，李先生依法向单位提出书面劳动合同和双倍工资的两项要求，单位最终兑现了李先生的合法要求。

第二节 劳动者与用人单位

劳动法律关系是劳动关系经法律调整后所产生社会关系，并受到法律的保护。劳动法律关系有主体、客体和内容三要素，且缺一不可。劳动法律关系主体是指劳动法律关系中享有劳动权利和承担劳动义务的当事人，主要是指劳动者和用人单位；劳动法律关系内容是指劳动法律关系主体享有的劳动权利和承担的劳动义务；劳动法律关系客体是指劳动法律关系主体的劳动权利义务共同指向的对象，如劳动、工资、保险福利、工作时间、休息休假、劳动卫生安全等。其中，劳动法律关系主体看似简单，实则复杂。确认劳动者和用人单位的主体法律身份，无论是劳动合同的订立和履行还是劳动争议的处理，都具有“提纲挈领”重要作用。

一、劳动者

（一）劳动者的定义

【案例讨论】上海天地建筑公司是本市郊区的一家乡镇企业。本地一户出名的困难户陶某，找到公司的总经理钟某，请求其帮助安排两个孩子工作，以解决家境经济艰难问题。考虑到这两孩子都是刚小学毕业的15岁未成年人，钟某面有难色。但在孩子和其家长苦苦哀求和其家庭确实困难的情况下，钟某最终还是收录了两个孩子。在钟某的照顾下，公司安排了他们力所能及的工作。录用2个月后，公司使用童工的行为被劳动监察部门发现。劳动监察部门依据《禁忌使用童工规定》，对天地建筑公司处以3万元罚款并责令单位在三日内将该童工遣送回家。对此行政处罚，钟经理总感觉“好心人没有好报”。

请你说说“好心人没有好报”的原因是什么。

凡提供体力劳动或脑力劳动的自然人，在众人眼里都是“劳动者”；而劳动法意义上的劳动者，必须符合劳动法所规定的主体属性。劳动法意义上的劳动者，是指符合劳动法的规定，成为用人单位的成员并提供有偿劳动的自然人。

劳动者应是达到法定劳动年龄具有劳动权利能力，能够签订劳动合同，独立提供劳动行为并享有劳动报酬等的自然人。劳动者可以是本国公民，也可以是外国人和无国籍人。

（二）劳动者的特征

1. 劳动者具有劳动权利能力和劳动行为能力

劳动权利能力是指劳动者能够享有劳动权利并承担劳动义务的资格。劳动行为能力是指劳动者能以自己的行为来行使劳动权利和履行劳动义务的能力，是劳动权利能力的具体体现。劳动者的劳动权利能力和劳动行为能力具有统一性，即劳动者达到法定就业年龄并具有劳动能力，就同时享有劳动权利能力和劳动行为能力。因年龄、性别、智力、健康等差异，我国法律对劳动者的劳动权利能力差异有着不同的规定：

（1）年龄因素。年龄是判断劳动者是否具备劳动权利能力以及劳动权利能力差异的主要因素。关于公民的劳动权利能力，我国劳动法规定始于其 16 周岁，止于其法定退休年龄。因劳动年龄的差异，法律还将劳动者的劳动权利能力分为完全劳动权利能力人和限制劳动权利能力人。前者主要是指年满 18 周岁以上的劳动者；后者主要是指已满 16 周岁未满 18 周岁的劳动者。未成年工作为限制劳动权利能力人，从事劳动范围受到法律的限制，这在未成年工特殊保护法律中得到体现。未满 16 周岁的自然人属于无劳动权利能力人，法律禁止任何单位招聘使用未满 16 周岁的童工，但因文化、体育和特殊工艺单位等招聘未满 16 周岁的，单位应当按照《禁止使用童工规定》等办理相关手续。

（2）性别因素。劳动法规定了劳动就业男女平等，禁止就业性别歧视，但女职工生理机能不同于男性，为了维护女职工身体健康和哺育下一代的需要，劳动法对男性劳动者和女性劳动者规定了不同的劳动权利能力。《女职工劳动保护规定》规定女职工禁忌从事劳动的范围，不仅表示法律对其劳动权利能力的限制，而且也体现了禁止用人单位滥用劳动指挥权安排损害女职工的身心健康工作岗位。

（3）身体健康因素。为了保护劳动者身体健康和社会公共利益，劳动者的劳动权利能力因身体健康差异而有所区别。对患有痢疾、伤寒、病毒性肝炎、活动期肺结核、化脓性或者渗出性皮肤病以及其他有碍公共卫生的疾病的劳动者，治愈前劳动权利受到限制，《公共场所卫生管理条例》（1987 年）规定此类劳动者不得从事直接为顾客服务的工作。《未成年工特殊保护规定》将未成年工分为身体健康与非健康类劳动者，将后者即患有法律规定的疾病或生理缺陷的未成年工从事劳动范围的权利能力进行限制。

（4）职业资格因素。职业资格证，是劳动者劳动权利能力差异的主要智力因素。劳动者是否取得国家职业资格证书，是其能否进入特定行业或者承接某项劳动的先决条件。例如，《特种作业人员安全技术培训考核管理规定》（2010）对特种作业及特种作业人员的特别规定正好体现了这点法律要求。

（5）国籍或地区因素。法律对外国公民在本国的劳动权利能力做出了区别于本国公民的规定。例如，根据《外国人在中国就业管理规定》（2017）规定，没有在我国取得定居权的外国人在我国境内从事工作的，应当符合三项条件：一是年满 18 周岁，二是身体健康，三是取得外国人就业资格证。

劳动者到达退休年龄是其劳动权利能力消灭的最主要因素。在劳动司法实践中，用人单位招用已达到法定退休年龄享受社会养老保险待遇的劳动者，双方形成的用工关系视为劳务关系。劳动者的退休年龄，因其性别、职业、职称等差异而有着不同的规定。目前，我国正在研究出台渐进式延迟退休方案。

【法律链接】　劳动者的法定退休年龄

目前，关于劳动者退休年龄的法律依据主要有《国务院关于工人退休、退职的暂行办法》和《国务院关于安置老弱病残干部的暂行办法》（国发〔1978〕104 号）等。其规定，劳动者有下列情形之一的，可以依法办理退休手续：①男职工年满 60 周岁，女干部年满 55 周岁，女工人年满 50 周岁，连续工龄或工作年限满 10 年；②从事井下、高空、高温、繁重体力劳动和其他有害健康工种的职工，男年满 55 周岁，女年满 45 周岁，连续工龄或工作年限满 10 年；③男年满 50 周岁，女年满 45 周岁，连续工龄或工作年限满 10 年的，经医院证明，并经劳动鉴定委员会确认，完全丧失劳动权利能力的职工；④因工致残，经医院证明（工人并经劳动鉴定委员会确认）完全丧失工作能力的。符合国家政策规定情形的，国企职工可以办理提前退休手续。

2. 劳动者享有人身自由和提供劳动行为

劳动者不但能以自己的名义同用人单位订立劳动合同，而且还能以人身自由和劳动行为向用人单位提供劳动或者服务。

3. 劳动者成为用人单位职工并接受单位管理

由于劳动力存在于劳动者的身体且与劳动者不可分离，劳动者因劳动关系而向用人单位提供劳动力时，也将其人身在一定程度上交附于用人单位。劳动者成为用人单位的职员，并接受用人单位的管理。用人单位对劳动者的管理主要有培训管理、出勤管理、绩效管理、薪酬管理、职位升迁管理、离职管理和社会保险管理等。

【律师提示】　非法转包、分包下用工关系及责任的确定问题

在司法实践中，具备用工主体资格的承包单位违反法律、法规规定，将承包业务转包、分包给不具备用工主体资格的实际施工人，该实际施工人（俗称包工头）所招用的人员请求确认与承包单位存在劳动关系的，人民法院不予支持。但该人员在工作中发生伤亡，受害人直接向人民法院起诉，请求承包单位参照《工伤保险条例》的有关规定进行赔偿的，人民法院应予支持，不具备用工主体资格的承包人对劳动者的损失承担连带赔偿责任。社会保险行政部门已认定为工伤的，按工伤保险规定处理。

（三）劳动者的范围

（1）与企业、个体经济组织建立劳动关系的劳动者。企业包括个人独资企业、合伙企业和公司；个体经济组织是指有雇工的个体工商户。这是劳动者中最广泛的群体，也是劳动法保护的基本主体。

（2）与民办非企业单位建立劳动关系的劳动者。《劳动合同法》将民办非企业单位及其劳动者纳入了劳动法的调整范围，更有效地保护这些单位劳动者的权益。

（3）与国家机关、事业单位和社会团体建立劳动关系的工作人员和工勤人员。与事业单位、社会团体建立劳动关系的工勤人员、编制外人员，与实行企业化管理的事业单位建立劳动关系的工作人员，属于劳动者，受劳动法保护。

（4）被派遣劳动者和非全日制劳动者。《劳动合同法》规定劳动派遣和非全日制用工属于劳动法的调整范围，自然也将被派遣劳动者和非全日制用工的劳动者视为劳动法上的劳动者，并给予劳动法的特别保护。

（5）获准在中国就业的外国人和在内地就业的港澳台居民。《外国人在中国就业管理规定》和《台湾香港澳门居民在内地就业管理规定》规定，获准在中国就业的外国人和在内地就业的港澳台居民，应当与用人单位签订劳动合同。用人单位与外国人、港澳台居民之间发生劳动争议，适用中国劳动法的规定处理。

（四）劳动者的除外规定

劳动者的除外规定，即不属于劳动法保护的劳动者。根据法律规定，下列人员不是劳动法意义上的劳动者：

（1）公务员和比照公务员制度的事业组织和社会团体的工作人员。

（2）农村劳动者。农村劳动者通过家庭联产承包合同确定权利和义务，与村民委员会之间不属于劳动关系。作为乡镇企业的职工，属于劳动者；进城务工的农民与用人单位建立劳动关系的，属于劳动者。

（3）现役军人。现役军人履行保卫国家和人民生命财产安全的神圣职业，履行法律赋予的法定义务。因劳动对人身自由的要求，现役军人不能成为劳动者。

（4）家庭保姆。因接受保姆服务的家族不是组织，所以家族保姆不是劳动者，由民法调整。作为家政公司的雇员，虽对家庭提供保姆服务的，但雇员与家政公司之间形成劳动关系的，应受劳动法的保护。

【案例评析】劳动法上的劳动者是指必须达到法定劳动年龄，才具有法律意义上的劳动权利能力，用人单位才能与之签订劳动合同。依据我国劳动法规定，劳动者的劳动权利能力始于16岁，法律另有特殊规定的除外。在本案中，公司招用未满16周岁的未成年人，从劳动法律关系主体角度而言，即使当事人同意，但也因缺乏劳动权利能力而使劳动关系不受法律保护，劳动关系应当予以解除。同时，公司的用工行为也触犯了国家关于禁止招用童工的法律规定。公司被劳动管理部门予以行政处罚是有法律理由和依据的。

二、用人单位

（一）用人单位的定义

用人单位是指能够依法签订劳动合同，使用劳动力并承担给付劳动报酬的组织或者机构。用人单位在劳动法律关系中承担用人单位的劳动义务和享受用人单位的劳动权利。

劳动法规定，凡能够以自己名义与劳动者建立劳动关系的组织都是用人单位。为了适应社会新的劳动就业形势的需要，根据《劳动合同法》规定，用人单位可分为全日制用人单位和非全日制用人单位。同时，还将劳务派遣形式的派遣单位（用人单位）和接受单位（即用工单位）纳入了调整范畴，以保护特殊用工形式下劳动者的权益。

（二）用人单位的法律特征

（1）用人单位应当具有用人权利能力和用人行为能力。用人单位的用人权利能力和用人行为能力，自其依法成立之时产生，自其依法撤销之时消灭。

（2）用人单位是劳动者的用工单位和管理单位，用人单位享有对劳动者劳动力支配和管理的权利。

（3）用人单位必须以自己名义同劳动者签订劳动合同，并以自己名义向劳动者支付劳动报酬。

【案例链接】　劳动者被忽悠，用人单位变成了用工单位

CCTV 法治节目报道：徐某曾是某市肯德基公司的职员，从事后勤冷库餐材料配送工作，入职时与肯德基公司签订了五年期的劳动合同。在工作十余年后，徐某被肯德基辞退。徐某认为应当享受经济补偿待遇，但肯德基拒绝发放经济补偿金，于是先后对肯德基提起劳动争议仲裁和诉讼，但均败诉收场，因为庭审过程中肯德基提交了徐某作为时代桥公司员工并被派遣到肯德基工作的相关证据。原来在劳动合同期满时，肯德基“劝说”徐某，只是与时代桥公司签订了劳动合同，徐某与其他员工仍是肯德基的职工，仍在肯德基原岗位工作。因此，几乎忘了此事的徐某在被辞退时仍坚信自己是肯德基员工，与“陌生”的时代桥公司没有任何关系。劳动维权失败才让徐某等劳动者感受到“被肯德基忽悠”的无奈和痛苦。

（三）用人单位范围

1. 企业组织

企业是指依法取得营业执照，从事产品生产、流通或服务性活动等实行独立经济核算的经济单位，包括在中国境内依法成立的公司企业、国有企业、外商投资企业、个人独资企业和合伙企业等各种企业组织形式。

2. 个体经济组织

根据我国法律规定，个体经济组织有个体工商户和农村承包经营户。根据《劳动部关于〈劳动法〉的若干意见》的第二条规定，个体经济组织是指雇工在 7 人以下的个体工商户。个体经济组织从事生产经营活动时依法享有使用雇工的权利。《外国人在中国就业管理规定》规定，禁止个体经济组织聘用外国人从事劳动。最高人民法院《关于审理劳动争议案件适用法律若干问题的解释（二）》第七条规定，农村承包经营户与受雇人之间的纠纷不属于劳动争议的范围。

3. 民办非企业单位组织

民办非企业单位组织是与国有事业单位是相对而言的组织。《民办非企业单位登记管理暂行条例》规定，民办非企业单位组织是指依法取得民办企业单位登记证书，利用非国有资产举办的从事非利用非国有资产举办的，从事非营利性社会服务活动的社会组织。例如，民办学校、民办医院等组织。

4. 劳动法规定的其他组织

会计师事务所、律师事务所等合伙组织和基金会等组织，属于劳动法规定的其他组织。

5. 视为用人单位的国家机关、事业单位、社会团体

除国家机关外，事业单位、社会团体都是比较复杂的用工主体。人事单位是指依法取得社会团体法人登记证书，为社会公益目的，由国家机关举办或者其他组织利用国有资产举办的，从事教育、科技、文化、卫生等活动的社会服务组织（《事业单位登记管理暂行条例》）。事业单位可以分为三类：一是具有管理公共事务职能的单位；二是实行企业化管理的单位；三是实行人事聘用制的单位。社会团体是指依法取得社会

团体法人登记证书，为实现会员共同意愿，由中国公民自愿组成并按照其章程开展活动的非营利性社会组织，包括民主党派、学术研究、宗教等团体（《社会团体登记管理条例》）。国家机关招用工勤人员、事业单位和社会团体招用除参照公务员法管理以外的工作人员，双方建立劳动关系，国家机关、事业单位、社会团体成为劳动法的“视为用人单位”。

【知识拓展】 **劳动者建立多重劳动关系的法律问题**

传统全日制劳动关系认为，一个劳动者同一时期只能与一个用人单位建立一个劳动关系。随着市场经济的发展和用工形式的变化，除了全日制用工的劳动关系外，社会还出现了大量的非全日制用工的劳动关系。《劳动合同法》规定“劳动者同时与其他用人单位建立劳动关系，对完成本单位的工作任务造成严重影响，或者经用人单位提出，拒不改正的”，用人单位有权解除劳动关系。换言之，法律没有直接否定劳动者在同一时期与多家用人单位建立了两种或两种以上的劳动关系。同时，为了保护多重劳动关系中劳动者权益，国家人力资源和社会保障部颁布《实施〈社会保险法〉若干规定》（2011）规定：职工在两个或两个以上用人单位同时就业的，各用人单位应当分别为职工缴纳工伤保险费。职工发生工伤，由职工受到伤害时其工作的单位依法承担工伤保险责任。

第三节 劳动者权益保护与人力资源管理

劳动者权益就是用人单位的义务，并构成劳动法的核心内容。劳动者和用人单位因劳动关系而承担的劳动义务，各方当事人应当自觉履行；因劳动关系所享有的劳动权利，各方理应受到法律保护。在劳动关系中，保护劳动者的劳动权益，一直是劳动法的主题。在劳动关系中弱势地位不改变的情况下，让劳动者往往成为劳动违法用工的受害者。认识劳动者的劳动权益，明确用人单位的劳动义务，是人力资源管理最基本的法律思维。当然，劳动者权益的保护和单位生产秩序的维护，也离不开劳动保障行政部门等的管理和监察。

一、劳动者的劳动权益

【案例讨论】 佛山市某服装加工公司招用了80名制衣工人，与他们签订了两年期限的劳动合同。合同中约定，根据市场订单需要，公司可以安排每天工作时间为12个小时，对超出正常工作时间的，单位支付加班工资。职工算了一下，这样可以多挣一笔不少的加班费。于是都愿意和公司签订这样的劳动合同。半年后，职工刘某感到工时过长，每天没有充足的休息，非常疲劳，身体吃不消，于是提出了不再加班的请求。公司领导却说，加班是自愿的，而且劳动合同有明确约定：“对于职工不加班行为，单位有权依据劳动合同约定扣发了50%的工资以作为违约赔偿。”遭受违约处罚的刘某不服，向当地劳动监察大队投诉。

请问，劳动监察大队会如何处理刘某的投诉？

劳动者权益，是指劳动者依法享有的且受劳动法律保护的权利与利益。无论是劳动立法宗旨还是劳动司法实践，劳动法更多地担负起劳动者维护权益的角色，这也正是劳动法对用人单位的管制功能和对劳动者权益的保护功能的体现。劳动者权益的最终实现，除了用人单位的法律意识、国家的劳动司法力度，更重要的是劳动者的权益意识和维权力度。根据《宪法》《劳动法》《就业促进法》《劳动争议调解仲裁法》等法律规定，劳动者的劳动权益主要有：

（1）享有平等就业和选择职业的权利。平等就业权，是指劳动者平等地获得就业机会的权利，即在就业机会的获得方面，劳动者不因民族、种族、性别、宗教信仰等不同而受歧视，在就业机会面前一律平等。选择职业的权利，是指劳动者可以根据个人知识和技能以及用人单位待遇等不同，选择不同用人单位以建立劳动关系的权利。

（2）享有获取劳动报酬的权利。劳动报酬权，是指劳动者依照劳动法律关系，在履行劳动义务后，由用人单位根据合同约定或者法律规定支付劳动报酬的权利。劳动报酬权包括报酬的协商权、报酬的请求权和报酬的支配权。

（3）享有与用人单位依法订立、变更、解除和终止劳动合同的权利。此项权利是劳动者享有平等就业权、职业选择权、获取劳动报酬权的重要体现。我国《劳动合同法》等对此做出了具体规定，以避免用人单位滥用权利以损害劳动者的权益。

（4）享有休息休假的权利。劳动者基于身体健康原因和国家规定，享有休息和休假的权利。在现实中，单位通过非法延长劳动时间，或者恶意提高生产定额等方式侵犯员工休息休假的权利。

（5）获得劳动安全卫生保护的权利。用人单位必须为劳动者提供符合国家规定的劳动安全卫生条件和必要的劳动防护用品，对从事有职业危害作业的劳动者应当定期进行健康检查，以保护劳动者的生命安全和身体健康。对用人单位管理指挥人员违章指挥，强令冒险作业的，有权拒绝执行。

（6）接受职业技能培训的权利。职业技能培训，是指对即将就业的人员和已经就业的职工，以培养其基本职业技术或提高其职业技能为目的所进行的技术业务知识和实际操作技能的教育和训练的活动。职业培训有利于劳动者工作技能的提高和用人单位劳动效率的提升。根据《就业促进法》的规定，接受职业技能培训既是劳动者的权利，也是劳动者的义务。

（7）组织工会和参加企业民主管理的权利。现代企业建立和完善职工民主管理制度，是科学管理的本质要求。劳动者通过工会或者其他形式，享有对所在企业民主管理、民主监督、民主决策的权利，不但维护劳动者的权益，而且也促进单位可持续发展。

（8）提请劳动争议处理的权利。当劳动者与用人单位等发生劳动争议后，依法享有将劳动争议提交有关部门处理以维护自身权益的权利。处理劳动争议的途径主要有向劳动监察申诉、劳动争议协商、劳动争议调解、劳动争议仲裁和劳动争议诉讼等。

（9）法律法规规定的其他权利。

【知识链接】　劳动者的权益和劳动者的义务的统一

劳动者的基本义务，是劳动者依据劳动法和劳动合同约定必须完成一定行为或者不得实施一定行为的责任。其基本义务有：①按照劳动合同约定完成生产任务或者工作任务的义务；②参加培训提高职业技能水平的义务；③执行劳动安全卫生规程的义务；④遵守劳动纪律和职业道德的义务；⑤保守国家秘密和用人单位商业秘密的义务。劳动者的权益和劳动者的义务是统一的，没有只有权利而无义务，也没有只有义务而无权利。因此，劳动者在行使劳动权益时，也应当履行劳动义务。

二、用人单位人力资源管理准则

人力资源管理部门是用人单位劳动力管理的职能部门，承担本单位招聘培训、劳动用工、绩效考核等最主要的劳动管理职责。人力资源管理既要考虑单位生产经营的实际需求，也要遵守劳动法的基准规定。劳动者的权益，就是用人单位的义务。因此，单位人力资源管理应当遵循以下基本准则：

（1）订立劳动合同时的告知义务和禁止就业歧视。其中，告知义务是指用人单位招用劳动者时，应当如实告知劳动者工作内容、工作条件、工作地点、职业危害、安全生产状况、劳动报酬以及劳动者要求了解的其他情况。禁止就业歧视义务是指不因劳动者性别、年龄、种族等人的自然差别而给予就业歧视，保障劳动者在就业机会面前一律平等。

（2）依法订立劳动合同的义务。劳动合同是劳动者与用人单位权利义务关系的重要依据，也是劳动者权益保障的重要法律凭证。用人单位应当依法与劳动者签订劳动合同。它涉及用人单位在订立书面劳动合同、无固定期限劳动合同、试用期、工资待遇和休息休假等法律义务。

（3）依法建立规章制度的义务。单位的规章制度表现为工作管理制度、操作规程、劳动纪律和奖惩办法，是用人单位经营管理权的具体现象，也是单位维护正常生产秩序的必要的制度保障。依法建立规定制度，既是用人单位的权利也是其义务。单位的规章制度，不但要反映单位的意志，也要尊重全体职工或职工代表的意志，还不得违反国家意志。在实践工作中，用人单位滥用规章制度制定权，违反“单位、劳动者和国家”三方的合意性，拟定仅代表单位单方意志的苛刻劳动纪律、惩罚措施和用人潜规则等。这样的规章制度，不但伤害劳动者的工作热情，也是单位劳动争议败诉的主要根源。

【法律链接】　　用人单位规章制度司法审查的“三性”原则

用人单位的规章制度直接涉及劳动者的切身利益，应当具备“合法、民主、公示”三项基本条件，而不能由用人单位单方说了算：①合法性。用人单位建立的劳动规章制度，必须符合国家法律意志，不得违反法律强制性规定，损害劳动者的权益。②民主性。用人单位在制定、修改或者决定有关劳动报酬、工作时间、休息休假、劳动安全卫生、保险福利、职工培训、劳动纪律以及劳动定额管理等直接涉及劳动者切身利益的规章制度或者重大事项时，应当提出初步方案，经职工代表大会或者全体职工讨论，与工会或者职工代表平等协商。在民主征询意见的基础上，用人单位有权确定具体实施内容。③公示性。用人单位应当将直接涉及劳动者切身利益的规章制度和重大事项决定公示，或者告知劳动者。

单位在制定规章制度时，应严格按照法律所规定的“三性原则”办理，否则制订的规章制度便是“纸老虎”，形同虚设，无法正常发挥其应有的作用。

（4）依法支付劳动报酬的义务。获取劳动报酬是劳动者履行劳动义务后最基本的权利，也是劳动者生存和发展的物质保障。用人单位应当依法支付劳动者的劳动报酬，其涉及用人单位应当按照法律规定或者劳动合同约定的方式、时间和金额等向劳动者支付劳动报酬。

（5）提供劳动安全卫生保障的义务。由于重大责任安全事故和职业病频繁发生，严重损害了劳动者的生命安全和身体健康。对此，《劳动法》和《安全生产法》等规定，用人单位必须为劳动者提供符合国家规定的劳动安全卫生条件和必要的劳动防护用品，对从事有职业危害作业的劳动者和未成年工应当定期进行健康检查、禁止安排有损害女职工和未成年工身体健康的劳动等，以保护劳动者的生命安全和身体健康。

（6）依法办理社会保险的义务。社会保险是国家举办的为丧失劳动权利能力、暂时失去劳动岗位或因健康原因造成损失的劳动者所提供收入或补偿的一种社会保障制度。社会保险是用人单位和劳动者的共同义务，且是法定义务，不允许当事人相互减免。

（7）依法解除或者终止劳动合同的义务。依法解除或者终止劳动合同，是用人单位人事管理权的重要内容。用人单位滥用劳动合同的解除权或者终止权，按经济补偿金的双倍处罚承担法律责任。

（8）尊重职工民主管理权益的义务。劳动者通过工会或者其他形式，享有对所在企业或者单位的民主管理、民主监督、民主决策的权利，用人单位应当切实保障劳动者民主管理权利的实现。

（9）履行其他法定和约定的义务。

【案例链接】 混淆劳动合同终止与劳动合同解除，单位承担经济补偿责任

小李是长沙市某物流公司的职员，与公司订有一年期的劳动合同。小李平时工作态度较差，责任心不强，时有客服对其服务行为进行投诉。因为考虑小李是熟人介绍的关系户，人力资源部经理心想，等合同到期后就让其走。在合同期满后，人力资源部经理发给小李一份终止劳动合同通知书：因小李不能胜任工作，且无组织纪律，所以公司决定不再续签劳动合同。对此，小李不服，认为自己已经努力工作了，而且《劳动合同法》规定“劳动合同期满的，除用人单位维持或者提高劳动合同约定条件续订劳动合同且劳动者不同意续订的外，应当支付经济补偿金”。在劳动争议仲裁中，因公司无法举证因小李过错而解除劳动合同，最终裁决公司承担劳动合同期满终止的经济补偿金责任。

三、劳动部门的劳动管理职责

劳动者权益的保护和单位生产秩序的维护，除了培育劳动者与用人单位法律意识和责任意识外，还需要国家的适当干预。劳动法非常强烈地体现了国家对劳动关系的干预：

（1）发展经济，促进劳动就业。根据劳动发展规划和计划，结合经济发展现状，研究制定劳动事业发展中长期规划，并负责组织实施和监督检查，协调劳动事业发展与国民经济发展的关系，以造福全社会劳动者。

（2）劳动执法，监督检查。劳动保障监察部门应当贯彻执行国家有关劳动法律、法规和有关方针、政策、制度，并组织劳动执法监督检查，及时纠正和查处违法用工行为。

（3）引导就业服务，监督职业技能培训。指导职业技能培训、职业技术鉴定、职业技能竞赛等职业技能开发工作；监督职业中介机构的业务开展；保障失业人员的再就业，为劳动者的劳动就业提供有效和安全保障。

（4）审查集体合同，支持职工民主管理。劳动保障监察工作主要有：对集体合同的订立、履行、解除和终止管理；对用人单位的工作时间、休息休假和工资的管理、对劳动安全卫生的管理、对女职工和未成年工劳动特别保护、对用人单位履行社会保险义务等。

（5）运用劳动争议程序，维护劳动者合法权益。劳动争议发生后，劳动部门应当依法履行处理劳动争议的职责，通过劳动保障监察、劳动争议调解和劳动争议仲裁等方式，及时合法有效地处理劳动纠纷，切实保护劳动者合法利益。

（6）法律法规规定的其他职责。

【案例评析】劳动者履行劳动合同义务，必以其义务的合法为前提。根据劳动法规定，劳动者享有休息休假的权利，对用人单位安排劳动者加班加点除了征得劳动者同意外，还应当遵守每月加班不得超过36小时等强制性规定。本案中劳动合同约定的公司可以安排每天工作时间为12个小时条款，虽然属于劳动者愿意，但因该条款违反国家强制性规定而无效。对于刘某的申诉，劳动监察大队会可依据《违反〈中华人民共和国劳动法〉行政处罚办法》责令用人单位改正、退还所扣工资、并可按每名劳动者每超过工作时间一小时罚款一百元以下的标准处罚。

四、劳动法律责任

（一）劳动法律责任

劳动法律责任，也称违反劳动法的法律责任，是指用人单位、劳动者和其他主体因违反劳动法律规范或者劳动合同而应承担的不利法律后果。劳动关系各方当事人不但应当严格履行劳动合同，而且还应当保证其所承担的劳动义务不得违反国家所规定的强制标准。违反劳动合同约定或者违反国家强制性规定的行为，违法者都应当承担法律责任。

劳动关系的调整，不能仅靠职业道德去规范，还应运用法律的强制手段。让违法者承担应有的违法成本，让有违法意识的人在违法成本面前止步，正是法律责任的最终目的。正如，《劳动合同法》规定用人单位违反订立书面劳动合同以及违法解除和终止劳动合同的法律责任，才极大地制止了单位类似劳动违法行为的发生。劳动者权益保护的天空，才变得如此晴朗。

劳动违法责任主体除了用人单位和劳动者外，还有工会、劳动行政管理部门和就业服务机构等组织及其工作人员。值得注意是，在追究劳动法律责任时，违法行为系单位代表人或者代理人在执行其职务过程时所实施的，应当认定为属于单位的违法行为，其法律后果应由单位承担，法律对有关责任人员追究另有规定的除外。

【案例链接】　职工参加集体“春游”活动的工伤案

洪某系广州某外贸加工企业的职工，去年单位组织职工春游的通知要求全体职工参加，不得无故缺勤。在春游中，洪某在登山时不慎摔落，导致腰部严重受伤。洪某向公司提出工伤待遇，但公司认为春游不属于工作，不能享受工伤待遇。洪某向劳动法律师咨询时了解到，公司所安排的春游，无论是否与工作有关，都属于与单位有关的活动；同时，单位要求全体职工必须参加，也体现了单位的行政意志。因此，参加春游是履行单位工作的职务行为。于是，洪某提出了工伤认定申请，并很快获得了相关部门的支持。

（二）劳动法律责任的种类

由于受劳动法保护的有劳动法律关系、劳动行政法律关系和劳动服务法律关系，因此劳动法律责任具有多样性。

（1）劳动民事责任。其是指用人单位或者劳动者等违反劳动法律规范侵犯对方民事权利而应当承担法律责任。民法所规定的民事责任有：损害赔偿、停止侵害、继续履行合同、解除合同等。除此之外，还有劳动法所规定的特有法律责任，如：支付经济补偿金、补发工资、补缴保险费等。

（2）劳动行政责任。其是由劳动行政管理部门或者其他行政机关针对用人单位或者劳动者违反劳动法所实施的制裁。其主要形式有：警告、通报批评、责令改正、查封、吊销许可证、吊销营业执照、拘留、罚款、加收滞纳金、停产整顿等。

（3）刑事责任。其是指行为人违反劳动法律规定，造成严重后果，触犯刑法，构成犯罪所应承担的法律责任。违反劳动法的犯罪行为主要有：用人单位违反劳动安全卫生、禁止使用童工、侵犯劳动者人身权等，情节严重的行为；国家机关公务人员在劳动行政管理过程中，严重渎职或者挪用社会保险基金，情节严重的行为等。

【法律链接】 **采用非法手段强迫劳动者劳动的法律责任**

采用非法手段强迫劳动者劳动行为，属于严重侵犯劳动者人身权益和劳动权益的违法行为。根据《劳动合同法》第八十八条规定：用人单位有下列情形之一的，依法给予行政处罚；构成犯罪的，依法追究刑事责任；给劳动者造成损害的，应当承担赔偿责任：①以暴力、威胁或者非法限制人身自由的手段强迫劳动的；②违章指挥或者强令冒险作业危及劳动者人身安全的；③侮辱、体罚、殴打、非法搜查或者拘禁劳动者的；④劳动条件恶劣、环境污染严重，给劳动者身心健康造成严重损害的。

实训项目

一、改错题

1. 劳动法对劳动者与用人单位在法律保护方面均给予同等待遇。
2. 非全日制用工形式下的劳动者不属于劳动法上的劳动者。
3. 个体工商户不属于企业组织，因此不能成为劳动法上的用人单位。
4. 无论劳动关系还是劳动法律关系，当事人都处于非平等地位。
5. 承担劳动法律责任的主体只有用人单位和劳动者两类。

二、案例分析

（一）小王在一家国有公司从事产品销售业务工作，几年来与单位相安无事，每月工资总额 6 000 元有余。但最近半年公司经济效益不好，为了改善经营状况，公司实行激励机制。公司经理会议通过了工资改制方案，其中对公司销售人员实行提成工资制，以奖勤罚懒。其具体规定是：按销售额提成 5%，并实行“上不封顶下不保底”政策。有大部分员工虽然对这项的制度感觉不满意，但想到公司有行政管理权，同时社会上有许多企业也在实施这种制度，“胳膊扭不过大腿”，也只好如此。由于公司产品属于季节产品，工资改制时处于淡季，加上行业竞争激烈，眼看三个月快过去了，小王几乎没有销售出多少产品。想到没有销售就无法提成，没有提成就没有工资，面对眼前的工作困难和将来的生活，小王就不自觉地愁上心头。

对公司“上不封顶下不保底”工资制度，根据劳动法谈谈你的看法。

（二）秦某，男，22 岁，西安某交通学校即将毕业的在校学生，2015 年下学期经学校推荐到四川某汽车运输成都公司（以下简称汽运公司）第四分公司参加汽车维修专业实习。实习期间，汽运公司未与秦某签订书面实习合同。一天下午 3 时，汽运公司一名职工在倒车作业时，将现场正在维修车辆的秦某撞倒致伤。经过 1 个月医疗后，秦某伤残等级被确认为 7 级，对以后生活和工作都有较大影响。在公司赔偿问题上双方发生争议，秦某认为自己虽然是实习生，但整个实习阶段都在给公司提供像其他员工一样的劳动，并且伤害是在劳动过程中发生的，因此属于工伤，公司应按工伤待遇标准给予赔偿。而汽运公司却持相反意见，认为双方未形成劳动关系，秦某不属于劳动者，因此不能享受工伤待遇。无奈情况下，秦某只得向成都市某劳动仲裁委员会提出劳动关系认定的仲裁申请。

你认为秦某是劳动者吗？其能享受工伤待遇吗？

第二章 就业促进法实务

【导入案例】

求职受骗案

2017年的春节刚过不久，企业开工和打工者求职的日渐旺盛，各地的劳动力市场异常活跃。三月份，广州市某区的劳动保险监察大队连续接到求职者求职被骗事件的举报，投诉者多为外地的打工者，他们都声称本市某长途汽车站附近的某职业介绍所收取了他们的职业中介费等，却不能在规定的时间内给他们介绍承诺的工作，存在着欺诈行为。

由于有多起类似报案，劳动保险监察大队立即介入，实地调查取证后明白，原来该职业介绍所通过网络渠道和发送车站小传单等，宣称有大量的高端企业的招聘信息，能帮助求职者找到满意的工作。其广告内容中有："如果求职者对工作不满意的，还可以在六个月内提供重新介绍劳动就业的机会。如果在第一次求职后10天内未成功联系工作的，职业介绍所将无条件全额退还职业中介费。"在介绍高薪工作之前，该中介要求求职者交纳500元信息登记费、12 000元职业中介费和其他杂费等。在交费建档后，求职者就可以凭借职介所提供的求职登记信息表和介绍信去联系实际招工单位。鉴于该中介机构有实际办公场所，而且承诺求职不满意即可退费，很多求职者打消了种种顾虑，办理了交费建档手续。当联系招工单位时，许多求职者因各种理由或者特殊情况被打发回去。这些情形主要有：有的招工单位不需要招工，有的招工单位待遇低下，有的招工单位有"面试关""业务考核关""押金关""无底薪"等苛刻的人事考核，有地址无招工单位的情形等。面对求职不顺，求职者回到职介所要求退还所有款项时，而职介所对此不予以理睬、借故拖延或者以求职者自身原因导致求职失败来推卸责任。为了要回不菲的求职费，求职者不得不奔波数十次，不但浪费了宝贵的时间，还让一些求职者的工作和生活陷入困境。

劳动保险监察大队查实，举报的职介所根本没有办理《社会职业介绍许可证》《从业人员资格证》和《工商营业执照》等，仅在办公室墙上贴着其他中介机构的复印件，属于典型的"打着职业中介旗号"的幌子从事"黑中介"。同时，其职业介绍活动带有明显的欺诈和违规收费，损害了广大的求职者利益。《中华人民共和国就业促进法》第六十四条规定："违反本法规定，未经许可和登记，擅自从事职业中介活动的，由劳动行政部门或者其他主管部门依法予以关闭；有违法所得的，没收违法所得，并处一万元以上五万元以下的罚款。"对此，劳动保险监察大队依法对该非法职业中介机构下达了行政处罚通知，关闭违法经营场所，责令其立即退还求职者的职业中介费用和其他损失，对责任人处以三万元行政罚款。

第一节　就业促进法概述

劳动就业是劳动者的人生大事，不但关系到劳动者及其家庭的经济利益，而且也影响社会稳定和民族兴旺。当前，中国经济发展速度的放缓和产业结构的调整转型，客观上会对劳动者就业结构产生影响，同时也会对就业总体规模产生挤压效应，对劳动者就业产生影响。尤其是传统支柱产业企业改革的重组加快、淘汰落后产能、部分行业持续低迷及产能过剩将造成结构性失业和转型性失业，部分行业劳动者的就业难度加大。作为具有“民生之本、安国之策”的劳动就业，自然成为政府特别是劳动社会保障部门的重要职责。

一、劳动就业

劳动就业简称就业，是指在法定劳动年龄期间有劳动能力的人，从事某种劳动或者工作，取得劳动报酬或者经营收入的活动。实现劳动就业的方式多种多样，有介绍就业、组织起来就业、自谋职业、高等学校毕业生国家招录就业等。

劳动就业是广大劳动者谋生的重要手段，劳动者就业目的就是通过职业劳动获得一定的物质利益，以维持劳动者本人及其家庭的生活需要，实现劳动力的再生产。劳动就业权是劳动者劳动权利最先决的权利，劳动就业权利无法实现，其他权利都会无从谈起。

【社会观察】　网络招聘求职平台不能成为“法外之地”

58同城、赶集、智联、BOSS直聘等网络招聘求职平台，成为招聘单位与求职者相互沟通的重要渠道，其人性化设计和创新服务也获得了不少用户的赞美。随着社会科技水平的发展，网络招聘求职平台越来越成为广大劳动者特别是年轻人找工作的主要途径。在资本驱动下，盈利超过了一切，有些招聘求职网站平台将责任与用户的信任抛诸脑后。招聘企业和招聘平台“利益趋同”越走越近，作为网站用户的求职者逐渐沦落成三方权衡中的被动方，用户因此遭受财产损失或人身伤害而无人负责。2017年发生的网络平台求职大学生李文星之死案，让BOSS直聘走下神坛，成为网友讨伐的对象。互联网直聘平台业务不能成为“黑暗丛林”。无论BOSS直聘还是其他招聘平台，政府急需在审查机制上下狠手出重拳，促使平台企业对招聘企业进行审核，更要防止虚假企业甚至传销组织利用平台从事诈骗活动。招聘平台有责任有义务向用户提供真实准确的招聘信息。对平台的违法推送行为，依法追究法律责任。当然，作为直聘平台的用户和客户，也应当有法律保护意识，让网络骗局远离我们的生活与就业。

二、就业促进法

就业促进法，是指调整国家在实现充分就业、创造就业条件、扩大劳动就业的过程中产生的各种社会关系的法律规范的总称。劳动就业、招聘用工和促进就业涉及劳动者、用人单位和政府部门三方主体，特别是当前劳动者就业压力大、求职招聘信息不对称、防止虚假信息坑骗求职者等，成为社会发展急需解决的问题。对此，就业促进法规定了各级政府、用人单位以及职业中介组织三方的责任和义务，保证有关劳动就业的民生工程顺利进行。

自中华人民共和国成立以来，我国就重视促进就业的立法工作。《劳动法》将“就业促进”作为章节内容加以规定。《劳动法》规定，国家通过促进经济和社会发展，创造就业条件，扩大就业机会。国家鼓励企业、事业组织、社会团体在法律、行政法规规定的范围内兴办产业或者拓展经营，增加就业。2008 年 1 月 1 日实施的《就业促进法》，是一部落实《劳动法》“促进就业”任务的专门性立法。其以法律的形式来规定促进就业的各项规划和措施，包括国家劳动就业的方针和原则、制订促进就业的规划和计划、增加就业岗位、完善就业服务、加强职业教育和培训、提供就业援助、实施失业保护措施等。

此外，还有关于就业促进的单行法规，如《就业服务与就业管理规定》（2014 年修订）、《特种作业人员安全技术培训考核管理规定》（2010 年）等。

三、政府促进就业的基本职责

就业让劳动者创造财富，就业成就劳动者尊严，人民的满意度和幸福度都与就业有着直接关系。当国家出现高失业率，往往会演变成为社会动荡的最主要根源。因此，促进就业和治理失业是世界各国政府的重要职责。我国一直把扩大就业放在政府工作最突出位置。《就业促进法》规定，政府促进就业的主要职责有：

（一）制定促进就业的规划和政策的职责

县级以上人民政府把扩大就业作为经济和社会发展的重要目标，纳入国民经济和社会发展规划，并制订促进就业的中长期规划和年度工作计划。同时，县级以上人民政府通过发展经济和调整产业结构，实行有利于促进就业的产业政策、财政政策、税收政策等各项经济和社会政策，多渠道扩大就业、增加就业岗位。各级人民政府和有关部门应当建立促进就业的目标责任制。

（二）监管人力资源市场的职责

县级以上人民政府鼓励社会各方依法开展就业服务活动，加强对公共就业服务和职业中介服务的指导和监督，逐步完善覆盖城乡的就业服务体系。县级以上人民政府加强人力资源市场信息网络及相关设施建设，建立健全人力资源市场信息服务体系，完善市场信息发布制度。

（三）加强就业服务和管理的职责

县级以上人民政府应当培育和完善统一开放、竞争有序的人力资源市场，促进劳动力供给与需求的有效匹配；建立健全公共就业服务体系，为劳动者就业提供服务；制定政策并采取措施，建立健全就业援助制度，对困难人员给予扶持和帮助。

（四）提供职业教育和培训的职责

国家依法发展职业教育，鼓励开展职业培训，并通过制订实施职业能力开发计划，鼓励和支持培训机构和用人单位开展就业前培训、在职培训、再就业培训、职业资格培训和创业培训，以及建立健全劳动预备制度和实行职业资格证书制度等措施，促进劳动者提高职业技能，增强就业能力和创业能力。

（五）对就业困难人员提供就业援助的职责

各级人民政府建立健全就业援助制度，采取税费减免、贷款贴息、社会保险补贴、岗位补贴等办法，通过公益性岗位安置等途径，对就业困难人员实行优先扶持和重点帮助。

（六）监督检查的职责

县级以上人民政府按照促进就业目标责任制的要求，对所属有关部门和下一级人民政府进行考核和监督。审计机关、财政部门应当依法对就业专项资金的管理和使用情况进行监督检查。劳动行政部门应当对本法实施情况进行监督检查，建立举报制度，受理对违反本法行为的举报，并及时予以核实处理。

四、政府促进就业的政策

《就业促进法》规定，国家“坚持劳动者自主择业、市场调节就业、政府促进就业的方针，多渠道扩大就业。”促进社会就业离不开国家宏观政策的支持和引导。

（1）产业政策。国家鼓励各类企业在法律、法规规定的范围内，通过兴办产业或者拓展经营，增加就业岗位。国家鼓励发展劳动密集型产业、服务业，扶持中小企业，多渠道、多方式增加就业岗位。国家鼓励、支持、引导非公有制经济发展，扩大就业，增加就业岗位。

（2）经贸政策。国家发展国内外贸易和国际经济合作，拓宽就业渠道。

（3）投资政策。县级以上人民政府在安排政府投资和确定重大建设项目时，应当发挥投资和重大建设项目带动就业的作用，增加就业岗位。

（4）财政政策。国家实行有利于促进就业的财政政策，加大资金投入，改善就业环境，扩大就业。县级以上人民政府应当根据就业状况和就业工作目标，在财政预算中安排就业专项资金用于促进就业工作。就业专项资金用于职业介绍、职业培训、公益性岗位、职业技能鉴定、特定就业政策和社会保险等的补贴，小额贷款担保基金和微利项目的小额担保贷款贴息，以及扶持公共就业服务等。审计机关、财政部门应当依法对就业专项资金的管理和使用情况进行监督检查。

（5）失业保护政策。国家建立健全失业保险制度，依法确保失业人员的基本生活，并促进其实现就业。县级以上人民政府建立失业预警制度，对可能出现的较大规模的失业，实施预防、调节和控制。国家建立劳动力调查统计制度和就业登记、失业登记制度，开展劳动力资源和就业、失业状况调查统计，并公布调查统计结果。

（6）税费优惠政策。国家鼓励企业增加就业岗位，鼓励劳动者自主创业、自谋职业，扶持失业人员就业，对吸纳符合规定条件的失业人员达到规定要求的企业、失业人员创办的中小企业、安置残疾人员达到规定比例或者集中使用残疾人的企业，依法给予税收优惠。国家对从事个体经营的符合国家规定条件的失业人员和从事个体经营的残疾人，依法给予税收优惠，有关部门应当在经营场地等方面给予照顾，免除行政事业性收费。

【法律链接】　促进就业的重要措施

《就业促进法》第十七条规定，国家鼓励企业增加就业岗位，扶持失业人员和残疾人就业，对下列企业、人员依法给予税收优惠：

（1）吸纳符合国家规定条件的失业人员达到规定要求的企业；

（2）失业人员创办的中小企业；

（3）安置残疾人员达到规定比例或者集中使用残疾人的企业；

（4）从事个体经营的符合国家规定条件的失业人员；

（5）从事个体经营的残疾人；

（6）国务院规定给予税收优惠的其他企业、人员。

第十八条规定：对本法第十七条第四项、第五项规定的人员，有关部门应当在经营场地等方面给予照顾，免除行政事业性收费。

（7）金融政策。国家实行有利于促进就业的金融政策，增加中小企业的融资渠道；鼓励金融机构改进金融服务，加大对中小企业的信贷支持，并对自主创业人员在一定期限内给予小额信贷等扶持。

（8）城乡统筹政策。国家实行城乡统筹的就业政策，建立健全城乡劳动者平等就业的制度，引导农业富余劳动力有序转移就业。县级以上地方人民政府推进小城镇建设和加快县域经济发展，引导农业富余劳动力就地就近转移就业；在制定小城镇规划时，将本地区农业富余劳动力转移就业作为重要内容。县级以上地方人民政府引导农业富余劳动力有序向城市异地转移就业；劳动力输出地和输入地人民政府应当互相配合，改善农村劳动者进城就业的环境和条件。

（9）区域统筹政策。国家支持区域经济发展，鼓励区域协作，统筹协调不同地区就业的均衡增长。国家支持民族地区发展经济，扩大就业。

（10）群体统筹政策。各级人民政府统筹做好城镇新增劳动力就业、农业富余劳动力转移就业和失业人员就业工作。各级人民政府采取措施，逐步完善和实施与非全日制用工等灵活就业相适应的劳动和社会保险政策，为灵活就业人员提供帮助和服务。地方各级人民政府和有关部门应当加强对失业人员从事个体经营的指导，提供政策咨询、就业培训和开业指导等服务。

五、公平就业与就业歧视

【案例讨论】 原告诉称，其是上海同济大学土木工程学院结构工程专业2015级的一名研究生，2017年10月26日，被告来其学校招聘工程技术岗位员工，其向被告投递了求职简历。同年10月27日，其通过了面试，被告向其发来短信希望与其签订劳动合同。2017年11月16日，本校另有4位同学应邀到西安与被告签约。在签约前，被告要求原告体检。原告于2011年11月18日上午到医院进行了体检。根据体检结果，被告认为原告是乙肝病毒携带者，不予录用。原告认为被告不予录用理由违反法律法定，属于违法行为，并造成原告精神伤害及就业经济损失。为了维护其合法权益，请求依法判令：①确认被告为其检测乙肝表面抗原的行为违法；②由被告向其书面赔偿道歉；③承担往返机票、检查费和住宿费共计12 000元和精神抚慰金5 000元；④由被告承担本案的诉讼费。被告答辩声称，原告所诉属于劳动争议，不应当直接向人民法院起诉。原告患有乙肝，不具备应聘工作岗位对身体健康的基本要求，因此，单位未予录用。被告要求依法驳回原告的诉讼请求。根据案情，请回答下列问题：

（1）当事人可以就本案直接向人民法院起诉吗？为什么？

（2）被告方不录用原告的理由违法吗？

（一）公平就业与就业歧视

1. 公平就业

公平就业，是指劳动者享有平等的就业权利和就业机会，任何用人单位不得在就业方面歧视劳动者。在劳动就业市场中，公平就业与就业歧视的冲突长期存在。实行公平就业，反对就业歧视，保障劳动者的平等就业权利，这是世界各国劳动立法的惯例。《就业服务与就业管理规定》既保障用人单位依法享有自主用人的权利，也要求用人单位招用人员时应当向劳动者提供平等的就业机会和公平的就业条件。

2. 就业歧视

就业歧视，是指没有法律上的合法目的和原因，而基于种族、肤色、宗教、民族、性别、残障等原因，采取区别对待、排斥或者给予优惠等违反平等权的措施，侵害劳动者劳动权利的行为。其主要表现为，具有相同能力、教育、培训和经历并且最终表现出相同的劳动生产率的劳动者，由于一些非经济的个人特征引起的在就业、职业选择、职位提升、工资水平、接受培训等方面受到的不公正的待遇。

（二）就业歧视的法定情形与例外

1. 就业歧视的法定情形

对劳动者就业因民族、种族、性别、宗教信仰等不同而区别对待、排斥或者给予优惠等，属于就业歧视。基于劳动就业某些方面突出歧视问题，《就业促进法》和《就业服务与就业管理规定》等还规定下列为就业歧视：

（1）对残疾人的就业歧视行为。用人单位招用人员时，对劳动者因身体残疾而拒绝录用或降低劳动待遇的。

（2）对农村劳动者的就业歧视行为。对农村劳动者进城就业设置歧视性限制，侵犯农村劳动者进城就业享有与城镇劳动者平等的劳动权利。

（3）对病原携带者的就业歧视行为。《就业促进法》第三十条规定："用人单位招用人员，不得以是传染病病原携带者为由拒绝录用。但是，经医学鉴定传染病病原携带者在治愈前或者排除传染嫌疑前，不得从事法律、行政法规和国务院卫生行政部门规定禁止从事的易使传染病扩散的工作。"

【法律链接】　　乙肝表面抗原携带者的就业权利

《关于维护乙肝表面抗原携带者就业权利的意见》（劳社部发〔2007〕16号）规定，保护乙肝表面抗原携带者的就业权利，即除国家法律、行政法规和卫生部规定禁止从事的易使乙肝扩散的工作外，用人单位不得以劳动者携带乙肝表面抗原为理由拒绝招用或者辞退乙肝表面抗原携带者。同时，用人单位在招、用工过程中，可以根据实际需要将肝功能检查项目作为体检标准，但除国家法律、行政法规和卫生部规定禁止从事的工作外，不得强行将乙肝病毒血清学指标作为体检标准。相关单位负有注意保护乙肝表面抗原携带者的隐私权。

2. 就业歧视的例外

（1）依照法律、法规的规定，对部分岗位或者部分劳动者进行区别对待的。如劳动法规定，禁止安排女职工从事矿山井下、有毒有害或者超过法定劳动强度标准的工作。

（2）根据法律规定，职业岗位需要劳动者具有相应的资质，如教师、律师、导游等，劳动者没有相应的资格，则用人单位有权不予录用。对此，我国 2017 年 9 月实施的《关于公布国家职业资格目录的通知》以准入类职业资格作出了特别规定。

（3）按照就业政策，对特殊困难群体就业而给予扶持或者优惠。如根据《就业促进法》规定，对就业困难群体而采取的扶持或者优惠政策，不属于对非就业困难人员的就业歧视。

（三）公平就业的保障

为了保障就业公平，各级政府应当切实履行《就业促进法》关于公平就业的职责，不但从制度根源上消除就业歧视，而且还要运用劳动司法强化就业公平的落实。

用人单位招用人员、职业中介机构从事职业中介活动，应当向劳动者提供平等的就业机会和公平的就业条件，不得实施就业歧视。

受歧视者的权益可以通过行政执法和司法途径得到救济。《就业促进法》第六十二条规定：对就业歧视行为，劳动者有权向人民法院提起诉讼。

【案例评析】①被告理由不成立。《就业促进法》规定，对就业歧视行为，劳动者有权向人民法院提起诉讼。本案属于就业歧视案，因此人民法院依法对本案享有诉讼管辖权。被告要求驳回起诉的理由不成立。②被告不录用原告的理由违法。《就业促进法》规定：“用人单位招用人员，不得以是传染病病原携带者为由拒绝录用。但是，经医学鉴定传染病病原携带者在治愈前或者排除传染嫌疑前，不得从事法律、行政法规和国务院卫生行政部门规定禁止从事的易使传染病扩散的工作。”被告的工程技术工作岗位不属于法律禁止性的工作岗位。因此，被告拒绝录用行为构成就业歧视，给原告造成了经济损失和精神伤害，应当承担相应法律责任。

第二节　就业服务管理

就业成就劳动者幸福人生；人才成就用人单位财富增长。劳动者求职与用人单位招聘，不能只靠机缘巧合的偶然性，更需要社会提供规范的就业服务平台，以满足各方长期的不同需要。就业服务就是为人力资源市场的供需双方提供服务，其形式多样，按属性可分为公共就业服务、职业中介服务和用人单位招聘服务三大类型；按服务类型划分为劳动保障政策咨询服务、职业介绍服务、职业指导服务、职务培训服务、职业咨询指导、就业信息服务等。

为了规范就业服务行为，保障劳动者与用人单位权益，国家相关政府部门依法对就业服务事项进行指导和管理，主要涉及公共就业服务管理、就业援助服务管理、职业中介服务管理、用人单位招聘用工管理以及求职失业登记管理等。

【社会观察】　**“黑职业中介”的常见骗术**

骗术一：以虚假信息赚取登记费。非法中介组织通过在媒体刊登虚假广告或在街头巷尾张贴条件诱人的用人信息以吸引求职者，收取求职登记费。

骗术二：黑中介和空壳公司勾结诈骗求职者。一些中介机构和空壳公司串通起来，先骗取求职者的职介费，然后介绍到空壳公司，再收取保证金、服装费等。

骗术三：以“试工”为名骗取免费劳动力。由职业介绍机构与用人单位联手，由职业介绍机构不断发布用人信息，并从中赚取登记费、中介费；用人单位得到大量劳动力，并通过不停地“炒”试工者的“鱿鱼”，达到免费或廉价使用劳动者的目的。

骗术四：黑中介、用人单位和培训学校联手欺骗求职者。黑中介收取中介费后把求职者介绍到用人单位，用人单位以需要培训为名让求职者到指定学校参加培训，并交一定数量的培训费。求职者经培训上岗后，才知道所做的工作根本无法完成，不得不主动辞职。

一、公共就业服务的管理

公共就业服务，就是由政府设立公共就业服务机构并配备专兼职职业指导工作人员为劳动者免费提供的公益性就业服务活动。

（一）公共就业服务机构的性质

公共就业服务机构不得从事经营性活动。公共就业服务机构举办的就业服务和招聘会，不得向劳动者收取费用；公共就业服务机构为用人单位提供的服务，应当规范管理，在国家严格规定的范围内收取服务费用，具体项目由省级劳动保障行政部门会同相关部门规定。

公共就业服务经费纳入同级财政预算。

（二）公共就业服务机构的职责

（1）公共就业服务机构，应当根据政府确定的就业工作目标任务，制订就业服务计划，推动落实就业扶持政策，组织实施就业服务项目，为劳动者和用人单位提供就业服务，开展人力资源市场调查分析，并受劳动保障行政部门委托经办促进就业的相关事务。

（2）为劳动者免费提供服务。公共就业服务机构为劳动者免费提供公共就业服务。为劳动者提供服务项目主要有：就业政策法规咨询；职业供求信息、市场工资指导价位信息和职业培训信息发布；职业指导和职业介绍；对就业困难人员实施就业援助；办理就业登记、失业登记等事务；其他公共就业服务。

（3）为劳动者和用人单位提供服务。为用人单位提供的服务项目主要有：招聘用人指导服务代理招聘服务；跨地区人员招聘服务；企业人力资源管理咨询等专业性服务；劳动保障事务代理服务；为满足用人单位需求开发的其他就业服务项目。

（4）其他职责和任务。在劳动保障行政部门的指导下，组织实施劳动力资源的调查和就业、失业状况统计工作等。

【社会观察】　**劳动者的就业与择业**

劳动者应当树立正确的择业观念，提高就业能力和创业能力。劳动者依法享有自主择业的权利。

劳动者年满16周岁，有劳动能力且有就业愿望的，可凭本人身份证件，通过公共就业服务机构、职业中介机构介绍或直接联系用人单位等渠道求职。

劳动者求职时，应当如实向公共就业服务机构或职业中介机构、用人单位提供个人基本情况以及与应聘岗位直接相关的知识技能、工作经历、就业现状等情况，并出示相关证明。

二、就业援助服务的管理

就业援助，就是指政府对就业困难人员和零就业家庭实施特别的就业保障。其中，就业困难人员是指因身体状况、技能水平、家庭因素、失去土地等原因难以实现就业，以及连续失业一定时间仍未能实现就业的人员。零就业家庭是指法定劳动年龄内的家庭人员均处于失业状况的城市居民家庭。

根据法律规定，就业援助主要由公共就业服务机构承担和实施。国家特别就业保障是指政府采取税费减免、贷款贴息、社会保险补贴、岗位补贴等办法，通过公益性岗位安置等途径，对就业困难人员实行优先扶持和重点帮助。就业困难人员和零就业家庭可以向所在地街道、社区公共就业服务机构申请就业援助。经街道、社区公共就业服务机构确认属实的，纳入就业援助范围。

1. 公益性岗位安置

政府投资开发的公益性岗位，应当优先安排符合岗位要求的就业困难人员。被安排在公益性岗位工作的，按照国家规定给予岗位补贴。地方各级人民政府为就业困难人员提供有针对性的就业服务和公益性岗位援助；鼓励和支持社会各方面为就业困难人员提供技能培训、岗位信息等服务。

2. 对零就业家庭的就业援助

县级以上地方人民政府确保城市有就业需求的家庭至少有一人实现就业。零就业家庭可以向住所地街道、社区公共就业服务机构申请就业援助。街道、社区公共就业服务机构经确认属实的，应当为该家庭中至少一人提供适当的就业岗位。

三、职业中介服务的管理

【案例讨论】通过中铭公司在网上发布招聘用工的信息，赵雅恪于2014年10月3日与中铭公司签订《岗位实训就业安置咨询协议书》。协议规定：“中铭公司为赵雅恪提供兴业银行数据录入岗位实训并提供用人单位招聘流程服务以实现就业安置；中铭公司收取赵雅恪岗位实训就业安置费25 000元。若协议期内无法安排赵雅恪实现协议上岗的，中铭公司应将费用全额退付给赵雅恪，赵雅恪有权终止协议并要求中铭公司退付全部费用。合同期间自2014年10月2日起至2014年12月2日止。”在协议的履行过程中，中铭公司未能按协议约定将赵雅恪安排在兴业银行数据录入岗位就业，而是安排在第三方即北方信息技术股份有限公司工作。赵雅恪在该单位工作了1个月后，以中铭公司不能按合同约定履行就业安置为由单位辞职，并要求中铭公司退还实训就业安置费。中铭公司认为赵雅恪违约，拒绝退还相关费用。经劳动者投诉后，劳动保障监察大队还调查核实，中铭公司的经营范围中并不包括职业介绍内容。根据《就业促进法》规定，请回答下列问题：

（1）中铭公司应当退还收取劳动者的相关费用吗？

（2）劳动保障监察大队应当如何处理本案？

职业中介服务，是指由经营性的职业中介机构提供的有偿就业服务。职业中介机构，是指由法人、其他组织和公民个人依法举办，为用人单位招用人员和劳动者求职提供中介服务以及其他相关服务的经营性组织。

职业中介机构主要业务有：为劳动者介绍用人单位；为用人单位和居民家庭推荐

劳动者；开展职业指导、人力资源管理咨询服务；收集和发布职业供求信息；根据国家有关规定从事互联网职业信息服务；组织职业招聘洽谈会；经劳动保障行政部门核准的其他服务项目。职业中介机构提供中介就业服务活动，应当遵守《就业服务与就业管理规定》等规定。职业中介机构提供公益性就业服务的，可以按照规定获得政府给予的补贴。对职业中介机构的违法行为，由劳动保障监察机构进行监督检查。

【律师提示】　　求职者如何防范“黑中介”

第一，核实职业介绍单位是否有职业中介许可证和营业执照；

第二，核实其招聘人员是否持有经过职业资格培训的职业资格上岗证；

第三，核实单位是否有物价局批准的收费公示资料；

第四，核实其收费时是否出示有明确项目的收据。

（一）行政许可制度

设立职业中介机构，应当依法办理行政许可，即开办职业中介机构的单位或个人，应向当地县级以上劳动行政部门提出申请，由劳动行政部门审查批准，取得职业中介许可证。

获得职业中介许可证的职业中介机构，应当持许可证向工商行政管理部门办理登记。地方各级人民政府和有关部门不得举办或者与他人联合举办经营性的职业中介机构。

国家对外商投资职业中介机构和向劳动者提供境外就业服务的职业中介机构另有规定的，依照其规定。

劳动行政部门对经批准开办的职业介绍机构实行年度审验。

（二）设立职业中介机构的条件

（1）有明确的章程和管理制度。

（2）有开展业务必备的固定场所、办公设施和一定数额的开办资金。

（3）有一定数量具备相应职业资格的专职工作人员。

（4）法律、法规规定的其他条件。

未经职业中介许可和工商行政管理登记，擅自从事职业中介活动的单位或个人，视为违法行为。对此，依据《就业促进法》第六十四条规定，由劳动行政部门或者其他主管部门予以关闭；有违法所得的，没收违法所得，并处 1 万元以上 5 万元以下的罚款。

（三）职业中介服务规则

职业介绍机构的工作人员应按规定持有职业资格证书。职业中介机构应当在服务场所明示营业执照、职业中介许可证、服务项目、收费标准、监督机关名称和监督电话等，接受劳动行政部门的监督检查。

从事职业中介活动，应当遵循合法、诚实信用、公平、公开的原则。禁止任何组织或者个人利用职业中介活动侵害劳动者的合法权益。职业中介机构提供职业中介服务不成功的，应当退还向劳动者收取的中介服务费。职业中介机构应当对提供招聘服务的用人单位的主体资格和招用人员简章的真实性进行核实。

【知识拓展】 **单位招聘用工须提供的证件**

用人单位委托公共就业服务机构或职业中介机构招用人员，或者参加招聘洽谈会招聘劳动者。在办理委托招聘或直接招聘时，用人单位应当提供招用人员简章，并出示营业执照（副本）或者有关部门批准其设立的文件、经办人的身份证件和受用人单位委托的证明。求职人员应当核实证件的真实性、合法性，以防受骗上当。

（四）职业中介机构禁止行为

（1）提供虚假就业信息；

（2）发布的就业信息中包含歧视性内容；

（3）伪造、涂改、转让职业中介许可证；

（4）为无合法证照的用人单位提供职业中介服务；介绍未满16周岁的未成年人就业；为无合法身份证件的劳动者提供职业中介服务；

（5）介绍劳动者从事法律、法规禁止从事的职业；

（6）扣押劳动者的居民身份证和其他证件，或者向劳动者收取押金；

（7）以暴力、胁迫、欺诈等方式进行职业中介活动；

（8）超出核准的业务范围经营；

（9）其他违反法律、法规规定的行为。

职业中介所列的禁止行为，助长利用职业中介从事违法犯罪活动，要么损害劳动者权益，要么损害招工单位利益，其结果必然严重扰乱职业中介秩序。因此，《就业服务与就业管理规定》将其列为职业中介禁止行为，并做出了处罚性规定。

四、用人单位招工的管理

用人单位依法享有自主招工和自主用人的权利。用人单位的招工行为不但涉及单位自身利益，还涉及劳动者权益以及社会就业秩序，所以单位招工必需遵守《就业服务与就业管理规定》等规定。

用人单位可以依法通过委托公共就业服务机构或职业中介机构、参加职业招聘洽谈会、委托报纸、广播、电视、互联网站等大众传播媒介发布招聘信息，利用本企业场所、企业网站等自有途径发布招聘信息以及其他合法途径自主招用人员。

为了保护求职者的基本权益，依据《就业服务与就业管理规定》等规定，用人单位招工应当遵守下列法律义务：

（1）招用人员简章应当包括用人单位基本情况、招用人数、工作内容、招录条件、劳动报酬、福利待遇、社会保险等内容，以及法律、法规规定的其他内容。

（2）用人单位通过报刊、广播、电视等大众传播媒介发布招用人员广告，须经当地劳动行政部门审核并按有关规定办理。用人单位发布的招用人员简章或招聘广告，不得包含歧视性内容。

（3）用人单位招用人员时，应当依法如实告知劳动者有关工作内容、工作条件、工作地点、职业危害、安全生产状况、劳动报酬以及劳动者要求了解的其他情况。用人单位应当根据劳动者的要求，及时向其反馈是否录用的情况。

（4）用人单位应当对劳动者的个人资料予以保密。公开劳动者的个人资料信息和使用劳动者的技术、智力成果，须经劳动者本人书面同意。

(5) 用人单位招用从事涉及公共安全、人身健康、生命财产安全等特殊工种的劳动者，应当依法招用持相应工种职业资格证书的人员；招用未持相应工种职业资格证书人员的，须组织其在上岗前参加专门培训，使其取得职业资格证书后方可上岗。

(6) 用人单位招用人员不得有下列行为：①提供虚假招聘信息，发布虚假招聘广告；②扣押被录用人员的居民身份证和其他证件；③以担保或者其他名义向劳动者收取财物；④招用未满16周岁的未成年人；⑤招用无合法身份证件的人员；⑥以招用人员为名牟取不正当利益或进行其他违法活动；⑦用人单位不得以诋毁其他用人单位信誉、商业贿赂等不正当手段招聘人员；⑧国家法律、行政法规规定其他的禁止性行为。

【案例评析】(1)《中华人民共和国就业促进法》中明确规定，设立职业中介机构，应当依法办理行政许可。经许可的职业中介机构，应当向工商行政部门办理登记。未经依法许可和登记的机构，不得从事职业中介活动。现中铭公司未提交证据证明其已取得劳动行政部门颁发的从事职业中介的行政许可及向工商行政部门办理以职业中介作为经营内容的工商登记事实，故中铭公司与赵雅恪于2014年10月3日所签订的《岗位实训就业安置咨询协议书》违反了法律的强制性规定，应为无效，中铭公司据此收取赵雅恪的25 000元，依法应当予以返还。

(2) 对于中铭公司未取得职业中介许可和工商行政管理登记，擅自从事职业中介活动的单位或个人，视为违法行为。依据《就业促进法》第六十四条规定，由劳动行政部门或者其他主管部门予以关闭；有违法所得的，没收违法所得，并处1万元以上5万元以下的罚款。

五、就业与失业登记的管理

为了准确掌握劳动力资源使用及分布情况，为了劳动者的社会保险、入户积分登记等提供信息，依据《就业服务与就业管理规定》等规定，公共就业服务机构在劳动行政部门的指导下，负责就业登记与失业登记工作，组织实施劳动力资源调查和就业、失业状况统计工作。登记机构应向劳动者免费发放就业登记和失业登记，并注明可享受的相应扶持政策。

（一）就业登记管理

1. 就业登记的申办主体。当劳动者被用人单位招用的，由用人单位为劳动者办理就业登记。用人单位招用劳动者和与劳动者终止或者解除劳动关系，作为就业登记申办主体应当到当地公共就业服务机构备案，为劳动者办理就业登记手续。

劳动者进行失业登记时，须持本人身份证件和证明原身份的有关证明；有单位就业经历的，还须持与原单位终止、解除劳动关系或者解聘的证明。

2. 就业登记的时间。用人单位招用人员后，应当于录用之日起30日内办理登记手续；用人单位与职工终止或者解除劳动关系后，应当于15日内办理登记手续。用人单位违反规定，未及时为劳动者办理就业登记手续的，由劳动保障行政部门责令改正，并可处以1 000元以下的罚款。

（二）失业登记管理

1. 失业登记的申办主体。在法定劳动年龄内，有劳动能力，有就业要求，处于无业状态的城镇常住人员为失业登记的申办主体，可以到常住地的公共就业服务机构进行失业登记。劳动者进行失业登记时，须持本人身份证件和证明原身份的有关证明；有单位就业经历的，还须持与原单位终止、解除劳动关系或者解聘的证明。失业登记的失业人员有：

（1）年满 16 周岁，从各类学校毕业、肄业的；

（2）从企业、机关、事业单位等各类用人单位失业的；

（3）个体工商户业主或私营企业业主停业、破产停止经营的；

（4）承包土地被征用，符合当地规定条件的；

（5）军人退出现役、且未纳入国家统一安置的；

（6）刑满释放、假释、监外执行或解除劳动教养的；

（7）各地确定的其他失业人员。

2. 失业登记的主要作用

（1）登记失业人员凭登记证享受公共就业服务和就业扶持政策；

（2）登记失业人员符合条件的，可以申领失业保险金；

（3）登记失业人员依照规定享有免费参加公共就业服务机构所安排的就业培训。

3. 失业登记的注销管理

登记失业人员出现下列情形之一的，由公共就业服务机构注销其失业登记：

（1）被用人单位录用的；

（2）从事个体经营或创办企业，并领取工商营业执照的；

（3）已从事有稳定收入的劳动，并且月收入不低于当地最低工资标准的；

（4）已享受基本养老保险待遇的；

（5）完全丧失劳动能力的；

（6）入学、服兵役、移居境外的；

（7）被判刑收监执行或被劳动教养的；

（8）终止就业要求或拒绝接受公共就业服务的；

（9）连续 6 个月未与公共就业服务机构联系的；

（10）已进行就业登记的其他人员或各地规定的其他情形。

第三节　职业资格培训考核管理

随着科学技术的发展和社会文明的进步，对劳动者的职业技能和职业道德都提出了更高的要求，建立和完善以就业为导向的职业资格培训体制成为社会的迫切需要。职业资格培训成为提高劳动者就业能力和创业能力的重要途径，也是促进经济、社会发展和劳动就业的重要措施。劳动者享有接受职业资格培训的权利，推动职业资格培训是国家和政府就业促进工作的重要职责。《劳动法》规定，国家确定职业分类，对规定的职业制定职业技能标准，实行职业资格证书制度，由经备案的考核鉴定机构负责对劳动者实施职业技能考核鉴定。国家劳动保障监察机构对职业技能培训机构和职业技能考核鉴定机构遵守国家有关职业技能培训和职业技能考核鉴定的规定进行监督检查。

一、职业资格管理

职业无贵贱之分，但有操作难易之别，社会责任大小之分。国家实行职业资格管理，包括“从业资格证书”和“执业资格证书”的考核、发证、复审等管理。职业资格证书是劳动者求职、任职、开业的资格凭证，是用人单位招聘、录用劳动者的主要依据，也是境外就业、对外劳务合作人员办理技能水平公证的有效证件。劳动者应依法参加培训并通过考核方能取得相关证书。

（一）职业资格

职业资格是对从事某一职业所必备的学识、技术和能力的基本要求。职业资格与学历文凭不同，学历文凭主要反映学生学习的经历，是文化理论知识水平的证明。职业资格与职业劳动的具体要求密切结合，更直接、更准确地反映了特定职业的实际工作标准和操作规范，以及劳动者从事该职业所达到的实际工作能力水平。国家职业资格目录管理将职业资格分为准入类职业资格和水平评价类职业资格两种类型。

（1）准入类职业资格，是指从事某一专业（工种）学识、技术和能力的起点标准。它所涉职业（工种）必须关系公共利益或涉及国家安全、公共安全、人身健康、生命财产安全，且必须有法律法规或国务院决定作为依据。准入类职业资格实行与国家准许类职业资格管理的行业的就业创业挂钩。

（2）水平评价类职业，是指政府对某些责任较大，社会通用性强，关系公共利益的专业（工种）实行准入控制，是依法独立开业或从事某一特定专业（工种）学识、技术和能力的必备标准，它不是劳动者就业创业的前提条件。

（二）职业资格证

职业资格证是指按照国家制定的职业技能标准或任职资格条件，通过政府认定的考核鉴定机构，对劳动者的技能水平或职业资格进行客观公正、科学规范的评价和鉴定，对合格者授予相应的国家职业资格证书。职业资格证书是证书持有人专业水平能力的证明，包括《从业资格证书》和《执业资格证书》。它们可作为求职、就业的凭证和从事特定专业的法定注册凭证。

《劳动法》和《职业教育法》都规定，国家实行职业资格证书制度。《就业促进法》规定，国家对从事涉及公共安全、人身健康、生命财产安全等特殊工种的劳动者，实行职业资格证书制度。《关于大力推进职业资格证书制度建设的若干意见》要求，严格实行就业准入政策；将职业资格证书作为有关从业人员办理就业手续的必要凭证；使职业资格证书成为企业劳动工资管理的重要依据和工具。

（三）国家职业资格目录管理

建立国家职业资格目录，有利于明确政府管理的职业资格范围，有利于规范考试、鉴定、培训、发证等活动。根据《人力资源社会保障部关于公布国家职业资格目录的通知》（人社部发〔2017〕68 号）规定，国家对职业资格目录实行严格管理，具体如下：

（1）国家职业资格目录实行清单式管理，目录之外一律不得许可和认定职业资格。目录接受社会监督，保持相对稳定，实行动态调整。今后职业资格设置、取消及纳入、退出目录，须由人力资源社会保障部会同国务院有关部门组织专家进行评估论证、新设职业资格应当遵守《国务院关于严格控制新设行政许可的通知》（国发〔2013〕39

号）规定并广泛听取社会意见后，按程序报经国务院批准。

（2）人力资源社会保障部门要加强监督管理，各地区、各部门未经批准不得在目录之外自行设置国家职业资格，严禁在目录之外开展职业资格许可和认定工作。对资格资质持有人因不具备应有职业水平导致重大过失的，负责许可认定的单位也要承担相应责任。

【社会观察】 **国家职业资格的认定与管理**

2017年9月，国家发布实施了《关于公布国家职业资格目录的通知》。其将职业资格分为专业技术职业资格和技能人员职业资格。前者共计59项，包括准入类36项、水平评价类23项；后者共计81项，包括准入类5项、水平评价类76项。准入类职业资格，关系公共利益或涉及国家安全、公共安全、人身健康、生命财产安全，均有法律法规或国务院决定作为依据；水平评价类职业资格，具有较强的专业性和社会通用性，技术技能要求较高，行业管理和人才队伍建设确实需要。

为了防止职业资格考试过滥，《关于公布国家职业资格目录的通知》强调目录之外一律不得许可和认定职业资格；目录之内除准入类职业资格外，其他一律不得与就业创业挂钩。

二、特种作业管理

为规范特种作业人员的安全技术培训、考核、发证工作，防止人员伤亡事故，促进安全生产，国家安全生产监督管理总局颁布实施了《特种作业人员安全技术培训考核管理规定》（2015年修订）。其对特种作业的岗位种类、人员培训、考核、发证等做了规定，并适用于中国境内一切涉及特种作业的单位和特种作业人员。

（一）特种作业

特种作业是指容易发生人员伤亡事故，对操作者本人、他人及周围设施的安全有重大危害的作业。

特种作业的范围由特种作业目录规定，主要有电工作业，金属焊接切割作业，起重机械（含电梯）作业，企业内机动车辆驾驶，登高架设作业，锅炉作业（含水质化验），压力容器操作，制冷作业，爆破作业，矿山通风作业（含瓦斯检验），矿山排水作业（含尾矿坝作业），国家规定的其他作业。

（二）特种作业主管机关

国家安全生产监督管理总局（以下简称安全监管总局）指导、监督全国特种作业人员的安全技术培训、考核、发证、复审工作；省、自治区、直辖市人民政府安全生产监督管理部门指导、监督本行政区域特种作业人员的安全技术培训工作，负责本行政区域特种作业人员的考核、发证、复审工作；县级以上地方人民政府安全生产监督管理部门负责监督检查本行政区域特种作业人员的安全技术培训和持证上岗工作。

国家煤矿安全监察局（以下简称煤矿安监局）指导、监督全国煤矿特种作业人员（含煤矿矿井使用的特种设备作业人员）的安全技术培训、考核、发证、复审工作；省、自治区、直辖市人民政府负责煤矿特种作业人员考核发证工作的部门或者指定的机构指导、监督本行政区域煤矿特种作业人员的安全技术培训工作，负责本行政区域煤矿特种作业人员的考核、发证、复审工作。

（三）特种作业人员管理

特种作业人员是指直接从事特种作业的人员。特种作业人员必须具备以下条件：

（1）年龄满 18 周岁；

（2）身体健康，无妨碍从事相应工种作业的疾病和生理缺陷；

（3）初中以上文化程度，但危险化学品作业人员为高中或同等以上学历；

（4）符合相应工种作业特点需要的其他条件。

特种作业人员必须经专门的安全技术培训并考核合格，取得“中华人民共和国特种作业操作证”（以下简称“特种作业操作证”）后，方可上岗作业。

离开特种作业岗位达 6 个月以上的特种作业人员，应当重新进行实际操作考核，经确认合格后方可上岗作业。

（四）特种作业操作证管理

1. 特种作业操作证的复审管理

特种作业操作证在全国通用，每 2 年复审一次。连续从事本工种 10 年以上的，经用人单位进行知识更新教育后，复审时间可延长为每 4 年一次。

2. 特种作业操作证的失效管理

特种作业操作证失效情形：再复审仍不合格或未按期复审的；违章操作造成严重后果或违章操作记录达 3 次以上的；弄虚作假骗取特种作业操作证的；经确认健康状况已不适宜继续从事所规定的特种作业的。

三、职业技能培训的单位

根据《职业教育法》等规定，职业技能培训实施的主体限定为职业院校、职业资格培训机构和用人单位三类；其他单位和个人，不得向社会开展营利性培训活动。

（一）职业院校

《就业促进法》所称的职业院校，包括职业中学、技工学校、高等职业技术学院、成人高等学校和民办学校。国务院《决定》提出，每个市（地）都要重点建设一所高等职业技术学院和若干所中等职业学校。每个县（市、区）都要重点办好一所起骨干示范作用的职教中心（中等职业学校）。乡镇要依托各种文化技术学校及其他培训机构开展职业教育和培训。

（二）职业技能培训机构

职业技能培训机构，过去称为职业培训实体，包括由政府劳动行政部门举办的就业训练中心和由其他社会组织或个人举办的职业培训实体。

《就业促进法》特别强调，职业院校、职业技能培训机构与企业应当密切联系，实行产教结合，为经济建设服务，培养实用人才和熟练劳动者。

（三）用人单位

用人单位应当建立职业培训制度，有计划地对本单位的职工和准备录用的人员实施职业教育，提高职工素质。企业有责任接受职业院校学生实习和教师实践，政府对支付实习学生报酬的企业，给予相应税收优惠。

国务院《决定》规定，企业应当按照国家有关规定提取职工教育经费，一般按照职工工资总额的 1.5%~2.5%足额提取，用于对劳动者进行职业资格培训和继续教育培训，因此产生的费用列为企业成本开支。

【案例链接】

赵某高中毕业后，在杭州某酒店做服务员。2017 年 9 月，赵某决定回家乡进行创业，决定向工作了两年的单位提出辞职。鉴于赵某平时努力工作，单位再三挽留不住，同意办理辞职手续。但是在结算工资收入时，双方发生了争议，原来酒店在录用赵某时进行了培训，并收取了培训费 1 600 元，但口头承诺解除劳动合同时全额退还。而办理手续时，声称员工通过培训获得了专业知识和劳动技能，酒店不同意退还。无奈，赵某求助于市劳动保险监察大队。劳动保险监察大队通过调查，发现酒店没有培训资质，所谓的培训也是单位内部两天基本业务知识的培训，依据法律规定此项培训属单位法定义务。劳动保险监察大队于是下达酒店纠正违法行为，退还劳动者培训费，并给予其 1 000 元的行政处罚。

四、职业培训的主要形式

国家有关政府部门加强统筹协调，鼓励和支持各类职业院校、职业资格培训机构和用人单位依法开展就业前培训、在职培训、再就业培训和创业培训；鼓励劳动者参加各种形式的培训。因此，职业培训的主要形式有：

（一）就业前培训

就业前培训，是指在求职者上岗前所进行的初始培训，目的是使还没有就业的劳动者能够就业，对将要从事的工作具备基本的职业能力，能够上岗从事某项具体的工作。因此，又可称之为就业培训。就业前培训主要包括：劳动预备制培训、大学生就业前培训、特种岗位的上岗前培训、进城务工劳动者技能培训等。

（二）在职培训

在职培训，是指劳动者在就业后，主要由用人单位举办并承担费用，对本单位在职职工所进行的培训，通常采取脱产、半脱产和业余培训的方式进行。

（三）再就业培训

再就业培训，也称转业培训，是指对失业人员和其他需要转换职业的劳动者，进行新的职业技能的培训。《就业促进法》规定，失业人员参加就业培训的，按照有关规定享受政府培训补贴。

（四）创业培训

创业培训，就是为自主创业、自谋职业的劳动者所进行的提高其创业能力的培训。劳动者通过创业培训，增强创业能力，从而以自主创业的方式实现就业。国家鼓励劳动者自主创业、自谋职业。

实训项目

一、改错题

1. 对就业歧视行为，劳动者有权向人民法院提起诉讼。

2. 公共就业服务机构举办的就业服务和招聘会，可以向劳动者和用人单位收取费用。

3. 职业中介机构提供职业中介服务即使不成功，都不必向劳动者退还所收取的中介服务费。

4. 就业援助是指政府对就业困难人员、零就业家庭和失业人员等所实施特别的就业保障活动。

5. 离开特种作业岗位达 12 个月以上的特种作业人员，应当重新进行实际操作考核，经确认合格后方可上岗作业。

二、案例分析题

（一）2017 年 10 月，张某成为箭牌糖果口香糖有限公司（以下简称箭牌公司）的职工。箭牌公司将其派遣往北京多多企业顾问有限公司（以下简称多多公司）从事客户专访工作，其派遣协议中规定“若劳动者被多多公司退回的，公司有权解除劳动合同”。在此岗位工作 6 个月后，张某就被多多公司退回箭牌公司，理由是张某被查出患有乙肝小三阳携带乙肝病毒。接到通知后，张某向用人单位和用工单位都申辩其肝功能正常，不会在工作中给他人造成危害，要求继续履行劳动合同，但遭到两家公司的拒绝。被解除劳动合同的张某，被逼无奈，随即向当地人民法院提起了诉讼，要求确认用人单位和用工单位解除合同的行为侵犯了自己的就业权，构成了就业歧视，请求判令被申请人赔礼道歉，并支付工资损失和精神损害等共计 5 万余元。多多公司声称仅是退回员工，不存在解除劳动合同的行为；箭牌公司声称是依据派遣协议解除劳动合同的。因此，两家公司都认为自己不存在就业歧视行为，不应承担法律责任。

根据劳动法规定，箭牌公司和多多公司侵犯了张某的就业权吗？为什么？

（二）邓某（女）在 BOSS 直聘平台查询手挽手公司发布的文秘职位的广告，内容为“任职资格：女，大专学历，文秘专业，年龄 22~35 岁，身体健康，月薪 8 000 元。邓某认为自己符合条件，有三年的工作经历，能够胜任。2014 年 9 月 24 日向手挽手公司在线投出简历。根据手挽手公司的要求，通过简历审核的邓某向公司负责人的账号提交了 16 000 元的工作保证金。邓某到手挽手公司上班时发现其地址不对，公司的联系电话也处理关闭状态。随后，邓某查询 BOSS 直聘平台的手挽手公司所有信息均为虚假信息。邓某要求 BOSS 直聘平台承担赔偿责任被拒绝，其原因是 BOSS 直聘平台所提供网络服务属于无偿服务，而且其页面表明所有信息的真实性、合法性由用户自行审核。

遭受经济损失的邓某，应当向谁主张赔偿责任？为什么？

第三章 劳动合同法实务

【导入案例】

未签订书面劳动合同纠纷案

2015 年 8 月 18 日，毕某入职重庆市某旅游休闲用品有限公司（以下简称公司）并担任管理工作，但双方没有签订书面劳动合同。公司支付毕某的每月工资有：基本工资 3 000 元、绩效工资 2 780 元、单位社会保险金 1 600 元、福利补贴 850 元以及加班工资等，每月共计 10 000 元。公司每月从其工资中扣除水电、伙食费 250 元。次年 1 月 10 日，在公司口头通知毕某解除劳动合同时，双方产生劳动争议纠纷。

2016 年 3 月 14 日，对毕某就公司提起的劳动争议仲裁案，劳动争议仲裁委员会开庭审理，裁决如下：①双方解除劳动关系；②被申请人即公司支付申请人自用工之日起，超过一个月未签订劳动合同的（4 个月）双倍工资共计 4 万元（另一倍申请人当月已领取）；③被申请人支付申请人经济补偿金 5 千元（2015 年 8 月至 2016 年 1 月 14 日）；④被申请人为申请人办理劳动期间的社会保险；⑤驳回申请人的其他请求。

由于对仲裁裁决不服，双方均以原告身份向当地人民法院提起劳动争议诉讼。一审法院开庭审理，并对本案劳动争议焦点问题进行了法理分析：

（1）关于未签订书面劳动合同的责任问题。公司没有提交证据证明毕某系公司董事会聘用的总经理，且公司所提交的法定代表人身份证明书还表明公司总经理系应某。毕某也主张系公司一名高级管理人员而非公司总经理，公司没有向其发放总经理任命聘书。法院认为，双方当事人之间存在事实劳动关系，作为用人单位既不能举证证明毕某的职责范围包括订立劳动合同的人事管理，也没有证据证明公司向毕某提出签订劳动合同而被拒绝的事实。因此，对于双方没有签订书面劳动合同的事实，毕某没有过错。依据劳动法规定，自用工之日起一个月内未与劳动者签订书面劳动合同的，用人单位应当承担责任期间双倍工资处罚的不利法律后果。

（2）关于劳动者工资 10 000 元中是否包含公司的社会保险费问题。通过双方提供的工资表，表明公司按照每月社会保险费 1 600 元直接支付给劳动者，而且劳动者每月也在该工资表中签名认可。这不但表明双方之间已形成的事实劳动关系，而且劳动者已从公司处领取工资及公司把社会保险费直接支付给劳动者的事实。因此，劳动者每月工资为 8 400 元。公司承担双倍工资的处罚责任为 33 600 元（8 400 元×4 月）。

（3）关于解除劳动合同是否承担经济补偿金问题。公司在没有与劳动者进行协商的情况下，也没有履行相关的法定程序，即口头通知劳动者解除劳动关系，系违法解除行为，应承担经济赔偿责任。劳动者要求公司支付非法解除劳动合同的双倍经济赔偿金，虽然没有经过劳动仲裁，但系基于同一法律事实，为便于解决当事人的诉累，本案可一并处理。结合该案的事实，公司应支付劳动者双倍经济赔偿金即8 400元。

(4) 关于用人单位在工资中支付社会保险费，由劳动者自行办理社会保险问题。根据《劳动合同法》第二十六条第（二）项规定：用人单位免除自己的法定责任、排除劳动者权利的，劳动合同无效或者部分无效。用人单位在工资中支付社会保险费，免除其所承担的社会保险责任，属于无效行为。劳动者应当退回用人单位工资中所支付的社会保险费。用人单位应按照保险经办机构核准的数额依法为劳动者缴纳相应的社会保险。

最终，人民法院判决：原告即用人单位于本判决生效之日起十日内支付被告即劳动者毕某双倍工资处罚差额33 600元和经济赔偿金8 400元。对此判决，双方当事人均未提起上诉。

第一节　劳动合同法概述

一、劳动合同的概念

(一) 劳动合同

劳动合同是指劳动者和用人单位之间依法协商一致所订立的明确双方劳动权利和劳动义务的协议。《劳动法》第十六条规定："劳动合同是劳动者与用人单位之间确立劳动关系、明确双方权利和义务的协议。"劳动合同是双方当事人的劳动权利和劳动义务的重要依据，不但有助于劳动用工的顺利进行，还有助于劳动争议的化解。

劳动合同涉及劳动者和用人单位双方经济利益，为了防止劳动纠纷的出现，当事人应当选择书面形式并且要求合同内容完整准确。在劳动司法实践中，因没有书面劳动合同或者劳动合同内容不规范，导致出现劳动争议，使双方当事人劳动关系紧张甚至引发冲突。各种"带病"问题劳动合同的出现，有多种原因，但缺乏劳动法律保护意识是最主要的根源。在签订劳动合同时，劳动者"粗心大意"而遭遇"合同陷阱"，因此承担较重的劳动义务或违约责任。用人单位人力资源管理不规范，随意签订劳动合同，导致劳动司法过程中举证不力而承担经济处罚责任。因此，强化劳动合同法律意识，遵守劳动合同法律法规，无论是劳动者还是用人单位都有避免劳动纠纷的现实意义。

【社会观察】　　常见侵犯劳动者权益的"问题"劳动合同

①口头合同。用人单位与劳动者双方只有口头承诺，没有书面合同文件。一旦发生纠纷，空口无凭；②简易合同。劳动合同内容过于简单，缺少基本条款，没有具体规定义务，致使合同履行出现困难；③霸王合同。用人单位根据自身利益拟定，强调用人单位的权利和劳动者义务，合同内容模糊，单位往往享有解释权；④抵押合同。用人单位要求劳动者上班前提交证件、财产等，在劳动者解除劳动关系时，单位就以种种理由不退还抵押财物。⑤阴阳合同。用人单位有两份合同，一份是合法规范的假合同，仅由用人单位持有以应付执法检查，但实际上并不执行。另一份是不规范不合法的真合同，由双方持有且实际执行；⑥奴隶合同。用人单位在合同中拟定苛刻的条件，要求劳动者必须遵守苛刻的"厂规厂纪"，

服从单位加班加点要求，强迫劳动，剥夺了劳动者的休息权、休假权、人身自由等；⑦生死合同。用人单位为了逃避责任，在劳动合同中要求劳动者承诺“伤病自理，如有意外企业概不负责”等。

（二）劳动合同的特征

劳动关系双方当事人是民事主体，劳动合同属于民事合同，自然具有民事合同法律的基本特征，如合同须双方当事人意思一致，合同以设立、变更和终止民事权利义务关系为目的。因此，劳动合同在相当长的时间内由民法或合同法进行调整。但劳动合同反映的是劳动关系，而劳动关系又具有区别于一般民事关系的人身性、经济性和隶属性等特点，因此劳动合同有着自身独有的特征：

（1）劳动合同主体的特定性。劳动合同双方主体是特定的，一方是劳动者另一方是用人单位。在我国，凡是依法成立的企业单位、事业单位、国家机关、社会团体和个体经济组织等都可以成为劳动合同中的用人单位；凡是年满 16 周岁的公民都可以成为劳动者，法律另有规定的除外。对此，第一章中的“劳动者与用人单位”做出了详细的说明。

（2）劳动合同双方地位的特殊性。劳动者与用人单位在签订劳动合同时，双方当事人法律地位是平等的，因此可以就劳动合同的内容进行协商。在劳动合同履行过程中，双方当事人因职责差异而具有身份上的不平等性。劳动者是用人单位的职工，必须服从单位管理，遵守单位的劳动纪律和规章制度。相反，用人单位成为职工的管理者、指挥者和考核者。

（3）劳动合同的不自由性。为了保护处于弱势地位劳动者的权益，双方当事人不得随意签订劳动合同，用人单位所承担的劳动义务不得违反相关基准法律规定，如最低工资制度、休息休假制度、劳动安全卫生制度、社会保险制度等。否则，不但劳动合同或者相关条款无效，而且用人单位还要承担法律责任。同时，在劳动合同履行时，劳动者必须亲自履行，不能委托他人代替自己履行义务。

（4）劳动合同可能涉及第三人的物质利益。劳动合同内容除了当事人的权利与义务外，还可能因劳务派遣、业务履行而涉及第三方利益。在某些情况下，劳动者的直系亲属也可因劳动合同而获得用人单位物质帮助的权利。

【律师提示】 **雇佣合同**

雇佣合同是雇主与雇员之间订立的关于雇员提供劳务、雇主提供劳动条件和劳务报酬的协议。雇主可以是自然人，也可以是单位；雇员不成为雇主的成员。雇佣合同更多地体现为当事人之间的合意，国家干预对其干预程度较小。雇佣合同适用民法及合同法的一般原理规制，雇员不适用劳动法关于劳动合同的订立程序、履行、解除、终止、用人单位的义务、工作条件、劳动保护、最低工资、社会保险等规定。雇佣发生争议时，当事人可以直接向人民法院提起诉讼。

二、劳动合同法

劳动合同法是劳动关系协调中最基本的法律。广义的劳动合同法，是指所有调整劳动合同关系的各种法律规范的总称。它包括《劳动法》《劳动合同法》《劳动合同法实施条例》《集体合同规定》《关于贯彻执行〈劳动法〉若干问题的意见》《违反〈劳动法〉有关劳动合同规定的赔偿办法》《违反和解除劳动合同的经济补偿办法》以及司法解释等。狭义的劳动合同法，是指第十届全国人民代表大会常务委员会第28次会议通过的并于2008年1月1日起实施的《劳动合同法》。

相对于以往劳动法的规定，《劳动合同法》不但强调劳动合同全面履行，还增加了许多关于用人单位义务和劳动者权利的具体规定，强化了用人单位违法用工成本的处罚力度。这些主要表现在：在劳动合同期限选择、劳动合同的解除和终止条件、支付经济补偿金和竞业限制等方面，《劳动合同法》对用人单位给予了更多的限制性或者强制性规定。在劳动合同解除、享受劳动安全卫生保护和劳动救济等方面，《劳动合同法》给予了劳动者更多的权利和保障。保护劳动者权益成为《劳动合同法》的核心内容，正如其第一条所言："为了完善劳动合同制度，明确劳动合同双方当事人的权利和义务，保护劳动者的权益，构建和发展和谐稳定的劳动关系，制定本法。"

三、劳动合同的类型

【案例讨论】2014年7月，钟某是大学会计专业本科毕业生，进入当地一家三资企业上班，从事财会工作。不但该工作发挥了钟某的专业特点，而且工作环境优越、工资待遇相对较高，所以钟某非常喜欢这份工作，尽职尽责地做好这份工作的相关事务。公司也对钟某的努力和工作成绩表示了肯定。2016年8月，当公司表示续聘时，钟某也当即表示同意。但看到公司提供的劳动合同文本中的劳动期限又是一年，钟某心里犯起了嘀咕，因为今年是钟某第三次与公司签订劳动合同，很希望能与公司签无固定期限劳动合同。但公司人事部经理说，所有员工的劳动合同都是一年一签，谁都没有例外。"人在屋檐下，不得不低头，"这是当时钟某的内心独白。

请问，钟某的想法对吗?

（一）以劳动合同的期限不同分类

以合同的期限不同，劳动合同可分为固定期限劳动合同、无固定期限劳动合同和以完成一定工作任务为期限的劳动合同。在法律许可范围内，合理选择劳动合同期限，不但涉及劳动者就业稳定和择业自主，而且也是用人单位人力资源管理的重要内容。

（1）有固定期限劳动合同。其是指用人单位与劳动者约定合同终止时间的劳动合同。按照合同期限长短，其又可以分为长期的固定期限劳动合同、中期的固定期限劳动合同和短期的固定期限劳动合同。中长期固定期限劳动合同，对于用人单位而言，可以保持熟练劳动力队伍的稳定，有利于公司生产经营正常开展；对于劳动者而言，工作稳定，利于长远的职业规划。为了保护劳动者身体健康，《关于贯彻执行〈劳动法〉若干问题意见》规定：从事矿山井下以及在其他有害身体健康的工种、岗位工作的劳动者，应当实行定期轮换制度，劳动合同期限最长不超过八年。短期劳动合同，是指一年期限以下的劳动合同，其适用于用人单位季节性或者临时工作岗位的需要。

（2）无固定期限的劳动合同。其是指用人单位与劳动者约定无确定终止时间的劳动合同。除非劳动合同法定终止原因或者当事人依法解除劳动外，用人单位应当履行劳动合同。因此，无固定期限的劳动合同具有很强的稳定性，对劳动者而言具有较强的安全感和归属感；对用人单位而言则利用熟练工提高生产效率，减少劳动力更换成本，利于构建和谐的劳动关系。无固定期限劳动合同，常适用于用人单位的关键人物和关键岗位，其不意味着“铁饭碗”和“终身制”，用人单位仍然享有依法解除劳动合同的权利。

（3）以完成一定工作为期限的劳动合同。其是指用人单位与劳动者约定以某项工作的完成为合同期限的劳动合同。用人单位与劳动者协商一致，可以订立以完成一定工作任务为期限的劳动合同。在建筑、铁路、水利、桥梁、公路、石油勘探和开发等工程项目的劳动用工上，用人单位多采用此类劳动合同。

（二）以劳动合同产生方式不同分类

以合同产生方式不同，劳动合同可分为协商式劳动合同、录用式劳动合同、聘用劳动合同等。实践中，由于我国用工制度多样化，使劳动合同产生方式也多样化。

（1）协商式合同。其是劳动者与用人单位之间经依法协商一致即可确立劳动关系的劳动合同。这是企业根据实际用工情况的变化，及时并简便地招聘劳动者以满足生产经营的需要。它是企业用工自主权的体现，是企业招聘员工最主要的方式。

（2）录用式合同。其是指根据用工计划，用人单位通过公开招收、择优录用方式与劳动者建立劳动聘用的协议。录用式合同主要适用于国有企业、国家机关、事业单位和社会团体等单位招聘的劳动者。它们实行公开招收、自愿报名、德智体全面考核、择优录用原则，劳动关系较为稳定。

（3）聘用合同。其是指用人单位与有专业技术特长的劳动者之间建立聘用关系的协议。对于劳动者具备较高文化程度和较强业务能力，作为用人单位的企业往往提高招聘条件和劳动待遇，主动与劳动者协商所签订的聘用合同，本质上属于劳动合同，并适用劳动法规定。

【律师提示】　岗位协议与劳动合同

劳动者与用人单位订立劳动合同后，往往还要与单位（或者其科室作为代表）签订岗位协议。岗位协议是指已经建立劳动关系的劳动者就其在特定岗位上工作及其劳动权利和劳动义务与用人单位或其科室所签订的协议。岗位协议是以当事人之间存在劳动关系为前提和基础，是劳动关系内容的具体化，是劳动合同的组成部分。其与劳动合同内容不一致时，应以岗位协议内容为准，但后者订立时同样遵循自愿原则，且不得违反劳动法的强制性规定。

（三）以合同内容不同分类

以合同内容不同分类，劳动合同可分为普通劳动合同和特殊劳动合同。用人单位根据用工需要特点和发展目标，选择适用普通劳动合同或者特殊劳动合同，有利于建设合理科学的职工队伍，在满足单位生产经营的情况下最大化地降低人力资源用工成本。

（1）普通劳动合同，即劳动就业中最常见、最大量的劳动合同，包括用人单位与劳动者之间约定标准工时制或非标准工时制的劳动合同。普通劳动合同是《劳动合同法》规范的最主要对象。

（2）特殊劳动合同，是指因劳动合同主体或者用工形式的特殊为确立劳动关系的协议。《劳动合同法》规定，集体合同、劳务派遣合同和非全日制用工劳动合同等属于特殊劳动合同。其产生的劳动关系适用劳动法普遍性规定，法律特别规定除外。

【案例评析】钟某提出订立无固定期限劳动合同是有法律依据的。根据《劳动合同法》第十四条规定：连续订立两次固定期限劳动合同，且劳动者没有本法第三十九条和第四十条第一项、第二项规定的情形，续订劳动合同的，除劳动者提出订立固定期限劳动合同外，用人单位应当订立无固定期限劳动合同。钟某提出要求符合这项法定情形。《劳动合同法》适用于我国境内与之建立劳动关系的用人单位，本案的三资企业也不例外。公司人事部经理说，所有的员工劳动合同都是一年一签，是没有法律依据的。本案中，三资企业在劳动用工过程有遵守劳动法的义务，即对钟某负有订立无固定期限劳动合同法律义务。

四、与劳动合同相似的合同

（一）劳务合同

劳务合同，是指劳务接受方与劳务提供方之间协商达成的，由劳务提供方提供标准的劳务，由劳务接受方支付劳务报酬的协议。劳务合同是一种以劳务为标的协议，它包括运输合同、保管合同、技术服务合同、委托合同、信托合同和居间合同等。

劳务合同虽与劳动合同具有很大的相似之处，致使在实践生活中当个人提供劳务时会误解为劳动合同关系。劳务合同的特点：①在劳务合同中，劳务提供方既可以是自然人也可以是法人或者其他组织，劳务提供方不是劳务接受方的成员，双方之间无从属关系。②劳务提供方需要利用自己生产资料进行劳务活动，并自行组织劳务工作和自担其风险。③劳务合同中的劳务报酬按商品定价规则执行，即成本费用加上合法的利润，其支付方式为一次性支付或者分期支付。

（二）企业承包经营合同

在实践中，企业承包经营合同分为企业外部承包合同和企业内部承包合同。二者与劳动合同在法律上各有区别。

企业外部承包合同即企业承包经营合同，与劳动合同有较大区别，其不同点是：合同当事人为经营承包方和经营发包方，经营发包方是企业财产的所有人或者合法经营人，经营承包方取得企业财产的经营管理权并向经营发包方支付承包费用，其实行的是企业财产所有权与经营权分离原则。经营承包方可以是企业也可以是自然人。

企业内部承包合同即企业内部责任制合同，其主要特点：①承包合同以经营管理责任制为基本内容。②承包人在其承包范围内是生产经营活动的组织者和管理者。③承包人对承包项目的经营成果负责。企业内部承包合同与劳动合同有很多共性：①承包关系和劳动关系都属于企业内部关系，并且主体资格重合，即承包人本身就是企业职工。②承包合同的权利与义务与劳动合同有交叉。③遵守企业规章制度，接受企业监督，往往是承包人和职工的共同关系。因此，在劳动司法实践中，企业内部承包合同关系符合劳动关系特征的，即认定为劳动关系，应受劳动法保护。

【知识拓展】　　人力资源管理劳动合同的职责

人力资源管理离不开劳动合同管理。劳动合同管理是人力资源管理的最基础性工作。人力资源管理劳动合同的职责主要涉及以下事务：

拟定单位的规章制度，保障其有效性；

拟定劳动合同，将单位的规章制度纳入劳动合同，并产生法律效力；

根据单位需要特点，负责员工的招聘录用手续的办理；

核查劳动者在劳动合同履行的情况，强化用工的合同式管理；

预防单位劳动争议的发生，维护单位正常生产秩序。

第二节　劳动合同订立与内容

劳动合同订立，是指劳动关系双方当事人就劳动权利义务经协商一致达成协议的行为。它是劳动合同生效的基本条件之一。劳动合同订立是法律行为，基于劳动法对劳动关系强烈干预，因此合同订立不能完全由劳动者或用人单位自由商定。人力资源管理的首要工作应确保劳动合同依法订立，不得与劳动法律、行政法规的强制性规定相抵触。只有依法订立的劳动合同，才能让劳动管理工作顺利进行，各方享有的劳动合同权利才会受到法律保护。

一、劳动合同订立原则

【案例讨论】某贸易公司通过当地报刊发布国际贸易业务员岗位的招聘广告，要求应聘者应当具有大学英语四级、国际贸易专业本科毕业和外销员资格证书三项条件。国际贸易专业的刘某见到招聘广告后，向公司提出了求职申请。经过公司面试和试用期，刘某成为公司职员，并签订了3年期的劳动合同，月薪8 000元，另有业务提成。对这份工作，刘某感觉很满意。在刘某工作的第8个月，公司人事部经理核实员工个人信息时发现刘某所提供的外销员资格证系伪造的。经公司经理会讨论，公司决定解除与刘某的劳动关系，双方的劳动合同无效。刘某认为，自身符合公司招聘的基本条件，而且也能胜任岗位工作，主张劳动合同具有法律效力。

根据《劳动合同法》规定，该劳动合同具有法律效力吗？

劳动合同是劳动者与用人单位经过平等协商，双向选择的结果。当事人如何订立劳动合同、怎样订立劳动合同，直接关系到将来劳动合同的履行，也关系到可能发生劳动争议如何处理。为了规范劳动合同行为，避免劳动纠纷发生，劳动法确立了订立劳动合同的基本原则。

（一）平等自愿原则

平等自愿原则是订立劳动合同的前提和基础。它包括平等原则和自愿原则。平等原则，是指在订立劳动合同时用人单位和劳动者双方法律地位上平等，任何一方不得利用自身优势对劳动者提出不平等的条件。自愿原则，是指是否订立劳动合同、同谁订立劳动合同、何时订立劳动合同以及订立何种内容的劳动合同，完全出于双方当事人的真实意愿。任何机关、团体和个人不得强迫劳动关系双方当事人违背意愿订立劳动合同。

（二）协商一致原则

协商一致原则是劳动合同的实质要求。它是指在法律允许的范围内，劳动合同的内容由双方当事人共同讨论，充分表达自己意志，在协商取得完全一致的意见基础上确定。在实践中，劳动合同往往是用人单位事先拟定的格式合同，除了劳动者签订时加强审阅外，用人单位负有法律义务向劳动者清楚解释合同内容，提请劳动者注意减轻或者免除用人单位责任的条款，否则这些条款不具有法律效力。

（三）公平原则

公平原则是民法基本原则，要求劳动合同中权利与义务的对等性。公平原则是对劳动合同自愿原则的完善和补充，遵循公平原则兼顾双方的利益。若一方采取胁迫或者乘人之危手段，损害对方利益，都属于违反公平原则。公平原则要求在处理劳动合同纠纷时，避免过分强调一方利益而损害另一方利益，使绝大多数社会成员都是受益者，利于劳动关系和谐，利于社会发展。

（四）诚实信用原则

诚实信用原则是道德规范在法律上的体现，在劳动合同订立时倡导诚实信用原则，凡是采用欺诈方式所订立的劳动合同不受法律保护。例如在现实生活中，违反诚信原则发布虚假广告，使劳动者应聘求职时遭受时间、金钱和心理损失。该原则要求用人单位和劳动者在订立合同时应当履行必要的如实告知义务。用人单位招用劳动者时，应当如实告知劳动者工作内容、工作条件、工作地点、职业危害、安全生产状况、劳动报酬，以及劳动者要求了解的其他情况；用人单位有权了解劳动者与劳动合同直接相关的基本情况，如身份证明、学历证明、工作经历、健康状况、职业技能等，劳动者应当如实说明。

违反诚信原则，会导致劳动合同无效。做人事管理工作，还应注意招聘方面的法律责任。《违反〈劳动法〉有关劳动合同规定的赔偿办法》规定：用人单位招用尚未解除劳动合同的劳动者，对原用人单位造成经济损失的，除该劳动者承担直接赔偿责任外，该用人单位应当承担连带赔偿责任。其连带赔偿的份额应不低于对原用人单位造成经济损失总额的百分之七十。

（五）合法原则

合法原则要求劳动合同在订立时应当遵守劳动法律、法规的规定，不得与劳动法的强制性规定相抵触。合法原则涉及范围广泛，内容复杂。它主要包括劳动合同的主体合法、形式合法、内容合法和劳动行为合法。

1. 劳动合同主体合法

（1）用人单位主体合法，即必须是依法成立的组织机构。用人单位主体合法，表现为取得了合法登记手续以及必要的用工手续。在招聘用工时，用人单位负有出示营业执照许可证或登记证等证件的义务，为了维护自身权益，劳动者还应核实证件的真实性，以防非法单位用工欺骗。有下列情形的，还应注意劳动合同签章的用人单位：

①用人单位的分支机构。若其依法取得营业执照或者登记证书的，可以作为用人单位与劳动者订立劳动合同；未依法取得营业执照或者登记证书的，受用人单位委托可以与劳动者订立劳动合同。

②国企的上级部门。企业属于国有企业或国有控股企业，企业经理由其上级部门聘任（委任）的，应与聘任（委任）部门签订劳动合同，以避免代表企业的经理与自己签订劳动合同。

③公司董事会。实行公司制的经理和有关经营管理人员，应由董事会选举产生，应依据《公司法》规定与董事会签订劳动合同。

④租赁或承包经营的企业。租赁经营（生产）、承包经营（生产）的企业所有权并没有发生改变，法人名称未变，在与职工订立劳动合同时，该企业仍为用人单位一方。依据租赁合同或承包合同，租赁人、承包人如果作为该企业的法定代表人或者该

法定代表人的授权委托人时，可代表该企业（用人单位）与劳动者订立劳动合同。

⑤涉外就业服务单位。外国企业和港、澳、台企业在我国的驻华代表机构，不能直接聘用中国劳动者，而是涉外就业服务单位与中国劳动者建立劳动关系后，由涉外就业服务单位派遣到驻华代表机构工作。

（2）劳动者主体合法，即其具有劳动权利能力和劳动行为能力，能以自己名义与用人单位签订劳动合同。作为单位人力资源管理工作人员在招聘劳动者时，应当检验劳动者的身份信息，核实劳动年龄，识别冒名顶替。对于下列劳动者，还应当注意在签订劳动合同时履行法定手续：

①未成年工。因文化、体育和特殊工艺单位等招聘未满16周岁的未成年人，除须经未成年人的父母或者其他监护人同意外，用人单位还应当依法履行审批手续。招聘已满16周岁的未成年工，用人单位应向所在地的县级以上劳动行政部门办理登记手续，由劳动行政部门依法核发“未成年工登记证”。持有“未成年工登记证”的未成年工，与用人单位签订劳动合同，且持证上岗。

②在中国就业的外国人。在中国就业的外国人，应持职业签证入境，入境后依法取得“外国人就业证”和外国人居留证件，方可在中国境内就业。用人单位聘用外国人须为该外国人申请就业许可，经获准并取得《中华人民共和国外国人就业许可证书》后方可聘用。《最高人民法院关于审理劳动争议案件适用法律若干问题的解释（四）》规定，外国人、无国籍人未依法取得就业证件即与中国境内的用人单位签订劳动合同，当事人请求确认与用人单位存在劳动关系的，人民法院不予支持。

【律师提示】　　非法转包、分包的劳动关系认定

具备用工主体资格的承包单位（如建筑公司等）违反法律、法规规定，将承包业务转包、分包给不具备用工主体资格的组织或者自然人（如包工头等），该不具备用工主体资格的组织或者自然人招用的人员仅以转包、分包事实为由请求确认与具备用工主体资格的承包单位存在劳动关系的，劳动争议仲裁委员会或人民法院不予支持。

2. 劳动合同形式合法

在以往劳动就业过程中，劳动合同的订立有的采用书面形式，有的采用口头形式。劳动者与用人单位之间没有订立书面劳动合同，只要符合劳动关系特征，视为双方之间形成了事实劳动关系，并受劳动法保护。但是，没有书面劳动合同导致劳动权利与义务难以确定，正如俗话所说“口说无凭”，一旦劳动争议发生，无论是劳动者还是用人单位都难以保护自身的劳动权益。实践证明，书面劳动合同是劳动者权益保护的“护身符”。

【案例链接】　　项目经理善意代签，公司承担双倍工资处罚

成都市某保洁公司招聘员工并安排在市区各项目处工作。公司人事经理认为，依据《劳动合同法》规定，公司第一个月可以不签订劳动合同，而且不会承担法律责任。待员工第一个月试用期满后，根据其工作表现，公司再决定是否签订书面劳动合同。有一次，公司委托下面某项目经理对新聘员工签订劳动合同。其中，一位女职工要求项目经理代签。考虑到该员工正在处理工作事务，项目经理于是代签劳动合同并上交公司。该女职工工作快满一年时，提出辞职，要求公司承担未签订书面劳动合同的双倍工资法律责任。在劳动争议仲裁庭，公司无法证明是女职工要求项目经理代签的，最终裁决公司承担未签订书面劳动合同的双倍工资支付责任。项目经理好心却办了“坏事”，根据公司规章制度承担了部分赔偿责任。

关于劳动合同应当采用书面形式，《劳动法》已有明确规定，但因没有规定相应的违法责任，致使实际劳动用工过程中许多用人单位不愿与劳动者签订书面劳动合同的情况没有根本改变。为了纠正书面劳动合同缺失引发的社会问题，《劳动合同法》规定用人单位负有订立书面劳动合同的义务以及法律责任：

（1）用人单位在一个月内订立书面劳动合同的责任与权利

对已建立劳动关系但未同时订立书面劳动合同的，用人单位应当自用工之日起一个月内订立书面劳动合同。

自用工之日起一个月内，经用人单位书面通知后，劳动者不与用人单位订立书面劳动合同的，用人单位应当书面通知劳动者终止劳动关系，无须向劳动者支付经济补偿，但应当依法向劳动者支付其实际工作时间的劳动报酬。其中的“用工”，包括用人单位首次招录劳动者情形，如包括劳动合同期满后用人单位再次续聘劳动者的情形。

（2）用人单位在满一年内不订立书面劳动合同的责任和权利

自用工之日起超过一个月不满一年未与劳动者订立书面劳动合同的，用人单位应当依照《劳动合同法》规定向劳动者每月支付两倍的工资，并与劳动者补订书面劳动合同。

劳动者不与用人单位订立书面劳动合同的，用人单位应当书面通知劳动者终止劳动关系，并支付经济补偿。

（3）用人单位超过一年内不订立书面劳动合同的法律责任

自用工之日起满一年未与劳动者订立书面劳动合同的，用人单位自用工之日起满一个月的次日至满一年的前一日应当依法向劳动者每月支付两倍的工资，并视为自用工之日起满一年的当日已经与劳动者订立无固定期限劳动合同，应当立即与劳动者补订书面劳动合同。

在劳动司法实践中，因未订立书面劳动合同而由用人单位支付双倍工资的，实际支付最长计算周期为十一个月。同时，“二倍工资”中加付的一倍工资并不属于劳动报酬，劳动者申请仲裁的时效为一年，并按日分别计算仲裁时效。从劳动者主张权利之日起向前倒推一年。对超过仲裁时效一年的二倍工资主张，劳动司法部门将不予支持。

【律师提示】　用人单位不承担未签订书面劳动合同法律责任的情形

签订书面劳动合同系用人单位的法定义务，但确系不可归责于用人单位的原因导致未签订书面劳动合同，劳动者因此主张二倍工资的，可不予支持。下列情形一般可认定为“不可归责于用人单位的原因”：①用人单位有充分证据证明劳动者利用主管人事等职权故意不签订劳动合同的；②工伤职工在停工留薪期内的，女职工在产假期内或哺乳假内的，职工患病或非因工负伤在病假期内的，因其他客观原因导致用人单位无法及时与劳动者签订劳动合同的。

用人单位人事管理部门负责人或主管人员向用人单位主张未签劳动合同二倍工资，如用人单位能够证明订立劳动合同属于该人事管理部门负责人或主管人员工作职责的，不予支持。人事管理部门负责人或主管人员有证据证明向用人单位提出签订劳动合同，而用人单位予以拒绝的除外。

3. 劳动合同内容合法

劳动合同的内容是指根据劳动合同劳动者与用人单位双方所享有的权利和承担的义务。一般情况下，劳动合同的内容由双方当事人平等协商确定，但为了保护劳动者的基本权益，劳动合同内容不得违反法律对用人单位基准劳动义务和特殊劳动群体的从业范围限制的强制性规定。

在实践中，用人单位滥用劳动合同拟定优势，制订显失公平条款以损害劳动者权益的社会问题十分突出。根据劳动法的规定，在试用期、工作时间、工资待遇、劳动保护、经济补偿金、违约金、社会保险、工伤待遇等方面都做出了强制性规定。它包含两个方面：一是合同约定用人单位承担的劳动义务，不得低于劳动法规定的最低标准；二是合同约定用人单位的劳动权利，不得超过劳动法所规定的最高标准和范围。若劳动合同中有用人单位承担的劳动义务与国家法律所规定的强制性规定相抵触，则导致合同全部或者部分无效。

4. 劳动行为合法

劳动行为是双方当事人权利义务共同指向的对象，也是劳动法律关系的客体。劳动行为是劳动者为完成用人单位任务而支出的劳动力的活动。劳动合同要约定劳动者所提供的劳动行为，如工作岗位、主要职责等。劳动行为不但涉及劳动者和用人单位双方的切身利益，也涉及社会第三人的利益。因此，劳动行为的实施不得损害任何一方当事人合法利益、社会利益和国家利益。劳动行为反映了当事人的主观意愿，不法的劳动行为表明了当事人恶意的主观目的。违法劳动行为，不仅实现不了劳动合同目的，反而要受到法律制裁。

【案例评析】该劳动合同无效。《劳动合同法》第八条规定：用人单位有权了解劳动者与劳动合同直接相关的基本情况，劳动者应当如实说明。在本案中，外销员资格证属于与劳动合同直接相关的基本情况，作为劳动者应当如实说明。但刘某违反了诚实信用原则即未履行如实说明的义务，对用人单位存在欺诈行为。根据《劳动合同法》第二十六条规定，该劳动合同不具有法律效力，不受法律保护。

二、劳动合同的内容

劳动合同内容，是指劳动关系主体之间约定并通过劳动合同条款予以确定的劳动权利与劳动义务。

劳动合同内容，既要符合双方当事人的实际情况，也要遵守劳动法律规定。为了规范和指引当事人订立劳动合同，劳动法将劳动合同条款分为必备条款和约定条款两类。必备条款又称法定条款，是法律规定劳动合同中必须约定或者说明的事项；约定条款是根据实际情况由当事人自由商定劳动合同内容的条款。

（一）劳动合同的必备条款

（1）用人单位的名称、住所和法定代表人或者主要负责人。确定劳动合同主体身份必要信息，不但有利于劳动合同的履行，而且也为将来劳动合同发生争议提起劳动仲裁和诉讼提供便利条件。

（2）劳动者的姓名、住址和居民身份证或者其他有效身份证件号码。其法律意义与上述相同。

（3）劳动合同期限。劳动合同期限条款是指劳动合同的起始终止日期，包括劳动者的试用期和正式期。由用人单位和劳动者依照法律规定进行确定。劳动合同期限约定方式包括固定期限、无固定期限和以完成一定工作任务为期限三种。

（4）工作内容和工作地点。工作内容是指劳动者具体从事什么种类、什么内容的工作，主要包括劳动者的工作种类、具体职位以及该职位要完成的主要工作任务，以及应当达到的数量和质量指标。工作地点是指劳动者履行劳动义务的地点，工作地点对于劳动者来说意味着工作环境，涉及劳动者的切身利益。

（5）工作时间和休息休假。工作时间是劳动者接受用人单位安排用于完成劳动任务的时间。工作时间包括每日工作小时数和每周工作的天数。我国劳动法对工作时间做出限制规定，用人单位安排工作时间不得与法律相抵触。休息时间是劳动者在任职期间，不必从事生产和工作而自行支配的时间，是保障劳动者恢复体力、业务学习、参加社会活动和料理家务等必要的时间。根据实际情况，我国制定了一个工作日内的休息时间、两个工作日之间的间隔休息时间、休息日、法定休假日和加班加点时间等劳动法律制度。

（6）劳动报酬。劳动报酬是指用人单位根据法律规定和劳动合同约定，以货币形式直接支付给劳动者的报酬。工资是劳动报酬最重要的组成部分，是工薪劳动者的基本生活来源，是劳动者最关心问题。劳动报酬条款应当约定具体数额、发放时间和发放形式以及病假期间的工资待遇等。劳动报酬条款规定得越详尽具体越有利于保护劳动者权益。

（7）社会保险。社会保险是劳动法对劳动者建立的在其生、老、病、死、伤、失业以及生活发生其他困难时，国家给予物质帮助制度。社会保险包括养老保险、疾病保险、失业保险、工伤保险和生育保险，它涉及劳动者重大利益，是用人单位和劳动者的法定义务。

（8）劳动保护、劳动条件和职业危害防护。它涉及劳动者生产工作时的安全和健康，是劳动者权益保护的重要内容。国家要求用人单位在提供劳动条件、防止工伤事故、预防职业病、加强女职工和未成年工的特殊保护必须采取各种组织措施和技术措施，为劳动者安全和健康提供基本保障。劳动者可以在劳动合同中约定较高的劳动保护标准，以更好地保护劳动者的健康权及相关权益。

（9）法律、法规规定应当纳入劳动合同的其他事项。

（二）劳动合同约定条款

约定条款主要包括试用期、培训、保守秘密、竞业限制、补充保险和福利待遇等其他事项。约定条款体现了用人单位与劳动者的意思自治，但应以不违反法律规定为前提，并经过双方当事人平等自愿协商一致。

对于用人单位的富余人员、放长假的职工、长期被外单位借用的人员、带薪上学人员、请长病假的职工、经批准的停薪留职人员以及其他非在岗但仍保持劳动关系的人员，用人单位应当依据《劳动部关于〈劳动法〉的若干意见》规定与其签订劳动合同，劳动合同条款可以与在职劳动者的劳动合同有不同规定。

三、劳动合同的生效时间

劳动合同的生效时间，是指劳动合同产生法律约束力的起止时间。

劳动合同由用人单位与劳动者依法协商一致，并经用人单位与劳动者在劳动合同文本上签字或者盖章时生效。《劳动合同法》关于劳动合同生效时间的规定，可以看出其与劳动合同的成立时间是一致的，这与民事合同生效成立时间的规定不同。

【律师提示】　劳动合同的生效时间与劳动关系的建立时间

劳动合同生效时间是以劳动者与用人单位在劳动合同文本上签章时间为准。劳动关系的建立时间是以用人单位的实际用工为标志。因此，劳动合同生效时间与劳动关系的建立时间是两个不同的法律概念，对劳动者和用人单位产生不同的法律后果。它们在时间上可能同步，也可能出现差异。劳动关系的建立可能在劳动合同订立之前发生，也可能在劳动合同订立时同时发生，还可能出现在劳动合同生效之后。

第三节　用人单位基准劳动义务

用人单位基准劳动义务是指国家法律规定的用人单位在劳动用工过程中承担的强制性法律义务。虽然劳动合同由用人单位与劳动者双方共同协商确定，但实际上劳动合同几乎都是由用人单位事先拟定的格式合同。在很多情况下，这些合同仅考虑用人单位的权益及其保护，没有顾及劳动者权利和需求。换言之，就是用人单位滥用劳动合同拟定优势，减轻或规避自己劳动法律责任，不合理增加劳动者的义务。为了平衡劳动关系，实现对劳动者基本劳动权利的保护，国家规定了用人单位基准劳动义务，也成为单位人力资源管理的“红线”。

【案例讨论】张某是武汉某职业学院的劳动合同工，从事文秘工作。张某大学毕业后就到该单位上班，双方初次签订了2年期的劳动合同。2017年7月其劳动合同期满后，双方同意续签劳动合同。当张某审查新劳动合同条款时，发现该份合同中与第一份劳动合同一样，其中包括试用期2个月的规定。张某感到有些奇怪，在本单位都工作了2年，双方应当非常了解彼此实际情形，还有约定试用期的必要吗？于是，向身边的其他劳动合同工了解，大家都一样。张某感觉再次约定试用期，不但会降低其劳动待遇，而且使其拥有的劳动关系处于非稳定状态。

在本案中，用人单位续签劳动合同时可以再次约定试用期吗？

一、关于劳动合同试用期的基准规定

试用期是用人单位和劳动者为相互了解、选择而约定的考察期。通过试用期考验对方所提供的劳动行为和劳动条件等是否符合当事人要求的时期，是双方确立正式劳动关系的考查期。试用期属于劳动合同期限，但相对于正式期而言，劳动者的试用期工资较低且劳动关系不稳定，对劳动者而言极为不利。为了防止用人单位多次约定试用期或者约定超长试用期，损害劳动者基本权益，《劳动合同法》对试用期约定的长度、次数和禁止情形等做出了强制规定：

（1）对劳动合同最长试用期的限制。劳动合同期限三个月以上不满一年的，试用期不得超过一个月；劳动合同期限一年以上不满三年的，试用期不得超过二个月；三年以上固定期限和无固定期限的劳动合同，试用期不得超过六个月。

（2）对劳动合同试用期约定次数的限制。同一用人单位与同一劳动者只能约定一次试用期。换言之，用人单位与劳动者续签劳动合同、改变工作岗位或者工种的，不得再次约定试用期。

（3）禁止约定试用期的情形。《劳动合同法》规定，下列三种情形不得约定试用期：一是以完成一定工作任务为期限的劳动合同；二是劳动合同期限不满三个月的；三是非全日制劳动合同。

《劳动合同法》还明确规定，试用期包含在劳动合同期限内。劳动合同只约定试用期的，试用期不成立，该期限为劳动合同期限。违法约定试用期已经履行的，劳动部门责令改正，并以劳动者转正期的月工资标准和超过法定试用期限的期间计算向劳动者支付赔偿金。

【法律链接】　学徒期、见习期与试用期

《劳动部办公厅对〈关于劳动用工管理有关问题的请示〉复函》规定：“学徒期是对进入某些工作岗位的新招工人熟悉业务、提高工作技能的一种培训方式。学徒期按照技术等级标准规定的期限执行，并可以和试用期同时约定在劳动合同中。见习期是指大中专、技校毕业生新分配到用人单位工作的，执行为期一年的见习期制度。见习期内可以约定不超过半年的试用期。”

《关于贯彻执行〈中华人民共和国劳动法〉若干问题的意见》规定：“劳动者与用人单位形成或建立劳动关系后，试用、熟练、见习期间，在法定工作时间内提供了正常劳动，其所在的用人单位应当支付其不低于最低工资标准的工资。”

二、关于试用期最低工资的基准规定

试用期和转正期是劳动合同履行过程中两个不同的阶段。一般情况下，转正期的劳动者基于业务的熟练能为单位创造更多的价值，理应获得更高的劳动报酬。因此，用人单位在与劳动者商定劳动合同的试用期工资与转正期工资存在明显差异。为了降低用工成本，有些用人单位不但延长试用期，而且还恶意降低试用期工资，将试用期变成劳动力的超级廉价期。

为了保障劳动者在试用期取得合理数额的工资报酬，以维护劳动者基本生活需要，《劳动合同法》第二十条对试用期工资做出了强制性规定。为了便于操作，《劳动合同法实施条例》第十五条规定：用人单位在试用期内支付劳动者工资不得低于本单位相同岗位最低档工资的80%或者劳动合同约定工资的80%，并不得低于用人单位所在地的最低工资标准。其中，用人单位在试用期内支付劳动者工资不得低于本单位相同岗位最低档工资的80%，主要是指在劳动合同中没有约定工资标准。关于试用期工资的计算，以劳动者完成正常工作量的工资标准进行计算。

【案例链接】　试用期工资标准

大学毕业的青某受聘于太原市某双语幼儿园，双方签订2年期的劳动合同，其中，合同约定岗位工资4 800元，试用期2个月，试用期工资1 600元。学习《劳动合同法》后，青某对试用期工资表示了异议。《劳动合同法》规定“用人单位在试用期内支付劳动者工资不得低于本单位相同岗位最低档工资或者劳动合同约定工资的百分之八十，并不得低于用人单位所在地的最低工资标准”。青某的试用期工资虽然高于当地最低工资，但低于劳动合同约定工资百分之八十。鉴于青某的工作表现和《劳动合同法》的规定，幼儿园主动向青某补发了工资差额。

三、关于禁止收取劳动者定金、抵押物的规定

为了限制劳动者离职或者劳动者失职损害时获得赔偿优势，甚至转移单位生产经营风险，用人单位常在劳动合同订立时或履行时收取劳动者定金、保证金或者抵押物等。用人单位收取劳动者的定金、保证金或者抵押物等行为，不但违反了劳动者的意愿，还更多地限制了劳动者的择业权和人身自由，有失公正。

订立劳动合同时，用人单位不得以任何形式向劳动者收取定金、保证金（物）或抵押金（物）。这是《关于贯彻〈劳动法〉若干问题的意见》《劳动合同法》等先后对用人单位做出的禁止性规定。在劳动合同订立时，无论劳动者是否同意，用人单位都不得违反法律规定收取劳动者的定金、保证金（物）或者抵押（物）。用人单位违反此项义务的，劳动行政部门有权责令用人单位限期退还给劳动者本人并予以行政处罚。

在劳动合同履行期间，用人单位能否收取抵押金问题，原劳动部办公厅、国家经贸委办公厅在《对“关于用人单位要求在职职工缴纳抵押性钱款或股金的做法应否制止的请示”的复函》做出了答复，即“全民所有制企业在劳动合同履行过程中，根据经营管理需要，应当按照职工本人意愿收取风险抵押金”。换言之，在劳动合同履行期间用人单位收取抵押金时应当符合三个要求：①属于全民所有企业；②应尊重职工意愿；③单位经营管理需要。

【案例评析】单位约定试用期的做法是违反法律规定的。因为根据劳动法律的规定，同一用人单位与同一劳动者只能约定一次试用期，即用人单位与劳动者续签劳动合同时，不得再次约定试用期。在本案中，用人单位与劳动者同意续签劳动合同，属于禁止再次约定试用期的情形。用人单位再一次约定试用期的做法，不但违反劳动者意愿，而且也违反了法律强制性规定。根据法律规定，该条款属于无效条款。对此，劳动者有权向劳动行政管理部门申斥并要求责令用人单位整改。

四、关于订立无固定期限劳动合同的规定

劳动合同分为固定期限劳动合同、无固定期限劳动合同和以完成一定工作任务为期限的劳动合同。一般情况下，用人单位与劳动者经协商一致可以选择签订不同期限的劳动合同。劳动就业实践表明，用人单位与劳动者建立长期稳定的劳动关系，不但防止了单位劳动用工短期化，而且还有利于企业生产经营，有利于劳动者的职业规划和生活稳定。在选择劳动合同期限时，用人单位应当遵守强制性规定。

（一）用人单位订立无固定期限劳动合同义务的法定情形

《劳动合同法》第十四条规定，有下列情形之一的，劳动者提出或者同意、续订劳动合同的，除劳动者提出订立固定期限劳动合同外，用人单位应当订立无固定期限劳动合同：

（1）劳动者在该用人单位连续工作满十年的。其中，“连续工作满 10 年”的起始时间，应当自用人单位用工之日起计算，包括劳动合同法施行前的工作年限。

（2）用人单位初次实行劳动合同制度或者国有企业改制重新订立劳动合同时，劳动者在该用人单位连续工作满十年且距法定退休年龄不足十年的。

（3）连续订立二次固定期限劳动合同，且劳动者没有本法第三十九条和第四十条

第一项、第二项规定的情形，续订劳动合同的。关于连续订立固定期限劳动合同的次数，《劳动合同法》第九十七条规定，应自本法施行后续订固定期限劳动合同开始计算。

（4）法律规定的其他情形。

用人单位自用工之日起满一年不与劳动者订立书面劳动合同的，视为用人单位与劳动者已订立无固定期限劳动合同，并补签该劳动合同。

在劳动司法中，对用人单位在劳动合同不约定期限的，视为合同没有固定期限，按照无固定期限劳动合同处理劳动纠纷。

（二）用人单位违反订立无固定期限劳动合同义务的法律责任

用人单位依法应当签订而不与劳动者订立无固定期限劳动合同的，自应当订立无固定期限劳动合同之日起向劳动者每月支付二倍的工资。劳动司法实践，对于连续订立两次固定期限的劳动合同且第二次劳动合同期限届满的，用人单位无权以第二次劳动合同期限届满为由而终止劳动合同，但下列两种情形除外：①双方协商一致终止劳动合同的；②劳动者没有提出或同意续订劳动合同的。不符合前述除外情形，用人单位以合同期限届满为由直接终止劳动关系的，视为违法终止劳动合同行为。对此，用人单位应当按照《劳动合同法》第八十七条规定经济补偿标准的二倍向劳动者支付赔偿金。

【案例链接】　华为万名员工“集体辞职”事件

华为技术有限公司是全球领先的信息与通信技术（ICT）解决方案供应。2007年9月，华为公司要求单位工作满8年的近万名员工“先辞职再竞岗”的事件，成为中国劳动就业领地的“大地震”。华为公司要求，员工主动向公司提交辞职申请，在达成补偿协议后，再竞争上岗，与公司重新签订新的劳动合同，且必须在2008年1月1日《劳动合同法》实施前完成。华为公司管理人员认为企业生命力来源于劳动力的流动，而即将实施的《劳动合同法》关于“劳动者在该用人单位连续工作满十年的或连续订立二次固定期限劳动合同，续订劳动合同的，应当订立无固定期限的劳动合同”的规定，滋生企业人力资源的“惰性”，不利于企业的发展。劳动法律人士认为，华为公司此举将“老员工”变成“新员工”的人力资源管理行为是对《劳动合同法》的误解，也有逃避社会责任之嫌。

五、关于约定劳动者承担违约金的限制性规定

劳动合同违约金是劳动合同当事人不履行或者不完全履行劳动合同时，向对方支付一定数额的金钱或者其他财物。从性质上讲，违约金可分为赔偿性违约金和惩罚性违约金。违约金条款可以适用于劳动合同双方当事人，对劳动合同的正常履行起着重要的保障作用。在劳动用工实践中，用人单位更多地通过劳动合同约定“天价”违约金，限制劳动者的择业权和人身自由。

为了保障劳动者的择业权，《劳动合同法》规定，除法律允许约定劳动者承担违约金的情形外，用人单位不得另外约定由劳动者承担违约金的其他情形。为了便于具体操作，对劳动者承担违约金的情形和最高金额还做出了限制性规定：

（1）劳动者违反服务期承担违约金情形。用人单位为劳动者进行专业技术培训并提供专项培训费用，可以约定服务期。劳动者违反服务期约定的，应当按照约定向用人单位支付违约金。违约金的数额不得超过用人单位提供的培训费用。用人单位要求

劳动者实际支付的违约金不得超过服务期尚未履行部分所应分摊的培训费用。人力资源管理应当注意：①该培训费用应当有支付凭证，企业自身内部员工培训成本，不能构成培训费用；②劳动者因用人单位过错而依法解除劳动合同的，不属于违反服务期的约定，用人单位不得要求劳动者支付违约金。

（2）劳动者违反竞业限制承担违约金情形。对负有保密义务的劳动者，用人单位可以在劳动合同或者保密协议中与劳动者约定竞业限制条款。劳动者违反竞业限制约定的，应当按照约定向用人单位支付违约金。竞业限制影响到劳动者的就业权和生存权，实际运用时应符合以下法律要求：

①适用主体的限制。竞业限制主体限于用人单位的高级管理人员、高级技术人员和其他负有保密义务的人员。根据《公司法》的规定，高级管理人员包括公司经理、副经理、财务负责人、董事会秘书和公司章程规定的其他人员。

②从业范围的限制。在解除或者终止劳动合同后，负有竞业限制的劳动者不得到与本单位生产或者经营同类产品、从事同类业务的有竞争关系的其他用人单位工作，或者自己开业生产、经营同类产品、从事同类业务。

③竞业期限的限制。竞业限制期限，在解除或者终止劳动合同后不得超过二年。

④用人单位支付经济补偿义务。在解除或者终止劳动合同后，在竞业限制期限内按月给予劳动者经济补偿。在劳动用工实践中，用人单位提前按期或一次性支付劳动者竞业限制补偿金且未对劳动者造成不利的，不属于违法情形。

【律师提示】　　竞业限制的经济补偿金标准

《最高人民法院关于审理劳动争议案件适用法律若干问题的解释（四）》规定，当事人在劳动合同或者保密协议中约定了竞业限制，但未约定解除或者终止劳动合同后给予劳动者经济补偿，劳动者履行了竞业限制义务，要求用人单位按照劳动者在劳动合同解除或者终止前十二个月平均工资的30%按月支付经济补偿的，人民法院应予支持。因此计算的经济补偿金低于劳动合同履行地最低工资标准的，按照劳动合同履行地最低工资标准支付。

六、关于工作时间与休息时间的强制性规定

用人单位出于生产经营和成本考虑，往往通过劳动合同约定或者行政管理权随意安排劳动者加班加点，挤占劳动者基本休息时间，损害劳动者的人身健康。为了保障劳动者的休息权和身体健康，劳动法对用人单位在劳动合同中约定劳动者工作时间和休息休假进行了限制性规定，即对加班时间长度、加班劳动报酬、加班法定情形和办理加班手续等做出了强制性规定。对此，本书第四章和第五章予以阐述。

七、关于用人单位义务的其他强制性规定

关于用人单位劳动义务的其他强制规定主要有：最低工资义务、对女职工和未成年工的特殊保护义务、劳动安全卫生义务、工伤期间职工待遇和医疗期间职工待遇义务等。对此，本书相关章节予以介绍。

【案例链接】　　单位违反支付义务导致竞业限制协议被劳动者解除案

2014年7月，高级工程师赵博士应聘到北京某电力设备制造有限公司（以下简称公司），从事电力设备市场售前技术支持工作，并担任公司营销部副总经理。对此，双方签订

了劳动合同。同时，为了公司保密和市场竞争的需要，还与公司其他高层管理人员一样，赵博士与公司达成了“竞业限制协议”。根据“竞业限制协议”规定，赵博士在离开公司后2年内，“不得组建、参与组建、参股或者受雇于从事电力设备的生产经营企业以及其他与其密切关联的企业。”在竞业限制期间，公司每月支付赵博士1 500元的经济补偿金；在竞业期间违反竞业限制义务的，赵某应向公司支付违约金10万元和损害赔偿金。

2016年7月，双方劳动合同到期，公司提出续签合同，赵博士表示了拒绝。离职后，赵博士应聘到当地某高校从事教研工作。2017年3月，银行账户显示电力设备公司停止支付赵博士的经济补偿金。赵博士要求电力公司履行合同义务，但公司没有给予相关答复，赵博士次月通知公司解除双方竞业限制协议。同年6月，赵博士应聘到北京某科技服务中心作兼职技术顾问，该中心与电力设备公司有业务竞争关系。在发现赵博士违反了竞业限制义务后，电力设备公司认为其行为损害了公司合法利益。公司立即向劳动争议仲裁委员会提起仲裁申请，要求赵博士支付违约金、赔偿金和停止侵权。

2017年8月，劳动仲裁庭依法审理案件后认为，竞业限制的主要内容是指用人单位的劳动者在其任职期间和离职后的约定期间，不得从事与原单位有竞业竞争关系的工作，以保护单位的商业秘密不受侵犯。竞业限制协议是双务合同，除了劳动者承担相关义务外，用人单位还应当向劳动者支付经济补偿金。在本案中，虽然赵博士有违反竞业限制事实，但公司违反竞争限制义务在先。依据法律规定，赵博士解除竞业限制协议符合法律规定，属于合法行为。根据《中华人民共和国劳动合同法》第二十四条和相关法律规定，支持赵博士的解除竞业限制协议的主张，驳回申请人电力设备公司的各项劳动仲裁请求。

第四节 无效劳动合同

劳动合同订立后，其效力状态可能是有效劳动合同，也有可能是无效劳动合同。有效劳动合同，通过双方当事人的履行合同义务，即能实现当事人订立合同所追求的目的；无效劳动合同不受法律保护，不但不会实现当事订立劳动合同的目的，还会对过错一方当事人产生不利的劳动法律责任。

一、无效劳动合同

无效劳动合同，是指劳动合同虽然经用人单位与劳动者协商一致，但不具有劳动法律所规定的生效条件，自始不发生法律效力的劳动合同。

无效劳动合同的特征表现为：该合同已经成立，但存在违法性，即违反了劳动法的义务性规定和禁止性规定；该合同从订立时起就没有法律约束力。

无效劳动合同可能是整个劳动合同无效，也可能是劳动合同部分条款无效。

【律师提示】　　劳动合同与民事合同效力状态比较

劳动合同属于民事合同范畴，但因其受劳动法的强烈干预和劳动者对用人单位的人身依赖属性，劳动合同作为特殊的民事合同而由劳动法进行调整。《劳动合同法》与《中华人民共和国合同法》（以下简称《合同法》）关于二者的效力状态有不同的规定。《合同法》规定民事合同效力状态有四种情形，即有效合同、无效合同、可撤销可变更合同和效力待定合同等；《劳动合同法》规定只有两种情形，即有效劳动合同和无效劳动合同。

二、无效劳动合同的法定情形

关于无效劳动合同，《劳动法》和《劳动合同法》都做出了规定。《劳动合同法》第二十六条规定，劳动合同无效或者部分无效的情形：

（1）以欺诈、胁迫的手段或者乘人之危，使对方在违背真实意思的情况下订立或者变更劳动合同的

其中，欺诈是指一方当事人故意捏造虚假情况或者故意隐瞒真实情况，使对方陷入错误认识与之订立劳动合同；胁迫是指以现实或者将来的危害使他人陷入恐惧而签订的劳动合同；乘人之危是指一方当事人利用对方处于危难境地为谋取不正当利益使对方违背真实意愿所订立的劳动合同。这些情形都违反了劳动合同订立的自愿原则和诚实信用原则。

（2）用人单位免除自己的法定责任、排除劳动者权利的

劳动合同的首要原则是公平原则。公平原则要求当事人权利与义务的一致性，享有权利必须承担相应的义务。任意减少对方基本权利，免除自身法定义务，显然违反公平原则。在劳动合同订立过程中，用人单位常利用优势地位，利用劳动合同免除或者减轻自己的法定义务，排除劳动者的权利。为了保护劳动者的权益，对此《劳动合同法》明确规定为无效。

（3）违反法律、行政法规强制性规定的

法律、行政法规中存在大量的对劳动者基本权利、劳动保护、工作时间、工资待遇等方面的强制性规定，体现了国家对劳动者保护的基本要求。同时，国家也会根据社会的变化随时调整相关强制性规定的范围和标准。当劳动合同内容违反了这些强制性规定，就会导致劳动合同无效或者部分无效。

三、无效劳动合同的认定机关

对于劳动合同是否有效存在争议的，其效力认定主体不在于用人单位或者劳动者单方。

对劳动合同的无效或者部分无效有争议的，由劳动争议仲裁机构或者人民法院确认。其中，经仲裁未引起诉讼的，由劳动争议仲裁机构认定；经仲裁又提起诉讼的，由人民法院认定。

【案例链接】　禁止婚恋的劳动合同条款无效

大学毕业的女孩程某与宁波某贸易公司签订了2年期的劳动合同，担任公司办公室的公关经理工作。其劳动合同除了约定工资待遇、工作要求等条款外，还明确规定："因单位工作特别需要，在合同期限内，劳动者承诺不恋爱和不结婚。否则，公司有解除劳动合同的权利。"工作一年后，程某因双方父母催婚，于是与男朋友办理了结婚手续。2个月后，公司得知此事，遂根据劳动合同约定解除了与程某的劳动合同。程某不服，向当地劳动争议仲裁委员会提起仲裁。仲裁庭审理查明，劳动合同中不恋爱不结婚条款违反了我国《宪法》《婚姻法》关于结婚自由的规定，也违反了劳动法的强制性规定，应属于无效条款。对此，用人单位应当承担过错责任，赔偿程某因此所遭受的经济损失。

四、无效劳动合同的法律后果

（1）劳动合同部分无效，不影响其他部分效力的，其他部分仍然有效。

（2）劳动合同被确认无效，劳动者已付出劳动的，用人单位应当向劳动者支付劳动报酬。其劳动报酬的数额，参照本单位相同或者相近岗位劳动者的劳动报酬确定。

（3）因无效劳动合同造成损失的，由过错方承担赔偿责任。双方均有过错的，各自承担相应的赔偿责任。

（4）法律、法规所规定的其他责任。如用人单位使用童工的，除承担劳动合同无效的民事责任外，用人单位还要承担行政责任和刑事责任。

第五节 劳动合同履行、变更与终止

一、劳动合同履行

（一）劳动合同履行

劳动合同履行，是指在劳动合同生效后，双方当事人按照劳动合同的约定，履行劳动义务，实现劳动权利的行为。依法订立的劳动合同具有约束力，用人单位与劳动者应当履行劳动合同约定的义务。只有通过劳动合同的全面履行，才能实现当事人订立劳动合同的目的。对劳动合同履行的管理，是人力资源管理的最核心工作，是劳动者工作报酬最主要的依据。

（二）劳动合同履行原则

【案例讨论】某培训中心因业务需要，高薪聘请一名会计专业的讲师担任资格考试培训教师。曾在高校任教的陶女士认为该招聘符合自身条件，遂前往应聘。根据陶女士提供的个人材料和面试，培训中心感觉满意，并要求陶女士立即上班，以顶替刚刚出国的赵老师的工作。由于事急，双方都未谈及工资，也未签订劳动合同。上完一个月班后，陶女士到培训中心财务处领取工资时，发现其他同样职称的老师领取课酬是200元/节，而自己的则是80元/节。根据财务处工作人员的解释，试用期间课酬标准80元/节，是单位新制定实施的工资标准。陶女士未与单位签订劳动合同，没有特别的约定，因此按照该标准发放。面对培训中心的解释，陶女士觉得单位不够诚信，遂向当地劳动争议仲裁委员会申请劳动仲裁。

根据劳动法规定，你认为劳动仲裁庭会如何裁决？

为了保障劳动合同订立目的的实现，劳动合同履行应当遵循以下原则：

（1）亲自履行原则。劳动合同是特定当事人之间双向选择、协商一致的结果。无论是劳动者还是用人单位，双方都为建立劳动关系进行了一定的考查和评估，并建立了劳动合同的信赖基础。对于用人单位而言，劳动合同的亲自履行直接关系到劳动者的工作环境和相关待遇；对于劳动者而言，劳动合同的亲自履行直接关系到劳动的质量，因为劳动的人身依附性让劳动者及其所提供的劳动具有不可分性。劳动义务由当事人本人亲自履行，不允许请人代为履行。

（2）实际履行原则。法律和劳动合同另有规定或者客观上已不能履行的除外，当事人应当按照劳动合同的规定完成劳动义务，不能以履行其他义务来代替劳动合同约定义务的履行。

（3）全面履行原则。它是实际履行原则的补充和发展，即劳动合同双方当事人除按照劳动合同规定的义务履行外，还要按照劳动合同规定的时间、地点、方式，按质按量地履行全部义务。《劳动合同法》第二十九条规定：用人单位与劳动者应当按照劳动合同的约定，全面履行各自的义务。

（4）协作履行原则。即在劳动合同履行过程中，劳动者与用人单位应当相互协作，配合对方当事人来共同完成劳动合同所规定的义务。任何一方当事人在履行劳动合同遇到困难时，另一方都应当依据劳动合同给予帮助，以便对方全面履行劳动合同。

（三）劳动合同约定不明确的履行规则

劳动合同对当事人义务约定不明确或者未作约定的，法律允许当事人协议补充。不能达成协议的，按相关法律规定履行。

（1）关于新进劳动者待遇约定不明确的。用人单位未在用工的同时订立书面劳动合同，与劳动者约定的劳动报酬不明确的，劳动者的劳动报酬按照集体合同规定的标准执行；没有集体合同或者集体合同未规定的，实行同工同酬。

（2）关于劳动报酬和劳动条件等标准约定不明确的。其引发争议的，用人单位与劳动者可以重新协商；协商不成的，适用集体合同规定；没有集体合同或者集体合同未规定劳动报酬的，实行同工同酬；没有集体合同或者集体合同未规定劳动条件等标准的，适用国家有关规定。

（3）关于未约定劳动合同期限的。《劳动合同法》第三十九条规定：用人单位自用工之日起满一年不与劳动者订立书面劳动合同的，视为用人单位与劳动者已订立无固定期限劳动合同。

（4）关于劳动合同履行地与用人单位注册地不一致的。《劳动合同法实施条例》第十四条规定：劳动合同履行地与用人单位注册地不一致的，有关劳动者的最低工资标准、劳动保护、劳动条件、职业危害防护和本地区上年度职工月平均工资标准等事项，按照劳动合同履行地的有关规定执行；用人单位注册地的有关标准高于劳动合同履行地的有关标准，且用人单位与劳动者约定按照用人单位注册地的有关规定执行的，从其约定。

（5）劳动合同期满后，劳动者仍在原用人单位工作的。在劳动合同期满后，劳动者仍在原用人单位工作，原用人单位未表示异议的，视为双方同意以原条件继续履行劳动合同。

【案例链接】　工资不明确，员工讨说法

2016年6月，高职学院毕业的秦某等8人被某大型物流配送中心招聘为仓库管理员，当其连续两个月领取月工资1 500元时，与公司发生了工资争议，原来招聘时公司多次承诺月基本工资为3 000元。由于双方无法说服对方，于是请劳动管理部门出面调解。由于双方没有签订书面劳动合同，也没有集体合同，劳动管理部门要求公司提供仓库管理部门全体员工最近6个月的工资表。经核查该中心共有30名员工，最高工资是部门主管5 500元，其他仓库管理员工资最高3 500元，最低的2 500元。经劳动管理部门出面调解，公司接受并按劳动者所称月工资给付，同时双方补签了劳动合同书。

（四）劳动合同履行中的劳动安全卫生规则

根据国家法律规定，在劳动合同履行过程中，用人单位有义务保护劳动者的人身安全和生命健康。用人单位不但要执行国家劳动安全卫生相关法律制度，而且还要完善单位相关技术规范和操作制度，采取切实措施，保护劳动者的权益。除劳动者负有劳动安全卫生注意义务外，在劳动合同履行过程中，用人单位还负有劳动安全卫生保障义务：

（1）禁止强迫或者变相强迫劳动者加班。用人单位应当严格执行劳动定额标准，保障劳动者有足够的休息时间，不得强迫或者变相强迫劳动者加班。

安排加班的，用人单位应当按照相关法律规定办理手续；同时，应当按照国家有关规定向劳动者支付加班费。

（2）禁止违章指挥、强令冒险劳动者作业。违章作业是指劳动现场管理人员要求劳动者违反规定制度和操作规程进行作业。强令冒险作业是指劳动现场管理人员违反法律规定和操作规程，强行命令劳动者从事不安全和容易引发危险的劳动。它们给劳动者人身安全和健康带来了危险，直接损害了劳动者的权益。对此，劳动者拒绝违章指挥、强令冒险作业，不属于违反劳动合同的行为，不承担违约责任。

【案例评析】在本案中，单位制定实施的工资标准不符合法定程序，不具有法律效力。劳动合同对当事人义务约定不明确或者未作约定的，法律允许当事人协议补充。如果用人单位不能与陶女士就课酬达成协议的，则按相关法律规定履行。根据《劳动合同法》规定，用人单位未在用工的同时订立书面劳动合同，与劳动者约定的劳动报酬不明确的，劳动者的劳动报酬按照集体合同规定的标准执行；没有集体合同或者集体合同未规定的，实行同工同酬。因此，在没有集体合同规定的情形下，单位应当实行同工同酬标准发放其课酬。

二、劳动合同的变更

（一）劳动合同主体的变更

在劳动合同履行过程中，由于各方面原因，劳动合同主体会发生变化。劳动合同主体的变化从法理上讲应当包括劳动者与用人单位双方的变更。根据劳动合同劳动者亲自履行原则和劳动力人身依附特点，凡劳动者一方变更会对劳动合同的履行产生实质影响，意味着劳动合同的终止。但用人单位本身或者其生产经营方式会发生变化，虽然对劳动合同的继续履行产生影响，但依据法律规定不会直接导致劳动合同的终止。为了保护劳动者的权益，劳动法规定了用人单位主体变化的劳动合同履行规则：

（1）用人单位变更名称、法定代表人、主要负责人或者投资人等事项，不影响劳动合同的履行。因为这些变化不但是非实质性的变化，而且不实质影响用人单位对劳动合同的继续履行。因此，用人单位发生这些变化并不影响用人单位作为劳动合同一方主体的有效性，该劳动合同继续有效，双方当事人应当本着诚实信用原则继续履行该劳动合同。

【案例链接】　　**劳动合同不受法定代表人变更的影响**

伍某是某房地产发展有限公司的售楼部经理，约定月薪 6 000 元，并与公司签订 2 年期的书面劳动合同。该合同签订时，由当时的公司法定代表人刘某签字，但没有加盖公章。在劳动合同的最后半年，公司人事变更，由新来的顾某担任公司的法定代表人。在顾某上任时，遇到全球漫延的金融危机，于是顾某对公司进行改革，开源节流，其中一项重要措施就是对公司每位员工工资下调 30%。根据工资调整方案，伍某计算了一下，每月少领了

1 800 元，会导致家庭经济陷入困难。伍某找顾某反映情况，说明困难，但顾某说“一朝天子一朝臣，原来的劳动合同是刘某签的，应由刘某负责。”

张某不服，向当地劳动争议仲裁委员会申请仲裁。仲裁庭审理认为，劳动合同签订后，公司法定代表人的更换，不影响原来签订的劳动合同。工资调整未征得劳动者的同意属于无效行为。根据《劳动合同法》第三十三条规定，公司应当按照原劳动合同约定标准向伍某补发所扣发的工资。

（2）用人单位发生合并或者分立等情况，原劳动合同继续有效，劳动合同由承继其权利和义务的用人单位继续履行。合并是指用人单位与其他单位在组织上发生了融合，它包括吸收合并和新设合并两种情况。分立是指一个单位分裂成两个或者两个以上的新单位，包括派生分立和新设分立两种情况。根据法律规定，在用人单位合并、分立的情况下，原合同包括劳动合同继续有效。合并或者分立后存续的单位或者新设的单位，承继原劳动合同中的权利和义务，并继续履行原劳动合同。用人单位发生分立或合并后，分立或合并后的用人单位也可依据其实际情况与原用人单位的劳动者遵循平等自愿、协商一致的原则变更原劳动合同。

（3）租赁经营（生产）、承包经营（生产）的企业，所有权并没有发生改变，法人名称未变，在与职工订立劳动合同时，该企业仍为用人单位一方。依据租赁合同或承包合同，租赁人、承包人如果作为该企业的法定代表人或者该法定代表人的授权委托人时，可代表该企业（用人单位）与劳动者订立劳动合同。新签劳动合同之前，原劳动合同继续有效。在原劳动合同基础上新签劳动合同的，租赁人、承包人不得降低或者损害劳动者的权益。

（4）派出到合资、参股单位的职工如果与原单位仍保持着劳动关系，应当与原单位签订劳动合同，原单位可就劳动合同的有关内容在与合资、参股单位订立劳务派遣合同时，明确职工的工资、保险、福利、休假等有关待遇。

【律师提示】　劳动合同与规章制度的关系

用人单位的规章制度是对用人单位内部全体人员的规定；劳动合同是用人单位与劳动者就个别劳动关系所做的约定。特定人之间的约定，只要不违反法律法规的强制性规定，则优于其他针对群体人之间的约定。用人单位不得以规章制度单方面修订来变更已经订立的劳动合同，即所谓“规章不破合同”。当确因生产经营管理需要而变更劳动者权益或添加劳动者义务的，用人单位可以依法协商达成变更劳动合同的补充协议。

（二）劳动合同内容变更

【案例讨论】在一次“海归”招聘会上，陈某看到一家昆明某制药有限公司招聘科研部部长，待遇及工作条件较为理想，同时该岗位也符合自身的专业特长，遂投递个人简历，并在简历中注明了应聘岗位即科研部部长。通过层层选拔，最终陈某胜出，并与公司签订了劳动合同，期限五年。但劳动合同书上对其具体工作岗位没有明确规定。上班后，陈某担任公司生产部长。工作后第三年，公司新任总经理对公司人事岗位进行了一次大调整。根据调整方案，陈某被调到后勤担任部长。对此，陈某当即反对。公司总经理说：你是公司的职工，公司享有人事任免权，公司职员应当服从公司安排。陈某不服气，决定根据劳动法规定向当地劳动仲裁委员会申请劳动仲裁。

根据劳动法规定，你认为仲裁委员会会支持陈某的主张吗？

劳动合同内容变更，是指在劳动合同履行过程中，用人单位和劳动者就已经订立的劳动合同就部分条款进行修改、补充或者废止所实施的法律行为。劳动合同是当事人意思自治的结果，因此当事人依法享有对劳动合同内容的变更权。

在实践用工过程中，用人单位滥用行政管理权，随意单方变更劳动者的工作岗位和工作地点等，甚至以此逼迫劳动者解除劳动合同的现象比较突出。因此，劳动合同内容变更成为劳动争议比较突出的领域。对劳动合同已经明确规定内容的变更，无论是劳动者提出还是用人单位提出，都应当征得对方当事人的同意，且不得与劳动法强制性规定相抵触。劳动合同内容变更的程序和形式：

（1）劳动合同内容变更的程序。当某种情况的出现使得原劳动合同的继续履行存在困难或者成为不可能时，用人单位和劳动者可以依法协商，对原劳动合同部分内容进行变更。在协商变更劳动合同内容达成协议之前，原劳动合同继续有效。

（2）劳动合同内容变更的形式。如同劳动合同的订立一样，劳动合同内容变更形式应当采用书面形式。变更后的劳动合同文本由用人单位和劳动者各执一份。劳动合同内容的变更一经双方签章同意即生效，双方当事人应当本着诚实信用原则履行变更后的劳动合同义务。

用人单位单方调整劳动者工作岗位或地点的，且没有合理理由，劳动者因拒绝履行而被解除劳动合同的，可以对用人单位主张违法解除劳动合同的赔偿责任。在劳动司法实践中，征得劳动者同意有时也会非常困难，用人单位单方行使劳动合同变更的行政管理权。对此，劳动司法会判断单位合理运用行政管理权具体标准：第一有必要性，即确为生产经营所必要；第二有合理性，调整后岗位为劳动者的劳动能力上所能胜任，工资待遇等劳动条件方面无不利变化；第三有正当性，即岗位调动的目的是正当的，调动的结果是社会一般观念所能接受的。

【案例评析】虽然劳动合同书上对其具体工作岗位没有明确规定，并不意味着其工作岗位可以随意安排。本案中，陈某的工作岗位通过招聘求职时的应聘材料反映出，陈某根据自己的专业特长谋求用人单位特定的工作岗位即公司科研部部长；其次，两年来陈某实际所在工作岗位也是公司科研部部长。双方应本着诚实信用原则履行劳动合同。根据客观情况，公司可以提出调整工作岗位，但属于劳动合同的变更，理应征得劳动者的同意。否则，这项工作岗位调动在劳动者及时反对的情况下，不具有法律约束力。公司因人事任免权而随意重新安排劳动者新的工作岗位，构成公司行政权的滥用，不但损害劳动者的合法利益，也违反了劳动合同法。因此，陈某的主张能得到仲裁庭的支持。

三、劳动合同的终止

劳动合同终止，是指因法定事实的出现，劳动合同不再具有法律效力，用人单位与劳动者之间的劳动关系消灭。《劳动法》第二十三条规定："劳动合同期满或者当事人约定的劳动合同终止条件出现，劳动合同即行终止。"换言之，在《劳动合同法》实施之前，劳动合同终止包括法定终止和约定终止。

在劳动用工过程中，有的用人单位滥用劳动合同约定终止权，以逃避经济补偿和经济赔偿责任，规避经济裁员程序限制等，使劳动者权益遭受损害。因此，《劳动合同法》取消了劳动合同约定终止情形，增加了《劳动法》规定的劳动合同法定终止情形。

对此，《劳动合同法实施条例》第十三条还进一步明确规定：“用人单位与劳动者不得在《劳动合同法》规定的劳动合同终止情形之外约定其他的劳动合同终止条件。”

（一）劳动合同终止的法定情形

（1）劳动合同期满。

劳动合同期满，包括固定期限劳动合同期限届满和以完成一定工作任务为期限的劳动合同因该工作任务完成而期满，劳动合同因此而终止。

（2）劳动者开始依法享受基本养老保险待遇。

这种情况主要指达到法定退休年龄的劳动者，也包括依法提前退休享受基本养老保险待遇的劳动者和未缴满社会保险而续缴期满享受基本养老保险待遇的劳动者。《劳动合同法实施条例》第二十一条规定：“劳动者达到法定退休年龄的，劳动合同终止。”

（3）劳动者死亡，或者被人民法院宣告死亡或者宣告失踪。

《民法总则》规定，公民下落不明满 4 年或者因意外事故下落不明满 2 年（因意外事件下落不明，经有关机关证明该自然人不可能生存的，申请宣告死亡不受 2 年时间的限制）的，经利害关系人申请由人民法院宣告死亡或者宣告失踪。当劳动者死亡，或者被人民法院宣告死亡或者宣告失踪时，劳动者主体缺失，劳动合同效力因此而终止。

（4）用人单位被依法宣告破产。

当用人单位经营不善资不抵债时，依法被人民法院宣告破产的，导致劳动合同失去用人单位主体，劳动合同效力因此而终止。

（5）用人单位被吊销营业执照、责令关闭、撤销或者用人单位决定提前解散的。

（6）法律、行政法规规定的其他情形。

【律师提示】　在解除或者终止劳动合同后，用人单位的法定义务

在解除或者终止劳动合同后，用人单位提供相关证明手续，与劳动者有着切身利益关系，如有助于劳动者享受失业保险待遇和再就业等。

《劳动合同法》第五十条：用人单位应当在解除或者终止劳动合同时出具解除或者终止劳动合同的证明，并在 15 日内为劳动者办理档案和社会保险关系转移手续。

《劳动合同法实施条例》第二十四条：用人单位出具的解除、终止劳动合同的证明，应当写明劳动合同期限、解除或者终止劳动合同的日期、工作岗位、在本单位的工作年限。

（二）对劳动合同终止情形的限制

为了保障劳动者特殊情况下的就业权益和基本生活需求，《劳动合同法》对劳动合同终止情形限制有两方面的规定，即劳动合同续延至法定情形消失时终止和用人单位无权终止劳动合同两种情形。

1. 劳动合同不得因期满而终止，而应续延至相应情形消失时终止的情形

（1）从事接触职业病危害作业的劳动者未进行离岗前职业健康检查，或者疑似职业病病人在诊断或者医学观察期间的。

（2）患病或者非因工负伤，在规定的医疗期内的。

（3）女职工在孕期、产期和哺乳期的。劳动合同期限届满时，用人单位不得终止劳动合同。

（4）在本单位连续工作满十五年，且距法定退休年龄不足五年的。

（5）法律、行政法规规定的其他情形。

例如，对工会主席、委员的任期超出劳动合同期限情形的，《工会法》规定劳动合同期限应当续延至任期届满。对约定服务期与劳动合同期限不一致情形的，《劳动合同法实施条例》规定劳动合同应当续延至服务期满，但双方另有约定除外。

2. 用人单位无权终止劳动合同的情形

在本单位患职业病或者因工负伤并被确认丧失或者部分丧失劳动能力的劳动者，《劳动合同法》等规定用人单位无权终止劳动合同，但劳动者提出终止劳动合同除外。

（三）用人单位非法终止劳动合同的双倍赔偿处罚

用人单位违法终止劳动合同的，应当按照《劳动合同法》第八十七条规定经济补偿标准的二倍向劳动者支付赔偿金。

【案例链接】　劳动合同终止，因孕期事实而恢复劳动关系

在北京某大学出版社工作的女职工郑某，其劳动合同于2016年6月期满。5月30日，人事部通知郑某单位不再与其续签劳动合同。郑某在6月30日办理了离职手续。7月中旬，郑某感觉身体不适，去医院检查后发现自己已经怀孕有一个半月之久。在此情况下，郑某感觉自己怀孕不好联系新的工作，于是回原单位协商，表示希望再保持一段时间的劳动关系，但遭到了单位的拒绝。对此，郑某向当地劳动争议仲裁委员会申请劳动仲裁，要求恢复劳动关系。仲裁委审理认为，劳动者在医疗期、孕期、产期和哺乳期内，劳动合同期限届满时，用人单位不得终止劳动合同，劳动合同的期限应自动延续至医疗期、孕期、产期和哺乳期期满为止。本案中，郑某办理离职手续时，并不知道自己怀孕的事实，其办理离职手续是属于重大误解的民事行为，经当事人申请应当依法予以撤销。仲裁委裁决，恢复郑某与出版社之间的劳动关系，双方劳动合同有效期依法顺延。

第六节　劳动合同解除

劳动合同解除权是劳动者择业自主权和用人单位用工自主权的重要内容。一般情况下，一方当事人行使解除权是对另一方当事人违法或违约行为的处罚，在法律上属于最严处罚措施。劳动合同的解除，导致劳动关系的终止，直接影响劳动者和用人单位的切身经济利益。因此，劳动法对劳动合同的解除做出特别严格的规定。为了保护劳动者的合法利益和择业自主权，《劳动合同法》对劳动者和用人单位行使解除劳动合同权做出了区别性规定。人力资源管理不依据法律规定解除劳动合同所引发的劳动争议，成为单位劳动司法败诉的主要根源。

一、劳动合同的解除的概念

（一）劳动合同的解除

1. 劳动合同的解除

劳动合同的解除是指在劳动合同订立后，尚未全部履行之前，由于某种原因导致当事人提前终止劳动关系的法律行为。劳动合同订立之后，任何一方不得随意解除劳动合同，当事人应当按照劳动合同的规定严格履行各自的劳动义务，并遵守全面履行原则，以保障对方当事人的权益。但是由于某种特殊情况的出现，继续履行劳动合同已经成为不可能或者没有必要时，双方当事人均可依法解除劳动合同。

【案例链接】　　劳动者依法单方解除劳动合同，无须征得用人单位同意

何某与长春某环保绿化有限公司签订了劳动合同，并约定3年的劳动合同期限。在第二年时，公司有陆续拖欠工资的现象，并使何某的经济生活陷于困境。对此，公司负责人解释说公司资金周转不灵，需要待公司客户支付工程款后才能解决工资发放问题。2017年3月，何某以公司拖欠工资为由向公司递交了一份辞职通知，但公司领导不同意并要求何某继续工作。一周后，何某离开了公司。离开后的第三个月，当得知公司收到一笔工程款时，何某向公司主张工资。公司不但不发放其工资，反而要求擅自离职的何某承担违约金和赔偿金。

对此，何某向当地劳动争议仲裁委员会提起仲裁。劳动争议仲裁委员会经审理认为，该公司没有按照法律规定支付劳动者的工资，劳动者有权依法单方解除劳动合同，无须征得用人单位同意。用人单位应当支付劳动者何某的工资并发放经济补偿金。

2. 劳动合同解除特点

（1）劳动合同解除发生在劳动合同依法订立后而尚未履行完毕之前。在正常情况下，劳动合同只有在劳动者和用人单位双方履行了自己的义务后才终止，双方才不受其法律效力的约束。劳动合同的解除是在双方当事人或者一方当事人未完全履行合同义务的情况下使合同效力终止。

（2）解除的劳动合同是合法有效的劳动合同。无效劳动合同从订立时起就不具有法律效力，不受劳动法律保护，其不存在劳动合同解除情形。

（3）劳动合同的解除应当依法进行。除双方协商一致解除劳动合同外，用人单位必须在具备法律规定的情形下才能解除劳动合同，无权擅自解除劳动合同。劳动者既可以依据用人单位违法情形解除劳动合同，也可以在无任何理由的情形下解除劳动合同，但应当遵守劳动法律所规定程序的要求。

（4）劳动合同的解除不影响当事人劳动法律责任。劳动合同的解除使当事人的劳动权利义务关系终止，但依据劳动法律规定的劳动法律后果如赔偿责任、经济补偿等并未消灭。同时，劳动合同的解除，只对未履行的部分发生效力，不涉及已履行的部分。

（二）劳动合同解除的种类

（1）按照解除劳动合同依据不同，劳动合同的解除有法定解除和约定解除。其中，法定解除是指在劳动合同履行过程中，出现了劳动法所规定的情形，当事人一方或者双方解除劳动合同的行为。约定解除是指在劳动合同履行过程中，当事人一方或者双方认为继续履行劳动合同已经成为不可能或者没有必要时，在自愿基础之上经双方协商一致后，可以解除劳动合同的行为。值得注意的是，在劳动合同中，双方当事人可以约定解除情形而不能约定终止情形。

法定解除与约定解除的区别：法定解除劳动合同是指由一方当事人依法实施的解除行为，因此应当遵守法律所规定的前提条件和形式要件等要求；约定解除是用人单位和劳动者共同实施的行为，要么具备劳动合同中约定解除情形要么双方协商一致，方能解除劳动合同。

（2）按照解除劳动合同的主体不同，劳动合同的解除可分为用人单位与劳动者共同协商解除、用人单位单方解除以及劳动者单方解除三种情形。除了采用法定解除和约定解除外，为了便于劳动合同单方行使解除权，《劳动法》《劳动合同法》采用按主体不同而规定解除劳动合同不同法定情形的立法形式。根据《劳动合同法》规定，无论是劳动者还是用人单位行使单方解除劳动合同的权利，都无须征得对方当事人的同意。单方解除劳动合同的，应当严格依法行使，否则过错方承担不利法律后果。

在单方解除劳动合同的法定情形中，《劳动法》《劳动合同法》等对不同主体规定了不同的权限。比较而言，劳动者单方解除劳动合同的权限比用人单位的要大得多，而且条件宽松。二者最明显的区别是，用人单位必须在具备法定理由即劳动法律所规定的情形下才能解除劳动合同。若没有法律理由的情形，用人单位无权单方解除劳动合同，否则要承担擅自解约的法律责任。在用人单位劳动用工违法的情形下，劳动者可以单方解除劳动合同；在无任何理由的情形下，劳动者仍可解除劳动合同，但应遵守劳动法律所规定程序的要求。

【案例链接】 错把无固定期限劳动合同当成“铁饭碗”，结果因违纪被砸

员工老孙在国有股份公司工作9年，在续签劳动合同时，公司人力资源管理工作人员提供了无固定期限的劳动合同。对此，老孙心里非常高兴，这是他盼望已久的“铁饭碗”，可以说自己的工作进入了“保险箱”，公司不能解除自己的工作关系。自从无固定期限劳动合同签订之后，老孙工作态度和工作纪律有些微妙变化。老孙工作岗位是管理油库的，但又喜欢抽烟，以前一直在工作岗位憋着烟瘾，现在可以偷偷地抽一支。一次公司领导进行安全检查，在监控录像中发现老孙的抽烟行为。因此，第二天老孙就被以违反公司重要管理规定而解除劳动合同，而且没有任何经济补偿。

劳动者应当明白，无固定期限劳动合同与固定期限劳动合同最大的区别在于合同里是否规定了终止期限，仅此而已。

二、双方协商解除劳动合同

《劳动合同法》第三十六条规定：用人单位与劳动者协商一致，可以解除劳动合同。根据劳动法规定，双方协商解除劳动合同应当遵守下列条件：

（1）双方自愿。协商解除劳动合同必须是当事人双方出于自愿，而不能是一方强迫另一方，或者第三方强迫一方或双方解除劳动合同。

（2）平等协商。协商解除劳动合同时，双方当事人应当就解除劳动合同的所有问题进行平等协商，法律不允许一方将自己的意志强加给对方。

（3）不得损害一方的利益。在平等协商的基础上达成解除劳动合同的，劳动合同当事人双方权利义务应当保持平衡，不得损害一方的利益，尤其是劳动者的权益。依据劳动法规定，若是用人单位提出并协商解除劳动合同的，应当向劳动者支付经济补偿金。

【案例链接】 “末位淘汰制”与劳动法“撞车”

何某是某合资“贵族”学校的教师，与单位签订了五年的聘用合同。何某觉得单位待遇相对较好，一直努力地工作。但最近为了迎接全省“创优”活动，学校实行了一系列改革措施，包括全员教师岗位的“末位淘汰制”。“末位淘汰制”规定，凡每年综合考核名列所在部门最后一名者，将自动与单位解除聘用合同。何某爱好法律，觉得“末位淘汰”有违劳动法的规定，于是向当地劳动管理部门投诉。劳动管理部门认为“末位淘汰”与《劳动合同法》规定的“不能胜任工作”是两个不同的概念，单位不能根据自己规定的“末位淘汰制”来解除聘用合同。经劳动管理部门的解释，学校主动改正了错误制度。

三、劳动者单方解除劳动合同

为了保护劳动者的人身自由权、充分发挥其专业特长等，劳动法律允许劳动者在劳动合同履行期内享有单方解除劳动合同的权利，但并不意味着劳动者可以无视法律和职业道德随意离职，损害用人单位的利益。在实践中，劳动者依法单方解除劳动合同的原因也有所不同，主要分为两类：一是无任何理由情形下的单方解除劳动合同情形，二是用人单位违法损害劳动者权益情形下的单方解除劳动合同。根据单方解除劳动合同理由的不同，在解除劳动合同后劳动者所承担的法律后果也有所区别。相对于用人单位而言，劳动者在单方解除劳动合同上享有更多更广泛的权利。

【案例讨论】 谢某是天津市某国有商业银行普通员工，与单位签订五年期的劳动合同。劳动合同履行的第三年即2015年5月，由于较高的薪水待遇和良好的事业发展吸引，谢某竞聘上了当地的一家知名的外资银行。于是，谢某提前30日向单位人事部门提交了解除劳动合同的通知，并要求单位及时办理相关手续。单位领导认为，双方签订了合法有效的劳动合同，在有效的合同期内任何一方不得擅自解除劳动合同。因此，单位不同意谢某的辞职。经多次交涉无效后，谢某向当地劳动争议仲裁委员会提出申请，要求原单位为其办理离职手续。接到仲裁申请书后，单位也提出了反诉，要求谢某继续工作以履行劳动合同义务。

请问：双方的主张谁有法律依据？

（一）劳动者无须理由可以依法解除劳动合同

无须任何理由，劳动者依法享有单方解除劳动合同的权利，这是劳动者人身自由和择业自由权的体现。《劳动合同法》第三十七条规定是其主要法律依据。劳动者提前30日以书面形式通知用人单位，可以解除劳动合同。劳动者在试用期内提前3日通知用人单位，可以解除劳动合同。在此情形下，劳动者单方解除劳动合同时应当遵守以下法律义务：

1. 遵守解除劳动合同的预告期

各国劳动法均允许劳动者无任何理由解除劳动合同，但为了保护用人单位的权益，规定了劳动者在享有无任何理由单方解除劳动合同时，应当遵守解除合同的预告期。预告期便于用人单位及时安排工作交接，保障生产的连续性，避免给用人单位造成不必要的损失。《劳动合同法》在预告期规定上与《劳动法》规定有所区别。根据《劳动合同法》规定，劳动者在试用期和正式期单方解除劳动合同的预告期分别为3天和30天。

2. 履行通知用人单位的义务

《劳动合同法》规定，劳动者在享有无任何理由单方解除劳动合同时，应当履行通知用人单位的义务。履行该项义务，一方面使用人单位明确劳动者单方解除劳动合同的法律性质，另一方面也是遵守解除劳动合同的预告期的起算时间。关于通知的形式，法律对在试用期和正式期分别做出了不同的规定，即试用期内的无特别形式要求而正式期内应当采用书面形式。

在无任何理由的情形下，劳动者可依照法律规定行使单方解除劳动合同的权利，但劳动者应当承担违约责任。《关于〈劳动法〉若干条文的说明》第三十一条规定：

"本条规定了劳动者的辞职权，除此条规定的程序外，对劳动者行使辞职权不附加任何条件。但违反劳动合同约定者要依法承担责任。"根据《关于贯彻执行〈劳动法〉若干问题意见》第三十二条规定，劳动者无任何理由解除劳动合同，应当提前30日以书面形式通知用人单位。超过三十日，劳动者可以向用人单位提出办理解除劳动合同手续，用人单位予以办理。劳动者违法解除劳动合同给原用人单位造成经济损失，应当承担赔偿责任。

【案例评析】用人单位所说劳动者无权单方解除劳动合同是没有法律依据的。劳动合同生效后，劳动者与用人单位应当全面严格履行劳动合同所规定的义务。根据劳动法的规定，在劳动合同义务履行完毕之前，劳动者享有无任何理由即可以单方解除劳动合同的权利，但应当遵守法定的预告期和通知要求。《劳动合同法》第三十七条规定：劳动者提前30日以书面形式通知用人单位，可以解除劳动合同。本案中谢某提前30日向单位人事部门提交了解除劳动合同的通知，即属于解除劳动合同的合法行为，双方劳动合同因解除而不再具有法律效力，用人单位应当及时办理谢某的离职手续。根据劳动法规定，谢某应对自己解除劳动合同行为承担相应的违约责任。

（二）因用人单位违法行为而解除劳动合同

当劳动者权益遭到用人单位的违法行为损害时，劳动者依法享有解除劳动合同的权利。根据《劳动合同法》第三十八条规定，用人单位有违法损害劳动者权益的下列情形，劳动者有权单方解除劳动合同：

1. 未按照劳动合同约定提供劳动保护或者劳动条件的

劳动保护和劳动条件是法律规定的劳动合同的必备条款，也是劳动者全面履行劳动合同义务的基础。缺乏必要的劳动保护措施和劳动保护用品，会对劳动者的生命安全和身体健康构成潜在的威胁，甚至引发实质性伤害。用人单位未能按照法律规定或者劳动合同约定提供劳动保护或者劳动条件的，本身也是违反劳动合同的根本义务，属于重大违约行为。因此，劳动者有权通知用人单位解除劳动合同。

2. 未及时足额支付劳动报酬的

用人单位和劳动者在订立劳动合同时，应当按照法律规定约定好劳动报酬。劳动报酬条款也是劳动合同的必备条款。支付劳动报酬，是用人单位的主要义务。用人单位应根据劳动合同的约定，本着诚实信用原则及时、足额地向劳动者支付劳动报酬。用人单位未及时足额支付劳动报酬，损害劳动者的根本利益。因此，劳动者有权解除劳动合同。

3. 未依法为劳动者缴纳社会保险费的

社会保险涉及劳动者的根本利益，为劳动者办理社会保险是劳动合同中约定的用人单位和劳动者的共同义务。社会保险不但是劳动合同义务，更是法定的强制义务。保障劳动者的权益，用人单位应当依法履行社会保险义务。用人单位违反此项义务表现为不办理社会保险手续、不及时办理社会保险手续和不足额办理社会保险手续等。凡用人单位有上述违法情形的，劳动者有权解除劳动合同。

4. 用人单位规章制度违反法律损害劳动者权益的

用人单位规章制度是用人单位根据法律规定制定的生产经营管理规则，其核心内容是单位内部生产、经营和工作纪律。用人单位规章制度直接涉及劳动者的工作时间、休息休假、劳动安全卫生、保险福利、劳动报酬、劳动纪律和劳动处罚等。因此，用人单位规章制度的制定、修改，必然影响劳动者的权益。为了维护劳动者的权益，《劳动合同法》等不但要求用人单位的规章制度在内容上不得与法律、法规相抵触，而且其制定、修改等程序上也应当遵守法定程序。用人单位规章制度违反法律损害劳动者权益的，不但不产生法律效力，而且劳动者有权依此解除劳动合同。

5. 由于用人单位原因致使劳动合同无效的

《劳动合同法》规定劳动合同无效或者部分无效的情形有：①以欺诈、胁迫的手段或者乘人之危，使对方在违背真实意思的情况下订立或者变更劳动合同的；②用人单位免除自己的法定责任、排除劳动者权利的；③违反法律、行政法规强制性规定的。用人单位有上述行为导致劳动合同无效的，劳动者有权解除与用人单位形成的劳动关系。

6. 用人单位以暴力等手段强迫劳动者劳动或者违章作业损害劳动人身安全的

用人单位以暴力、威胁或者非法限制人身自由的手段强迫劳动者劳动的，或者用人单位违章指挥、强令冒险作业危及劳动者人身安全的，劳动者有权立即解除劳动合同，不需要事先告知用人单位。

7. 法律、行政法规规定劳动者可以解除劳动合同的其他情形

除上述第6情形外，因用人单位劳动用工违法而单方解除劳动合同的，劳动者应当事先以书面形式通知用人单位，以便工作交接、职工档案和社会保险手续的转移，同时也对用人单位生产影响最小。在劳动司法实践中，因用人单位违法损害劳动者权益的，劳动者有权单方解除劳动合同，不但不承担违约责任，而且还有权要求用人单位承担经济补偿金等法律责任。因此，因用人单位违法而劳动者单方解除劳动合同的，对劳动者处理劳动争议极为有利。

【律师提示】　　劳动者解除劳动合同时的注意事项

一是劳动者单方解除劳动合同应当采用解除劳动合同通知书或者辞职书形式，而非辞职申请形式。

二是在无任何理由的情况下解除合同的，劳动者应遵守法定的预告期和通知要求。在此情形下，劳动者依法承担解除劳动合同的违约责任，但只限于解除行为生效前的损失范围。

三是在法定理由下解除劳动合同时，劳动者应当在解除合同文书中说明解除劳动合同的法定理由及事实。

四是递交解除劳动合同文书时，应当要求用人单位签收，否则采用特快专递方式并保留送达回执。

四、用人单位单方解除劳动合同

依据劳动法的规定，用人单位依法享有行使单方解除劳动合同的权利。劳动法将用人单位单方解除劳动合同的情形分为过失性解除劳动合同、非过失性解除劳动合同和经济性裁员三种情形。为了保护劳动者的权益，构建和谐劳动关系，劳动法对用人单位单方解除劳动合同权进行了严格的限制，即不但规定了用人单位单方解除劳动合同的法定情形，而且也规定了用人单位不得解除劳动合同的法定情形以及违法解除劳动合同的法律后果。

【案例讨论】 马某2014年7月大学毕业后进入一家外贸公司上班。2016年3月，马某因承受不住失恋打击，患上了精神分裂症，无法正常工作和生活。经过3个多月住院治疗，仍不见好转。一天，公司人事部经理探望，对其母亲表示：公司考虑到马某特殊的经济情况，决定延长医疗期待遇3个月。但转眼延长的医疗期过去了，马某的病情依然没有好转，仍不能回单位上班。公司向马某的母亲发来了与马某解除合同的通知。对此，其母亲认为女儿有特殊疾病，在医疗期间公司解除劳动合同无异于"落井下石"，使其家庭经济陷于更困难境地。于是，马某母亲依法向当地劳动仲裁委员会提出了仲裁请求，要求继续享受医疗期待遇并保持劳动关系。

公司能否解除劳动合同？请说说法律依据。

（一）因劳动者过失而解除劳动合同

因劳动者过失而解除劳动合同的权利又称过失性劳动合同解除权，是指用人单位在劳动者存在一定过失的情况下，可以依法单方解除劳动合同的权利。用人单位此项解除劳动合同权利的行使，不受《劳动合同法》第四十二条的限制，也不因劳动合同所约定的期限不同而有所差别。换言之，劳动者即使签订了无固定期限的劳动合同也会因劳动者过失而被解除劳动关系丢掉"铁饭碗"。目前，法律没有规定用人单位在此情形下负有预先告知义务，但对劳动者的过错负有举证责任。《劳动合同法》第三十九条规定，劳动者有下列情形的，用人单位享有过失性劳动合同解除权：

1. 在试用期间被证明不符合录用条件的

录用条件是用人单位在招用劳动者时针对工作岗位和职责不同所提出的具体招录标准。为了考察劳动者是否真正符合用人单位的录用条件，用人单位一般都会规定劳动合同试用期。在试用期内，被证明符合录用条件的，双方将继续履行劳动合同。否则，用人单位有权解除劳动合同。

2. 严重违反用人单位规章制度的

用人单位的规章制度对维护生产经营的顺利进行、提高劳动效率、保证劳动者生产经营过程中的安全都有很重要的现实意义。劳动法特别强调用人单位和劳动者共同遵守劳动规章制度，任何一方违反均要承担一定责任，甚至可能导致劳动合同的解除。用人单位依法对严重违反规章制度行为进行补充、量化和细化，不但有助于单位的劳动关系管理，还能保障单位劳动合同解除权的正常行使。

3. 严重失职，营私舞弊，对用人单位造成重大损害的

劳动者严格履行劳动合同，尽心尽职地完成工作是劳动法对劳动者的基本要求。劳动者在工作过程中有严重失职，营私舞弊行为，同时也给用人单位造成重大损害的，用人单位有权解除劳动合同。其中，"重大损害"由单位内部规章合理界定。

4. 劳动者同时与其他用人单位建立劳动关系，对完成本单位的工作任务造成严重影响或者经用人单位提出拒不改正的

劳动者同时与两个以上的用人单位建立劳动关系，即构成所谓的兼职。劳动法对劳动者的兼职行为实行允许又限制的态度，要求劳动者的兼职不得影响本单位工作任务的完成。劳动者的兼职行为对完成本职工作造成了严重影响或者经用人单位提出而拒不改正的，用人单位有权解除劳动合同。

5. 由于劳动者原因致使劳动合同无效的

《劳动合同法》第二十六条第一款规定劳动合同无效或者部分无效情形有：①以欺

诈、胁迫的手段或者乘人之危，使对方在违背真实意思的情况下订立或者变更劳动合同的；②用人单位免除自己的法定责任、排除劳动者权利的；③违反法律、行政法规强制性规定的。劳动者有上述行为导致劳动合同无效的，用人单位有权解除与劳动者形成的劳动关系。

6. 被依法追究刑事责任的

《关于贯彻执行〈劳动法〉若干问题意见》规定，被依法追究刑事责任包括被检察院免予起诉的、被法院依据《刑法》第三十七条规定免予刑事处分的和被法院判处刑罚的三种情形。劳动者有上述情形之一的，用人单位有权解除劳动合同。值得注意的是，当劳动者处于司法审查、拘留或者逮捕时，用人单位不应解除劳动关系，但可暂时停止劳动合同的履行。

【案例链接】　职工代表大会通过的规章制度因无合理性和可操作性不予采信案

2016年1月4日，郑某进入某贸易公司担任采购工作，双方签订了为期三年的劳动合同，约定月工资5 000元。2017年3月6日下午和3月13日下午，郑某分别旷工半天。此事被其同事反映给公司领导后，公司随即在2017年3月20日书面通知郑某解除劳动合同，理由为郑某经常旷工，严重违反用人单位的规章制度。郑某不服该公司决定而向劳动争议仲裁委申请仲裁，要求某贸易公司支付违法解除劳动合同的赔偿15 000元。庭审中，公司向仲裁委提交了单位的规章制度。该规章制度规定："经常无故旷工属于严重违纪，公司有权提前解除劳动合同。"该规章制度在制订时经过职工代表大会讨论通过，并向全体职工公示。郑某表示知道单位的规章制度，但认为两次旷工不能被认定为经常旷工。对此，仲裁委裁决某贸易公司应向郑某支付违法解除劳动合同赔偿金15 000元。

《劳动合同法》赋予了用人单位制订规章制度的权利，但并非所有的规章制度都会得到认可，单位在制订规章制度时既要有合法性、合理性、系统性，也要有实际操作性，还应具有明确的评判标准。否则，仲裁委或法院不会采信单位的规章制度。

（二）非因劳动者过失而解除劳动合同

非因劳动者过失而解除劳动合同的权利又称非过失性劳动合同解除权，是指在劳动者在劳动过程中没有重大过失但因其他事由的出现，用人单位依法提前告之即可解除劳动合同的权利。非过失性劳动合同解除权的行使，用人单位必须履行事先预告的义务，即应当提前三十日以书面形式通知劳动者本人（或者额外支付劳动者本人一个月工资）。

《劳动合同法》第四十条规定，劳动者有下列情形的，用人单位享有非过失性劳动合同解除权：

1. 劳动者患病或非因工负伤，医疗期满后，不能从事原工作也不能从事由用人单位另行安排的工作的

在患病或非因工负伤情况下，按照原劳动部《企业职工患病或非因工负伤医疗期限规定》劳动者享有不同期限的医疗期。在医疗期内，用人单位不得解除劳动者的劳动合同，其工资待遇按照规定发放。劳动者在医疗期满后，不能从事原工作也不能从事由用人单位另行安排的工作的，用人单位可以解除劳动合同，但必须依法提前通知劳动者。

根据《劳动部关于实行劳动合同制若干问题的通知》等规定，劳动者患病或者非因工负伤，合同期满劳动者终止劳动合同的，根据其劳动能力鉴定为5~10级的，用人

单位应当支付不低于六个月工资的医疗补助费。鉴定为1~4级的，应当办理退休、退职手续，享受退休、退职待遇。

2. 劳动者不能胜任工作，经过培训或者调整工作岗位，仍不能胜任工作的

“不能胜任工作”，是指不能按照劳动合同要求完成约定任务或者同种岗位的正常工作量。用人单位不得故意提高劳动定额标准，使劳动者无法完成。当劳动者不能胜任工作，经过职业技能培训或者调整工作岗位后，其仍不能胜任工作的，用人单位有权依法解除劳动合同。

3. 劳动合同订立时所依据的客观情况发生重大变化，致使原劳动合同无法履行，经当事人协商不能就变更劳动合同达成协议的

“客观情况”，是指劳动合同订立后发生的不可抗力或者出现使劳动合同全部或者部分无法履行的客观情况。由于劳动合同订立时所依据的客观情况发生重大变化，导致劳动合同无法履行，经当事人协商不能就变更劳动合同达成协议的，用人单位有权解除劳动合同。

【法律链接】　劳动者患病或非因工负伤的医疗期

《企业职工患病或非因工负伤医疗期规定》等按照劳动者实际参加的工作年限和在本单位的工作年限，给予3个月到24个月的医疗期，具体规定如下：

（1）实际工作年限十年以下的，在本单位工作年限五年以下的为三个月；五年以上的为六个月。

（2）实际工作年限十年以上的，在本单位工作年限五年以下的为六个月；五年以上十年以下的为九个月；十年以上十五年以下的为十二个月；十五年以上二十年以下的为十八个月；二十年以上的为二十四个月。

对某些患特殊疾病（如癌症、精神病、瘫痪等）的职工，在二十四个月内尚不能痊愈的，经企业和劳动主管部门批准，可以适当延长医疗期。

（三）因单位经济性裁员而解除劳动合同

单位经济性裁员，是指在市场形势发生变化或者用人单位自身经营陷入困境时，裁减富余人员以降低成本，增强单位竞争力的用工管理行为。由于裁减员工涉及大批劳动者的利益，对于社会稳定具有一定影响，因此《劳动合同法》等对经济性裁员的情形、优先留用人员、裁减程序等做出了特别性规定。

1. 单位经济性裁员的情形

（1）依照企业破产法规定进行重整的。企业破产，是指企业因经营管理不善造成严重亏损，不能清偿到期债务的，由债权人或者债务人依法申请，由人民法院依法宣告破产并按照法定程序偿还债权人债务的程序和制度。破产企业重整是破产程序的一部分，在法律规定的整顿期间企业可能会重获新生。在企业破产整顿中，裁减一定人员是不可避免的。在此情形下，企业可以进行经济性裁员，按照法律规定程序解除与部分劳动者的劳动合同。

（2）生产经营发生严重困难的。企业生产经营发生严重困难，为了减少开支范围，确实需要裁减人员的，企业可以行使企业用工自主权，依法裁减富余人员，以摆脱经济困境，重新赢得企业竞争力。

（3）企业转产、重大技术革新或者经营方式调整，经变更劳动合同后，仍需裁减

人员的。在市场经济中，企业根据市场需要以及生产和管理技术的发展，实施企业转产、重大技术革新或者经营方式调整，以降低成本，提高经济效益，增强企业市场竞争力。因此，企业可以依法解除与部分劳动者的劳动合同。

（4）其他因劳动合同订立时所依据的客观经济情况发生重大变化，致使劳动合同无法履行的。

2. 单位经济性裁员时禁裁人员和优先留用人员的范围

法律规定了经济性裁员时禁裁人员和优先留用人员的范围，即表示用人单位不得任意决定被裁减人员和留用人员。其中同，用人单位不得裁减的人员与法律规定禁止解除劳动合同的人员范围相同；裁减人员时应当优先留用人员的范围：①与本单位订立较长期限的固定期限劳动合同的；②与本单位订立无固定期限劳动合同的；③家庭无其他就业人员，有需要扶养的老人或者未成年人的。

3. 单位经济性裁员程序

经济性裁员是企业自主经营权的重要体现，为了保证经济裁员的公正性，避免社会消极影响，《企业经济性裁减人员规定》和《劳动合同法》等作了程序性规定。根据《劳动合同法》第四十一条第一款规定，需要裁减人员二十人以上或者裁减不足二十人但占企业职工总数百分之十以上的，用人单位应当遵守裁员程序：

首先，用人单位提前三十日向工会或者全体职工说明情况，提交裁减人员方案和生产经营状况等资料，听取工会或者职工的意见。其目的是让职工做好各方面准备，对裁减方案进行修改和完善，尽量减轻失业造成的不利影响。

其次，用人单位的裁减人员方案应向劳动行政部门报告，提交裁减人员方案和工会或者全体职工意见。劳动行政部门审查裁减方案中是否有违法行为。

最后，由用人单位正式公布裁减人员方案，并与被裁减人员办理解除劳动合同手续，支付经济补偿金和出具裁减人员证明书等。

五、对用人单位单方解除劳动合同权的限制

为了保护劳动者的劳动就业权益，防止用人单位滥用单方解除劳动合同权的行为，《劳动合同法》对用人单位单方解除劳动合同权就解除程序、解除范围和违法责任做出了规定，即对用人单位单方解除劳动合同权进行了限制。这些限制性规定主要表现在以下方面：

（一）工会对用人单位单方解除劳动合同的监督权利

用人单位建立的工会组织有权对本单位解除劳动合同行为进行监督。用人单位单方解除劳动合同的，应当事先将理由通知工会。用人单位违反法律、行政法规规定或者劳动合同约定的，工会有权要求用人单位纠正。用人单位应当研究工会的意见，并将处理结果书面通知工会。

用人单位单方解除劳动合同的，未事先将解除理由通知工会的，应当向劳动者承担违法解除劳动合同的损害赔偿责任。

（二）对用人单位解除劳动合同情形的限制

在非过失性解除劳动合同和经济性裁员的情形下，用人单位有解除劳动合同的权利，但该项权利受到的法律限制。劳动者有下列情形之一的，用人单位不得依据《劳动合同法》第四十、第四十一条规定即非因劳动者过失和单位经济性裁员为由解除劳动合同：

（1）从事接触职业病危害作业的劳动者未进行离岗前职业健康检查，或者疑似职业病病人在诊断或者医学观察期间的。

（2）在本单位患职业病或者因工负伤并被确认丧失或者部分丧失劳动能力的；

（3）患病或者非因工负伤，在规定的医疗期内的；

（4）女职工在孕期、产期、哺乳期的；

（5）在本单位连续工作满十五年，且距法定退休年龄不足五年的；

（6）法律、行政法规规定的其他情形。

（三）对用人单位非法解除劳动合同的双倍赔偿处罚

用人单位违法解除劳动合同的，应当按照《劳动合同法》第八十七条规定经济补偿标准的二倍向劳动者支付赔偿金。

【案例评析】本案中，根据马某2014年7月上班至2016年7月生病时，其在用人单位实际工作年限不满2年。根据原劳动部《企业职工患病或非因工负伤医疗期规定》，马某享有3个月的医疗期。对患病或者非因工负伤的劳动者，在规定的医疗期内的，用人单位不得解除劳动合同。但本案中，马某除了享受3个月法定医疗期外，公司另外给予了3个月的延长医疗期待遇。延长的医疗期过去了，马某的病情依然没有好转。根据《劳动合同法》第四十条规定，劳动者患病或非因工负伤，医疗期满后，不能从事原工作也不能从事由用人单位另行安排的工作的，公司有权解除劳动合同。因此，公司解除劳动合同的行为是有法律依据的。

第七节　特殊劳动合同管理

基于劳动就业某些特殊需要，在劳动用工过程中还大量存在集体合同、劳务派遣合同和非全日制用工合同等。它们区别于普通劳动合同，但其反映的社会关系在本质上仍然属于劳动关系。因此，法律称其为特殊劳动合同。为了节省成本和便于用工管理，用人单位都注重特殊劳动合同在人力资源管理中的运用。为了规范单位人力资源管理，切实保障特殊劳动关系下劳动者的基本权益，《劳动合同法》等对其做出了特别管理规定。

一、集体合同的特别管理

（一）集体合同概述

1. 集体合同

集体合同，是指工会或者上级工会指导劳动者推举的代表代表全体职工与用人单位依法协商劳动报酬、工作条件、工作时间、休息休假、劳动安全卫生、保险福利等事项而签订的协议。

集体合同主要确定用人单位的劳动义务，并成为用人单位劳动用工不得逾越的底线。法律规定，职工个人与企业订立的劳动合同中劳动条件和劳动报酬等标准不得低于集体合同的规定。一般来说，集体合同的内容比相关法律规定更具体更专业，但是比单个劳动合同更有原则更有一般性。因此，劳动者可以依据法律法规和参照集体合同的规定，订立更有利于保护自己劳动权益的劳动合同。在实践中，集体合同成为保障劳动者基本权益的重要方式，成为构建社会和谐劳动关系的“稳定器”。

【社会观察】 **集体合同与职工利益**

2006 年 3 月，山东省机械电子工会与省机械工业办公室的首席代表签订的《山东省机械行业集体合同》，成为我国第一份行业集体合同。该集体合同涉及行业内职工工资、工作时间和休假、保险福利、劳动争议等多个方面。本省 3 000 余家企业、科研院所和 300 多万企业职工，包括农民工等都适用该集体合同。

该集体合同有许多“闪光点”：例如，职工最低工资不得低于当地最低工资 120%的标准额；建立工资增长机制，实行工资与企业效益同步增长，工资增幅不得低于利润增幅三个百分点；企业应以货币形式按月足额支付工资等。该集体合同成为保护当地机械电子行业劳动者权益的重要法律依据，也给该行业发展创造了新的活力。

2. 集体合同的类型

（1）一般集体合同。一般集体合同即综合性集体合同，是指工会（或职工代表）代表职工与用人单位就劳动报酬、工作条件等各方面事项所签订的具有综合内容的集体合同。

（2）专项集体合同。专项集体合同，是指专门针对劳动安全、女职工权益保护、工资调整机制等某些特殊事项所签订的集体合同。

（3）行业性集体合同。行业性集体合同，是指在一定行业内，由行业工会或行业性工会联合会与相应行业内各企业就劳动报酬、工作时间、休息休假、劳动安全卫生、保险福利等事项所签订的集体合同。

（4）区域性集体合同。区域性集体合同，是指在县级以下区域内，由区域性工会联合会与相应经济组织或区域内企业，就劳动报酬、工作时间、休息休假、劳动安全卫生、保险福利等事项所签订的集体合同。

（二）集体合同法律制度

采用集体合同制度的主要目的，是劳动者通过工会组织等集体力量与企业等用人单位协商谈判订立集体合同，以矫正单个劳动者与用人单位在协商订立劳动合同的不平等关系，最终实现全体劳动者基本权益保障。

《劳动法》《劳动合同法》等规定了集体合同的基本制度。为了配合《劳动法》关于集体合同制度的实施，2004 年 5 月 1 日国家颁发实施了《集体合同规定》。其对集体合同的内容、订立原则、审查制度、集体合同的效力及其争议处理等做出了更具有操作性的规定。

（三）集体合同的特别规定

集体合同内容，涉及广大职工的基本劳动权益，其必须严格依照法律规定程序订立。法律对集体合同做出了特别规定：

【案例讨论】王某与某公司签订了为期三年的劳动合同。其合同中约定：工资每月计发一次。在其合同履行期间，工会又与该公司协商签订了一份集体合同，其中约定：企业所有员工每年年终考核合格者，可获得一次第 13 个月的工资。该企业的集体合同获得企业职代会的通过，并经当地劳动行政部门审核后生效实施。但王某没有得到企业支付的第 13 个月工资。于是，他向企业提出补发第 13 个月工资的要求，但企业表示王某和企业签订的劳动合同中约定了劳动报酬的支付次数，双方应当严格按照劳动合同的约定履行。对第 13 个月工资，双方产生了争议。

问：王某能否得到第 13 个月工资？为什么？

1. 集体合同签约主体的特别规定

集体合同的签约主体：一方是作为职工代表的工会或者劳动者依法推举的代表，另一方是用人单位代表。《劳动合同法》规定，集体合同由工会代表企业职工一方与用人单位订立；尚未建立工会的用人单位，由上级工会指导劳动者推举的代表与用人单位订立。《集体合同规定》规定，集体协商双方代表人数应当对等，每方至少3人，并各确定1名首席代表。用人单位协商代表与职工协商代表不得相互兼任。法律对集体协商代表及首席代表的产生和更换做出了明确的规定。

2. 集体合同生效程序的特别规定

集体合同实行劳动行政部门备案登记生效制。集体合同订立后，应当报送劳动行政部门；劳动行政部门自收到集体合同文本之日起十五日内未提出异议的，集体合同即行生效。这与一般劳动合同自双方签章时生效不同。

3. 集体合同法律效力的特别规定

依法订立的集体合同对用人单位和全体劳动者具有约束力。劳动者具有广泛性，不但包括集体合同订立时的在职劳动者，也包括集体合同生效后成为单位职工的劳动者。

行业性、区域性集体合同对当地本行业、本区域的用人单位和劳动者具有约束力。

4. 集体合同争议的处理程序的特别规定

集体合同争议分为签订集体合同发生的争议和履行集体合同发生的争议两种类型。由于集体合同主体的广泛性，其发生必然产生较大的社会影响。集体合同争议的处理程序因集体合同争议类型不同而各不相同。

（1）因签订集体合同发生争议的处理程序

对于因签订集体合同发生的争议，当事人双方应当通过协商自行解决。《集体合同规定》第四十九条规定："集体协商过程中发生争议，双方当事人不能协商解决的，当事人一方或双方可以书面向劳动保障行政部门提出协调处理申请；未提出申请的，劳动保障行政部门认为必要时也可以进行协调处理。"

《集体合同规定》第五十二条规定：劳动行政主管部门协调处理在集体协商、签订集体合同过程中发生的争议，应当自决定受理之日起30日内处理完毕；情况复杂确需延长协调时间的，延长时间不得超过15日。

（2）因履行集体合同发生争议的处理程序

因履行集体合同发生争议的处理，可以依据《劳动争议调解仲裁法》规定进行解决。当事人不愿协商或协商不成的，可以向调解组织申请调解；不愿调解或调解不成的，可以向劳动争议仲裁委员会申请仲裁；对仲裁裁决不服的，可以自收到仲裁裁决书之日起15日内向人民法院提起诉讼。

【案例评析】王某应当得到第13个月工资。《劳动合同法》第五十四条："依法订立的集体合同对用人单位和劳动者具有约束力。该法55条规定：用人单位与劳动者订立的劳动合同中劳动报酬和劳动条件等标准不得低于集体合同规定的标准。"因此，王某与企业签订的劳动合同中虽然没有约定可以享受第13个月工资，但工会与企业签订的集体合同中规定了第13个月工资等有关内容同样对单位和劳动者王某具有约束力。根据《劳动合同法》的规定，企业应当按照集体合同的规定补发王某年终第13个月的工资。

二、劳务派遣管理

【案例讨论】在德克基工作了6年的员工张某，因为工作中的疏忽被德克基辞退。张某起诉要求德克基支付自己的当月工资和2万元解除劳动合同的经济补偿金。仲裁庭经审理查明，张某与康鑫公司签订有劳动合同确立了双方之间的劳动关系。张某作为康鑫公司的职员被派遣到德克基工作，与德克基之间并没有形成事实劳动关系。

问：张某的要求能否得到支持？为什么？

（一）劳务派遣概念

劳务派遣，是指劳务派遣单位（即用人单位）根据接受单位（即用工单位）的要求，与接受单位签订派遣协议，将与自己建立劳动关系的劳动者派往接受单位，受派劳动者在接受单位的指挥和管理下提供劳动，派遣单位从接受单位获取劳务费并向劳动者支付劳动报酬的一种特殊劳动关系。

劳务派遣业务是新型劳动服务用工模式，属于较为复杂的“一仆二主”的用工关系。用工单位可以根据自身工作和发展需要，通过劳务派遣单位派遣获得所需要的各类工作人员。实行劳务派遣后，实际用工单位与劳务派遣单位签订劳务派遣合同，劳务派遣单位与被派遣劳动者签订劳动合同，实际用工单位与被派遣劳动者签订劳务协议。其运作方式是“劳务派遣单位招人不用人，用工单位用人不招人”。由于劳务派遣中各单位为了追求利益最大化，对劳动者劳动待遇和工伤责任相互推诿，从而损害被派遣劳动者的劳动权益。

（二）劳务派遣法律制度

为解决劳务派遣工同工不同酬、同岗不同权，社保福利待遇低，没有职业培训，职业发展受限等问题，打击违反临时性、辅助性、替代性的“三性”规定，抵制劳务外包，滥用派遣制度等违法行为，《劳动合同法》对劳务派遣做出了特别规定。为了贯彻落实《劳动合同法》规定，人力资源和社会保障部颁布实施了《劳务派遣暂行规定》(2014)。《劳务派遣暂行规定》对劳动合同、劳务派遣协议的订立、履行、解除和终止以及法律责任等加以明确。

（三）劳务派遣中各方的法律关系

劳务派遣涉及劳务派遣单位、被派遣劳动者和劳务接受单位（用工单位）三方主体，也就形成三种不同内容的法律关系：

（1）劳务派遣单位与被派遣劳动者之间的关系

劳务派遣单位与被派遣劳动者之间通过签订劳动合同形成劳动关系。被派遣劳动者不向劳务派遣单位提供劳动，而是根据劳务派遣单位的指派为第三方即用工单位提供劳动。被派遣劳动者是劳务派遣单位的“劳动者”。被派遣劳动者依法享有劳动者的权利并承担劳动者的义务。劳务派遣单位是被派遣劳动者的“用人单位”，依法承担用人单位的劳动义务。

（2）劳务派遣单位与用工单位之间的关系

劳务派遣单位与用工单位之间通过签订劳务派遣协议，形成特殊合同关系。该协议在内容上受到劳动法一定程度的干预。如用工单位应当根据工作岗位的实际需要与劳务派遣单位确定派遣期限，不得将连续用工期限分割订立为数个短期劳务派遣协议。

（3）用工单位与被派遣劳动者之间的关系

用工单位与被派遣劳动者之间不存在劳动关系。根据劳动合同和劳务派遣协议的约定，被派遣劳动者直接受用工单位的指挥、为用工单位提供劳动；用工单位享有对劳动者的劳动请求权。基于用工单位为被派遣劳动者提供劳动场所和安排劳动者工作的事实，为了保护被派遣劳动者权益，《劳动合同法》规定了用工单位对被派遣劳动者的义务。

【案例评析】劳动者应当分清提供劳动力的对象和建立劳动关系的对象。本案是劳务派遣关系，存在三方主体，即劳动者（张某）、用工单位（德克基）与劳务派遣单位（康鑫公司）。在劳务派遣关系中，依法设立的劳务派遣单位和劳动者订立劳动合同后，依据与用工单位订立的劳务派遣协议，将劳动者派遣到用工单位工作。因此，张某应向劳动合同相对方即康鑫公司主张解除劳动合同经济补偿金。所以，他向用工单位德克基主张解除劳动合同经济补偿不能得到仲裁庭的支持。

（四）劳务派遣的特别管理规定

1. 劳务派遣单位的设立管理

劳务派遣单位应当以公司组织形式存在。《劳动合同法》第五十七条规定：“劳务派遣单位应当按照公司法的有关规定设立，注册资本不少于五十万元。”因此，除注册资本最低限额外，劳务派遣公司的设立应符合公司法的相应规定。

2. 劳务接受单位的用工管理

（1）用工单位只能在临时性、辅助性或者替代性的工作岗位上使用被派遣劳动者。临时性工作岗位是指存续时间不超过 6 个月的岗位；辅助性工作岗位是指为主营业务岗位提供服务的非主营业务岗位；替代性工作岗位是指用工单位的劳动者因脱产学习、休假等原因无法工作的一定期间内，可以由其他劳动者替代工作的岗位。

（2）用工单位决定使用被派遣劳动者的辅助性岗位，应当经职工代表大会或者全体职工讨论，提出方案和意见，与工会或者职工代表平等协商确定，并在用工单位内公示。

（3）用工单位应当严格控制劳务派遣用工数量，使用的被派遣劳动者数量不得超过其用工总量的 10%。其中，用工总量是指用工单位订立劳动合同人数与使用的被派遣劳动者人数之和。

（4）用工单位应当依法向被派遣劳动者提供与工作岗位相关的福利待遇，不得歧视被派遣劳动者。

3. 劳务派遣单位的劳动关系管理

（1）劳务派遣单位应当依法与被派遣劳动者订立 2 年以上的固定期限书面劳动合同。该劳动合同中可以约定试用期，但劳务派遣单位与同一被派遣劳动者只能约定一次试用期。

（2）劳务派遣单位依法对被派遣劳动者承担的劳动义务主要有：

①如实告知被派遣劳动者劳动合同法规定的事项、应遵守的规章制度以及劳务派遣协议的内容。

②按照国家规定和劳务派遣协议约定，依法支付被派遣劳动者的劳动报酬和相关待遇。

③按照国家规定和劳务派遣协议约定，依法为被派遣劳动者缴纳社会保险费，并办理社会保险相关手续。

④督促用工单位依法为被派遣劳动者提供劳动保护和劳动安全卫生条件。

⑤协助处理被派遣劳动者与用工单位的纠纷。

⑥法律、法规和规章规定的其他事项。

4. 对劳务派遣单位和劳务接受单位的共同责任管理

（1）被派遣劳动者在用工单位因工作遭受事故伤害的，劳务派遣单位应当依法申请工伤认定，用工单位应当协助工伤认定的调查核实工作。劳务派遣单位承担工伤保险责任，但可以与用工单位约定补偿办法。

被派遣劳动者在申请进行职业病诊断、鉴定时，用工单位应当负责处理职业病诊断、鉴定事宜，并如实提供职业病诊断、鉴定所需的劳动者职业史和职业危害接触史、工作场所职业病危害因素检测结果等资料，劳务派遣单位应当提供被派遣劳动者职业病诊断、鉴定所需的其他材料。

（2）劳务派遣单位行政许可有效期未延续或者《劳务派遣经营许可证》被撤销、吊销的，已经与被派遣劳动者依法订立的劳动合同应当履行至期限届满。双方经协商一致，可以解除劳动合同。

（3）劳务派遣单位被依法宣告破产、吊销营业执照、责令关闭、撤销、决定提前解散或者经营期限届满不再继续经营的，劳动合同终止。用工单位应当与劳务派遣单位协商妥善安置被派遣劳动者。

（4）用工单位可以依法将被派遣劳动者退回劳务派遣单位。被派遣劳动者退回后在无工作期间，劳务派遣单位应当按照不低于所在地人民政府规定的最低工资标准，向其按月支付报酬。

5. 被派遣劳动者劳动合同的解除管理

（1）被派遣劳动者提前30日以书面形式通知劳务派遣单位，可以解除劳动合同。被派遣劳动者在试用期内提前3日通知劳务派遣单位，可以解除劳动合同。劳务派遣单位应当将被派遣劳动者通知解除劳动合同的情况及时告知用工单位。

（2）被派遣劳动者非本人过错被用工单位退回的，劳务派遣单位重新派遣时维持或者提高劳动合同约定条件，被派遣劳动者不同意的，劳务派遣单位可以解除劳动合同。但劳务派遣单位重新派遣时降低劳动合同约定条件，被派遣劳动者不同意的，劳务派遣单位不得解除劳动合同，被派遣劳动者提出解除劳动合同的除外。

三、非全日制用工管理

【案例分析】向某，45岁，高级工程师，擅长修理从美国、日本进口的高档印刷机。他没有与任何单位签订全日制书面劳动合同，但与重庆市几家印刷厂口头约定聘用协议：每周在约定时间内到各受聘厂巡查和保养机器，如果印刷厂机器出现故障，则可以电话通知并立即承担检修机器的任务；在履行特定印刷厂工作期间，若劳动者受到的伤害由该检修任务的印刷厂负责。工资报酬为1 200元／4小时；接受聘用单位的内部规章制度等。有一次，向某在沙坪坝区某印刷厂进行检修任务时，因机器部件脱落造成手指9级伤残。请问：

（1）向某的受伤是否应受劳动法的保护？

（2）因工作原因造成的工伤，应当由谁承担赔偿责任？

（一）非全日制用工

非全日制用工，是指以小时计酬为主，劳动者在同一用人单位一般平均每日工作时间不超过 4 小时，每周工作时间累计不超过 24 小时的一种特殊的劳动用工形式。

非全日制用工突破了传统的全日制用工模式，满足了用人单位灵活用工和劳动者自主择业的需要，具有一定的“灵活性”。就劳动者来说，非全日制用工为其提供一个易进和易出的就业空间；就用人单位来说，在非全日制用工形式下可以享有更多的弹性用工需求，在节约成本的同时产生更多的效益。不过，非全日制用工缺点也非常突出，即非全日制用工下劳动者的薪水及福利待遇有限、获得职业培训机会少、难以对用人单位产生归属感。这都不利劳动者和用人单位的长远发展。

（二）非全日制用工法律制度

为规范用人单位非全日制用工行为，保障劳动者的合法权益，促进非全日制就业健康发展，劳动保障部颁布实施了《关于非全日制用工若干问题的意见》（2003）。为了进一步保障非全日制用工下劳动者的权益，2008 年颁布实施的《劳动合同法》对非全日制用工做出了区别于《关于非全日制用工若干问题的意见》特别规定。

（三）非全日制用工的特别管理规定

在非全日制用工下，劳动者与用人单位建立劳动关系，各方均受劳动法的保护。但非全日制用工不同于全日制用工，因此法律对二者关系做出了特别规定：

1. 非全日制用工的劳动合同形式

非全日制用工是一种灵活的用工形式工，法律对该劳动合同形式无特别要求。《劳动合同法》规定：“非全日制用工双方当事人可以订立口头协议。”

2. 非全日制用工的劳动合同内容

非全日制用工劳动合同的内容由双方协商确定，内容应包括工作时间和期限、工作内容、工作地点、劳动报酬、劳动保护、劳动条件和职业危害防护等，但不得违反法律强制性规定：

（1）非全日制用工双方当事人不得约定试用期。

（2）非全日制用工小时计酬标准不得低于用人单位所在地人民政府规定的小时最低工资标准。

（3）非全日制用工的工资支付可以按小时、日、周为单位结算，但支付周期最长不得超过 15 日。

3. 非全日制用工劳动合同的终止

非全日制用工双方当事人任何一方都可以随时通知对方终止用工。通知可以是口头的形式，也可以是书面的形式。

4. 非全日制用工的经济补偿

非全日制用工劳动合同终止后，用人单位不向劳动者承担支付经济补偿的责任。

5. 非全日制用工的社会保险

从事非全日制工作的劳动者，应当参加基本养老保险，原则上参照个体工商户的参保办法执行；可以以个人身份参加基本医疗保险，并按照待遇水平与缴费水平相挂钩的原则，享受相应的基本医疗保险待遇。

用人单位应当按照国家有关规定为建立劳动关系的非全日制劳动者缴纳工伤保险费。从事非全日制工作的劳动者发生工伤，依法享受工伤保险待遇；被鉴定为伤残 5~

10级的，经劳动者与用人单位协商一致，可以一次性结算伤残待遇及有关费用。

6. 非全日制用工的劳动争议处理

从事非全日制工作的劳动者与用人单位因履行劳动合同引发的劳动争议，按照国家劳动争议处理规定执行，但劳动者直接向其他家庭或个人提供非全日制劳动的除外。

【案例评析】向某与多家印刷厂口头约定聘用协议，无论是聘用协议主体还是协议所约定的内容以及合同的履行都符合非全日制劳动合同特点。因此，向某与各印刷厂之间的关系属于非全日制的劳动关系。双方之间的劳动纠纷应当依据劳动法进行解决。

向某在沙坪坝的印刷厂维修时因机器部件脱落，依法属于工伤。根据国家非全日制用工管理规定，用人单位应当按照国家有关规定为建立劳动关系的非全日制劳动者缴纳工伤保险费。从事非全日制工作的劳动者发生工伤，依法享受工伤保险待遇。因此，向某的工伤责任应由此次安排维修任务的单位承担。

第八节　经济补偿金

一、经济补偿金

经济补偿金，是指在劳动合同解除或者终止时符合法定情形的，依据劳动者工作年限，由用人单位依法向劳动者支付的一定数额的金钱。劳动合同解除或者终止，意味着劳动者暂时失业而失去经济收入，造成经济生活困难。因此，劳动法规定了对劳动者的经济补偿，以缓解生活压力。

经济补偿金与违约金不同，其支付不以用人单位违约行为存在为前提，只要符合法定情形，用人单位就有向劳动者支付经济补偿金的法定义务。经济补偿金与损害赔偿金不同，后者以违约行为或侵权行为的存在为前提。

依据劳动法规定，在劳动合同解除或终止后办理工作交接时，用人单位依法向劳动者支付经济补偿金。关于经济补偿的支付法定情形、计算方式、最高限额等，《劳动法》《劳动合同法》等做出了具体的规定。

二、经济补偿金的计算标准

【案例讨论】顾某曾是一家国有企业职工，在上班8年后其所在单位与一家外国公司共同举办了一家合资企业。顾某由原单位安排又在合资企业中工作了6年。前不久，顾某因患病医疗期满后，不能从事原工作，也不能从事单位另行安排的工作，被单位依法解除了劳动合同。但在支付经济补偿金时，双方发生了争议，单位认为应当按顾某与单位所签订的劳动合同期限即6年标准计算工作年限，顾某认为应当按其进入国有企业时起连续计算，即14年标准计算工作年限。

根据劳动法的规定，谁的主张合法？为什么？

用人单位对劳动者给付的经济补偿金，一般按照劳动者的工作年限和月工资进行计算发放。其计算公式是：经济补偿金=月工资×工作年限。

（一）月工资

经济补偿的月工资是指劳动者在劳动合同解除或者终止前十二个月的平均工资。对于经济补偿所涉及的月工资的统计、最低月工资标准和最高月工资标准等，《劳动合同法》等有以下具体规定：

（1）经济补偿的月工资按照劳动者应得工资计算，包括计时工资或者计件工资以及奖金、津贴和补贴等货币性收入。在劳动司法实践中，经济补偿金按照劳动者正常工作状态下十二个月的应得工资计算，即未扣除社会保险费、税费等之前的当月工资总额。

（2）劳动者在劳动合同解除或者终止前十二个月的平均工资低于当地最低工资标准的，按照当地最低工资标准计算。

（3）劳动者工作不满十二个月的，按照实际工作的月数计算平均工资。

（4）对于高端收入者在计算经济补偿月工资的限制。劳动者月工资高于用人单位所在直辖市、设区的市级人民政府公布的本地区上年度职工月平均工资三倍的，向其支付经济补偿的标准按职工月平均工资三倍的数额支付，但经济补偿年限自《劳动合同法》施行之日起计算。《劳动合同法》施行之前的工作年限仍按以前规定的标准计算经济补偿金。

（二）工作年限

工作年限是指用人单位支付劳动者经济补偿时应当计算的工作年限。工作年限应按劳动者在用人单位连续工作的年限计算，试用期属于工作年限范畴。工作年限与经济补偿支付标准：每满一年支付一个月工资的标准向劳动者支付经济补偿。六个月以上不满一年的，按一年计算；不满六个月的，向劳动者支付半个月工资的经济补偿。基于劳动用工关系的复杂性，《劳动合同法》等对特殊情况下工作年限的计算做出如下规定：

（1）在同一单位的工作年限的计算不受劳动合同签订次数的影响。对于因用人单位的合并、兼并、合资、单位改变性质、法人改变名称等原因而改变工作单位的，其改制前的工作时间可以计算为“本单位的工作年限”。

（2）劳动者非因本人原因从原用人单位被安排到新用人单位工作的，劳动者在原用人单位的工作年限合并计算为新用人单位的工作年限。原用人单位已经向劳动者支付经济补偿的，新用人单位在依法解除、终止劳动合同计算支付经济补偿的工作年限时，不再计算劳动者在原用人单位的工作年限。

（3）对于高端收入者在计算经济补偿工作年限的限制。劳动者月工资高于用人单位所在直辖市、设区的市级人民政府公布的本地区上年度职工月平均工资三倍的，向其支付经济补偿的年限最高不超过十二年。

（4）《劳动合同法》施行之日存续的劳动合同在本法施行后解除或者终止，依照本法规定应当支付经济补偿的，经济补偿年限自本法施行之日起计算；本法施行前按照当时有关规定，用人单位应当向劳动者支付经济补偿的，按照当时有关规定执行。

【案例评析】劳动者非因本人原因从原用人单位被安排到新用人单位工作的，劳动者在原用人单位的工作年限合并计算为新用人单位的工作年限。除非合资企业能证明原用人单位已经向劳动者支付经济补偿，新用人单位在依法解除、终止劳动合同计算支付经济补偿的工作年限时，不再计算劳动者在原用人单位的工作年限。顾某在国有企业上班8年，后因原单位安排在合资企业中工作了6年，其工作年限应当从进入国有企业时起连续计算，即其工作年限为14年。

三、用人单位应当支付经济补偿金的法定情形

向劳动者支付经济补偿是用人单位的法定义务，只要具备经济补偿的法定情形，用人单位就负有支付义务，而不以用人单位存在过错为前提条件。

（一）在劳动合同解除时应当支付经济补偿金的情形

1. 由用人单位提出并与劳动者协商一致解除劳动合同的，用人单位应当依法支付经济补偿金。相反，由劳动者提出并与用人单位协商一致解除劳动合同的，用人单位可以不支付经济补偿金。

在劳动司法实践中，对于劳动者与用人单位均无法证明劳动者的离职原因时的经济补偿问题，视为用人单位提出且经双方协商一致解除劳动合同，用人单位应向劳动者支付经济补偿。这也符合劳动争议仲裁程序法所确立的举证原则，即“因用人单位做出的开除、除名、辞退、解除劳动合同、减少劳动报酬、计算劳动者工作年限等决定而发生的劳动争议，用人单位负举证责任”。

2. 劳动者以用人单位过错为由解除劳动合同的，用人单位应当支付经济补偿。因用人单位过错解除劳动合同的情形有：

①未按照劳动合同约定提供劳动保护或者劳动条件的；

②未及时足额支付劳动报酬的，但在劳动者提出解除劳动关系前用人单位已经足额发放的除外。

③未依法为劳动者缴纳社会保险费的，但用人单位未足额缴纳或欠缴社会保险费的除外；

④用人单位的规章制度违反法律、法规的规定，损害劳动者权益的；

⑤因用人单位原因致使劳动合同无效的；

⑥用人单位以暴力、威胁或者非法限制人身自由的手段强迫劳动者劳动的，或者用人单位违章指挥、强令冒险作业危及劳动者人身安全的；

⑦法律、行政法规规定劳动者可以解除劳动合同的其他情形。

【律师提示】　用人单位未依法为劳动者缴纳社会保险费的劳动争议处理

在劳动司法实践中，对用人单位未依法为劳动者缴纳社会保险费的处理，又分为两种情形：

（1）用人单位未按社会保险法规定的险种为劳动者建立社会保险关系的，劳动者请求解除劳动合同并要求用人单位支付经济补偿金的，仲裁机构或法院应予支持。

（2）以用人单位未足额缴纳或欠缴社会保险费为由，劳动者请求解除劳动合同并要求用人单位支付经济补偿金的，仲裁机构或法院不予支持。

3. 用人单位单方解除劳动合同时应当支付经济补偿的情形

（1）非过失解除劳动合同的，用人单位应当支付经济补偿的情形：

①劳动者患病或者非因工负伤，在规定的医疗期满后不能从事原工作，也不能从事由用人单位另行安排的工作的；

②劳动者不能胜任工作，经过培训或者调整工作岗位，仍不能胜任工作的；

③劳动合同订立时所依据的客观情况发生重大变化，致使劳动合同无法履行，经用人单位与劳动者协商，未能就变更劳动合同内容达成协议的。

（2）经济性裁员的，用人单位应当支付经济补偿的情形：

①依照企业破产法规定进行重整的；

②生产经营发生严重困难的；

③企业转产、重大技术革新或者经营方式调整，经变更劳动合同后，仍需裁减人员的；

④其他因劳动合同订立时所依据的客观经济情况发生重大变化，致使劳动合同无法履行的。

（二）在劳动合同终止时应当支付经济补偿金的情形

①劳动合同期满的，除用人单位维持或者提高劳动合同约定条件续订劳动合同且劳动者不同意续订的外，应当支付经济补偿金；

②用人单位被依法宣告破产的；

③用人单位被吊销营业执照、责令关闭、撤销或者用人单位决定提前解散的；

④以完成一定工作任务为期限的劳动合同因任务完成而终止的。《劳动合同法实施条例》第二十二条规定：以完成一定工作任务为期限的劳动合同因任务完成而终止的，用人单位应当依法向劳动者支付经济补偿。

【律师提示】　　用人单位对解除劳动合同的管理

在劳动合同解除时，用人单位可能承担经济补偿责任。为了避免或降低此项人力资源成本的发生，用人单位在解除劳动合同时会采取下列应对措施：

（1）通过用工管理，让员工主动辞职或申请解除劳动合同；

（2）收集证据并利用员工过失而解除劳动合同；

（3）充分利用双方协商一致以解除劳动合同；

（4）采取适当措施预防员工利用单位过错而解除劳动合同；

（5）严格遵守劳动法关于劳动合同解除的程序性规定。

四、用人单位可以不支付经济补偿金的法定情形

在解除或终止劳动合同时，用人单位依法向劳动者支付经济补偿，但也并非任何解除劳动合同或终止劳动合同都负支付经济补偿的责任。在下列情形下，用人单位可以不支付经济补偿：

（1）因劳动者过错被依法解除劳动合同的。

《劳动合同法》第三十九条规定，因劳动者过错被依法解除劳动合同的情形：

①在试用期间被证明不符合录用条件的；

②严重违反用人单位的规章制度的；

③严重失职，营私舞弊，给用人单位造成重大损害的；

④劳动者同时与其他用人单位建立劳动关系，对完成本单位的工作任务造成严重影响，或者经用人单位提出，拒不改正的；

⑤因劳动者过错致使劳动合同无效的；

⑥被依法追究刑事责任的；

⑦自用工之日起一个月内，经用人单位书面通知后，劳动者不与用人单位订立书面劳动合同，用人单位终止劳动关系的。

（2）政府提供有岗位补贴和社会保险补贴的公益性岗位。

对于地方各级人民政府及县级以上地方人民政府有关部门为安置就业困难人员提供的给予岗位补贴和社会保险补贴的公益性岗位的，《劳动合同法实施条例》规定该劳动合同不适用《劳动合同法》关于经济补偿的规定。

（3）因劳动者达到退休年龄而劳动合同终止的。

（4）主管部门调动或转移工作单位而被解除劳动合同，未造成失业的。

《关于实行劳动合同制度若干规定的通知》（劳部发〔1996〕354号文件）规定，劳动者在劳动合同期限内，由于主管部门调动或转移工作单位而被解除劳动合同，未造成失业的，用人单位可以不支付经济补偿金。

（5）劳动者为非全日制用工被终止用工的，用人单位可以不向劳动者支付经济补偿。

五、经济补偿金争议处理

用人单位与劳动者之间的经济补偿争议，劳动者可以通过协商、劳动保障监察投诉、劳动争议仲裁、劳动争议诉讼等方式解决争议问题。

值得注意的是，在劳动者通过劳动保障监察投诉解决经济补偿的，劳动行政部门享有行政处罚权。根据《劳动合同法》第八十五条规定，用人单位未依法向劳动者支付经济补偿的，经劳动者投诉后，劳动行政部门的处理措施如下：

（1）责令用人单位限期向劳动者支付经济补偿金；

（2）对于违反劳动保障监察处理决定的，用人单位逾期仍不支付的，劳动行政部门有权责令用人单位按应付金额百分之五十以上百分之一百以下的标准向劳动者加付赔偿金。

第九节　违约责任

劳动合同以及特殊劳动合同在生效后，合同当事人都应当按照约定，全面地履行各自的义务，以实行订立合同所追求的目的。在合同履行过程中，出现违反劳动合同或者特殊劳动合同的违约行为，违约方应当承担违约责任。劳动法的违约责任形式主要有：继续履行、支付违约金、解除劳动合同和损害赔偿等。由于劳动者与用人单位在劳动关系中实际地位存在较大差异，为了平衡双方的利益，维护劳动者的权益，劳动法对不同当事人承担违约责任做出了差异性规定。

一、继续履行

继续履行又称依约履行，是指债权人有权直接要求债务人或者请求国家机关运用强制措施使债务人按照劳动合同的规定履行义务。继续履行属于民法中的强制履行概念。由于劳动者与用人单位履行义务特点不同，对于双方要求继续履行劳动合同的救济方法，劳动法做出了不同规定。

（一）劳动者原则上有权要求用人单位继续履行

用人单位违反劳动合同、违法解除劳动合同或者终止劳动合同，劳动者要求继续履行劳动合同的，用人单位应当继续履行。劳动合同履行民事合同，用人单位违反劳动合同时，劳动者享有依据《民法总则》要求继续履行的权利。《劳动合同法》第四十八条规定，用人单位违法解除劳动合同或者终止劳动合同，劳动者要求继续履行劳动合同的，用人单位应当继续履行。

在实践中，在用人单位违反劳动合同时，劳动者要求继续履行的，应当具备下列条件：①用人单位存在违反劳动合同或者劳动法的行为；②用人单位能够继续履行劳动合同；③劳动者认为有继续履行劳动合同的必要并向国家机关提出申请；④要求继续履行的债务可以强制履行。如果在法律上或者事实上不能履行的，债务标的不适用强制履行或者履行费用过高的，当事人在合理的期限内未提出履行要求的，均不适用继续履行。

（二）用人单位原则上不能要求劳动者继续履行

劳动者违反劳动合同、违法解除劳动合同或者终止劳动合同，用人单位原则上不得要求劳动者继续履行劳动合同。这是因为劳动者履行劳动合同所提供的劳动力与劳动者人身具有不可分性，强制履行必然牵扯劳动者人身权益，也影响劳动合同继续履行的实际效果。对劳动者违反劳动合同时，各国劳动法原则上不支持用人单位的继续履行请求，但可以提供其他救济方法的保护。

二、支付违约金

【案例讨论】 小陈在成都某科技有限公司工作期间，工作表现很突出。2015 年 1 月，公司决定安排小陈到德国参加某科研项目的培训，培训期一年。对此，小陈与单位签订《培训协议》。其中，约定由单位负担小陈培训期间的所有学习、住宿、交通费用，并按月双倍发放小陈工资，小陈则须在培训结束后回单位上班，并约定服务期 8 年，否则按服务剩余期以每年 3 万元标准承担违约金。在德国培训期间，单位承担小陈各项费用共计 8 万元。回国在单位工作两年后，小陈打算到深圳某企业工作，并向单位提出解除劳动合同。单位不同其解除劳动合同，否则公司根据培训协议，要求小陈支付 18 万元违约金。

根据劳动法的规定，你认为此事应当怎么处理？

违约金，是指以保证劳动合同履行为目的，由劳动者与用人单位事先约定，当债务人违反劳动合同时应向债权人支付的金钱。违约金具有惩罚性和补偿性且操作相对简单的特点，所以用人单位与劳动者往往在劳动合同中约定违约金条款，以保障劳动合同的严格和全面履行。

违约金与经济补偿金具有不同的性质和功能，依据劳动法规定两者可以并存使用。当劳动合同约定了违约金条款时，因用人单位违反劳动法规定或者劳动合同约定而解除劳动合同的，除了要求用人单位支付经济补偿金外，劳动者还有权要求用人单位支付违约金。

在劳动实践中，用人单位往往滥用合同条款拟定优势，制定不公平的违约金条款，造成对劳动者违约行为的“漫天要价，”损害劳动者的人身自由权和财产权。为保护劳动者的权益，劳动法对劳动者与用人单位约定违约金方面给予不同待遇。根据《劳动合同法》的规定，劳动合同双方当事人可以约定违约金条款，但劳动者承担违约金的范围不得超过法律规定。对于约定用人单位承担违约金的范围，劳动法没有给予任何限制。

【知识拓展】 **劳动违约金与经济补偿金的主要区别**

①适用对象不同。经济补偿适用于用人单位，违约金适用于劳动合同双方当事人。②法律依据不同。经济补偿金的依据是劳动法规定用人单位承担的相关法定义务。违约金是劳动合同双方当事人在合同中的约定，无约定则无违约金。③法律性质不同。经济补偿金没有惩罚性，违约金具有惩罚性和赔偿性双重属性。④归责原则不同。经济补偿金不以用人单位过错为前提条件，违约金则以违约方主观有过失为条件。

（一）劳动者承担违约金的限制范围

依据《劳动合同法》规定，用人单位只能在下列范围内与劳动者约定由劳动者承担劳动合同违约金：

（1）用人单位为劳动者提供专项培训费用，对其进行专业技术培训的，可以与该劳动者订立协议，约定服务期和违约金。劳动者违反服务期约定的，应当按照约定向用人单位支付违约金，但违约金的数额不得超过用人单位提供的培训费用，也不得超过服务期尚未履行部分所应分摊的培训费用。因用人单位损害劳动者权益，劳动者解除劳动合同的，不受本项违约金条款约束。

（2）对负有保密义务的劳动者，即用人单位的高级管理人员、高级技术人员和其他负有保密义务的人员，用人单位可以与其在劳动合同或者保密协议中约定竞业限制和违约金。在解除或者终止劳动合同后，在竞业限制期限内用人单位应当按月给予劳动者经济补偿。劳动者违反竞业限制约定的，应当按照约定向用人单位支付违约金。

劳动法对劳动者依劳动合同承担违约金范围做出了限制规定，以保护劳动者的权益。只有在上述范围内约定的违约金条款才对劳动者具有约束力。根据《劳动合同法》第二十五条规定，除上述两种情形外，用人单位不得与劳动者约定由劳动者承担违约金。

（二）用人单位承担违约金的范围

劳动法对用人单位承担违反劳动合同的违约金，没有任何范围的限制性规定。也就是说，只要用人单位与劳动者双方经平等协商一致约定的违约金条款，就具有法律效力。出现违反劳动合同的行为，用人单位就应当按照劳动合同的约定承担违约金责任。

【案例评析】根据《劳动合同法》的规定，用人单位为劳动者提供专项培训费用，对其进行专业技术培训的，可以与该劳动者订立协议，约定服务期和违约金。劳动者违反服务期约定的，应当按照约定向用人单位支付违约金，但违约金的数额不得超过用人单位提供的培训费用，也不得超过服务期尚未履行部分所应分摊的培训费用。本案中，小陈有权向单位提出解除劳动关系，但应当根据其与单位签订的《培训协议》承担违约金责任。由于协议中的违约金条款为每年 3 万元，超过了劳动法所规定的最高限额即服务期分摊费用为每年 1 万元，对于超过标准部分不会得到法律的支持。根据劳动法的违约金责任和《培训协议》，小陈因尚有未履行的 6 年服务期而应向单位支付违约金 6 万元。

三、解除劳动合同

解除劳动合同，是指在劳动合同订立后，尚未全部履行之前，由于某种原因导致当事人提前终止劳动关系的法律行为。解除劳动合同是守约方维护自身权益最重要的救济措施，直接影响到劳动合同双方当事人的切身利益。

除双方协商一致解除劳动合同外，《劳动合同法》对劳动者与用人单位单方解除劳动合同做出相关规定。

（一）劳动者单方解除劳动合同

根据劳动者单方解除劳动合同原因不同，其可分为两类：一是无任何理由情形下的单方解除劳动合同情形，二是用人单位违法损害劳动者权益情形下的单方解除劳动合同。在前者情形下劳动者单方解除劳动合同，其必须履行法定的预告期和通知的义务，并承担提前解除劳动合同的违约责任。在前者情形下劳动者单方解除劳动合同，只要符合法定解除情形即可，不承担任何违约责任。

（二）用人单位单方解除劳动合同

根据用人单位单方解除劳动合同的法定原因不同，其可分为三类：一是过失性解除劳动合同，二是非过失性解除劳动合同，三是经济性裁员。除上述情形外，劳动法对用人单位擅自单方解除劳动合同做出了禁止性规定，例如《劳动合同法》第四十八条规定：用人单位擅自单方解除劳动合同的，劳动者要求继续履行劳动合同的，用人单位应当继续履行；劳动者不要求继续履行劳动合同或者劳动合同已经不能继续履行的，用人单位应当依照本法规定支付赔偿金。

特别强调，只要依据法律规定的条件、程序，无论是劳动者还是用人单位都有权解除固定期限劳动合同、无固定期限劳动合同或者以完成一定工作任务为期限的劳动合同。

四、赔偿损失

【案例讨论】2009年6月7日，老朱像往常一样到公司上班。下午，公司人事部经理突然来到老朱所在部门，宣布公司因金融危机影响企业效益不好决定裁员，并告知老朱被列入裁员名单，限他一周内办理离职手续，同时承诺公司将按高于法定标准的“N+1”方式支付经济补偿金。所谓“N”，即给予每工作一年补偿一个月工资的经济补偿金。老朱在这家公司工作了将近5年，前12个月平均工资约为5 000元，照此计算可得经济补偿金30 000元。但这突然的变故还是让老朱无法接受。

依据法律规定，老朱能获得多少赔偿金？

赔偿损失：劳动者或者用人单位因违反劳动合同义务造成对方损失时向对方进行经济补偿。当事人因此支付的金钱又称赔偿金。损害赔偿是违反劳动合同时最常用的救济方法。损害赔偿金与经济补偿金具有不同的性质和功能，两者可以并存使用。

劳动法上的赔偿金具有双重功能：一是补偿守约方因对方违反劳动合同所遭受的经济损失即损害赔偿金，二是劳动法对违反劳动合同的当事人予以惩罚即惩罚赔偿金。与劳动法上的违约金一样，用人单位与劳动者承担赔偿金在性质上也有重大区别。关于劳动中的损害赔偿法律依据，主要有《民法总则》《劳动合同法》和《违反〈劳动法〉有关劳动合同规定的赔偿办法》等。

（一）用人单位承担的损害赔偿责任

用人单位承担的赔偿金可以分为两类：一是损害赔偿金，二是惩罚赔偿金。根据劳动法的规定，惩罚赔偿金只有在法律明确规定的情形下用人单位才会承担。

1. 用人单位承担损害赔偿金的情形

（1）用人单位规章制度违反法律、法规规定的；

（2）用人单位提供的劳动合同文本缺少必备条款的或者未将劳动合同文本交付劳动者的；

（3）用人单位以担保或者其他名义向劳动者收取财物的；

（4）因用人单位原因造成劳动合同无效的、采用暴力或者威胁等手段强迫劳动者劳动的；

（5）用人单位未向劳动者出具解除或者终止劳动合同的书面证明的；

（6）违法约定的试用期已经履行的；

（7）用人单位未及时移交劳动者档案或丢失劳动者档案的；

（8）法律、法规所规定的用人单位承担损害赔偿金的其他情形。

【案例链接】　精神赔偿不属于劳动合同法领域

辛某2017年5月到市区某会计培训学校任教，多次向学校提出签订劳动合同和办理社会保险手续，但学校以事务繁忙为理由拖延，直到8月才补签劳动合同。因学校仍未办理社会保险手续，9月辛某提出辞职申请，但学校却以种种理由迟迟不批准辛某的辞职，致使辛某失去了其他高薪岗位的应聘机会。10月，学校以辛某的工作能力差为由，将其辞退。盛怒之下，辛某将学校诉至劳动仲裁委，要求学校向其公开赔礼道歉，赔偿其精神损失费50 000元等。该案经劳动仲裁委调解无果后，最终裁决驳回辛某的该项仲裁请求。对此不服，辛某诉讼在一审和二审也败诉。辛某败诉的原因在于，法律规定侵权之诉才有精神损害赔偿之说，而违约之诉不存在精神损害赔偿之说。劳动关系从本质上讲属于一种合同关系，因此申请劳动仲裁属于违约之诉。

2. 用人单位承担的惩罚赔偿金的法定情形

（1）未订立书面劳动合同的。用人单位自用工之日起超过一个月不满一年未与劳动者订立书面劳动合同的，应当向劳动者每月支付二倍的工资。用人单位向劳动者每月支付两倍工资的起算时间为用工之日起满一个月的次日，截止时间为补订书面劳动合同的前一日，计算周期最长不超过十一个月。

（2）未订立无固定期限劳动合同的。用人单位违反劳动合同法规定不与劳动者订立无固定期限劳动合同的，自应当订立无固定期限劳动合同之日起向劳动者每月支付二倍的工资。劳动司法实践，其计算周期最长不超过十二个月。

（3）用人单位违反法律规定解除或者终止劳动合同的。用人单位应当依照《劳动合同法》规定的经济补偿标准的二倍向劳动者支付赔偿金。赔偿金的计算年限从用工之日开始计算。劳动者因此获得赔偿金的，用人单位不再支付经济补偿金。

（4）未及时足额支付劳动者劳动报酬的、低于当地最低工资标准支付劳动者工资的、安排加班不支付加班费或者未按规定向劳动者支付经济补偿的。除限期支付劳动报酬、补足差额部分、加班费或者经济补偿外，根据《劳动合同法》第八十五条规定，劳动行政管理部门可以责令用人单位按应付金额百分之五十以上百分之一百以下的标准向劳动者加付赔偿金。

（5）法律、法规所规定的用人单位承担惩罚性损害赔偿金的其他情形。

【案例评析】 对于违法解除劳动合同的，劳动者要求继续履行劳动合同的，用人单位应当继续履行；劳动者不要求继续履行劳动合同或者劳动合同已经不能继续履行的，用人单位应当按照经济补偿金标准的两倍向劳动者支付赔偿金，赔偿金的计算年限自用工之日起计算。《劳动合同法实施条例》规定，用人单位违反《劳动合同法》的规定解除或者终止劳动合同，依照《劳动合同法》第八十七条的规定支付了赔偿金的，不再支付经济补偿。因此，根据本案情形，老朱可有权选择恢复劳动关系或获得赔偿。其中选择赔偿金的，单位应支付赔偿金为 5 000×5×2＝50 000 元。

（二）劳动者承担的损害赔偿责任

依据劳动法的规定，劳动者承担的赔偿金与用人单位承担的赔偿金在性质上存在明显的区别，即劳动法只规定了劳动者承担损害赔偿金，没有规定劳动者承担惩罚赔偿金。其因违反劳动合同承担损害赔偿金情形：

（1）违反法律规定或劳动合同的约定解除劳动合同，对用人单位造成损失的。对此，劳动者赔偿用人单位损失的范围：

①用人单位招收录用其所支付的费用；

②用人单位为其支付的培训费用，双方另有约定的按约定办理；

③对生产、经营和工作造成的直接经济损失；

④劳动合同约定的其他赔偿费用。

（2）违反劳动合同中约定的保密事项，对用人单位造成经济损失的。对此，劳动者应按《反不正当竞争法》规定确定损害赔偿的范围。

（3）用人单位招用尚未解除劳动合同的劳动者，对原用人单位造成经济损失的，除该劳动者承担直接赔偿责任外，该用人单位应当承担连带赔偿责任。其连带赔偿的份额应不低于对原用人单位造成经济损失总额的 70%。用人单位和劳动者应向原用人单位赔偿下列损失：

①对生产、经营和工作造成的直接经济损失；

②因获取商业秘密给原用人单位造成的经济损失，本项损失按《反不正当竞争法》规定标准进行计算。

（4）法律、法规所规定的劳动者承担损害赔偿金的其他情形。

实训项目

一、改错题

1. 用人单位招用尚未解除劳动合同的劳动者对原用人单位造成经济损失的，由劳动者承担赔偿责任，用人单位无过错可以不承担连带责任。

2. 用人单位未履行订立书面劳动合同的，自用工之日起超过一个月不满二年的，承担向劳动者支付二倍工资的法律责任。

3. 用人单位可以在劳动合同中约定由劳动者承担违约金的情形。

4. 劳务派遣单位应当依法与被派遣劳动者订立 1 年以上的固定期限书面劳动合同。

5. 对于签订无固定期限的劳动合同的，无论是劳动者还是用人单位都无权单方解除劳动合同。

6. 集体劳动合同发生争议，各方当事人可以向劳动争议仲裁委员会申请仲裁。

7. 在终止非全日制用工劳动合同的，无论是劳动者还是用人单位都应当提前3日以书面形式通知对方当事人。

8. 用人单位向劳动者支付经济补偿的最长年限计算不得超过十二年。

二、案例分析

（一）大学毕业后的钱某，进入了上海某外企工作。为了稳定劳动关系，双方签订了4年期的劳动合同，并约定任何一方提前解除劳动合同都应当向对方支付6万元的违约金。工作两年后，钱某在一次高级人才招聘会上找到了一家条件更好的金融财务有限公司。2018年8月，钱某向单位提出解除劳动合同，单位表示可以但钱某必须按照劳动合同的约定向单位支付违约金6万元。如果没有履行解约的违约金，单位不会办理相关离职手续。钱某认为违约金实在太高，难以承受，只同意支付2万元。对此，双方发生劳动争议。

1. 依据劳动法规定，单位要求合法吗?

2. 若单位长期存在未办社会保障的事实，请帮助钱某拟写一份维护劳动者合法权益的辞职书。

（二）2017年5月，福州某制药股份有限公司在当地劳动力市场公布招聘员工30人，工作岗位实行三班倒生产作业。由于工作环境和劳动强度等原因，其招聘广告附注：招聘岗位不适合有孕在身的女职工等事项。新婚后的李某，急于找到一份相对稳定和收入较高的工作，在应聘书上没有注明怀孕事项。在上班后第3个月，李某以自己怀孕为由要求单位对其调换工作岗位。单位调查后，认为李某在订立劳动合同时已经怀孕在身，违反公司招聘要求有欺骗行为。基于双方劳动合同无效，单位遂终止劳动关系并停发工资。李某认为，自己是孕妇，在怀孕期间用人单位不能解除或者终止劳动合同。对此，双方发生了争议。

依据劳动法的规定，此事该如何处理？请说明理由。

（三）张某是武汉某会计师事务所的文员，与单位签订的劳动合同于2016年8月到期。在合同有效期届满前一个月，事务所通知张某单位可以续签劳动合同，但由于行业经济不景气的影响，续签劳动合同时员工月工资都将下调2 000元。张某不同意，与单位协商时要求维持原劳动合同的月工资7 000元标准，否则就不会续签劳动合同。双方协商不一致，导致劳动合同终止。张某要求事务所支付工作三年的经济补偿金。单位认为，双方劳动关系的终止是由于张某不续签劳动合同所致，与单位无关。基于劳动者原因终止劳动关系的，单位可以支付经济补偿金。

请问：单位不支付经济补偿金的想法有法律根据吗?

附劳动合同范本

劳动合同书

（固定期限）

根据《中华人民共和国劳动法》《中华人民共和国劳动合同法》和有关法律、法规，甲乙双方经平等自愿、协商一致签订本合同，共同遵守本合同所列条款。

一、劳动合同双方当事人基本情况

第一条　甲方____

法定代表人（主要负责人）或委托代理人______________________

注册地址____

第二条　乙方________性别____居民身份证号码______________

居住住址____________邮政编码_________联系电话_________

户口所在地_____省（市）_____区（县）_____街道（乡镇）

二、劳动合同期限

第三条　本合同为固定期限劳动合同。

本合同于____年__月__日生效，其中试用期至____年____月____日止。本合同于_____年____月____日终止。

三、工作内容和工作地点

第四条　乙方同意根据甲方工作需要，担任__________岗位（工种）工作。

第五条　根据甲方的岗位（工种）作业特点，乙方的工作区域或工作地点为____

____

第六条　乙方工作应达到____________________________标准。

四、工作时间和休息休假

第七条　甲方安排乙方执行__________工时制度。

执行标准工时制度的，乙方每天工作时间不超过8小时，每周工作不超过40小时。每周休息日为_______甲方安排乙方执行综合计算工时工作制度或者不定时工作制度的，应当事先取得劳动行政部门特殊工时制度的行政许可决定。

第八条　甲方对乙方实行的休假制度有______________________

五、劳动报酬

第九条　甲方每月____日前以货币形式支付乙方工资，月工资为___________元或按________________执行。

乙方在试用期期间的工资为____________元。

甲乙双方对工资的其他约定______________________________

第十条　甲方生产工作任务不足使乙方待工的，甲方应支付乙方的月生活费为______元或按________________执行。

六、社会保险及其他保险福利待遇

第十一条　甲乙双方按国家和劳动合同履行地的相关规定参加社会保险。甲方为乙方办理有关社会保险手续，并承担相应社会保险义务。

第十二条　乙方患病或非因工负伤的医疗待遇按国家、北京市有关规定执行。甲方按＿＿＿＿＿＿＿＿＿＿＿＿＿＿＿支付乙方病假工资。

第十三条　乙方患职业病或因工负伤的待遇按国家和北京市的有关规定执行。

第十四条　甲方为乙方提供以下福利待遇：

＿＿＿＿＿＿＿＿＿＿＿＿＿＿＿＿＿

七、劳动保护、劳动条件和职业危害防护

第十五条　甲方根据生产岗位的需要，按照国家有关劳动安全、卫生的规定为乙方配备必要的安全防护措施，发放必要的劳动保护用品。

第十六条　甲方根据国家有关法律、法规，建立安全生产制度；乙方应当严格遵守甲方的劳动安全制度，严禁违章作业，防止劳动过程中的事故，减少职业危害。

第十七条　甲方应当建立、健全职业病防治责任制度，加强对职业病防治的管理，提高职业病防治水平。

八、劳动合同的解除、终止和经济补偿

第十八条　甲乙双方解除、终止、续订劳动合同应当依照《中华人民共和国劳动合同法》和国家有关规定执行。

第十九条　甲方应当在解除或者终止本合同时，为乙方出具解除或者终止劳动合同的证明，并在十五日内为乙方办理档案和社会保险关系转移手续。

第二十条　乙方应当按照双方约定，办理工作交接。应当支付经济补偿的，在办结工作交接时支付。

九、当事人约定的其他内容

第二十一条　甲乙双方约定本合同增加以下内容（如保密条款等）

＿＿＿＿＿＿＿＿＿＿＿＿＿＿＿＿＿＿＿＿＿＿＿＿＿＿＿＿＿＿＿＿＿＿＿＿

＿＿＿＿＿＿＿＿＿＿＿＿＿＿＿＿＿＿＿＿＿＿＿＿＿＿＿＿＿＿＿＿＿＿

十、劳动争议处理及其他

第二十二条　双方因履行本合同发生争议，当事人可以向甲方劳动争议调解委员会申请调解；调解不成的，可以向劳动争议仲裁委员会申请仲裁。当事人一方也可以直接向劳动争议仲裁委员会申请仲裁。

第二十三条　本合同的附件如下＿＿＿＿＿＿＿＿＿＿＿＿＿＿＿＿＿＿＿＿＿

＿＿＿＿＿＿＿＿＿＿＿＿＿＿＿＿＿＿＿＿＿＿＿＿＿＿＿＿＿＿＿＿＿＿＿＿

第二十四条　本合同未尽事宜按有关规定执行。

第二十五条　本合同一式两份，双方签章生效，甲乙双方各执一份。

甲方（公　章）　　　　　　　　　　　　　　　乙方（签字或盖章）

法定代表人（主要负责人）或委托代理人
（签字或盖章）

签订日期：　　年　　月　　日

第四章
工作时间与休息休假法实务

【导入案例】

计件工时制的加班工资案

2015年6月，王梅等9名中专毕业的川妹子应聘到上海某公司，并成为该公司EPE车间的工作人员。她们都与公司签订了书面劳动合同，合同约定实行计件工时制度，多劳多得，但未约定每月的基本工资。在工作一年后，双方再次同意续签劳动合同期限至2017年5月。根据公司规定，王梅等职工实行早、中、晚轮转式三班制。在实际工作中，公司要求星期六加班，川妹子不但超额完成产品件数，而且每周工时累计超过了48小时。在劳动合同期间，公司没有答应职工关于加班工资或者安排补休的要求。2017年7月，在用人单位不同意续签劳动合同的情况下，王梅等川妹子向当地劳动争议仲裁委员会申请劳动仲裁，要求公司支付申请人自2016年6月至2017年5月期间的加班工资以及解除劳动合同的经济补偿金。

在仲裁过程中，被申请人公司辩称，公司对员工实行的是计件工资，多劳多得，不存在加班问题，生产产品件数的多少由员工自己决定。同时，公司规定加班必须填写加班申请单并得到领导的同意，在工厂的其他行为均不算加班；对于休息日加班公司已安排调休。因此，要求驳回申请人的劳动仲裁请求。

劳动争议仲裁庭审理认为，计件工时制和标准工时制都是法定的工时制度。被申请人提供的员工工资汇总表、申请人所提供的工资单和劳动产品件数等，可以确定被申请人实行计件工时制。申请人在星期六存在加班并且有相应的工作量记录，但被申请人不能出示加班工资或者安排补休证明。根据《劳动法》等规定，对于执行计件工时制的员工，用人单位在员工完成法定标准工作时间以外延长工作时间的，应依法支付延长工时的加点工资；休息日安排劳动者工作又不能安排补休的，用人单位应当依法支付加班工资报酬。经仲裁庭核算，申请人每人应得34 200元到36 500元不等的加班工资。

2017年12月18日，劳动仲裁庭做出裁决，被申请人自裁决生效之日起10日内，向申请人王梅等9名员工支付计件工资的加班工资和解除劳动合同的经济补偿。

第一节 工作时间管理

工作时间，是指劳动者向用人单位提供劳动，创造物质财富和精神财富的时间。工作时间是用人单位管理的重要内容，它直接关系到单位对劳动者的劳动纪律的考核、工资报酬的计算，甚至还可能涉及劳动者工伤认定等。对劳动者而言，单位工作时间和劳动者休息休假时间是此消彼长的关系。劳动者应当在劳动合同所约定的工作时间内提供工作服务，以保障单位正常生产秩序。为了保障劳动者休息休假权和健康权等，劳动法对用人单位的工作时间做出了法律基准规定。

一、工作时间的概念

【案例讨论】王某是广东省某机械厂的电焊工，2016 年 3 月 2 日上午，王某感到身体不适，到厂长办公室请假。厂长说，请假应当先经电焊工组长曾某同意。当王某来到曾某工作处，恰逢曾某在烧焊。于是，王某在一旁等候，但在等待过程中，曾某敲击时飞起的焊渣击中了王某的右眼，虽经医治但仍然失明。事后，机械厂承担了很少部分医疗费就再也不管了。王某认为是工伤，但企业认为王某是在请假过程中有受伤，不是在工作时受伤，因此企业不应承担责任。

请问王某是在非工作时间受伤的吗？为什么？

（一）工作时间

工作时间，是指劳动者为履行劳动合同义务，在法定限度内应当从事工作的时间。工作时间是劳动者履行劳动义务的时间，也是用人单位进行劳动纪律考核和计发劳动报酬的时间标准。一般情况下，工作时间包括劳动者每日工作的小时数、每周工作的天数和小时数。

工作时间的标准长度和最长限度由法律规定，当事人在法定的范围内通过集体合同和劳动合同约定具体的工作时间。在一定的时期内，工作时间与休息时间是一对“此长彼短、此短彼长”的关系，换言之，工作时间的延长必然意味着休息休假时间的缩短和劳动强度的增加。因此，工作时间长短不但关系到用人单位的劳动成果，还直接影响劳动者体力的恢复和身体健康。

（二）工作时间的法律特征

（1）工作时间的标准长度和最长限度由国家法律规定。当事人通过集体合同和劳动合同约定具体工作时间。

（2）工作时间是劳动者履行劳动义务和用人单位计发劳动报酬的时间。劳动者不遵守工作时间应承担法律责任。

（3）工作时间包括实际工作时间与从事相关活动时间总和。工作时间既包括劳动者的实际工作时间，也包括准备工作时间、结束工作时间以及法定非劳动消耗时间（如劳动者自然需要中断时间、工艺需要中断的时间、停工待活时间、女职工哺乳婴儿时间等）；工作时间不仅包括在岗位上工作的时间，还包括依照法律规定或有关行政机关指令参加社会活动的时间，如怀孕女职工在劳动时间内进行产前检查所需时间计入工作时间等。

【案例评析】 王某所受伤害是否属于工伤，其关键点是其发生的请假时间是否属于工作时间。王某向企业领导请假本身不属于工作岗位内容，但根据单位规定，请假是职工必须履行的劳动义务，请假属于单位规范管理范围。在其获得准假之前，其时间均属于工时管理时间。因此，在本案中，王某的请假时间属于工作时间，在此期间所受伤害有权申请工伤认定。

二、工作时间法律制度

为了规范用人单位的工作时间管理行为，限制工作时间长度，保护劳动者的休息权和健康权，各国都制定了工作时间的法律制度。

目前，我国的工作时间的法律制度主要由《劳动法》和国务院的行政法规予以规定。其中，《劳动法》第三十六条规定："国家实行劳动者每日工作时间不超过八小时、平均每周工作时间不超过四十四小时的工时制度。"为了配合《劳动法》关于工作时间的规定，1994 年 2 月 3 日国务院发布实施《关于职工工作时间的规定》。

为了合理安排职工的工作和休息时间，维护职工的休息权利，调动职工的积极性，促进社会主义现代化建设事业的发展，1995 年 3 月 25 日国务院决定再次缩短劳动者周标准工作时间，即发布实施《关于修改〈国务院关于职工工作时间的规定〉的决定》规定"职工每日工作八小时、每周工作四十小时"。该规定自 1995 年 5 月 1 日起施行；1995 年 5 月 1 日施行有困难的企业、事业单位，可以适当延期；但事业单位最迟应当自 1996 年 1 月 1 日起施行，企业最迟应当自 1997 年 5 月 1 日起施行。

【法律链接】　**职工月平均工作天数**

2007 年 12 月 7 日，《国务院关于修改〈全国年节及纪念日放假办法〉的决定》规定：全体公民放假的节日为全年共计 11 天（元旦节放假 1 天、春节放假 3 天、清明节放假 1 天、劳动节放假 1 天、端午节放假 1 天、中秋节放假 1 天、国庆节放假 3 天）。

职工全年月平均工作天数为 20.83 天 [（365 天-104 天周休日-11 天法定节假日）/ 12 月=20.83 天/ 月]。值得注意的是，月平均工作天数不是月薪天数，是有区别的。

三、工作时间制度

（一）标准工时制

标准工时，是指法定的在正常情况下普遍适用的，在一定自然时间（一日或一周）内按照正常作息办法安排的工作时间。标准工时即法定最长工时，适用于用人单位的正常作息时间，用人单位不得突破法定最长工时的限制，法定特殊情形除外。企业因生产特点不能按照法定日和周最长工时的要求实行作息办法而采用其他工时形式的，必须符合法定条件，并且履行法定审批程序。对实行计件工资的劳动者，用人单位应当根据标准工时，合理确定其劳动定额和劳动报酬。

标准工时一般包括标准工作周和标准工作日两种。

1. 标准工作周

标准工作周，是指法律规定的劳动者在 1 周（7 天）内从事工作的时间。标准工作周以日历周为计算单位，1年内有52个标准工作周。根据国务院《关于修改〈国务院关于职工工作时间的规定〉的决定》规定，自1997年5月1日起全国统一实施标准工作周为平均每周工作5天、每周工作40小时的工时制度。

2. 标准工作日

标准工作日又称劳动日，是指法律规定的劳动者在1昼夜内工作时间的长度（小时数）。它是以日为计算单位的工作时间。根据《国务院关于修改〈国务院关于职工工作时间的规定〉的决定》规定，我国的标准工作日为每日工作8小时，即8小时工作制。

由于标准工作日符合人们的正常作息习惯，有利于人们工作和休息，因而在我国适用范围最为广泛。国家机关、社会团体、企业事业单位以及其他组织的职工，均可适用标准工作日。由于工作性质或职责及生产经营特点的限制，不能实行标准工作日的，可以实行不定时工作日制或综合计算工作日制，但是必须依法履行审批手续。

（二）非标准工时制

为适应不同的生产和工作的需要，除标准工时制外，劳动法还规定了缩短工作日、不定时工作日、综合计算工作日等非标准工时制。

1. 缩短工作日制

缩短工作日制，是指用人单位依法实施的少于标准工作日或标准工作周时数的工作日，即每日少于8小时、每周少于40小时的工时制度。它是在特殊情况下对标准工作日长度的缩短，目的是保护特殊条件下从事劳动和有特殊情况的劳动者的身体健康。《贯彻〈国务院关于职工工作时间的规定〉的实施办法》规定：“在特殊条件下从事劳动和有特殊情况，需要在每周工作40小时的基础上再适当缩短工作时间的，应在保证完成生产和工作任务的前提下，根据《劳动法》第三十六条的规定，由企业根据实际情况决定。”其主要适用于下列职工：

（1）特定岗位的劳动者。从事矿山井下、严重有毒有害岗位和国家规定第四级体力劳动强度作业的劳动者，每日工作不得超过6小时、每周工作时间不得超过36小时。此外，冶炼、地质勘探、森林采伐、装卸搬运等繁重体力劳动，根据本行业特点也可以不同程度地缩短工作日。

（2）从事夜班工作的劳动者。夜班工作是指在晚22时至次日6时从事劳动。由于夜班工作与劳动者的正常生活规律、作息习惯相冲突，增加了劳动者的精神紧张和身体疲倦的程度，为减轻夜班工作的劳动强度，夜班工作时间比白班减少1小时，并按规定发给夜班津贴；连续生产不容间断工作的，如发电、钢铁冶炼等夜班工作时间可与白班相等，但要给夜班工作的职工增发夜班津贴。

（3）哺乳期女工。根据《女职工劳动保护规定》第九条规定，哺乳未满1周岁婴儿的女职工，每日在工作时间内可以哺乳两次，每次不超过半小时；路途较远的，可将两次哺乳时间合并使用，每次哺乳时间为1小时（含人工喂乳），可提前1小时下班。一般不得安排其从事夜班劳动。

（4）未成年工和怀孕女工。对未成年工，应实行少于8小时工作日制度。对怀孕7个月以上女职工，一般不得安排其从事夜班劳动，在正常工作时间内应安排一定的休息时间。

【法律链接】 **特定岗位的缩短工时制**

劳动部、人事部对《国务院关于职工工作时间的规定》作出说明中明确表示：化工行业对从事有毒有害作业的工人，根据生产的特点和条件分别实行“三工一休”制和6小时至7小时工作制；煤矿井下实行四班每班6小时工作制；纺织业实行“四班三运转”制度；有不满一周岁婴儿的女职工，每天可在工作时间内有一小时哺乳时间，等等。

2. 不定时工作日制

不定时工作日制，是指每日无固定工作时数和无固定起讫时点限制的工时制度。其适用于工作性质和职责范围不能受固定工作时数限制的劳动者。根据《企业实行不定时工作制和综合计算工时工作制审批办法》第四条的规定，可以实行不定时工作制的职工主要有以下几种：

（1）企业中的高级管理人员、外勤人员、推销人员、部分值班人员和其他因工作无法按标准工作时间衡量的职工；

（2）企业中的长途运输人员、出租汽车司机和铁路、港口、仓库的部分装卸人员以及因工作性质特殊，需机动作业的职工；

（3）其他因生产特点、工作特殊需要或职责范围的关系，适合实行不定时工作制的职工。

企业实行不定时工作制的，应履行审批手续。对于实行不定时工作制的劳动者，企业应根据标准工时制度合理确定劳动者的劳动定额或其他考核标准，以便安排劳动者休息。由企业按照本单位的工资制度和工资分配办法，并根据劳动者的实际工作时间和完成劳动定额情况计发工资。对实行不定时工作日的劳动者，《工资支付暂行规定》第十三条规定不执行加班加点待遇。

3. 综合计算工作日制

综合计算工作日，是指分别以周、月、季、年等为周期计算工作时间，其平均日工作时间和平均周工作时间与法定标准工作时间基本相同的一种工作时间制度。其适用于因工作性质特殊，劳动者需要不间隔地连续两个以上工作日不离开岗位。根据《企业实行不定时工作制和综合计算工时工作制审批办法》的规定，允许部分企业从生产实际出发，实行相对集中工作、集中休息、轮流调休、弹性工作时间等适当方式，以保证生产的正常进行和劳动者的休息休假权的实现。其主要适用下列职工：

（1）交通、铁路、邮电、水运、航空、渔业等行业中因工作性质特殊，需连续作业的职工；

（2）地质及资源勘探、建筑、制盐、制糖、旅游等受季节和自然条件限制的行业的部分职工；

（3）其他适合实行综合计算工时工作制的职工。

从综合工时制的特点来看，其基础仍然是标准工时制，虽然允许一定周期范围内员工工作时间综合计算，允许具体的某日（或某周）可以超过法定标准工作，但是仍然要坚持一定周期内总的工作时间及平均工作时间都不能违反法定的标准。所以，实行综合计算工时工作制的企业，在综合计算周期内，某一具体日（或周）的实际工作时间可以超过8小时（或40小时），但综合计算周期内的总实际工作时间不应超过总法定标准工作时间。超过部分应视为延长工作时间并按《劳动法》第四十四条第一项的规定支付工资报酬；法定休假日安排劳动者工作的，按《劳动法》第四十四条第三项的规定支付工资报酬。延长工作时间的小时数平均每月不得超过36小时。

【法律链接】　　不定时工作制和综合计算工作制的申请与审批

实行综合计算工作制的企业，应与工会和劳动者协商，并履行审批手续。中央直属企业实行不定时工作制和综合计算工时工作制等其他工作和休息办法的，经国务院行业主管部门审核，报国务院劳动行政部门批准。地方企业实行不定时工作制和综合计算工作制等其他工作和休息办法的审批办法，由各省、自治区、直辖市人民政府劳动行政部门制定，报国务院劳动行政部门备案。

申请审批时所需要提交的材料有：①申请报告；②《企业实行不定时工作制及综合计算工时工作制申请表》；③实行不定时工作制及综合计算工时制员工名册；④企业法人营业执照副本复印件，并携带原件供查验。

4. 计件工时制

计件工时制，是指在参照标准工时基础上根据岗位社会平均熟练程度来确定劳动者生产合格品的数量（或作业量）以作为工时管理的制度。它不是直接用劳动时间来计算工作量，而是用一定时间内的劳动成果、产品数量或作业量来间接计算劳动时间。

实行计时工资制度的岗位，计算和支付加班工资的基数为劳动合同约定的劳动者本人小时工资标准。实行计件工资的劳动者，在完成计件定额任务后，由用人单位安排延长工作时间的，应按照不低于其本人法定工作时间计件单价计算加班工资。

【律师提示】　如何判断不定时工作制、综合计时工作制和计件工时制的合法性

少数用人单位利用劳动者不了解“不定时工作制、综合计时工作制和计件工时制”等相关法律规定，在劳动合同中规定随意约定不定时工作、综合计时工作或者计件工时，使劳动者不了解哪些是工作时间、哪些是休息时间或者正常工作量标准。用人单位因此实现不支付加班工资或者少支付加班工资目的。因此，劳动者应当了解用人单位采用不定时工作制、综合计时工作制须向劳动管理部门办理审批手续，计件工时应当以社会平均熟练标准计算，以免休息时间和加班工资遭受损失。未办理审批手续的，一律按标准工作时制计算加班工资。

第二节　休息休假管理

一、休息休假的概念

休息休假，是指在法律规定的范围内，由劳动者与用人单位双方约定，劳动者免于履行劳动义务而自行支配的时间总和。休息休假可以使劳动者在劳动中消耗的体力和脑力得以恢复，保证劳动者劳动能力的恢复和身体健康。它是劳动者实现休息权的必要时间，包括劳动者每天休息的时数、每周休息的天数和法定休假时间等。

法律规定了劳动者所享有的休息时间和休假时间，目的是保障劳动者的休息权。休息权是法定的劳动者休息和休养的权利。它是宪法规定的公民基本权利之一，也是劳动法规定的劳动者的基本权利之一。休息权受法律保障，用人单位不得随意缩短劳动者的休息休假时间，侵犯劳动者的休息权。

二、休息休假法律制度

休息休假是劳动者的基本权利，也是衡量社会文明进步的尺度。为了保障劳动者休息休假权利，劳动法一方面限制用人单位工作时间安排，另一方面还规定了劳动者休息休假的时间安排，并给予法律保护。

目前，我国关于休息休假时间的法律制度主要有：《中共中央、国务院关于职工休假问题的通知》（1991 年）、《中华人民共和国劳动法》、《贯彻执行中华人民共和国劳动法若干意见》、《全国年节及纪念日放假办法》（2007 年修订）、《国务院关于职工探亲待遇的规定》（1981 年）和《职工带薪年休假条例》（2007 年）等。

三、休息时间

（一）工作日内的休息时间

工作日内的休息时间，是指职工在每日的工作岗位上生产或工作的过程中的工间休息和用膳时间。目前，我国对一个工作日内的间歇时间的长短尚无法律规定，可由劳动者的工作单位通过规章制度加以规定。在实际工作中，工间休息通常每班两次，每次 20 分钟；用膳时间通常每班 1 次，不少于 30 分钟。

（二）工作日间的休息时间

工作日间的休息时间，是指两个邻近工作日之间的休息时间。目前我国对两个工作日间的休息时间尚无法律规定，在实际工作中，一般为 15 小时至 16 小时。以保证职工在完成一个工作日后到下一个工作日开始前体力和精力得以恢复。

（三）周休息日

周休息日又称公休假日，是指职工工作满一个工作周以后的休息时间。它是每周的公休日。法律保障职工工作满一个工作周以后享有一定的连续休息时间。周休息日一般安排在星期六和星期日。由于生产经营或服务工作需要，不能在星期六和星期日公休，可以安排职工分别在一周的非星期六、星期日内轮流休息。

在我国，自 1995 年 5 月 1 日起，国家机关、企事业组织、社会团体等用人单位实行职工每日工作 8 小时、每周工作 40 小时工作制，星期六和星期日为周休息日。企业和不能实行上述统一工作时间的事业单位，可以根据实际情况灵活安排周休息日。《劳动法》第三十八条规定，用人单位应当保证劳动者每周至少休息 1 日。因公出差人员的周休息日，应在出差地点享用；如因工作需要未能享用者，可给予补休。

四、休假时间

休假时间，即劳动者带薪休息时间，是法定的劳动者免于上班劳动并且有工资保障的休息时间。劳动法所规定的休假时间主要有：

（一）法定节假日

法定节假日又称法定节日，是指国家法律统一规定的用以开展纪念、庆祝活动的休息时间。法定节日是国家考虑政治、传统习惯等因素确立的，用人单位必须按照国家法律规定安排劳动者在法定节日期间休假。

《劳动法》和《全国年节及纪念日放假办法》规定的法定节日有：

（1）属于全体公民的节日：①新年，1月1日放假1日；②春节，农历除夕、正月初一、初二放假3日；③清明节，农历清明当日放假1天；④劳动节，5月1日放假1天；⑤端午节，农历端午当日放假1天；⑥中秋节，农历中秋当日放假1天；⑦国庆节，10月1日、2日、3日放假3天。

（2）属于部分公民的节日及纪念日有：①妇女节，3月8日，妇女放假半天；②青年节，5月4日，14周岁以上的青年放假半天；③儿童节，6月1日，不满14周岁的少年儿童放假1天；④中国人民解放军建军纪念日，8月1日，现役军人放假半天。

（3）属于少数民族习惯的节日，由各少数民族集聚地区的地方人民政府按照各该民族习惯，规定放假日期。

为了保证公民休假权的切实实现，法律规定属于全体公民的节日，如适逢星期六、星期日，应在工作日补假；属于部分公民的假日，如适逢星期六、星期日，则不补假休息。

【法律链接】　　政治性节日和职业性节日

政治性节日有二七纪念日、五卅纪念日、“七七”抗战纪念日、九三抗战胜利纪念日、“九一八”纪念日等，职业性节日有护士节、教师节、记者节、植树节等。根据法律规定，这些节日、纪念日均不放假。

（二）年休假

年休假，是指职工某一单位连续工作满一定年限后，每年可以享有的带薪连续休息的假期。享受年休假是劳动者休息权的重要体现。用人单位应当保证职工享受年休假。职工在年休假期间享受与正常工作期间相同的工资收入。

为了维护职工休息休假权利，调动职工工作积极性，我国从2008年1月1日起实施《职工带薪年休假条例》。其主要规定有：

（1）享受年休假的主体。在用人单位连续工作1年以上的职工，除《职工带薪年休假条例》规定不享受年休假情形除外的，都有权享有带薪年休假（即年休假）。

（2）年休假长度。职工累计工作已满1年不满10年的，年休假5天；已满10年不满20年的，年休假10天；已满20年的，年休假15天。为了保证年休假，该条例还规定国家法定休假日、休息日不计入年休假的假期。

（3）年休假的安排。单位根据生产、工作的具体情况，并考虑职工本人意愿，统筹安排职工年休假。年休假在1个年度内可以集中安排，也可以分段安排，一般不跨年度安排。单位因生产、工作特点确有必要跨年度安排职工年休假的，可以跨1个年度安排。

（4）年休假的保障措施。单位确因工作需要不能安排职工休年休假的，经职工本人同意，可以不安排职工休年休假。对职工应休未休的年休假天数，单位应当按照该职工日工资收入的300%支付年休假工资报酬。单位未给予上述待遇的，应承担相应法律责任。

【法律链接】　　不能享受年休假的法定情形

《职工带薪年休假条例》第四条规定，职工有下列情形的，不享受当年的年休假：

（1）职工依法享受寒暑假，其休假天数多于年休假天数的。

（2）职工请事假累计20天以上且单位按照规定不扣工资的。

（3）累计工作满1年不满10年的职工，请病假累计2个月以上的。

（4）累计工作满10年不满20年的职工，请病假累计3个月以上的。

（5）累计工作满20年以上的职工，请病假累计4个月以上的。

（三）探亲假

探亲假，是指法定给予家属分居两地的职工，在一定时期内与父母或配偶团聚的假期。实行探亲假制度，在于满足劳动者家庭生活的需要，提高其休息的质量，同时也表现了国家对与父母、配偶分居两地的职工的人文关怀。

为了落实探亲假政策，1981年3月国务院修订实施《国务院关于职工探亲待遇的规定》。其主要规定有：

（1）享受探亲假的条件。探亲假制度适用于在国家机关、人民团体和全民所有制企业、事业单位工作满一年的固定职工，其与配偶不住在一起，又不能在公休假日团聚的，可以享受探望配偶的待遇。其与父亲、母亲都不住在一起，又不能在公休假日团聚的，可以享受探望父母的待遇。这里的“父母”，对已婚职工来说，仅限于职工本人的父母，而不包括职工配偶的父母（公婆或岳父母）。但是职工与父亲或与母亲一方能够在公休假日团聚的，不享受探望父母的待遇。

（2）探亲假的假期。①职工探望配偶的，每年给予探亲假一次，假期为30天。②未婚职工探望父母的，原则上每年给假一次，假期为20天；如果因工作需要或者职工本人自愿两年探亲一次的，可两年给假一次，假期为45天。③已婚职工探望父母的，每4年给假一次，假期为20天。④凡已实行周期性集中休假制度的职工（如学校教师），应在休假期间探亲，若休假较短，可由本单位适当安排，补足其探亲假天数。⑤内地进藏职工在藏工作达1年半的，可回内地休假一次，其假期一般干部和工人为3个月，县级干部和八级以上工人为4个月，地级以上干部为5个月。⑥华侨、侨眷职工出境探望配偶，4年以上一次的给假半年，不足4年的按每年给假1个月计算；未婚归侨、侨眷出境探望父母，4年以上一次的给假4个月，3年一次的给假70天，1年或2年一次的按国内其他职工同样处理。

（3）探亲假期间的待遇。职工在规定的探亲假期和路程假期内，按照本人的标准工资发给工资。职工探望配偶和未婚职工探望父母的往返路费，由所在单位负担，已婚职工探望父母的往返路费，在本人月标准工资30%以内的，由本人自理，超过部分由所在单位负担。

（四）职工婚丧假

职工婚丧假，是指劳动者本人结婚或者劳动者的直系亲属死亡时依法享受的假期。婚丧假期间，职工工资照发。国有企业职工婚丧假，由《关于国营企业职工请婚丧假和路程假问题的通知》（1980）做出规定。非国有企业职工婚丧假，由各省级人民政府做出地方性规定。

《关于国营企业职工请婚丧假和路程假问题的通知》主要内容：职工本人结婚或职工的直系亲属（父母、配偶和子女）死亡时，可以根据具体情况，由本单位行政领导批准，酌情给予一至三天的婚丧假。若职工结婚时双方不在一地工作的、职工在外地的直系亲属死亡时需要职工本人去外地料理丧事的，用人单位可以根据路程远近另给予路程假。在批准的婚丧假和路程假期间，职工的工资照发，但途中的车船费等全部由职工自理。

【法律链接】《四川省劳动厅关于企业职工请婚丧假规定的复函》（川劳险〔1993〕95号）

1. 职工本人结婚，可以根据情况，由本单位行政领导批准，给予五天的婚假（未含按规定应享受的晚婚假）。职工结婚时双方不在一地工作（居住）的，其中的一方单位可根据另一方所在地的路程远近，另给予路程假。

2. 职工的直系亲属（父母、配偶或子女）死亡时，由本单位行政领导批准，给予五天的丧假。职工在外地的直系亲属死亡时需要职工本人去外地料理丧事的，可以根据路程远近，另给予路程假。

3. 职工在批准的婚丧和路程假期间，本人的工资照发，奖金（奖励工资）是否发给，由单位自定，途中的车船费等，全部由职工自理。

4. 职工的岳父、岳母或公、婆死亡时，需要其料理丧事的，可参照上述规定执行。

（五）女职工产假和男方护理假

女职工产假，是指女职工享有的产期前后休假。男职工护理假，是指男职工因配偶生育而享有的护理休假。

（1）女职工基本产假。《女职工劳动保护特别规定》（2012）第七条规定：女职工生育享受98天产假即基本产假，其中产前可以休假15天；难产的，应增加产假15天；生育多胞胎的，每多生育1个婴儿，可增加产假15天。女职工怀孕未满4个月流产的，享受15天产假；怀孕满4个月流产的，享受42天产假。

（2）延长生育假和男职工护理假。除女职工基本产假外，对符合计划生育的女职工，各省还给予生育延长假和男职工护理假。例如，《四川省人口与计划生育条例》（2018）第二十六条规定："符合本条例规定生育子女的夫妻，除法律、法规规定外，延长女方生育假60天，给予男方护理假20天。生育假、护理假视为出勤，工资福利待遇不变。"

【法律链接】 **独生子女护理老人假**

独生子女护理老人假，是指对于需要照顾失能或者患病住院年老父母的独生子女，用人单位每年应给予其护理老年人的假期。截至2018年1月，我国的河南、广西、福建、广东、重庆、海南、黑龙江、湖北8个省份通过地方立法建立了独生子女家庭老年人护理假制度。比如，河南省地方法规规定，独生子女护理老人假每年累计20日，陪护期间工资、津贴、补贴、奖金待遇不变。

第三节　加班加点管理

一、加班加点的概念

加班是指职工按照用人单位的要求，在法定节日或周休息日从事生产或工作；加点是指职工按照用人单位的要求，在标准工作日以外继续从事生产或工作，即提前上班或推迟下班。

基于用人单位生产经营实际需要，也基于对劳动者休息权的尊重和身体健康的保护，国家对加班加点既允许又限制，同时还规定补偿标准。劳动法防止用人单位滥用加班加点，侵害劳动者休息休假权。

【律师提示】　　**加班加点的适用**

单位人力资源管理工作应正确把握加班加点规定及报酬计算，有利于维护劳动者权益，也有利于单位正常生产秩序。

对实行标准工作日、缩短工作日者和综合工作日的劳动者，适用加班加点法律制度。其中，对实行综合计算工时和计件工时的劳动者，平均日（周）工时超过法定标准工时标准的，其超出部分应视为加班或加点。

对实行不定时工作日的劳动者，《工资支付暂行规定》第十三条规定不执行加班加点待遇。

二、加班加点的限制

【案例讨论】小宋中专毕业后在长沙一家私营企业机械公司找到了一份工作。公司与他签订了一年期限的劳动合同，合同约定基本工资每月 2 500 元，岗位津贴 2 200 元，月全勤奖 300 元，通信伙食补贴费 500 元。2017 年的下半年，公司连续接到了多笔大业务。为了完成订单，公司安排每位员工每天加班 4 个小时，并让每个员工签字声明自愿加班，公司承诺支付加班工资。这样算下来，员工的每个月累计加班 100 小时。没有很好的休息，连续工作三个月的小宋身体难以承受，日渐憔悴。想想社会流行语“拿健康去挣钱，再拿钱买健康”，心里不是滋味的小宋向公司提出暂停加班，保养身体。对此，公司不同意，还说不愿意干就走人。小宋觉得很委屈，打算向当地的劳动监察大队投诉公司的违规行为。

根据劳动法规定，谈谈你对本案的看法。

国家不鼓励加班加点，但由于在生产、经营中，可能会出现意外事故、特殊事件或突击性的劳动任务，为保证生产、经营的连续性、稳定性，不可避免地会出现加班加点现象。为防止用人单位任意加班加点，《劳动法》及相关法律法规对加班加点的条件、审批手续、工资发放、管理和监督等作了具体规定。

（一）加班加点的限制

因用人单位生产经营的需要，经与工会和劳动者协商后单位可以延长工作时间。实践操作过程中，用人单位由于生产经营需要决定加班加点的，应遵守以下限制性规定：

（1）条件限制。加班加点应当以“生产经营需要”为条件，在劳动用工中，为了避免争议，有必要由集体合同约定或者用人单位与工会共同界定“生产经营需要”的具体范围。

（2）程序限制。即单位须履行与工会和劳动者协商程序，加班加点应征得劳动者的同意。

（3）时间限制。《劳动法》第四十一条规定，延长工作时间的，一般每日不得超过 1 小时，因特殊原因需要延长工作时间的，在保障劳动者身体健康的条件下延长工作时间每日不得超过 3 小时，但是每月不得超过 36 小时。

（4）人员限制。禁止安排未成年工、怀孕 7 个月以上的女工和哺乳未满周岁婴儿的女工加班加点。

（二）加班加点限制的例外

涉及国家利益、社会公共利益和单位生产经营的特殊情况时，延长工作时间不受《劳动法》第四十一条的限制。这些特殊情形有：

（1）发生自然灾害、事故或者因其他原因，威胁劳动者生命健康和财产安全，或使人民的安全健康和国家资财遭到严重威胁，需要紧急处理的。

（2）生产设备、交通运输线路、公共设施发生故障，影响生产和公共利益，必须及时抢修的。

（3）在法定节日和公休假日内工作不能间断，必须连续生产、运输或营业的。

（4）必须利用法定节日或公休假日的停产期间进行设备检修、保养的。

（5）为了完成国防紧急生产任务，或者完成上级在国家计划外安排的其他紧急生产任务，以及商业、供销企业在旺季完成收购、运输、加工农副产品紧急任务的。

（6）法律、行政法规规定的其他情形。

【案例评析】在本案中，公司即使在加班方面依法支付了加班费，但加班事项仍存在明显的违法行为：一是违反了加班程序规定，即须履行与工会和劳动者协商程序；二是违反了加班时间限制规定，即加班加点一般每日不得超过 1 小时，因特殊原因需要延长工作时间的，在保障劳动者身体健康的条件下延长工作时间每日不得超过 3 小时，但是每月不得超过 36 小时。对于公司违反劳动者意愿并每日加班在 3 个小时以上的违法事实，劳动监察部门有权依法给予警告，责令改正，并可给予相应处罚。

三、加班加点的补偿

（一）加班加点的补偿形式

为有效限制用人单位任意延长工作时间，我国现行有两种形式对加班加点进行补偿，即补休或者支付加班加点工资。根据劳动法相关规定，在休息日加班的，一般予以补休，不能补休的应支付加班工资，但在法定节日加班的，则不予补休而应支付加班工资。

（二）加班加点的补偿标准

关于加班加点工资的标准，用人单位应当按照下列标准支付高于劳动者正常工作时间工资的工资报酬：

（1）用人单位依法安排劳动者在日法定标准工作时间以外延长工作时间的，按照不低于劳动合同规定的劳动者本人小时工资标准的 150% 支付劳动者工资；

（2）用人单位依法安排劳动者在休息日工作，而又不能安排补休的，按照不低于劳动合同规定的劳动者本人日或小时工资标准的 200% 支付劳动者工资；

（3）用人单位依法安排劳动者在法定休假节日工作的，按照不低于劳动合同规定的劳动者本人日或小时工资标准的 300% 支付劳动者工资。

计件工时制和综合工作日制符合加班加点规定，应当依法支付加班加点工资。对于实行不定时工作日的劳动者，《工资支付暂行规定》第十三条规定不执行加班加点待遇。

【法律链接】　　计件工时制的加班补偿规定

原劳动部颁布的《工资支付暂行规定》（劳部发〔1994〕489号）第十三条规定：实行计时工资制度的岗位，计算和支付加班工资的基数为劳动合同约定的劳动者本人小时工资标准。实行计件工资的劳动者，在完成计件定额任务后，由用人单位安排延长工作时间的，应分别按照不低于其本人法定工作时间计件单价的150%、200%、300%支付其工资。

四、违法加班加点的法律责任

（一）强迫延长工时的法律责任

用人单位未与工会和劳动者协商，强迫劳动者延长工作时间的，应给予警告，责令改正，并可按每名劳动者每延长工作时间1小时罚款100元以下的标准处罚。

（二）超过法定时数延长工时的法律责任

用人单位在由于生产经营需要而延长工时的情况下，一日内延长工时超过3小时或一个月内延长工时超过36小时，应给予警告，责令改正，并可按每名劳动者每超过工作时间1小时罚款100元以下的标准处罚。

（三）安排法定禁止延长工时职工延长工时的法律责任

用人单位安排在哺乳未满一周岁的婴儿期间的女职工和怀孕7个月以上的女职工延长工作时间和夜班工作的，应责令改正，并按每侵害一名女职工罚款3 000元以下的标准处罚。

（四）拖欠、拒付加班加点工资的法律责任

加班加点工资标准属于法定标准。根据《劳动合同法》第八十五条的规定，用人单位安排加班不支付加班费的，即无故拖欠、拒付加班加点工资，或无故扣除而低于法定标准发放加班加点工资的，由劳动行政部门责令限期支付加班费，逾期不支付的，责令用人单位按应付金额50%以上100%以下的标准向劳动者加付赔偿金。

实训项目

一、改错题

1. 为适应不同的生产和工作的需要，用人单位可以与劳动者双方约定选择标准工时制、缩短工作日、不定时工作日、综合计算工作日等非标准工时制。

2. 用人单位职工连续工作1年以上的职工，都有权享受带薪年休假（即年休假）。

3. 职工年休假期与国家法定休假日、休息日重复的，法定休假日、休息日应计入年休假的假期。

4. 在法定休假日，用人单位安排劳动者工作又不能补休的，按照不低于劳动合同规定的劳动者本人日或小时工资标准的300%支付劳动者工资。

5. 在用人单位工作满一年的职工，若其与配偶或父母不住在一起且又不能在公休假日团聚的，可以享受探望配偶或父母的待遇（即探亲假）。

二、案例分析

2015 年 1 月，黄女士进入重庆某婚庆公司工作。双方劳动合同规定：黄女士担任公司仓库管理和出纳工作；劳动合同期限为 2015 年 1 月 15 日至 2017 年 1 月 14 日；工资总额为 4 600 元。2016 年 7 月 3 日，黄女士想休年休假向公司提出要求，以便与家人一起出国旅游，但遭到了公司的拒绝。黄女士于是提交辞职报告，辞职理由为“公司在用工方面不规范、自身休假权益受到侵害”。黄女士就有关劳动权益向当地劳动争议仲裁委员会申请仲裁，要求支付一年半期间应休年休假而未休的加班工资。2016 年 8 月，劳动争议仲裁委员会做出裁决，支持其第二年应当享受的年休假对应的加班工资 1 582 元，但对工作第一年的年休假工资 3 172 元请求不予支持。

公司不服仲裁裁决，向法院提起劳动争议诉讼。在诉讼中，公司坚持认为：在劳动合同期第二年，公司可以在黄女士下半年安排年休假，但其提前辞职导致不能享受年休假。因此，公司有权不支付黄女士第二年上半的年休假工资。

根据本案，请回答下列问题：

（1）仲裁裁决没有支持黄女士工作第一年的年休假加班工资，有什么法律依据？

（2）劳动合同的第二年仅工作半年的黄女士，可以享有年休假吗？其年休假有什么法律保障措施？

第五章
工资法实务

【导入案例】

年休假未休的加班工资案

2013 年 8 月 1 日，关某入职北京市某高档酒楼从事后厨管理工作，并与酒楼签订了 2 年的劳动合同。该劳动合同约定，关某月基本工资 2 400 元，岗位津贴 3 600 元。2015 年 7 月，在合同期满后，双方未续签劳动合同。关某提出，其第二年工作期间应休而未休年休假，酒楼应按照未休年休假天数向其支付 3 倍工资作为补偿。对此，酒楼则认为，关某工作期间从未提出过休带薪年休假，且酒楼的规章制度也规定带薪年假跨年不休即作废，故不同意支付未休带薪年休假补偿金。

2015 年 9 月，因双方不能协商解除年休假补偿金问题，关某向当地劳动争议仲裁委员会提出仲裁申请，请求单位发放年休假的加班工资和解除劳动合同的经济补偿金。劳动争议仲裁庭审理认为，关某在入职酒楼之前，已经连续工作超过一年，符合享有带薪年休假的法定条件。在关某工作期间，酒楼未安排其休带薪年休假 5 天，应当支付其年休假的加班工资。根据劳动合同约定和月计薪天数，关某日工资标准为（2 400 元+3 600 元）／月÷21.75 天=276 元／天。本案中关某未休带薪年休假天数共计 5 天。因此，在已支付其工资的基础上，单位还应再向关某支付两倍工资作为补偿金，即 276 元／天×5 天×2=2 758 元。对于关某的经济补偿金问题，也符合单位应当支付的法定情形。劳动争议仲裁庭最终支持了关某的合理请求。

劳动争议仲裁员介绍，用人单位可根据生产、工作情况，在工作忙的时候统筹员工休年假，但并不代表员工不提出休假就意味着放弃年假。员工放弃年假必须由其自己提出书面申请，且系劳动者自身个人原因而不是单位工作原因。否则，单位都应向劳动者支付 3 倍工资。

第一节　工资法概述

工资是用人单位对劳动者提供劳动的经济回报，是劳动报酬中最重要组成部分。在劳动合同订立时，劳动者和用人单位都非常关注工资的约定标准。对于劳动者而言，工资是其自身发展和家庭生活的物质保障，工资标准不但折射其劳动价值大小，还决定着劳动者及家族成员的生活质量；对于用人单位而言，工资标准决定劳动力成本大小，工资结构设计直接关系到单位长远发展。目前，因用人单位拖欠工资、扣发工资和少发工资等引发的纠纷可以说是劳动争议范围内的“重灾区”。工资规范管理，避免劳动纠纷，是单位人力资源管理的核心任务。

一、工资的概念

【案例讨论】理工大学毕业后的小宋在长沙一家建筑监理公司找到了一份工作。公司与他签订了一年期限的劳动合同，合同约定基本工资每月2 400元，岗位津贴每月3 600元，季度奖金1 800元，通信补贴费每月100元和野外作业交通补贴每月600元。由于国庆节期间业务繁忙，公司安排其加班七天，即使10月1日至7日。在计发国庆加班费时，小宋与单位发生了争议，因为公司提供加班费的计算方式为2 400元/30天×（4天×200%+3天×300%）= 1 360元。

根据工资法的规定，谈谈你的看法。

（一）工资

工资又称薪金，是指基于劳动关系，由用人单位依据国家有关规定和劳动合同的约定，以各种形式支付给劳动者的工资报酬。工资报酬是劳动报酬的重要组成部分，劳动报酬除了货币性工资收入外，还包括实物性收入和用人单位支付缴纳的保险金等。用人单位与劳动者可以约定劳动合同中的工资报酬，但不得与国家工资法律制度相抵触。

【知识拓展】 **劳动报酬**

劳动报酬是劳动者付出体力或脑力劳动所得的对价，体现的是劳动者创造的社会价值。用人单位在生产过程中支付给劳动者的全部报酬包括三部分：一是货币工资，即用人单位以货币形式直接支付给劳动者的各种工资、奖金、津贴、补贴等；二是实物报酬，即用人单位以免费或低于成本价提供给劳动者的各种物品和服务等；三是社会保险，指用人单位为劳动者直接向政府和保险部门支付的失业、养老、人身、医疗、家庭财产等保险金。

（二）工资的特征

（1）工资是劳动者基于与用人单位之间的劳动关系而取得的劳动报酬。基于劳务关系或雇佣关系取得的劳动报酬或收入就不是劳动法意义上的工资，如已享受养老保险待遇的离退休人员被再次聘用，与用人单位之间建立劳务合同关系而取得的劳务报酬。

（2）工资是用人单位对本单位职工履行劳动义务的物质补偿。只要劳动者按规定付出劳动，用人单位就应履行相应的义务，即向劳动者支付工资。用人单位不得无故克扣劳动者工资。

（3）工资标准是依据劳动法和劳动合同等来确定的。劳动合同中的工资等劳动报酬，主要由劳动关系双方当事人进行依法协商确定。若用人单位与劳动者约定的劳动报酬不明确的，新招用的劳动者的劳动报酬按照集体合同规定的标准执行；没有集体合同或者集体合同未规定的，实行同工同酬。用人单位支付的工资标准不得低于当地最低工资标准。

（4）工资必须以法定的形式支付。根据相关规定，工资必须以货币形式在双方约定的日期向劳动者支付，不得以实物及有价证券替代货币支付。

二、工资法律制度

用人单位获得劳动力与劳动者获得工资报酬，是劳动关系合作的基石。在现实中，劳动者付出正常劳动，却无法获得正常工资回报。劳动者的工资待遇常常被用人单位有意无意地“打折”，克扣工资、拖欠工资事件可以说屡见不鲜。用人单位工资支付的违法行为，成为劳动争议案件中最突出最集中的领域。劳动者的工资报酬除了劳动合同约定外，还需要国家工资法律制度的保障。

工资法律制度是指国家制订实施的与工资有关的法律规范的总称。工资支付法律问题主要包括：工资支付项目、工资支付水平、工资支付形式、工资支付对象、工资支付时间以及特殊情况下的工资支付等。

目前，我国工资支付的法律制度主要有《劳动法》、《工资支付暂行规定》（1994）、《对〈工资支付暂行规定〉有关问题的补充规定》（1995）、《建设领域农民工工资支付管理暂行办法》（2004）和《最低工资规定》（2004）等。

【案例链接】　　用人单位拖欠劳动报酬被查处案

2018 年 2 月国家人力资源和社会保障部公布：2016 年 12 月 27 日，宁夏回族自治区银川市西夏区劳动保障监察大队接到农民工投诉，称西夏区和佳居项目存在拖欠农民工工资问题。经查，宁夏台建房地产开发有限公司在开发西夏区和佳居项目期间，拖欠 362 名农民工工资共计 996.6 万元。西夏区人社局依法先后对该公司下达了《劳动保障监察限期整改指令书》和《劳动保障监察行政处理决定书》，该公司逾期未履行。2017 年 1 月 6 日，西夏区人社局以涉嫌拒不支付劳动报酬罪依法将该案移送公安机关立案查处。

三、工资形式

工资形式是指对劳动者实际付出量和相应劳动报酬所得量进行具体的计算与支付的方法，工资形式规定着劳动状况和劳动报酬量之间的比例关系。工资形式一般有计时工资、计件工资、定额工资、浮动工资、奖金、津贴等。

（一）计时工资

计时工资，是指根据劳动者的实际工作时间和工资等级以及工资标准检验和支付劳动报酬的工资形式。按照劳动者的劳动时间支付的工资，是当前工资基本形式之一。计时工资按一定时间来计量和支付，表现为日工资、周工资、月工资等。其中，月工资制是我国目前最主要的计时工资制形式。计时工资实际上是按照劳动时间支付的劳动力价值的转化形式。其优点是直接以劳动时间计量报酬，考核和计量容易实行，具有适应性和及时性；缺点是不能直接反映劳动强度和劳动效果。

【知识拓展】　　计时工资的换算与月计薪天数

日工资、月工资和小时工资之间的换算关系为：日工资标准＝月工资标准÷月计薪天数；小时工资标准＝日工资标准÷8 小时。

2007 年《全国年节及纪念日放假办法》的规定，全体公民的节日假期由原来的 10 天增设为 11 天。据此，按照《关于职工全年月平均工作时间和工资折算问题的通知》（劳社部发〔2008〕3 号）规定，目前月计薪天数为 21.75 天。

（二）计件工资

计件工资，是按照劳动者生产合格产品的数量和预先规定的计件单价计量和支付劳动报酬的一种形式。按照劳动者所完成的产品数量或作业量支付的工资，实现工资报酬与劳动成果挂钩，体现“多劳动多得，少劳少得”的公平分配原则。计件工资是由计时工资转化而来的，是变相的计时工资，二者的本质是相同的。其适用范围不具有普遍性，一般只适用于劳动工序相对独立、产品的数量能够准确计算、有比较健全的质量标准体系的企业。

（三）定额工资

定额工资，是按照劳动定额完成的情况支付劳动报酬的一种工资形式。定额工资制包括三个组成要素：第一，能反映职工劳动量的各种定额，即职工无论从事何种具体形式的劳动，都必须明确具体地规定生产、工作和应完成的数量及质量。第二，各种定额都应该有科学准确的计量标准，并能进行严格的考核。第三，职工工资的多少取决于其完成定额的多少。完成定额多，其工资就多；完成定额少，其工资就少。

（四）浮动工资

浮动工资，是劳动者劳动报酬随着企业经营好坏及劳动者劳动贡献大小而上下浮动的一种工资形式。浮动工资总额通常不包括固定性的津贴和补贴（如副食品价格补贴）以及特殊情况下支付的工资。“克服平均主义、打破大锅饭”的工资报酬指导思想，企业可以根据需要，选择工资总额中浮动部分的构成。

（五）奖金

奖金，是对超额劳动的补贴，以现金方式给予的物质鼓励。奖金作为一种工资形式，其主要作用是对与生产或工作直接相关的超额劳动给予的物质补偿。

（六）津贴

津贴，是对劳动者在特殊条件下的额外劳动消耗或额外费用支出给予补偿的一种工资形式。津贴主要包括补偿职工特殊或额外劳动消耗的津贴，保健性津贴、技术性津贴、年功性津贴及其他津贴。补贴主要包括为保证职工工资水平不受物价上涨或变动影响而支付的各种补贴，如粮、煤、副食品补贴，高温津贴，职务津贴，放射性或有毒气体津贴等。

【案例评析】小宋国庆加班七天中，国庆假三天属于法定节假日另外四天属于周休日。根据法律规定，法定节假日上班的，应享受日工资标准300%的待遇；周休日加班而不能补休的，应享受日工资标准200%的待遇。本案所适用的月计薪天数为21.75天。根据双方所签订劳动合同的约定，小宋的月正常工资是2 400元+3 600元，其可换算成日工资标准为（2 400元+3 600元）÷21.75天=276元/天。据此，小宋可领取的加班费总额为：276元/天（300%×3天+200%×4天）=4 692元。

四、工资总额与除外范围

（一）工资总额

工资总额，是指各单位在一定时期内直接支付给本单位全部职工的劳动报酬总额。工资总额的计算应以直接支付给职工的全部劳动报酬为根据。工资总额的组成共计六个部分：①计时工资；②计件工资；③奖金；④津贴和补贴；⑤加班加点工资；⑥特殊情况下支付的工资。

其中，特殊情况下的工资是指依法或按协议在非正常情况下，由用人单位支付给劳动者的工资。特殊情况下的工资包括：①根据国家法律、法规和政策规定，因病、工伤、产假、计划生育假、婚丧假、事假、探亲假、定期休假、停工学习、执行国家或社会义务等原因按计时工资标准或计时工资标准的一定比例支付的工资；②附加工资、保留工资。

（二）工资总额的除外范围

工资是劳动者劳动收入的主要部分，但并不是劳动者的收入都是工资收入。按照工资法律法规的规定，劳动者的下列收入不入工资总额范围：根据国务院发布的有关规定颁发的发明创造奖、自然科学奖、科学技术进步奖和支付的合理化建议和技术改进奖以及支付给运动员、教练员的奖金；有关劳动保险和职工福利方面的各项费用；劳动保护的各项支出；稿费、讲课费及其他专门工作报酬；出差伙食补助费、误餐补助、调动工作的旅费和安家费；劳动合同制职工解除劳动合同时由企业支付的医疗补助费、生活补助费；支付给参加企业劳动的在校学生的补贴；计划生育独生子女补贴等。

五、工资分配原则

（一）按劳分配的原则

按劳分配原则是指把劳动者提供的劳动量（数量和质量）作为分配个人消费品的主要标准和形式，其基本内容为：多劳多得，少劳少得。在按劳分配的过程中，不但要注重劳动数量，也要把劳动质量的差异区别开来，对脑力劳动和体力劳动、复杂劳动和简单劳动、熟练劳动和非熟练劳动、繁重劳动和轻易劳动，要规定不同的工资。按劳分配原则由社会主义公有制本质所决定，主要体现公平与效率价值。

同工同酬是按劳分配的重要方面，是指劳动者提供的劳动数量和劳动质量相同，则领取相等的报酬。1951 年国际劳工组织通过的《同工同酬公约》和建议书及我国《宪法》第四十八条“国家保护妇女的权利和利益，实行男女同工同酬”的规定，对劳动报酬上消除基于性别的歧视提供了相应指导及依据。但实行同工同酬，还要求对所有劳动者不分年龄、种族、民族，只要付出的劳动量相同，就应给予同等的劳动报酬。《劳动合同法》进一步规定了同工同酬的标准，即在相同或者相似的工作岗位且付出了相同的劳动，应当获得相等的劳动报酬。

（二）工资水平在经济发展的基础上逐步提高的原则

工资水平是指一定区域一定时期内劳动者平均工资的高低程度。工资发展水平在经济发展的基础上逐步提高，是我国劳动法关于工资制度的一项重要规定。生产决定分配，只有经济发展了才会有更多的可分配的社会产品。因此，该原则首先要求工资水平的提高应当以经济发展为前提，不能脱离经济发展实际而片面追求工资增长；其次要求在经济发展的条件下，工资水平应当有所提高，保证劳动者生活水平的提高；最后要求工资总额增长幅度低于企业经济效益的增长幅度，职工实际平均工资增长幅度低于劳动生产率增长幅度，保证一定数量的社会积累，以保持国民经济的稳定、协调发展。

（三）工资总量宏观调控原则

工资总量是指一定时期内国民生产总值用于工资分配的总数量。工资总量的宏观调控原则，是国家通过立法确认的以社会公正和社会进步为目标，对工资总额和工资分配中不合理因素或现象实行国家干预的法律调控原则。在社会主义市场经济下，企业拥有自主分配职工工资的权利。同时，为避免工资分配差距过大，形成贫富悬殊现象，破坏社会和谐与进步，国家对工资总量实行宏观调控十分必要。

第二节　工资支付管理

工资支付管理工作应当遵守工资支付制度。国家建立工资支付制度，以保障职工获得全部应得工资及其所得工资支配权的行使。目前，劳动者及其家属的生活来源仍然主要依靠工资收入，用人单位不得克扣和无故拖欠劳动者的工资。作为单位人力资源管理部门，应当及时合理计发劳动者工资。为保障劳动者合法收入不受侵犯，国家建立健全了工资支付制度。为了解决农民工为主体的劳动者的欠薪等问题，法律还规定了欠薪保障措施和支付令措施。

一、工资支付规则

【案例讨论】某家具厂与职工签订的劳动合同中都约定每月15日为发薪日。可是，到了7月底时职工都还没有领到工资，于是职工纷纷到财务室询问原因。财务室负责人解释说，厂里决定重新装修办公室，厂长通知暂时不发放这个月的工资。职工们对此不理解，纷纷埋怨道："我们又不在办公室办公，凭什么拖欠我们的工资？"在多次要求厂方发放工资未果的情况下，职工便委派职工代表向当地劳动监察部门投诉，要求厂方立即补发其拖欠的工资，并支付补偿金。

问：该厂行为是否是无故拖欠职工工资？

（一）法定货币支付规则

工资应当以法定货币支付。在一般情况下，用人单位应以人民币支付劳动者工资；特定用人单位（如外资企业）或对于特定劳动者（如外籍劳动者）可按规则用外币支付工资，但均不得以实物或者其他有价证券代替货币支付。

（二）直接支付规则

用人单位应当将工资支付给劳动者本人，劳动者本人因故不能领取工资时，可由其亲属或者劳动者委托的其他人员代领。用人单位还可委托银行代发工资。用人单位必须书面记录所支付的劳动者工资的数额、时间、领取者姓名及签字，并保存两年以上备查。

（三）按期支付规则

用人单位应当按照与劳动者约定的日期支付工资。如遇节假日或休息日，应提前在最近的工作日支付；工资至少每月支付一次。实行周、日、小时工资制的可按周、日、小时支付工资；对完成一次性临时劳动或某项具体工作的职工，用人单位应按协议在完成劳动任务后即行支付；企业与劳动者依法解除、终止劳动合同的，用人单位应当在终止劳动合同时一次付清劳动者工资。与其相反的是无故拖欠，即用人单位无正当理由超过规定付薪时间未支付劳动者工资。

【法律链接】　　用人单位可以延期支付工资的情形

有下列理由之一的，用人单位可暂时延期支付工资：①用人单位遇到非人力所能抗拒的自然灾害、战争等原因，无法按时支付工资；②用人单位确因生产经营困难、资金周转受到影响，在征得本单位工会同意后，可暂时延期支付劳动者工资。延期时间的最长限制可由各省、自治区、直辖市劳动行政部门根据各地情况确定。其他情况下拖欠工资均属无故拖欠。

（四）全额支付规则

用人单位应当按法定和约定的工资项目和工资额向劳动者全部支付，不得无故克扣，并在发放工资时应向劳动者提供一份劳动者本人的工资清单。与其相反的是克扣工资，即用人单位无正当理由扣减劳动者应得工资（即在劳动者已提供正常劳动的前提下用人单位按劳动合同规定的标准应当支付给劳动者的全部劳动报酬）。

因劳动者本人原因给用人单位造成经济损失的，用人单位可按照劳动合同的约定要求其赔偿经济损失。经济损失的赔偿，可从劳动者本人的工资中扣除。但每月扣除的部分不得超过劳动者当月工资的20%。若扣除后的剩余工资部分低于当地月最低工资标准，则按最低工资标准支付。

（五）法律、法规规定的其他规则

【案例评析】《劳动合同法》第三十八条规定：用人单位应当按照劳动合同约定和国家规定，向劳动者及时足额支付劳动报酬。国家相关法律规定，除用人单位遇到非人力所能抗拒的自然灾害、战争等原因，或确因生产经营困难，资金周转受到影响，并征得本单位工会同意这两种情形可以延期支付工资外，其他情况下拖欠工资均属无故拖欠。本案中，厂长以装修办公室为由不及时发放职工工资，显然属于无故拖欠。对此，劳动监察部门有权责令单位改正错误，以保护劳动者的权益。

二、特殊情况下的工资支付规定

特殊情况下的工资是指依照法律、法规规定或劳动合同的约定，用人单位在特殊时间内或特殊情况下计发劳动者的工资。涉及劳动者特殊情况下计发工资的情形主要有：

（一）违法犯罪追责期间劳动者的工资支付

涉及三种情形的处理：①劳动者涉嫌违法犯罪被司法机关依法限制人身自由期间，用人单位可以暂时中止履行劳动合同。暂停履行劳动合同期间，用人单位不承担劳动合同约定的相应义务，用人单位可以停发工资。②在受行政处分后，劳动者仍在原单位工作（如留用察看、降级等）或受刑事处分后重新就业的，应主要由用人单位根据具体情况自主确定其工资报酬。③劳动者被依法追究刑事责任的，用人单位可以依法解除与其签订的劳动合同，但用人单位未与其解除劳动合同，且劳动者提供了正常劳动的，用人单位应当按照国家或劳动合同约定的工资标准支付工资。

（二）试用期劳动者的工资支付

按照《劳动合同法》第二十条的规定，劳动者与用人单位订立劳动合同后，在试用期的工资不得低于本单位相同岗位最低档工资或者劳动合同约定工资的百分之八十，并不得低于用人单位所在地的最低工资标准。

（三）患病或非因工负伤治疗期间劳动者的工资支付

劳动者患病或非因工负伤治疗期间且符合法律规定的医疗期间内，由企业按有关规定支付其病假工资或疾病救济费，病假工资或疾病救济费可以低于当地最低工资标准支付，但不能低于最低工资标准的80%。

（四）依法参加社会活动期间劳动者的工资支付

劳动者在法定工作时间内依法参加社会活动期间，用人单位应视同其提供了正常劳动而支付工资。社会活动主要包括：依法行使选举权或被选举权；当选代表出席政府、党派、工会以及其他合法社会团体召开的代表大会；出任人民法院证明人、陪审员；出席劳动模范、先进工作者的大会；其他依法参加的社会活动。

（五）年休假、探亲假、婚丧假期间劳动者的工资支付

劳动者法定休息日和年休假、探亲假、婚假、丧假期间，用人单位应按规定标准支付工资。

（六）停工、停产期间劳动者的工资支付

非劳动者原因造成的停工、停产在一个工资支付周期内的，用人单位应按劳动合同规定的标准支付工资；超过一个工资支付周期的，若劳动者提供了正常劳动，则支付的劳动报酬不得低于当地最低工资标准；若劳动者未提供正常劳动，应按国家有关规定办理。

（七）女职工产假和男职工护理假期间工资支付

用人单位不得因女职工怀孕、生育、哺乳而降低其工资，不影响其享有的工资福利待遇。女职工产假期间，用人单位参加生育保险的，由社会保险机构发给生育津贴；用人单位没有参加生育保险的，产假期间的工资由用人单位支付。女职工保胎假、提前休产假的，单位可以根据情况参照病假工资发放。男职工护理假期视为提供了正常劳动，工资照常发放。

（八）加班加点劳动者的工资支付

加班是指法定节日、公休假日从事工作；加点是指在一个工作日内延长时间从事工作。加班加点劳动者的工资支付规定，依据《劳动法》第四十四条规定和《工资支付暂行规定》第十三条规定，涉及以下三种情形：

（1）计时工资制的加班加点劳动者的工资支付。计时工资制包括标准工作时间和非标准工作时间。有下列情形之一的，用人单位应当按照下列标准支付高于劳动者正常工作时间工资的工资报酬：①安排劳动者延长工作时间的，支付不低于工资的150%的工资报酬；②休息日安排劳动者工作的，支付不低于工资的200%的工资报酬；④法定休假日安排劳动者工作的，支付不低于工资的300%的工资报酬。

（2）计件工资制的加班加点劳动者的工资支付。在完成计件定额任务后，由用人单位安排延长工作时间的，应根据上述规定分别按照不低于劳动者本人法定工作时间计件单位的150%、200%、300%支付其工资。用人单位实行计件工资制的加班工资，劳动司法部门应当首先审查计件工资劳动定额是否合理。劳动合同对计件工资劳动定额有约定的按照约定的定额审查，无约定的按行业规定审查。对劳动定额明显不合理或无行业规定的，可以按标准工时折算计算加班工资。

（3）综合计算工作日工资制的加班加点劳动者的工资支付。经劳动行政部门批准实行综合计算工时工作制的，其综合计算工作时间超过法定标准工作时间的部分，应

视为延长工作时间，并按劳动者本人日或小时工资标准的150%支付加班工资。实行综合工作制的用人单位的劳动者，工作日正好是周休息日的，属于正常工作，但工作日正好是法定节假日的，按不低于劳动者本人工资的300%的工资支付工资报酬。

【律师提示】　　加班工资计算基数

关于劳动者加班工资计算基数，都以其正常工作时间工资作为计算标准。用人单位与劳动者约定奖金、津贴、补贴等项目不属于正常工作时间工资的，从其约定。非按月放发的一次性奖金、津贴等收入不宜列入计算加班工资的工资基数。

各种方法确定所加班工资基数都不能低于用人单位所在地最低工资标准。

（九）身份特殊劳动者的工资支付

学徒工、熟练工、大中专毕业生在学徒期、熟练期、见习期、试用期及转正定级后的工资待遇由用人单位自主确定。新就业复员军人的工资待遇由用人单位自主确定，但分配到企业军队转业干部的工资待遇按国家有关规定执行。

三、法定代扣或者减发工资的情形

（一）法定代扣工资

《工资支付暂行规定》规定，用人单位可以代扣劳动者工资的情形如下：

（1）用人单位代扣代缴的个人所得税。

（2）用人单位代扣代缴的应由劳动者本人负担的各项社会保险费用。

（3）法院判决、裁定中要求代扣的抚养费、赡养费、损害赔偿金或其他款项；但每月扣除时应保证该劳动者的基本生活需要。

（4）法律、法规规定可以从劳动者工资中扣除的其他费用。

（二）用人单位可以减发劳动者的工资的法定情形：

《对〈工资支付暂行规定〉有关问题的补充规定》规定，用人单位可以减发劳动者的工资的情形如下：

（1）国家的法律、法规、规章中有明确规定的。

（2）用人单位与劳动者在双方依法签订的劳动合同中明确约定的。

（3）用人单位依法制定并经职工代表大会批准的企业规章制度及劳动纪律中明确规定的。

（4）企业工资总额与经济效益相联系，经济效益下降时，工资必须下浮的。

（5）因劳动者请事假等相应减发劳动者工资等。

此外，经劳动者本人同意，用人单位可以从职工工资扣减应由其本人负担的房租、水、电费、伙食费等费用。

【律师提示】单位的工资制度与劳动者的工资知情权

工资是企业财务的一部分，有的企业将其视为商业秘密，但这并不与保障职工工资支付知情权相冲突。根据《工资支付暂行规定》规定：用人单位应根据本规定，通过与职工大会、职工代表大会或者其他形式协商制定内部的工资支付制度，并告知本单位全体劳动者，同时抄报当地劳动行政部门备案。用人单位在支付工资时应向劳动者提供一份其个人的工资清单。

四、欠薪支付保障与支付令措施

（一）欠薪支付保障

欠薪支付保障，是指在用人单位拖欠工资时保障劳动者取得所欠工资的特别措施。对欠薪支付保障的法律措施主要有：

（1）用人单位依法破产时，劳动者有权获得其工资。按照《企业破产法》的规定，用人单位应首先支付欠付本单位劳动者的工资。

（2）劳动者在追索劳动报酬的案件中，在当事人之间权利义务关系明确，不先予执行将严重影响申请人的生活的情形下，根据《劳动争议调解仲裁法》第四十四条的规定，经当事人的申请，法院可以依法裁定先予执行。

（3）针对建筑企业普遍拖欠农民工工资的严重现象，2004 年 9 月劳动和社会保障部、建设部联合发布了《建设领域农民工工资支付管理暂行办法》。其主要规定有：业主或工程总承包企业未按合同约定与建设工程承包企业结清工程款，致使建设工程承包企业拖欠农民工工资的，由业主或工程总承包企业先行垫付农民工被拖欠的工资，先行垫付的工资数额以未结清的工程款为限。企业因被拖欠工程款导致拖欠农民工工资的，企业追回的被拖欠工程款，应优先用于支付拖欠的农民工工资。

为了保障劳动者的工资收入，个别地方还建立欠薪保障基金制度。《深圳经济特区企业欠薪保障条例》（1996），是我国的第一个欠薪保障的地方法规。

【律师提示】　　非法转包、分包的工资支付主体责任

具备用工主体资格的承包单位违反法律、法规规定，将承包业务转包、分包给不具备用工主体资格的组织或者自然人，该不具备用工主体资格的组织或者自然人所招用的人员以其与承包单位存在劳动关系为由请求承包单位支付工资的，不予支持。该人员不服仲裁裁决向人民法院起诉，变更以劳务关系为由要求承包单位承担支付工资连带责任的，人民法院应当追加不具备用工主体资格的组织或者自然人为共同被告。如果其请求符合《建设领域农民工工资支付管理暂行办法》等相关规定的，可以予以支持。该人员坚持主张劳动关系的，判决驳回其诉讼请求。

（二）支付令措施

支付令是人民法院根据债权人的申请，督促债务人履行债务的程序，是民事诉讼法规定的一种法律制度。根据《民事诉讼法》对支付令的规定，欠薪支付令关系中劳动者为债权人和申请人，用人单位为债务人和被申请人。在解决劳动争议中引入支付令制度，一方面是为了尽快解决劳动争议，保护劳动者的合法权益，另一方面是为了解决调解协议的效力问题，对调解起到强化的作用。

1. 申请支付令的法定情形

（1）用人单位拖欠或者未足额支付劳动报酬的。劳动者可以依法向当地人民法院申请支付令，人民法院应当依法发出支付令。

（2）因支付拖欠劳动报酬、工伤医疗费、经济补偿或者赔偿金事项达成调解协议，用人单位在协议约定期限内不履行的。劳动者可以持调解协议书依法向人民法院申请支付令，人民法院应当依法发出支付令。

2. 申请支付令的基本程序

劳动者申请支付令，必须由劳动者自己向有管辖权的基层人民法院提交申请书并附有相关的债权文书。法院接到劳动者的申请后，应当在 5 日内做出是否受理的答复。法院受理劳动者的申请后，对债权债务关系明确、合法的，应当在受理之日起 15 日内向用人单位发出支付令。

法院依法发出支付令后，用人单位自收到支付令之日起在限期内清偿债务的，支付令实际上与生效裁判起到同等的作用；用人单位收到支付令后若在限期内向人民法院提出书面异议，支付令即失效；用人单位收到支付令后在限期内不履行支付令，又不提出异议的，劳动者可向法院申请强制执行。

【法律链接】 **违反工资支付的处罚规定**

各级劳动行政部门有权监察用人单位工资支付的情况。用人单位有下列侵害劳动者合法权益行为的，由劳动行政部门根据《工资支付暂行规定》规定责令其支付劳动者工资和经济补偿，并可责令其支付赔偿金：①克扣或者无故拖欠劳动者工资的；②拒不支付劳动者延长工作时间工资的；③低于当地最低工资标准支付劳动者工资的。

经济补偿和赔偿金的标准，按国家有关规定执行。

第三节　最低工资标准管理

一、最低工资标准的概念

【案例讨论】 2016 年年初，小王经村里的老乡介绍到成都某玩具厂做质检工作。双方签订了为期五年的劳动合同，合同约定：试用期为三个月，在试用期内每月工资为 900 元，转正后月工资 1 600 元，另加岗位津贴 2 000 元。小王技校毕业后半年多时间未找到合适的工作，所以很珍惜这份工作，工作十分努力，试用期过后，小王顺利成为该厂的正式员工。一次偶然的机会，小王了解到成都市当年的最低工资标准是 1 600 元，于是他找到单位领导，要求按照最低工资标准补足自己三个月的试用期工资。负责人称，小王是在试用期内，不适用最低工资标准。

请问：试用期员工是否需要执行最低工资标准？

（一）最低工资标准

最低工资标准，是指劳动者在法定工作时间或依法签订的劳动合同约定的工作时间内提供了正常劳动的前提下，用人单位依法应支付的最低劳动报酬。最低工资标准一般采取月最低工资标准和小时最低工资标准的形式。月最低工资标准适用于全日制就业劳动者，小时最低工资标准适用于非全日制就业劳动者。

省级行政区实施不同的最低工资标准。最低工资的制定反映了政府对劳动者权益的保护。为了保护劳动者取得劳动报酬的合法权益，保障劳动者个人及其家庭成员的基本生活，我国劳动和社会保障部颁布实施《最低工资规定》（2004）。

【社会观察】 “零工资试用期”就业违法

毕业季是各高校大学生求职高峰时期，为了抢得就业先机，社会上出现了“零工资试用期”大学生群体。“零工资试用期”主要是大学生迫于严峻的就业形势，在初次就业时承诺在用人单位试用期从事无报酬工作。它也是大学毕业生面对心仪的工作舍不得放弃，又担心企业不予接纳，所采取“迂回战术”就业。有的用人单位坦然接受“零工资就业”群体，认为大学毕业生没有工作经验，“零工资试用期”相当于单位给予“培训”。

国家人力资源社会劳动保障部门指出，“零工资试用期”对就业者而言是“违心”的，对于用人单位则是一种违法用工行为。用人单位与劳动者建立劳动关系，只要劳动者提供正常劳动，用人单位必须依法向其支付不低于当地最低工标准的工资，并为其缴纳社会保险费。否则，劳动保障监察部门有权查处用人单位类似的违法用工行为。

（二）最低工资标准的特征

（1）最低工资标准，是由国家规定的，而不由劳动关系双方当事人自愿协商确定。劳动合同中的工资报酬由劳动者与用人单位进行协商确定，但不得低于当地最低工资标准。否则，约定条款无效，按最低工资标准执行。

（2）取得最低工资的前提条件是劳动者在法定工作时间内提供了正常劳动。劳动者未提供正常劳动的，不享受最低工资标准的保护。

（3）为保障劳动者本人及其家庭成员的基本生活需要，改善劳动条件，不论劳动者的工种及岗位如何，均适用最低工资标准。

【律师提示】 劳动法里的“正常劳动”

“正常劳动”的理解直接关系到加班加点工资和最低工资的正确计算。劳动法上所指的正常劳动，主要是指劳动者按照劳动合同的约定在法定工作时间内从事的劳动，也包括基于法律规定“视为提供了正常劳动”的劳动者其他行为。后者包括劳动者享受带薪休假、探亲假、婚丧假、生育（产）假、节育手术假等国家规定的假期以及法定工作时间内依法参加社会活动期间的行为。

二、最低工资标准的计算范围

在劳动者提供正常劳动的情况下，用人单位应支付给劳动者的工资在剔除下列各项以后，不得低于当地最低工资标准：

（1）延长工作时间工资。

（2）中班、夜班、高温、低温、井下、有毒有害等特殊工作环境、条件下的津贴。

（3）法律、法规和国家规定的劳动者福利待遇等。

实行计件工资或提成工资等工资形式的用人单位，在科学合理的劳动定额基础上，其支付劳动者的工资不得低于相应的最低工资标准。

【案例评析】《劳动合同法》第二十条规定：劳动者在试用期的工资不得低于本用人单位所在地的最低工资标准。在本案例中，用人单位每月支付小王的试用期的工资为 900 元，低于当年成都市最低工资标准。最低工资标准适用于与用人单位建立劳动关系的劳动者，不但包括转正后的劳动者，也包括处于试用期的劳动者。用人单位应当主动补足差额部分。否则，劳动保障行政部门有权根据《最低工资规定》责令按所欠工资的 1~5 倍支付劳动者赔偿金的处罚。

三、最低工资标准的适用范围

（1）适用地域。凡在中华人民共和国境内的企业、民办非企业单位、有雇工的个体工商户和与之形成劳动关系的劳动者，国家机关、事业单位、社会团体和与之建立劳动关系的劳动者，均应适用最低工资标准。

（2）适用对象。在法定工作时间内提供了正常劳动的劳动者。当劳动者由于本人原因造成在法定工作时间内或依法签订的劳动合同约定的工作时间内未提供正常劳动的，不适用于最低工资标准。根据《关于贯彻执行〈劳动法〉若干问题的意见》规定，未提供正常劳动的情形主要有：

①劳动者在工作时间内有迟到、早退、旷工等违纪行为；

②企业下岗待工人员；

③因患病或非因工负伤处于治疗期间的职工；

④处于非带薪假期的人员，如事假等。

四、最低工资标准的制定

（一）确定最低工资标准的原则

（1）协调原则。最低工资受多种因素及条件的影响，确定最低工资标准应从我国实际国情出发，参考当地经济发展水平、城镇居民消费价格指数、社会平均工资水平、劳动生产率状况等多种因素，在保持社会基本平衡的基础上确立最低工资的标准。

（2）基本生活保障原则。最低工资法律制度的目的就在于保证劳动者最低收入，满足劳动者及其家庭成员的最基本生活需求。

（3）分级管理原则。因全国各地区经济发展和生活水平极不平衡，不可能在全国实行统一的最低工资标准。按照《劳动法》第四十八条及《最低工资规定》第七条的规定，省、自治区、直辖市范围内的不同行政区可以有不同的最低工资标准。

（4）民主协商原则。因最低工资标准直接涉及劳动关系双方当事人的利益，因此，最低工资标准的制定应当组织工会组织和用人单位的代表，参与制定过程。

（二）确定最低工资标准的考虑因素

《劳动法》规定确定和调整最低工资标准所应综合参考的因素：①劳动者本人及平均赡养人口的最低生活费用；②社会平均工资水平；③劳动生产率；④就业状况；⑤地区之间经济发展水平的发布；等等。

《最低工资规定》对确定和调整月最低工资标准参考的因素补充规定如下：当地就业者及其赡养人口的最低生活费用、城镇居民消费价格指数、职工个人缴纳的社会保险费和住房公积金、职工平均工资、经济发展水平、就业状况等因素。确定和调整小时最低工资标准，应在颁布的月最低工资标准的基础上，考虑单位应缴纳的基本养老保险费和基本医疗保险费因素，同时还应适当考虑非全日制劳动者在工作稳定性、劳动条件和劳动强度、福利等方面与全日制就业人员之间的差异。

（三）最低工资标准的调整

最低工资标准发布实施后，当影响最低工资标准的因素发生变化时，政府及有关部门应根据变化后的各种实际因素对最低工资标准及时进行调整。《最低工资标准》规定：“最低工资标准每两年至少调整一次。”

五、违反最低工资标准的行政处罚

工会有权对用人单位执行最低工资情况进行监督，发现用人单位支付劳动者工资低于有关最低工资标准的，有权要求有关部门处理。

各级人民政府劳动保障行政主管部门负责对用人单位执行最低工资标准的情况进行检查和监督。对用人单位违反最低工资管理的行为，劳动保障行政部门有权进行处罚：

（1）用人单位应在最低工资标准发布后 10 日内将该标准向本单位全体劳动者公示。否则，由当地政府劳动保障行政部门责令限期改正。

（2）用人单位支付给劳动者的工资低于最低工资标准的，由当地劳动行政部门责令限期补发所欠劳动者工资，并可根据《最低工资规定》第十五条规定责令用人单位按所欠工资的 1~5 倍支付劳动者赔偿金。

实训项目

一、改错题

1. 劳动合同中的工资等劳动报酬，由劳动关系双方当事人自由协商确定。

2. 工资形式只有计时工资、计件工资、定额工资、浮动工资四种形式。

3. 劳动者患病或非因工负伤治疗期间且符合法律规定的医疗期间内，用人单位可以不支付工资而只支付补偿。

4. 加班加点待遇在计时工资制里，只适用于标准工作时间，而不适用于非标准工作时间。

5. 只要劳动者提供了劳动就能享受国家最低工资标准的法律保护。

二、案例分析题

李某于 2017 年 1 月到南宁市某外贸服装生产公司从事标准件加工工作。公司与本单位的劳动者签订劳动合同都约定：“工资实行计件制，每完成 1 个标准件的工资为 30 元，每月标准为 150 件。”2017 年 8 月，由于公司业务开展迅速，接到大批外贸订单，在征得工会同意后，公司要求李某等全体车间工作人员每月生产件数改为 300 件。李某等职工同意了公司的要求，在 2017 年 8 月至 10 月完成正常定额 1 倍以上的工作量。公司计发工资时按照 30 元每件向李某等人支付工资每月 9 000 元。对此，李某等提出异议，认为自己在正常工作时间以外加班加点才完成了超额生产任务，公司理应支付加班工资。公司以“计件工资不适用加班工资的规定”予以拒绝。双方多次协商未果，李某等 10 名职工以拖欠工资为由提出 10 天后离职，要求结算当月工资和工作期间每个月未发放的工资 1 000 元，公司又以李某等未提前三十日以书面形式通知单位为由，拒绝发放工资。无奈之下，李某等 10 名职工向当地劳动争议仲裁委员会提起仲裁，要求公司支付当月工资和拖欠的工资、加班加点工资以及经济补偿金。根据案情，请回答下列问题：

（1）计件工资制是否适用加班工资的规定？为什么？

（2）工作期间单位扣发职工每个月工资 1 000 元是否属于违法行为？

（3）李某等人以拖欠工资为由解除劳动合同是否需要提前 30 天？其依据是什么？

第六章
劳动安全卫生法实务

【导入案例】

2017年9月15日，外地农民工李某成为郑州市某食品加工企业职工，并从事食品卫生保洁工作。在一次清扫成品仓库作业时，李某昏倒在仓库内，后被职工发现并急送至当地医院抢救，但因中毒过深和时间过长而医治无效死亡。根据企业反映和临床诊断，确认该起事故为高浓度二氧化碳急性中毒伴缺氧引起窒息，属于急性职业中毒事故。在事故发生后，该食品企业以李某违章操作作业、企业没有过错为由，拒绝向死者家属承担赔偿责任，表示只承担适当的经济补偿。无奈，李某家属只得向当地劳动监察大队进行投诉。

在接到劳动者的投诉后，劳动监察大队立即派人实地调查，发生事故是多种因素所致：一是成品仓库内，无通风设施；二是李某作业时未将仓库门窗打开通风，同时李某违章操作清扫机械，致使事故现场二氧化碳浓度大大超过国家卫生安全标准；三是食品企业没有对李某进行岗前培训，也没有对他进行必要的安全卫生知识教育。企业行为违反了相关法律规定。根据《劳动法》第五十二条规定："用人单位必须建立、健全劳动安全卫生制度，严格执行国家劳动安全卫生规程和标准，对劳动者进行劳动安全卫生教育，防止劳动过程中的事故，减少职业危害。"其第六十八条规定："用人单位应当建立职业培训制度，按照国家规定提取和使用职业培训经费，根据本单位实际，有计划地对劳动者进行职业培训。"结合本案具体情况来看，食品企业没有建立、健全劳动安全卫生制度，没有履行防止劳动事故和减少职业危害的法定义务，违反了《劳动法》和《安全生产法》等，对事故发生负有重大责任。根据调查取证，劳动监察大队对该企业做出停业整顿和行政处罚决定。

根据申请材料和劳动监察意见等，关于李某工亡的认定申请得到当地劳动工伤部门的认可和支持。李某家属提起了工伤索赔程序，最终维护了自己的合法权益。

第一节　劳动安全卫生法概述

劳动安全卫生既涉及劳动者生命安全与身份健康，也涉及单位财产安全。劳动法规定用人单位负有劳动安全卫生职责，也是劳动者实现宪法赋予的生命权、健康权的具体保障。劳动安全与劳动卫生，既相互联系又彼此独立，共同组成劳动者劳动保护的屏障。劳动安全卫生因生产劳动而产生，与生产劳动并存，是劳动过程中必然现象。因此，用人单位和相关政府部门必须建立、健全劳动卫生制度，严格执行国家劳动安全卫生规程和标准，对人力资源管理部门加强对劳动者劳动安全卫生教育，防止劳动过程中的责任事故的发生，减少职业病的作业危害。

一、劳动安全卫生概述

（一）劳动安全卫生的概念

劳动安全卫生，是指生产过程中依法不应当存在对劳动者或其他人员的人身造成伤害或产生职业病、构成精神和健康威胁、导致财物损失的状态。其中，劳动安全是指在劳动过程中防止中毒、触电、机械外伤、车祸、坠落、塌陷、爆炸、火灾及劳动者人身安全事故发生的防范性措施；劳动卫生是指在劳动过程中对有毒有害物质危害劳动者身体健康或者引起职业病发生的防范性措施。

长期以来，企业对劳动安全卫生不够重视、担心劳动安全卫生投入会增加企业成本，导致企业安全卫生事故时有发生，造成严重社会恶性事件。从劳动安全卫生事故发生的情况来看，可能导致重大人身伤亡或重大经济损失的因素，或者潜伏于作业场所、设备设施之中，或者表现为生产组织、管理行为中的缺陷，并随时在不断变化。由于企业没有及时有效地采取预防措施，错误行为使得职业危害的可能性转变为现实性。劳动安全卫生事故的发生，往往是由于企业在生产经营过程中没有严格执行劳动安全卫生制度所导致的，也是安全卫生防护措施缺位和违规的行政管理行为的必然结果。预防安全卫生事故，用人单位、劳动者和政府都“人人有责”。

【案例链接】 **“11·24”冷却塔施工平台坍塌特别重大事故**

2016 年 11 月 24 日，江西丰城发电厂三期扩建工程发生冷却塔施工平台坍塌特别重大事故，造成 73 人死亡、2 人受伤、直接经济损失 10 197.2 万元。安全责任事故与安全意识有直接的关系。2017 年 10 月，国务院调查组查明，冷却塔施工单位河北亿能烟塔工程有限公司施工现场管理混乱，未按要求制定拆模作业管理控制措施，对拆模工序管理失控。事发当日，在 7 号冷却塔第 50 节筒壁混凝土强度不足的情况下，违规拆除模板，致使筒壁混凝土失去模板支护，不足以承受上部荷载，造成第 50 节及以上筒壁混凝土和模架体系连续倾塌坠落。对此，相关政府部门和企业被追究行政责任，31 人被追究刑事责任。

（二）劳动安全卫生的特征

（1）劳动安全卫生具有强制性。劳动者的生命权和健康权是我国《宪法》赋予公民最基本的权利。保护劳动者的生命权和健康权等合法权益，是劳动安全卫生法律制度的根本任务和重要的立法目的。用人单位和相关职责部门必须严格遵守劳动安全卫生制度，不得违反，否则须承担相应的法律责任。

（2）劳动安全卫生以劳动过程为保护范围。劳动保护是基于劳动关系而由用人单位承担的一项义务，用人单位只在劳动者为本单位提供劳动的过程中才负有保护劳动者的义务。因此，用人单位仅对劳动过程中劳动者的安全和健康负责。

（3）劳动安全卫生以改善劳动条件和劳动环境为主要途径。用人单位和相关部门通过消除劳动过程中不安全和不卫生的因素，实现对劳动者生命安全和身体健康的保护。用人单位要消除劳动过程中的职业安全与危害，就必须采用先进技术和方法，不断改善劳动条件和劳动环境，以更好地保护劳动者的生命与健康。

二、劳动安全卫生法概述

（一）劳动安全卫生法

劳动安全卫生法，又称职业安全卫生法，是指国家为了保护劳动者在劳动生产过程中的生命安全和身体健康等权益而制定的法律规范的总称。它主要涉及安全责任制、安全教育制度、安全检查制度、伤亡事故和职业病调查制度等。为从法律制度上保证生产经营单位健康有序地开展生产经营活动，督促各级地方政府、生产经营单位从制度、体制、经济等方面采取各种有效措施避免和减少工伤事故、职业病的发生，我国颁布实施了一系列劳动安全卫生的法律制度。

《宪法》规定："国家通过各种途径，创造劳动就业条件，加强劳动保护，改善劳动条件，并在发展生产的基础上，提高劳动报酬和福利待遇。"《劳动法》第6章规定"劳动安全卫生"，以劳动基本法的形式对劳动安全卫生作了原则性规定。《矿山安全法》（2009修正）、《职业病防治法》（2016修正）、《消防法》（2008）、《建筑法》（2011）、《道路交通安全法》（2011）和《安全生产法》（2014修正）等构成了我国的劳动安全卫生基本法律体系。

为了配合劳动安全卫生基本法律的实施，国务院还颁布了一系列劳动安全卫生行政法规。其主要有《锅炉压力容器安全监察暂行条例》（2003）、《尘肺病防治条例》（1987）、《矿山安全法实施条例》（1996）、《煤矿安全监察条例》（2000）、《建设工程质量管理条例》（2000）、《危险化学品安全管理条例》（2002）、《使用有毒物品作业场所劳动保护条例》（2002）、《建设工程安全生产管理条例》（2003）、《安全生产许可证条例》（2004）和《生产安全事故报告和调查处理条例》（2007）等。除此之外，国务院相关部门就劳动安全卫生作了相应规定，如《职业病范围和职业病患者处理办法的规定》（2002修订）、《企业职工劳动安全卫生教育管理规定》（1995）、《关于特大安全事故行政责任追究的规定》（2001）、《生产安全事故报告和调查处理条例》（2007）等。

【法律链接】　属于工伤的职业病的认定条件

《职业病防治法》规定，职业病属于工伤必须具备四个条件：①患病主体是企业、事业单位或个体经济组织的劳动者；②必须是在从事职业活动的过程中产生的；③必须是因接触粉尘、放射性物质和其他有毒、有害物质等职业病危害因素引起的；④必须是国家公布的职业病分类和目录所列的职业病。

（二）劳动安全卫生立法的作用

1. 为保护劳动者的安全健康提供法律保障

安全卫生法规是以搞好安全生产、工业卫生、保障职工在生产中的安全、健康为目的的。它从法律层面上规定了人们的安全行为规范，也从生产技术上、设备上规定实现安全生产和保障职工安全健康所需的物质条件。实践表明，用人单位要切实维护劳动者安全健康的合法权益，就必须按照科学办事，尊重自然规律、经济规律和生产规律，尊重群众，保证劳动者得到符合安全卫生要求的劳动条件。

2. 有利于加强安全生产的法制化管理

安全生产法规是加强安全生产法制化管理的法律规范，明确规定了用人单位加强安全生产、安全生产管理的职责，促使用人单位不断改善劳动条件和劳动环境，建立健全劳动安全卫生管理制度，依法依规对单位的安全生产进行管理。

3. 有利于指导和推动企业的安全生产

安全生产法规反映了保护生产正常进行、保护劳动者安全健康所必须遵循的客观规律，对企业搞好安全生产工作提出了明确要求。同时，由于劳动安全卫生法律规范具有法律约束力，要求人人都要遵守，用国家强制力推动整个安全生产工作的开展。

4. 有利于保证企业效益的实现和国家经济建设事业的顺利发展

安全生产是关系到企业切身利益的大事，通过安全生产立法，使劳动者的安全健康有了保障，劳动者在符合安全健康要求的条件下从事劳动生产，必然会激发他们的劳动积极性和创造性，从而促使劳动生产率的大大提高。同时，安全卫生法规和标准的遵守和执行，必然提高生产过程的安全性，使生产的效率获得保障和提高，从而也能提高企业的生产效率和效益。

三、劳动安全卫生法的基本原则

《安全生产法》第三条规定："安全生产工作应当以人为本，坚持安全发展，坚持安全第一、预防为主、综合治理的方针，强化和落实生产经营单位的主体责任，建立生产经营单位负责、职工参与、政府监管、行业自律和社会监督的机制。"这条规定，明确了劳动安全卫生立法的基本原则。

（一）以人为本原则

安全生产坚持以人为本原则，就是以尊重劳动者，爱护劳动者，维护劳动者的人身安全为出发点，以消灭生产过程中的潜在隐患为主要目的。《宪法》第四十二条规定："国家通过各种途径，创造劳动就业条件，加强劳动保护，改善劳动条件。"《劳动法》第五十四条规定："用人单位必须为劳动者提供符合国家规定的劳动安全卫生条件和必要的劳动防护用品，对从事有职业危害作业的劳动者应当定期进行健康检查。"这些法律规定，都体现了我国安全生产以人为本的原则。

（二）安全第一，预防为主原则

"安全第一，预防为主原则"是我国安全生产管理的基本方针。"安全第一"就是把实现安全生产放在首位，正确处理安全生产和经济发展的关系，不能片面强调效率，而忽视生产安全。在市场经济活动中，由于利益的驱动所产生的"重效益、轻安全"的现象始终存在。忽视安全生产付出的代价更大，会抵消经济发展的成果。"预防为主"就是把各种安全事故消灭在隐患之中，把职业病杜绝在发病之前。《劳动法》第五十三条规定：新建、改建、扩建工程的劳动安全卫生设施必须与主体工程同时设计、同时施工、同时投入生产和使用。

（三）国家监督与社会监督、群众监督相结合原则

安全生产事关社会各方面的利益，不仅是企业生产问题，而且也是社会问题。一方面，国家作为社会利益的总代表，必须运用国家权力对生产经营活动中的安全问题进行强有力的监督；另一方面，国家监督应与社会监督、群众监督相结合，积极调动

社会各方面力量，发挥政府其他主管部门的监督作用，发挥工会组织的监督作用，发挥公民个人的监督作用，发挥社会舆论监督的作用，实现安全生产局势的根本好转。

（四）坚持教育与惩罚相结合的原则

对违反劳动安全卫生法的单位和个人依法进行处罚，让违法者承担法律责任；同时，还必须对违法者进行教育，使其增强法律意识，并真正认识到保护劳动者合法权益的重要性。

四、劳动者安全卫生权利与义务

【案例讨论】 某建筑材料公司安排50名职工生产水泥，生产车间就在一个较大的厂房里。50人和15台设备拥挤在一起，厂房的通风设备差，空气污浊；里面电线密布，有火灾危险；无任何消防设施。虽然消防大队下令企业整改，但企业怕花钱而拖延不改。2017年的一天下午，厂房不慎起火，幸亏及时救火，才未酿成人身伤亡和重大财产损失。此事发生后，工人再次要求企业增设消防设备，改善工作条件，企业表面答应，但仍拖延不予办理。同时，企业为获取更多利润，经常强令职工每天工作10小时，对加点工资按120%的比例支付。对于公司的所作所为，职工意见很大。鉴于公司现状，职工张某决定辞职。公司认为张某的辞职行为属于违约行为，拒绝发放最后一月的工资和返还12 000元押金。张某对企业的做法非常不满，于是到当地劳动监察大队和安全生产管理部门投诉。

请问：该企业在安全生产和劳动用工方面有哪些违法行为？

（一）劳动者安全卫生权利

用人单位在劳动安全卫生方面所负担的义务，就是劳动者应当享有的劳动安全卫生权益。法律赋予劳动者享有劳动安全卫生的权利，主要包括以下几项权利：

（1）安全生产保障权。劳动安全卫生法律制度的宗旨是保护劳动者的生命安全和身体健康，安全生产保障是用人单位的基本义务，也是劳动者的基本权利。《安全生产法》第六条规定：“生产经营单位的从业人员有依法获得安全生产保障的权利。”劳动者的安全生产保障权主要包括：依法获得符合劳动安全卫生条件的权利、获得劳动保护用品的权利、获得定期健康检查的权利等。

（2）知情权。用人单位应当与劳动者订立劳动合同，将工作过程中可能产生的职业中毒危害及其后果、职业中毒危害防护措施和待遇等如实告知劳动者，并在劳动合同中写明，不得隐瞒或者欺骗。《安全生产法》规定，用人单位有义务并向从业人员如实告知作业场所和工作岗位存在的危险因素、防范措施以及事故应急措施。《安全生产法》第五十条规定：“生产经营单位的从业人员有权了解其作业场所和工作岗位存在的危险因素、防范措施及事故应急措施，有权对本单位的安全生产工作提出建议。”由此可见，用人单位有如实告知劳动者工作内容、工作条件、工作地点、职业危害、安全生产状况、劳动报酬等义务。《使用有毒物品作业场所劳动保护条例》对用人单位的有毒物品作业场所职业劳动做出了更明确的规定。

（3）拒绝权。劳动者有权拒绝违章指挥和强令冒险作业，即劳动者对企业及其领导不执行劳动安全卫生规定，不提供法律规定的安全卫生条件，以及违章指挥、强令冒险作业等行为，有权拒绝执行。同时，《安全生产法》规定，生产经营单位不得因从业人员拒绝违章指挥、强令冒险作业而降低其工资、福利等待遇或者解除与其订立的劳动合同。

（4）监督权。劳动者有权对本单位安全生产工作中存在的问题提出批评、检举、控告。劳动者对企业及其领导不执行劳动安全卫生规定，不提供法律规定的安全卫生条件，以及违章指挥、强令冒险作业等行为，有权提出批评、检举和控告。对此，生产经营单位不得因此而降低劳动者的工资、福利等待遇或者解除与其订立的劳动合同。

（5）紧急情况下的停止作业和紧急撤离权。《安全生产法》第五十二条规定："从业人员发现直接危及人身安全的紧急情况时，有权停止作业或者在采取可能的应急措施后撤离作业场所。"生产经营单位不得因此对从业人员在紧急情况下停止作业或者采取紧急撤离措施而降低其工资、福利等待遇或者解除与其订立的劳动合同。

（6）索赔权。《安全生产法》规定，生产经营单位不得以任何形式与从业人员订立协议，免除或者减轻其对从业人员因生产安全事故伤亡依法应承担的责任。《安全生产法》规定，因生产安全事故受到损害的劳动者，除依法享有工伤社会保险外，依照有关民事法律尚有获得赔偿的权利的，有权向本单位提出赔偿要求。

【案例评析】该企业的违法行为主要表现在：①未建立劳动安全卫生制度，劳动环境严重污染，时刻有火灾危险，卫生条件差；②非法延长劳动时间，且不足额支付加班工资；③企业非法扣发工资和扣押 3 000 元押金。用人单位不但违反了劳动者享有的工资权益，而且还侵犯了劳动者的安全卫生作业的权利。《劳动法》第五十六条规定，劳动者对单位管理人员违章指挥、强令冒险作业，有权拒绝执行。在安全得不到保障的情况下，张某有权拒绝劳动；在企业未按劳动合同约定支付劳动报酬或提供劳动条件的，张某有权依法通知企业解除劳动关系。

（二）劳动者的义务

获得劳动安全卫生保障是劳动者的权利，用人单位违反安全生产规范损害劳动者人身安全的，劳动者有权立即解除合同。安全生产的保障也与劳动者的安全意识和劳动纪律有着密切的联系，遵守劳动安全卫生制度也是劳动者的法定义务：

（1）从业人员在作业过程中，应当严格遵守本单位的安全生产规章制度和操作规程，服从管理，正确佩戴和使用劳动防护用品。

（2）从业人员应当接受安全生产教育和培训，掌握本职工作所需的安全生产知识，提高安全生产技能，增强事故预防和应急处理能力。

（3）从业人员发现事故隐患或者其他不安全因素，应当立即向现场安全生产管理人员或者本单位负责人报告；接到报告的人员应当及时予以处理。

由此可见，劳动者应承担的主要义务是提高安全意识，严格遵守安全操作规程，执行企业内部规章制度和岗位责任。不断提高熟练程度和专业技术水平，防止因主观因素导致安全卫生事故的发生。

【案例链接】 **劳动者违反安全操作事故案**

2018 年 3 月 12 日上午，在某火电厂的脱硝改造工作中，作业人员王某和周某站在空气预热器上部钢结构上进行起重挂钩作业，2 人在挂钩时因失去平衡同时跌落。周某安全带挂在安全绳上，坠落后被悬挂在半空；王某未将安全带挂在安全绳上，从标高 24 米坠落至 5 米的吹灰管道上，经抢救无效死亡。用人单位和劳动者吸取深刻教训：劳动者缺乏安全生产意识，违反安全生产规则，高处作业未将安全带挂在安全绳上；单位工作负责人不在现场，未履行安全生产监护职责。

五、用人单位的安全卫生职责

履行劳动安全卫生职责，防止劳动过程中的伤亡事故发生，防止和减少职业性危害，参加工伤保险，是用人单位的法定义务。

关于用人单位的安全卫生劳动保护职责，将在本章另一节讲述。

六、劳动安全卫生行政管理部门的职权

【案例讨论】 某选矿厂是由李某和黄某共同投资的一家私营企业。为了获得建厂的批准，投资者聘请了正规的设计单位严格按照国家有关规定对有关建设工程尤其是尾矿库的安全设施进行设计，有的设计甚至还高于国家标准，因而很快获得了有关部门的批准。在实际施工过程中，投资者为了节约资金，要求施工单位不须完全按照批准的安全设施设计施工。结果，施工单位利用一条山谷构筑尾矿库，基础坝用石头砌成一道不透水坝，坝顶宽5米，地上部分高4米，埋入地下约2米；后期坝采用冲积法筑坝。在施工完毕后，投资者通过熟人流通关系，使选矿厂尾矿库在未经严格验收的情况下就投入使用。某日，突下大雨，由于尾矿库积水过多，导致尾矿库后期坝中部底层突然垮塌，随之整个后期堆积坝也跟着垮塌，共冲出水和尾砂15 820立方米，同时冲垮43间民工简易工棚和57间铜坑矿基建队房屋，致使28人死亡，56人重伤。

请分析本案中安全事故发生的原因及责任主体。

根据《劳动法》《安全生产法》《职业病防治法》等规定，劳动安全卫生行政部门的职责主要包括：

（1）依法制定劳动安全卫生标准

劳动安全卫生标准分为国家标准、行业标准、地方标准和企业标准四级。其中，国家标准是强制性标准，其他标准为推荐性标准。国家标准主要有：劳动卫生安全管理的基础标准，方法标准、生产工艺、生产工具、设备安全卫生标准、安全卫生专用装置等。经过国家质量技术监督局批准发布的劳动安全卫生标准，属于国家级标准，有200多项。《安全生产法》规定："国务院有关部门应当按照保障安全生产的要求，依法及时制定有关的国家标准或者行业标准，并根据科技进步和经济发展适时修订。"

（2）加强劳动安全卫生产品研发并积极推广运用

组织和推动劳动安全卫生科学研究工作，为建立科学合理的劳动安全卫生法律制度提供科学依据，开发更多的劳动安全卫生保护产品，并负责组织推广。

（3）审批和验收安全卫生事项

《安全生产法》规定，负有安全生产监督管理职责的部门依照有关法律、法规的规定，对涉及安全生产的事项需要审查批准（包括批准、核准、许可、注册、认证、颁发证照等）或者验收的，必须严格依照有关法律、法规和国家标准或者行业标准规定的安全生产条件和程序进行审查；不符合有关法律、法规和国家标准或者行业标准规定的安全生产条件的，不得批准或者验收通过。

（4）建立健全劳动安全卫生相关制度

安全生产监督管理部门应当建立健全职业病统计报告制度、伤亡事故报告处理制度、劳动者健康检查制度、劳动卫生安全认证制度、安全教育与培训管理制度、职工

工伤保险制度、安全生产责任制度、安全检查制度等，确保劳动安全卫生工作“有制可依”，切实维护劳动者的合法权益。

（5）监督检查安全卫生工作

对生产经营单位依法执行劳动安全卫生制度监督、检查工作。《安全生产法》规定，对未依法取得批准或者验收合格的单位擅自从事有关活动的，负责行政审批的部门发现或者接到举报后应当立即予以取缔，并依法予以处理。对已经依法取得批准的单位，负责行政审批的部门发现其不再具备安全生产条件的，应当撤销原批准。同时，对违反劳动安全卫生法规的单位或个人依法给予行政处罚。

【案例评析】这是一起由于施工单位没有按照批准的安全设施设计施工和验收部门没有严格验收导致发生生产安全事故的案件。经调查认定，事故发生的直接原因是施工单位在建设单位的压力下，没有按照批准的安全设施设计施工，致使建成的基础坝不透水，在基础坝与后期堆积坝之间形成一个抗剪能力极低的滑动面，同时由于尾矿库突然蓄水过多，而干滩长度不够，坝体终因承受不住巨大压力而沿基础坝与后期堆积坝之间的滑动面垮塌。在此过程中，验收部门和验收人员对尾矿库的验收严重不负责任，也是造成本次事故的重要原因之一。

《安全生产法》第二十七条规定：“矿山建设项目和用于生产、储存危险物品的建设项目的施工单位必须按照批准的安全设施设计施工，并对安全设施的工程质量负责。”“矿山建设项目和用于生产、储存危险物品的建设项目竣工投入生产或使用前，必须依照有关法律、行政法规的规定对安全设施进行验收；验收合格后，方可投入生产和使用。验收部门及其验收人员对验收结果负责。”

七、工会的安全卫生职权

《安全生产法》和《职业病防治法》等规定，工会在维护劳动者安全卫生合法权益方面负有以下职权：

工会组织应当督促并协助用人单位开展职业卫生宣传教育和培训，有权对用人单位的职业病防治工作提出意见和建议。工会组织有权依法代表劳动者与用人单位签订劳动安全卫生专项集体合同，与用人单位就劳动者反映的有关职业病防治的问题进行协调并督促解决。

工会有权对建设项目的安全设施与主体工程同时设计、同时施工、同时投入生产和使用进行监督，提出意见。

工会对生产经营单位违反安全生产法律、法规，侵犯劳动者合法权益的行为，有权要求纠正；发现生产经营单位违章指挥、强令冒险作业或者发现事故隐患时，有权提出解决的建议或者向政府有关部门建议采取强制性措施；发现危及从业人员生命健康安全的情况时，有权向生产经营单位建议组织劳动者撤离危险场所，生产经营单位必须立即做出处理。

工会有权依法参加事故调查，向有关部门提出处理意见，并要求追究有关人员的责任。

第二节　用人单位劳动安全卫生职责

用人单位作为生产经营单位，对劳动者负有劳动安全职责和劳动卫生职责，即对劳动者的生命安全和身体健康卫生负有保护义务。建立健全各项劳动安全卫生制度，防止劳动过程中的事故发生，减少职业性危害，是用人单位的法定义务。用人单位违反劳动安全卫生职责的，不但导致受伤职工工伤法律责任的发生，而且还会使单位和相关责任人员面临行政责任和刑事责任的处罚。

一、生产经营单位劳动安全职责

【案例讨论】2017 年 8 月，某食品生产厂需要安排专人对危险成品仓库进行清扫，于是雇用了一位农民工刘某，对其未进行职业培训和安全教育。上班第一天，刘某在清扫过程中晕倒在仓库内，被人发现后被送往医院，经抢救无效死亡。根据现场调查和临床资料，确认该事故为急性职业中毒事故，为高浓度二氧化碳急性中毒伴缺氧引起窒息死亡。经调查发现，发生事故的食品生产厂成品仓库内务无通风设施，食品生产厂既没有对刘某进行任何形式的培训，也没有对其进行劳动安全卫生教育，同时刘某违章操作清扫机械，导致事故现场二氧化碳浓度远远超过国家卫生标准。在事故发生后，死者家属要求食品生产厂承担责任，但工厂以刘某违规操作清扫机械、本厂无过错为由，拒绝承担责任。

请问：你认为食品生产厂是否应对本次事故承担责任，有何法律依据？

安全管理是指以国家的法律、规范、条例和安全标准为依据，采取各种手段，对企业的安全状况实施有效制约的一种活动。生产经营单位的安全管理，除了安全生产基本管理外，还包括特殊行业的安全生产管理，如建筑安装工程以及矿山开采作业安全的特别管理。

（一）生产经营单位安全生产的基本职责

《安全生产法》对生产经营单位安全生产管理的职责作了明确规定，要求生产经营单位应当具备本法和有关法律、行政法规和国家标准或者行业标准规定的安全生产条件；不具备安全生产条件的，不得从事生产经营活动。生产经营单位安全生产基本职责如下：

1. 生产经营单位主要负责人的安全管理职责

（1）建立、健全本单位安全生产责任制；

（2）组织制定本单位安全生产规章制度和操作规程；

（3）组织制订并实施本单位安全生产教育和培训计划；

（4）保证本单位安全生产投入的有效实施；

（5）督促、检查本单位的安全生产工作，及时消除生产安全事故隐患；

（6）组织制定并实施本单位的生产安全事故应急救援预案；

（7）及时、如实报告生产安全事故。

2. 生产经营场所的安全管理职责

《安全生产法》第三十二条规定：“生产经营单位应当在有较大危险因素的生产经营

场所和有关设施、设备上，设置明显的安全警示标志。”《安全生产法》第三十九条规定：“生产、经营、储存、使用危险物品的车间、商店、仓库不得与员工宿舍在同一座建筑物内，并应当与员工宿舍保持安全距离。生产经营场所和员工宿舍应当设有符合紧急疏散要求、标志明显、保持畅通的出口。禁止封闭、堵塞生产经营场所或者员工宿舍的出口。”

3. 配备管理机构和人员的职责

《安全生产法》规定，矿山、金属冶炼、建筑施工、道路运输单位和危险物品的生产、经营、储存单位，应当设置安全生产管理机构或者配备专职安全生产管理人员；其他生产经营单位，从业人员超过 100 人的，应当设置安全生产管理机构或者配备专职安全生产管理人员；从业人员在 100 人以下的，应当配备专职或者兼职的安全生产管理人员。《安全生产法》规定，生产经营单位的主要负责人和安全生产管理人员必须具备与本单位所从事的生产经营活动相应的安全生产知识和管理能力。危险物品的生产、经营、储存单位以及矿山、金属冶炼、建筑施工、道路运输单位的主要负责人和安全生产管理人员，还应当由有关主管部门对其安全生产知识和管理能力考核合格后方可任职。生产经营单位应当对从业人员进行安全生产教育和培训，否则不得安排上岗作业。

4. 保障设备安全的职责

《安全生产法》第三十三条规定：“设备的设计、制造、安装、使用、检测、维修、改造和报废，应当符合国家标准或者行业标准。生产经营单位必须对安全设备进行经常性维护、保养，并定期检测，保证正常运转。维护、保养、检测应当作好记录，并由有关人员签字。”所用设备如对人有害，应采取有效的防护措施。生产经营单位使用的涉及生命安全、危险性较大的特种设备，以及危险物品的容器、运输工具，必须按照国家有关规定，由专业生产单位生产，并经取得专业资质的检测、检验机构检测、检验合格，取得安全使用证或者安全标志，方可投入使用。

5. 危险物品生产经营管理的职责

《安全生产法》规定，生产、经营、运输、储存、使用危险物品或者处置废弃危险物品的生产经营单位，由有关主管部门依照有关法律、法规的规定和国家标准或者行业标准审批并实施监督管理；生产经营单位生产、经营、运输、储存、使用危险物品或者处置废弃危险物品，必须执行有关法律、法规和国家标准或者行业标准，建立专门的安全管理制度，采取可靠的安全措施，接受有关主管部门依法实施的监督管理。

《安全生产法》规定，生产经营单位应当对重大危险源登记建档，定期检测、评估、监控，并制定应急预案，告知从业人员和相关人员在紧急情况下应当采取的应急措施。生产经营单位应当按照国家有关规定将本单位重大危险源及有关安全措施、应急措施报有关地方人民政府负责安全生产监督管理的部门和有关部门备案。

【案例评析】用人单位有对劳动者提供劳动安全卫生工作条件的法定义务。《安全生产法》规定：“生产经营单位应当对从业人员进行安全生产教育和培训，保证从业人员具备必要的安全生产知识，熟悉有关的安全生产规章制度和安全操作规程，掌握本岗位的安全操作技能，了解事故应急处理措施，知悉自身在安全生产方面的权利和义务。未经安全生产教育和培训合格的从业人员，不得上岗作业。”本案中，成品仓库的二氧化碳浓度超标可致人死亡，但食品生产厂领导、职能部门和工作人员都没有注意该职业的危害，雇佣毫无安全意识的农民工，在其上岗前没有进行任何形式的职业培训、安全教育，也没有采取任何防护措施。食品生产企业必须承担刘某工亡的法律责任。

（二）建筑安装工程企业劳动安全职责

建筑安装工程企业不但要履行生产经营企业劳动安全基本职责，而且还要因高风险行业而承担特殊劳动安全义务。因建筑安装工程具有高空作业、露天作业、劳动强度大和劳动条件差等特点，使其成为安全事故高发行业。《建筑法》（2011）和《建设工程安全生产管理条例》（2003）等法律法规，对建筑安装工程安全作业管理制订了更为严格的要求。

【案例讨论】范某是某工程队的起重工，2015 年 5 月 16 日，工程队承建某居民生活小区内的桥梁工程，陈某被派前往吊装水泥桥面板，因施工场地狭窄，将桥面板从载重车上吊到施工现场要跨过一条正在施工的道路，陈某向现场负责人提出，将正在路面上铺设水泥的工人暂时撤离现场才能吊运，负责人不与理会，命令陈某继续生产作业。陈某认为这样存在很大的安全隐患，可能会发生事故，于是坚持要求路面施工人员离开，否则不干。现场负责人非常恼火，打电话给工程队队长，另派了一名起重司机吊运，同时决定以“不服从正常工作安排”为由，扣发陈某当天工资和当月奖金，陈某不服，向劳动争议仲裁委员申请仲裁，要求工程队补发被扣的工资和奖金。

请问：陈某的仲裁请求是否能得到仲裁机构支持？为什么？

1. 施工现场的安全职责

《建筑法》规定，建筑施工企业应当在施工现场采取维护安全、防范危险、预防火灾等措施；有条件的，应当对施工现场实行封闭管理。施工现场对毗邻的建筑物、构筑物和特殊作业环境可能造成损害的，建筑施工企业应当采取安全防护措施。《建设工程安全生产管理条例》第二十八条、二十九条规定，施工单位应当在施工现场入口处、施工起重机械、临时用电设施、脚手架、出入通道口、楼梯口、电梯井口、孔洞口、桥梁口、隧道口、基坑边沿、爆破物及有害危险气体和液体存放处等危险部位，设置明显的安全警示标志。安全警示标志必须符合国家标准；施工单位应当根据不同施工阶段和周围环境及季节、气候的变化，在施工现场采取相应的安全施工措施。施工现场暂时停止施工的，施工单位应当做好现场防护，所需费用由责任方承担，或者按照合同约定执行；施工单位应当将施工现场的办公、生活区与作业区分开设置，并保持安全距离；办公、生活区的选址应当符合安全性要求。施工单位不得在尚未竣工的建筑物内设置员工集体宿舍。

2. 安装、拆卸设施设备的安全职责

《建设工程安全生产管理条例》规定，建设单位应当将拆除工程发包给具有相应资质等级的施工单位。在施工现场安装、拆卸施工起重机械和整体提升脚手架、模板等自升式架设设施，必须由具有相应资质的单位承担。安装、拆卸施工起重机械和整体提升脚手架、模板等自升式架设设施，应当编制拆装方案、制定安全施工措施，并由专业技术人员现场监督。施工起重机械和整体提升脚手架、模板等自升式架设设施安装完毕后，安装单位应当自检，出具自检合格证明，并向施工单位进行安全使用说明，办理验收手续并签字。施工起重机械和整体提升脚手架、模板等自升式架设设施的使用达到国家规定的检验检测期限的，必须经具有专业资质的检验检测机构检测。经检测不合格的，不得继续使用。垂直运输机械作业人员、安装拆卸工、爆破作业人员、起重信号工、登高架设作业人员等特种作业人员，必须按照国家有关规定经过专门的安全作业培训，并取得特种作业操作资格证书后，方可上岗作业。

3. 高空作业的安全职责

从事高处作业的人员必须持证上岗，并认真遵守安全施工规定，衣着要灵活，禁止穿硬底和带钉易滑的鞋。对于从事高空作业的职工，必须进行身体检查，不能使患有高血压、心脏病、癫痫病的人和其他不适于高空作业的人，从事高空作业。高处作业要设防护栏杆，支持安全网和安装防护门，操作人员要系安全带。高处作业物料要堆放平稳，不可放置在临边和洞口附近、凡有坠落可能的，要及时撤出或固定以防跌落伤人。发现安全设施有缺陷或隐患，应及时报告处理，对危及人身安全的，必须停止施工，消险后再进行高处作业。任何人不允许移动和擅自拆除安全标志，确实因工作需要须经工长批准后移动和拆除，之后重新安装好。冬季施工要采取可靠的防滑、防寒、防冻、防毒、防火安全措施。高空作业安全设施要经常检查，处于良好状态。

在进行高处作业时，应结合工程特点，相应地制定各种安全防护技术措施。每个工程项目在编制施工组织设计和施工方案时，要列入该项目所涉及高处作业的各项安全技术措施，并尽量采取地面作业，减少各种高处作业。高处作业的安全技术措施，范围较为广泛，如设置安全标志，张挂安全网，系挂安全带等各项安全专项措施。高处作业人员在各项安全技术措施和防护用品未解决和落实之前，不能进行施工。对各种用于高处作业的设施和设备，在投入前要加以检查，确认完好方能投入使用。

4. 起重吊装的安全职责

吊装前应编制施工组织设计或制定施工方案，明确起重吊装安全技术要点和保证安全的技术措施。使用各种起重机械，吊装机具和索具时，必须严格遵守以下规定：各种起重机在吊装前必须对机械、安全制动装置详细检查，确保安全可靠；各种起重机械的操作使用，必须按机械本身的操作规程执行；各种起重机械必须按额定负荷进行吊装，禁止超载使用；起重设备工具在吊装前必须进行试吊检查，确认无疑方可使用；严禁利用厂区管道、电杆、机电设备和生产性建筑物等做吊装和锚点；不停车大修或技措工程的吊装施工，必须做出吊装方案，经有关部门批准后方可进行吊装；所有起重吊装必须经安全部门审查批准，持工作安全许可证方可进行。

【案例评析】　劳动者在劳动过程中有遵守操作规程的义务

劳动者在劳动过程中必须严格遵守安全操作规程。由于劳动者是生产和工作的直接行为者，如果不熟悉操作规程，不按操作规程办事，必将产生安全隐患，甚至直接造成伤害后果。用人单位有权根据生产需要对劳动者进行统一安排和指挥，劳动者负有服从指挥和管理的义务。本案中的用人单位在未撤离路面施工人员的情况下，强令范某继续冒险作业，存在极大的安全隐患，危及路面施工人员的人身安全。《安全生产法》第四十六条规定："从业人员有权拒绝违章指挥和强令冒险作业。生产经营单位不得因从业人员对本单位安全生产工作提出批评、检举、控告或者拒绝违章指挥、强令冒险作业而降低其工资、福利等待遇或者解除与其订立的劳动合同。"本案用人单位违反本规定，强令陈某继续吊运是对支配管理权力的滥用，劳动者有权利拒绝。用人单位应当按法律规定补发范某的工资和奖金，并赔偿经济损失。

（三）矿山安全管理特别职责

《矿山安全法》（2009）规定，矿山企业必须具有保障安全生产的设施，建立、健全安全管理制度，采取有效措施改善职工劳动条件，加强矿山安全管理工作，保证安全生产。矿山作业属于高风险作业，《矿山安全法》对矿山企业作业安全规定了特别管理职责：

1. 矿山建设的安全职责

矿山建设工程的安全设施必须和主体工程同时设计、同时施工、同时投入生产和使用。矿山建设工程的设计文件，必须符合矿山安全规程和行业技术规范，所采取的运输和安全措施须符合相应法规，同时应设置相应的防护装置，如通风装置、放火灭火装置、防水排水装置等。矿山建设工程必须按照管理矿山企业的主管部门批准的设计文件施工。安全设施竣工后，由管理矿山企业的主管部门验收，必须有劳动行政部门参加；不符合矿山安全规程和行业技术规范的，不得验收，不得投入生产。

2. 矿山开采的安全职责

矿山开采必须具备保障安全生产的条件，执行开采不同矿种的矿山安全规程和行业技术规范。矿山设计规定保留的矿柱、岩柱，在规定的期限内，应当予以保护，不得开采或者毁坏。矿山使用的有特殊安全要求的设备、器材、防护用品和安全检测仪器，必须符合国家安全标准或者行业安全标准；不符合国家安全标准或者行业安全标准的，不得使用。矿山企业必须对机电设备及其防护装置、安全检测仪器定期检查、维修，保证使用安全等。

3. 矿山作业场所的安全职责

矿山企业必须对作业场所中的有毒有害物质和井下空气含氧量进行检测，保证符合安全要求。矿山企业必须对下列危害安全的事故隐患采取预防措施：冒顶、片帮、边坡滑落和地表塌陷；瓦斯爆炸、煤尘爆炸；冲击地压、瓦斯突出、井喷；地面和井下的火灾、水害；爆破器材和爆破作业发生的危害；粉尘、有毒有害气体、放射性物质和其他有害物质引起的危害等。矿山企业对使用机械及电气设备、排土场、矸石山、尾矿库和矿山闭坑后可能引起的危害，应当采取预防措施。

三、生产经营单位劳动卫生职责

【案例讨论】2014 年 5 月，陈某等 16 人被某港口码头搬运公司招收，从事煤炭装卸作业。2016 年 9 月 5 日，陈某与所在班组的另两名职工因肺部不适去医院检查后，被怀疑患有轻微矽肺病。此后，陈某所在班组全体职工申请公司安排身体检查，但公司以单位采取了码头煤尘防治有效措施，且生产任务紧张为由，不予安排体检。陈某等职工多次要求都被公司推脱。为此，陈某等向当地劳动争议仲裁委员会提出申诉，要求公司履行职工健康检查义务。仲裁委员会受案后，经审理调查，该公司从未对从事煤炭装卸作业人员进行过体检，依法裁决自裁决书生效后 7 日内，公司对从事煤炭作业的职工进行一次体检。

请问：仲裁机构的裁决是否合法？其法律依据是什么？

劳动安全与劳动卫生具有同等重要性。为了保护劳动者在劳动过程中的身体健康，防止有毒有害物质的危害和防止职业病的发生，生产经营单位对劳动卫生负有法定职责：

（一）防止粉尘危害的职责

粉尘极易损害劳动者身体健康和生活质量。为保护劳动者健康，消除粉尘危害，防止发生尘肺病，国务院颁布实施《尘肺病防治条例》（1987）。其规定了生产经营单位防止粉尘危害作业的主要职责：

（1）新建、改建、扩建、续建有粉尘作业的工程项目，防尘设施必须依法与主体工程同时设计、同时施工、同时投产。凡有粉尘作业的企业、事业单位应采取综合防尘措施和无尘或低尘的新技术、新工艺、新设备，使作业场所的粉尘浓度不超过国家卫生标准。

作业场所的粉尘浓度超过国家卫生标准，又未积极治理，严重影响职工安全健康时，职工有权拒绝操作。

（2）职工使用的防止粉尘危害的防护用品，必须符合国家的有关标准。企业、事业单位应当建立严格的管理制度，并教育职工按规定和要求使用。

（3）对初次从事粉尘作业的职工，由其所在单位进行防尘知识教育和考核，考试合格后方可从事粉尘作业。不满十八周岁的未成年人，禁止从事粉尘作业。

【案例链接】 **"开胸验肺"工伤事件与职业病鉴定**

据医学介绍，尘肺患者有胸闷、胸痛、咳嗽、咳痰、劳力性呼吸困难等症状，严重影响生活质量，而且每隔数年病情还要升级，合并感染，最后因肺心病、呼吸衰竭而死。依据当时的《职业病防治法》规定，职业病鉴定不但要求鉴定医生和医疗机构要有相应资质，而且患者必须出示由用人单位开具劳动关系的证明材料，否则患者很难被认定患有职业病。

2009 年 7 月份，河南农民工张某"开胸验肺"成为职业病诊断诟病中的"爆炸性"新闻。据相关报道，改革开放初期到深圳特区像张某一样从事风钻工作而患上尘肺病的农民工，由于没有劳动合同和其他材料以证明劳动关系的维权证据保存意识，使得他们在一二十年的维权路上来回奔波也难以获得职业病的鉴定文书。

2011 年 12 月和 2016 年 7 月，我国对《职业病防治法》先后两次进行修正，增加了职业病预防责任和劳动者职业病鉴定便利性的相关规定。

（二）防止有毒有害物质危害的职责

在劳动过程中，长期接触有毒有害物质会对劳动者的身体健康造成极大伤害，甚至会导致劳动者中毒死亡。为此，我国颁布了有关防止职业中毒的法律规范，如《危险化学品安全管理条例》（2011）、《使用有毒物品作业场所劳动保护条例》（2002）等。生产经营单位除严格按照法律规定生产、储存有毒有害物质外，还应履行有毒有害物质环境下的劳动保护职责：

（1）新建、扩建、改建的建设项目和技术改造、技术引进项目（以下统称建设项目），可能产生职业中毒危害的，应当依照职业病防治法的规定进行职业中毒危害预评，并经卫生行政部门审核同意；可能产生职业中毒危害的建设项目的职业中毒危害防护设施应当与主体工程同时设计，同时施工，同时投入生产和使用；建设项目竣工，应当进行职业中毒危害控制效果评价，并经卫生行政部门验收合格。

（2）从事使用高毒物品作业的用人单位，应当配备专职的或者兼职的职业卫生医师和护士，不具备条件的，应当与依法取得资质认证的职业卫生技术服务机构签订合同，由其提供职业卫生服务。用人单位应当确保职业中毒危害防护设备、应急救援设施、通讯报警装置处于正常适用状态，不得擅自拆除或者停止运行。

（3）使用有毒物品作业场所应当设置黄色区域警示线、警示标识和中文警示说明。

有毒物品的包装应当符合国家标准，并以易于劳动者理解的方式加贴或者拴挂有毒物品安全标签。有毒物品的包装必须有醒目的警示标识和中文警示说明。经营、使用有毒物品的单位，不得经营、使用没有安全标签、警示标识和中文警示说明的有毒物品。

（三）防止噪音和强光的职责

劳动者长期在噪音和强光的作业环境下生产和劳动，将会对其听觉和视觉器官产生不良影响，进而引发各种职业病。用人单位必须采取防止噪音和强光的措施，减少和消除这些不良影响。《环境噪声污染防治法》（1997）规定，生产经营单位在防止噪音和强光的职责：

（1）产生环境噪声污染的企业事业单位，必须保持防治环境噪声污染的设施的正常使用；拆除或者闲置环境噪声污染防治设施的，必须事先报经所在地的县级以上地方人民政府环境保护行政主管部门批准。

（2）产生环境噪声污染的单位，应当采取措施进行治理，并按照国家规定缴纳超标准排污费。对产生强烈噪音的生产，单位应尽可能在设有消声设备的工作房中进行，并实行强噪声和低噪声分开作业。要用低噪声的设备和工艺代替强噪声的设备和工艺，从声源上根治噪声危害。

（3）在有噪声、强光等场所操作的工人，单位应供给护耳器、防护眼镜等劳动保护条件。

（四）防暑降温和防寒的职责

为了保护劳动者的生命安全和身体健康，防止劳动场所温度过高或过低对劳动者健康造成损害，生产经营单位应当采取防暑降温和防冻取暖措施。

1. 高温作业劳动保护

《防暑降温措施管理办法》（〔2012〕89 号）规定，高温天气是指地市级以上气象主管部门所属气象台站向公众发布的日最高气温 35℃以上的天气；高温天气作业是指用人单位在高温天气期间安排劳动者在高温自然气象环境下进行的作业。对高温作业及在高温天气期间安排劳动者作业的，生产经营单位的主要职责有：

（1）优先采用有力措施，从源头上降低或者消除高温危害。存在高温职业病危害的建设项目，应当保证其设计符合国家职业卫生相关标准和卫生要求，高温防护设施应当与主体工程同时设计，同时施工，同时投入生产和使用。

（2）存在高温职业病危害的用人单位，应当实施由专人负责的高温日常监测；对从事接触高温危害作业劳动者组织上岗前、在岗期间和离岗时的职业健康检查。不适合高温作业环境的劳动者，应当调整作业岗位。

（3）用人单位不得安排怀孕女职工和未成年工在 35℃以上的高温天气期间从事室外露天作业及温度在 33℃以上的工作场所作业。

（4）在高温天气期间，根据生产特点和具体条件，用人单位采取合理安排工作时间、轮换作业、适当增加高温工作环境下劳动者的休息时间和减轻劳动强度、减少高温时段室外作业、停止室外露天作业等措施。

（5）应当向劳动者提供符合要求的个人防护用品，并督促和指导劳动者正确使用。用人单位应当为高温作业、高温天气作业的劳动者供给足够的、符合卫生标准的防暑降温饮料及必需的药品。

（6）用人单位安排劳动者在 35℃以上高温天气从事室外露天作业以及不能采取有

效措施将工作场所温度降低到33℃以下的，应当向劳动者发放高温津贴，并纳入工资总额。高温津贴标准由省级人力资源社会保障行政部门会同有关部门制定，并根据社会经济发展状况适时调整。

【法律链接】 **室外高温露天作业的缩短或停止作业规定**

《防暑降温措施管理办法》规定，用人单位应当根据地市级以上气象主管部门所属气象台当日发布的预报气温，调整作业时间，但因人身财产安全和公众利益需要紧急处理的除外：

（1）日最高气温达到40℃以上，应当停止当日室外露天作业。

（2）日最高气温达到37℃以上、40℃以下时，用人单位全天安排劳动者室外露天作业时间累计不得超过6小时，连续作业时间不得超过国家规定，且在气温最高时段3小时内不得安排室外露天作业。

（3）日最高气温达到35℃以上、37℃以下时，用人单位应当采取换班轮休等方式，缩短劳动者连续作业时间，并且不得安排室外露天作业劳动者加班。

2. 防冻取暖劳动保护

关于防冻取暖劳动保护，目前由企业根据行业标准或实际情形制定实施办法。我国尚无全国性法律法规，部分省份做出了地方性规定。

（五）防治职业病的职责

职业病是指劳动者在从事用人单位的生产活动中，因接触粉尘、放射性物质和其他有毒、有害物质等因素而引起的疾病。对产生职业病危害的用人单位在防治职业病方面，《职业病防治法》规定了以下主要职责：

（1）用人单位工作场所存在职业病目录所列职业病的危害因素的，应当及时、如实向所在地安全生产监督管理部门申报危害项目，接受监督。

（2）用人单位应当设置或者指定职业卫生管理机构或者组织，配备专职或者兼职的职业卫生管理人员，负责本单位的职业病防治工作；制定职业病防治计划和实施方案；建立、健全职业卫生管理制度和操作规程、职业卫生档案和劳动者健康监护档案、工作场所职业病危害因素监测及评价制度和职业病危害事故应急救援预案。

（3）用人单位应当在醒目位置设置公告栏，公布有关职业病防治的规章制度、操作规程、职业病危害事故应急救援措施和工作场所职业病危害因素检测结果。对产生严重职业病危害的作业岗位，应当在其醒目位置，设置警示标识和中文警示说明。警示说明应当载明产生职业病危害的种类、后果、预防以及应急救治措施等内容。

（4）用人单位必须采用有效的职业病防护设施，并为劳动者提供个人使用的职业病防护用品。对职业病防护设备、应急救援设施和个人使用的职业病防护用品，用人单位应当进行经常性的维护、检修，定期检测其性能和效果，确保其处于正常状态，不得擅自拆除或者停止使用。

【案例评析】本案是一起因企业违反劳动安全卫生法规，不为职工进行健康检查而发生的劳动争议案件。《劳动法》规定，对从事有职业危害作业的劳动者应当定期进行健康检查。《尘肺病防治条例》规定，企业安全技术管理部门应及时掌握码头作业场所煤尘定期检测数据，建立作业场所粉尘浓度情况档案，对于长期从事煤炭装卸作业的人员，应建立职工卫生档案，定期体检。从事煤炭装卸作业的人员属于从事有职业危害的劳动，对其进行定期健康检查是企业应尽的职责和义务。本案中，企业的做法明显侵犯了职工享有的劳动安全卫生保护的权利，是一种不履行法定义务的违法行为。常言道，抓生产必须抓安全，讲效益首先要依法维护职工的合法权益。

（六）保障通风照明的职责

良好的通风和充足的照明是劳动者从事生产和劳动的必要条件，也是保证劳动者身体健康的重要前提。《职业病防治法》和《矿山安全法》等规定：

（1）生产过程温度、湿度和风速要求不严格的工作场所应保证自然通风；有瓦斯和其他有毒有害气体集聚的工作场所，必须采用机械通风；通风设施应当达到规定的标准，通风系统的管理和使用必须有专人负责，并应定期检修和清扫，如有损坏应立即修通或更换。

（2）工作场所和通道的光线应当充足，局部照明的光度应当符合操作要求，通道应该有足够的照明，窗户要经常擦拭，启闭装置应该灵活，人工照明设施应保持清洁完好。

（七）提供个人防护用品的职责

在劳动生产活动中，为了保护劳动者的安全和健康，预防工伤事故的发生，对在某些危害安全和身体健康条件下工作的劳动者，用人单位应供给必要的个人防护用品。《安全生产法》《职业病防治法》和《用人单位劳动防护用品管理规范》（2016）等法律法规，对用人单位为劳动者提供防护用品明确了职责。

在生产经营过程中，生产经营单位应当根据不同工种和作业的需要，发给工人防寒服、防护手套、防护帽、防护用鞋、防护面具、安全带等防护用品；为增强从事有害健康作业的职工抵抗职业性中毒的能力，应满足其特殊营养需要，免费发给保健食品；对高温作业的职工，应免费提供盐汽水等清凉饮料。另外，用人单位应根据需要，设置浴室、更衣室、休息室、妇女卫生室等生产辅助设施，并经常保持设施完好和清洁卫生。

第三节　劳动安全卫生政府管理

一、劳动安全卫生管理制度

劳动安全卫生管理制度，是指为了保障劳动者在劳动过程中的安全和健康，在组织劳动和科学管理方面的各项规章制度。生产经营单位认真遵守劳动安全卫生管理制度，严格履行劳动安全卫生基本职责，是保障劳动者生命安全和健康的根本保障。劳动安全卫生管理制度主要涉及以下几方面：

（一）劳动安全生产责任制度

安全责任制度，是指企业各级领导、职能部门、有关工程技术人员和生产工人，在劳动过程中对各自职务或业务范围内的安全卫生负责的安全卫生管理制度。企业各级负责人、各职能部门及其工作人员和各岗位生产工人在安全生产的责任应当加以明确规定。安全生产责任分配原则体现为：厂长、经理、矿长等企业领导应对本单位劳动安全卫生保护工作负全面责任；分管安全卫生的领导或专职人员应对本单位的劳动安全卫生保护工作负直接责任；总工程师对本单位的劳动安全卫生保护工作负有技术指导责任；生产技术、机械动力设备、财务会计、人事保卫、材料供应等职能部门以及车间主任等各级生产组织部门在各自分管的工作范围内具体对劳动安全卫生保护工作负责；普通员工应立足本职本岗位，必须严格遵守生产操作规程和安全卫生规程。

（二）劳动安全卫生教育制度

劳动安全卫生教育制度是指企业为了增强职工的安全卫生意识，提高其安全卫生操作水平，普及安全技术法规知识，而对职工进行教育、培训和考核的制度。劳动安全卫生教育的内容包括思想政治教育、劳动安全卫生法制教育、劳动纪律教育、劳动安全技术知识教育、典型经验和事故教训教育等。

用人单位必须建立、健全劳动卫生制度，严格执行国家劳动安全卫生规程和标准，对劳动者进行劳动安全卫生教育，防止劳动过程中的事故，减少职业危害；从事特种作业的劳动者必须经过专门培训并取得特种作业资格。《安全生产法》规定，生产经营单位应当对从业人员进行安全生产教育和培训，保证从业人员具备必要的安全生产知识，熟悉有关的安全生产规章制度和安全操作规程，掌握本岗位的安全操作技能。未经安全生产教育和培训合格的从业人员，不得上岗作业。生产经营单位采用新工艺、新技术、新材料或者使用新设备，必须了解、掌握其安全技术特性，采取有效的安全防护措施，并对从业人员进行专门的安全生产教育和培训。生产经营单位的特种作业人员必须按照国家有关规定经专门的安全作业培训，取得特种作业操作资格证书，方可上岗作业。

（三）劳动安全卫生认证制度

劳动安全卫生认证制度是指在生产经营过程进行之前，依法对参与生产经营活动主体的能力、资格以及其他安全卫生因素进行审查、评价并确认资格或条件的制度。

我国现行的安全认证包括：有关人员资格认证，如特种作业人员资格认证；有关单位、机构的劳动安全卫生资格认证，如劳动安全卫生防护用品设计、制造单位的资格认证等；与劳动安全卫生联系特别密切的物质技术产品的质量认证等。安全认证制度要求，凡是纳入认证范围的对象，都实行强制认证；经认证符合安全卫生要求的，颁发相应的资格证书或合格证书；经认证不符合安全卫生要求的，不得从事相应的职工活动或投入使用。

（四）安全卫生设施“三同时”制度

安全卫生“三同时”制度是指凡在我国境内的一切生产性建设项目的安全卫生设施，都必须与主体工程同时设计、同时施工、同时投入生产和使用的劳动安全卫生保护管理制度。“三同时”制度在《安全生产法》《职业病防治法》《环境保护法》《建设项目安全设施“三同时”监督管理暂行办法》等法律中都做出了具体规定。

“三同时”制度的具体内容为：一是建设单位在申报建设项目时，应按规定同时提出安全卫生设施的方案，所需经费应纳入总投资计划，并一起提交审批；二是设计单位在设计主体工程项目时，应同时编制《劳动安全卫生专篇》；三是施工单位对安全卫生设施必须按照审查批准的设计文件与主体工程同时进行施工，不得擅自更改安全卫生设施的设计，并对施工质量负责；工程项目完成后，必须经过主管部门、安全生产管理行政部门、卫生部门和工会的竣工验收，方可投产和使用。

二、劳动安全卫生检查与监察

（一）劳动安全卫生检查

劳动安全卫生检查制度，是指国家有关行政部门和企业本身对企业执行劳动安全卫生法律、法规、规章的情况进行定期或不定期检查的一项劳动安全卫生保护管理制度。

安全卫生检查，一方面是由地方各级政府、产业部门组织的对企业、事业单位进行定期检查和专业检查，及时纠正、处理违反劳动安全卫生法律、法规行为；另一方面，厂、车间、班组和各职能部门要经常不断地进行安全检查，发现问题及时解决。除此之外，专业技术从业人员应经常对其专业性问题进行检查，如电气安全、锅炉和压力容器、防火防爆、防暑降温等。

（二）劳动安全卫生监察

劳动安全卫生监察制度，是指国家有关行政部门对劳动安全卫生进行检查监督，并对违法行为进行制止和处罚的制度。

《安全生产法》规定，在不影响被检查单位正常生产经营活动的前提下，负有安全生产监督管理职责的部门依法对生产经营单位执行有关安全生产的法律、法规和国家标准或行业标准的情况进行监督检查，对安全生产违法行为，有权要求责令生产经营单位限期改正或者给予行政处罚等。

三、伤亡事故报告处理

【案例讨论】某市娱乐会所在开业前，公安消防机构对其防火设施条件进行检查并通过。开业后不久，该会所负责人为了扩大营业面积，擅自对会所进行了改建，改建过程中将原有的紧急出口封闭。同时，由于该会所经常违法播放一些黄片，为了掩人耳目，在播放时经常从外面把门锁上。对该会所的行为，曾有群众向公安消防机构举报，但公安消防机构未予足够重视，没有及时对其进行检查。某天晚上，20 多名观众正在厅里看录像，突然起火，由于门被反锁，又没有紧急出口，导致 3 人死亡，5 人重伤，直接经济损失达 500 多万元。

按照《生产安全事故报告和调查处理条例》规定，请分析回答以下问题：

（1）此次事故依法属于何种等级？

（2）此次事故依法应上报至何级人民政府部门？

（3）此次事故法定调查期限是多长？

伤亡事故是指企业职工在生产劳动过程中，发生的人身伤害、急性中毒事故。伤亡事故报告处理制度是指对职工伤亡事故进行报告、统计、调查和处理的劳动安全卫生保护管理制度。建立伤亡事故报告处理制度。为了规范生产经营活动中发生的造成人身伤亡或者直接经济损失的生产安全事故的报告和调查处理行为，国务院发布实施了《生产安全事故报告和调查处理条例》（2007）。环境污染事故、核设施事故、国防科研生产事故的报告和调查处理，不适用本条例。

1. 伤亡事故分类标准

《生产安全事故报告和调查处理条例》根据生产安全事故（以下简称事故）造成

的人员伤亡或者直接经济损失，将事故分为以下等级：

（1）特别重大事故，是指造成 30 人以上死亡，或者 100 人以上重伤（包括急性工业中毒，下同），或者 1 亿元以上直接经济损失的事故。

（2）重大事故，是指造成 10 人以上 30 人以下死亡，或者 50 人以上 100 人以下重伤，或者 5 000 万元以上 1 亿元以下直接经济损失的事故。

（3）较大事故，是指造成 3 人以上 10 人以下死亡，或者 10 人以上 50 人以下重伤，或者 1 000 万元以上 5 000 万元以下直接经济损失的事故。

（4）一般事故，是指造成 3 人以下死亡，或者 10 人以下重伤，或者 1 000 万元以下直接经济损失的事故。

2. 伤亡事故报告程序

（1）事故发生后，事故现场有关人员应当立即向本单位负责人报告。

（2）单位负责人接到报告后，应当于 1 小时内向事故发生地县级以上人民政府安全生产监督管理部门和负有安全生产监督管理职责的有关部门报告；情况紧急时，事故现场有关人员可以直接向事故发生地县级以上人民政府安全生产监督管理部门和负有安全生产监督管理职责的有关部门报告。

（3）安全生产监督管理部门和负有安全生产监督管理职责的有关部门接到事故报告后，应当依照下列规定上报事故情况，并通知公安机关、劳动保障行政部门、工会和人民检察院：

①特别重大事故、重大事故逐级上报至国务院安全生产监督管理部门和负有安全生产监督管理职责的有关部门；

②较大事故逐级上报至省、自治区、直辖市人民政府安全生产监督管理部门和负有安全生产监督管理职责的有关部门；

③一般事故上报至设区的市级人民政府安全生产监督管理部门和负有安全生产监督管理职责的有关部门。

安全生产监督管理部门和负有安全生产监督管理职责的有关部门上报事故情况，应当同时报告本级人民政府。必要时，安全生产监督管理部门和负有安全生产监督管理职责的有关部门可以越级上报事故情况。安全生产监督管理部门和负有安全生产监督管理职责的有关部门逐级上报事故情况，每级上报的时间不得超过 2 小时。

3. 伤亡事故调查

（1）成立事故调查组

根据事故的具体情况，依法成立不同级别的事故调查组。事故调查组成员由有关人民政府、安全生产监督管理部门、负有安全生产监督管理职责的有关部门、监察机关、公安机关以及工会派人组成，并应当邀请人民检察院派人参加。事故调查组可以聘请有关专家参与调查。事故调查组组长由负责事故调查的人民政府指定。事故调查组组长主持事故调查组的工作。

事故调查组成员应当具有事故调查所需要的知识和专长，并与所调查的事故没有直接利害关系。

（2）事故调查组的权责

事故调查组有权向有关单位和个人了解与事故有关的情况，并要求其提供相关文件、资料，有关单位和个人不得拒绝。事故发生单位的负责人和有关人员在事故调查期间不得擅离职守，并应当随时接受事故调查组的询问，如实提供有关情况。事故调查中发现涉嫌犯罪的，事故调查组应当及时将有关材料或者其复印件移交司法机关处理。

（3）事故调查报告时限

事故调查组应当自事故发生之日起60日内提交事故调查报告；特殊情况下，经负责事故调查的人民政府批准，提交事故调查报告的期限可以适当延长，但延长的期限最长不超过60日。

4. 伤亡事故处理

（1）政府批复时限

对于重大事故、较大事故、一般事故，负责事故调查的人民政府应当自收到事故调查报告之日起15日内做出批复；对于特别重大事故，30日内做出批复，特殊情况下，批复时间可以适当延长，但延长的时间最长不超过30日。

（2）事故责任的处理

①有关机关应当按照人民政府的批复，依照法律、行政法规规定的权限和程序，对事故发生单位和有关人员进行行政处罚，对负有事故责任的国家工作人员进行处分。负有事故责任的人员涉嫌犯罪的，依法追究刑事责任。

②事故发生单位应当按照负责事故调查的人民政府的批复，对本单位负有事故责任的人员进行处理。事故发生单位应当认真吸取事故教训，落实防范和整改措施，防止事故再次发生。防范和整改措施的落实情况应当接受工会和职工的监督。

③安全生产监督管理部门和负有安全生产监督管理职责的有关部门应当对事故发生单位落实防范和整改措施的情况进行监督检查。

【案例评析】

（1）本起事故造成3人死亡，5名重伤，直接经济损失达500多万元，属于较大事故。因为法定的较大事故是“造成3人以上10人以下死亡，或者10人以上50人以下重伤，或者1 000万元以上5 000万元以下直接经济损失的事故”。

（2）属于较大事故，相关当事人应逐级上报至省、自治区、直辖市人民政府安全生产监督管理部门和负有安全生产监督管理职责的有关部门。

（3）事故调查组应当自事故发生之日起60日内提交事故调查报告；特殊情况下，经负责事故调查的人民政府批准，提交事故调查报告的期限可以适当延长，但延长的期限最长不超过60日。

实训项目

一、改错题

1. 劳动者应当无条件地服从企业及其领导有关生产作业指令，否则承担不履行劳动合同义务的法律责任。

2. 对初次从事粉尘作业的职工，应当由其所在单位进行防尘知识教育和考核，考试合格后方可从事粉尘作业，并对未成年人从事粉尘作业实行缩短工作制。

3. 用人单位不得安排怀孕女职工和未成年工在40℃以上的高温天气期间从事室外露天作业及温度在35℃以上的工作场所作业。

4. 生产经营单位发生一般生产安全事故是指造成3人以上10人以下死亡，或者10人以上50人以下重伤，或者1 000万元以上5 000万元以下直接经济损失的事故。

5. 事故调查组成员由有关人民政府、安全生产监督管理部门、负有安全生产监督管理职责的有关部门、监察机关、公安机关以及生产经营单位负责人组成，并应当邀请人民检察院派人参加。

二、案例分析题

（一）杨某等10人于2015年5月被某煤矿企业招用，从事煤炭采掘工作。2017年4月8日，杨某等几名职工因肺部不适去医院检查后，怀疑患有轻微矽肺病。随后，杨某等提出让单位为班组26名职工进行职业病身体检查，单位以煤尘防治措施有力，生产任务紧张为由不予安排。杨某几次要求都被单位以各种理由推脱。为此，杨某等职工向当地劳动社会保障部门提出申诉，要求单位为职工进行健康检查，防范职业病的发生。

（1）杨某等人的请求能得到支持吗？为什么？

（2）若职工因作业患有矽肺病，是否属于职业病？

（二）2018年1月10日，某温度计厂职工石某等5人向当地劳动监察大队提出申诉，声称用人单位在改建厂房过程中，没有采取劳动保护措施，长期让职工在不安全卫生的工作场所从事劳动，造成有的职工汞中毒。在单位整改之前，职工停止了生产作业。对于停工行为，单位视为职工违反企业生产管理，停止发放停工期间的工资。劳动监察大队受案后，经调查核实，该厂有汞作业车间墙壁均未涂加防汞保护层，职工没有专门的洗澡和更衣设备，车间的通风设备已经报废。根据劳动监察建议，该厂立即改造车间的通风设施，维修和新建车间墙壁及职工淋浴室，达到了劳动作业安全卫生法律标准。根据案情，请回答下列问题：

（1）职工是否有权拒绝生产作业？

（2）对停工期间的工资，单位是否有权拒绝发放？

（三）某煤矿设计年产量300万吨，实际年产量600万吨，立井开拓，中央边界式通风。该矿矿长和特种作业人员无证上岗，没有班前会和交接班制度，井下作业任务和人员安排没有统一布置和记录。该矿井下物料及灭火器材存放混乱；一贯使用煤面和煤块封堵炮孔；用电缆明接头放炮的现象时有发生。该矿煤尘具有爆炸性，井下没有防尘洒水设施，也没有依法采取防尘措施，造成井下煤尘积存。2015年9月17日，早8时30分停电后，该煤矿使用柴油发电机向井下送电，由于电力不足，北翼工作面及南翼工作面轮流生产，14时班共下井72人。南翼工作面工人下井后，打眼放第一炮后出煤，15时30分左右开水泵，停南翼电，当时主扇风机和局扇都没有开启。17时30分全矿来电，主扇和局扇仍没有开启。瓦斯检测员空班漏检，北翼工作面打眼后放第二炮时，工作面口2米处挂在背板上的11个电雷管拖地引脚线被拖动的电缆明接头引爆，引起瓦斯煤尘爆炸事故，共死亡26人，伤10人，直接经济损失300万元。

（1）试分析本案安全生产事故等级及法律依据。

（2）说说安全生产事故发生的直接原因和间接原因。

（2）根据法律规定，谈谈生产经营单位对安全生产问题的整改建议。

第七章 女职工和未成年工劳动保护法实务

【导入案例】

侵犯女职工劳动特别权益案

何某（女性）与武汉市某公司签订了劳动合同，从事控制中心监控及维护工作，劳动合同有效期为2013年7月25日至2017年7月24日。2016年8月28日，何某经医院检查确认怀孕，预产期是次年4月15日。2017年2月10日，公司因人手紧张，业务较多，安排何某上夜班。何某表明自己正处于7个月的怀孕期，不能上夜班。公司负责人声称，最近单位女职工请假较多，在安排其他人顶岗前，何某需要上一个月夜班，否则会影响单位正常运转。无奈，何某只得接受公司加夜班安排。2017年4月1日，何某向公司提出休98天的产假申请，公司予以批准。4月16日，何某在医院剖宫产下一子。7月15日，何某休完产假回公司上班。

7月20日，因与公司签订的劳动合同即将届满，何某提出与公司续签劳动合同，但公司没有与何某续签劳动合同。在合同期满后一月，公司宣布因单位经济效益滑坡需要裁减工作人员，决定与单位劳动合同届满的职工一律终止劳动关系，限半月内办理离职手续。在这次终止劳动关系的名单，何某名列其中。何某认为公司的做法严重侵犯女职工的合法权利，找公司领导论理。公司领导坚决不同意，他们认为公司不是以何某生育为由而解除劳动合同，而是因为劳动合同期限届满且公司经济效益不好不得不终止劳动关系。

对此，何某只好向当地劳动监察大队投诉。劳动监察大队在查清申诉事实后，指出公司侵犯女职工劳动特别保护权益的违法行为：一是在劳动合同期间，公司安排怀孕七个月以上的女职工上夜班，属于违反劳动法的强制规定的违法行为，损害了女职工的休息权和健康权；二是在女职工哺乳期，单位不得因劳动合同期限届满而终止劳动关系，劳动关系应顺延至其哺乳期届满时。

劳动监察大队依据《女职工劳动保护特别规定》第十三条规定，对公司处以5 000元罚款，并责令公司立即恢复何某的劳动关系，赔偿经济损失。

第一节　女职工劳动特别保护

女职工与男职工同为劳动者，在劳动权益方面应享有同等待遇。基于女职工的生理特点和哺育下一代的需要，法律又给予女职工区别于男职工的劳动特别保护。对于女职工的劳动保护包含着两个方面：一方面，女职工作为劳动者的一部分，应当享有和男职工同样的劳动权益，不能因性别而受到歧视；另一方面，女职工又区别于男职工，在法律上视为劳动者的特殊群体，应享有不同于男职工的特别劳动保护。

一、女职工的劳动权益

（一）女职工劳动权益法律的法律意义

女职工在生理特征和家庭角色分配上区别于男职工，使得很多用人单位在招聘录用方面将“性别成本”作为重点考核指标，导致性别歧视。性别歧视是社会“男尊女卑”“女子不如男”等落后思想的表现，也违反了法律赋予男女同工同酬平等就业的基本权利。对女职工劳动权益实行特别保护，是法治文明和社会进步的重要体现。

【社会观察】　　侵犯女职工劳动权益的社会现象

现象一：性别年龄歧视，录用晋升受限。单位在招工时有意避开女职工生育年龄段，大量招用18~22岁的女职工。一些单位为降低社会成本，通过招聘岗位性别设置、面试录用等方式限制女职工到本单位工作。女职工职位晋升也因性别受到不公正待遇。

现象二：劳动定额高，同工难同酬。女职工较集中的企业，多存在对女职工的劳动定额过高。女职工不得不靠加班加点增加收入。同时，女职工工资普遍低于男职工，男女同工不同酬现象比较普遍。

现象三：保护经营投入不足，劳动特别保护难以到位。在劳动密集行业特别是民营企业，不但存在女职工超时加班现象，而且对女职工劳动保护经费投入仍显不足，绝大多数单位没有建立女职工卫生室、孕妇休息室或哺乳室等。

现象四：生育期工作难保，待遇标准降低。女职工因怀孕、生育、哺乳期而被单位以各种理由劝退，或难以获得与男职工平等的工作安排和晋升机会。有的单位不给女职工办理生育保险，在女职工休产假期间，只发放低额的生活费。

1. 女职工平等劳动权益保护的意义

《宪法》和《妇女权益保障法》等都明确规定，中华人民共和国妇女在政治的、经济的、文化的、社会的和家庭的生活等各方面享有同男子平等的权利，实行男女同工同酬。对此，国家通过法律的强制性规定，引起社会和用人单位对女职工劳动权益的重视。实现女职工平等劳动权利，消除性别歧视，有利于激发女职工的工作热情和创新动力，有利于单位构建和谐的劳动关系。

2. 女职工特别劳动保护的意义

实现男女在劳动权利的真正平等，不能简单地将男女享有劳动保护都规定成一样，没有任何区别。否则，这就是对女职工劳动权益的曲解和滥用。法律不仅规定女职工享有和男职工同样的劳动权利，还规定对女职工因生理特点而给予特别法律保护。对女职工劳动特别保护规定主要体现为：不能安排女职工从事禁忌的劳动或者岗位；用人单位违法解除处理孕期、产期、哺乳期的女职工的劳动合同等。对女职工实行特别保护，既关心了女职工身体健康，也关心了祖国下一代的成长。

（二）女职工劳动权益保护法律制度

我国建立了对女职工特别保护的法律制度，主要有《劳动法》，其第七章对女职工特别劳动保护做出的基本规定，成为女职工劳动权益特别保护单行立法的重要依据。《妇女权益保障法》（2005 修正）第四章对女职工“劳动和社会保障权益”做出规定。

为了配合《劳动法》和《妇女权益保障法》的规定，国务院颁布实施的《女职工劳动保护特别规定》（2012），对女职工劳动权益保护做出了具体规定。此外，与女职工工作相关的法律法规也对女职工劳动权益保护做出专章规定，如《就业促进法》对女性平等就业权利保护的规定，《矿山安全法》规定禁忌女职工从事矿山井下作业，《职业病防治法》对特殊生理期女职工的健康保护规定等。

【案例链接】 **女职工孕期降低工资案**

孙某系女职工，2012 年 9 月 12 日与某科技公司签订劳动合同，约定孙某的岗位为实验室研究员，月工资为 6 400 元。2014 年 4 月 1 日，孙某的月工资调整为 8 200 元。2014 年 7 月即孙某怀孕 3 个月后，将其每月工资调整为 3 000 元，科技公司称因孙某不能正常履行工作职责，故对其工资进行相应扣减。孙某在经过劳动仲裁裁决后起诉至法院，要求科技公司支付拖欠的工资 32 000 元。孙某表示因其怀孕，不宜再进入实验室工作，但其一直在实验室外的办公区工作，工作内容包括撰写实验报告、整理实验数据等。法院经审理认为：国家对女职工和未成年工实行特殊劳动保护。妇女在孕期、产期、哺乳期受特殊保护。任何单位不得因结婚、怀孕、产假、哺乳等情形，降低女职工的工资，科技公司在孙某怀孕期间降低其工资的做法明显违反了国家的法律规定，应当将降低工资部分补发给孙某。故依法判令科技公司支付孙某扣发的工资 32 000 元。

二、女职工平等劳动权利的保护

（一）平等的就业权利

女性劳动者享有与男性劳动者同等的劳动就业权利，禁忌用人单位在录用员工时以性别为由拒绝录用女性。《妇女权益保障法》第二十三条规定：“各单位在录用职工时，除不适合妇女的工种或者岗位外，不得以性别为由拒绝录用妇女或提高对妇女的录用标准。”《就业促进法》规定：“用人单位招用人员、职业中介机构从事职业中介活动，应当向劳动者提供平等的就业机会和公平的就业条件，不得实施就业歧视。”

（二）平等的获得报酬的权利

《宪法》明确规定“实行男女同工同酬”。女性在获得劳动报酬上能和男性平等是实现男女劳动权利平等的重要方面。《妇女权益保障法》第二十四条规定：“实行男女同工同酬。妇女在享受福利待遇方面享有与男子平等的权利。”这些规定不但保障了女性的经济权益，还具有更重要的社会意义。

（三）平等的晋职、晋级和评定专业技术职务的权利

提升性别歧视如同就业性别歧视一样，成为许多用人单位在女职工的晋职、晋级时的“隐形的性别歧视”，损害了女职工的劳动权益。《妇女权益保障法》第二十五条

规定：“在晋职、晋级、评定专业技术职务等方面，应当坚持男女平等的原则，不得歧视妇女。”

三、女职工劳动权益特别保护

【案例讨论】某有色金属冶炼厂职工王某，2016年5月25日一胎生下两个婴儿。8月20日王某休完产假回单位上班，被厂方安排到炼铅车间上班。王某同其他人一样三班倒，经常上夜班，有时还要加班加点。她多次要求厂方安排其到劳动强度较轻，不用上夜班的工作岗位工作，但都遭到拒绝。上班5个月之后，王某的两个婴儿同时患病并被送进医院治疗，确诊为铅中毒，系王某的乳汁中含铅量过高所致，虽经医院治疗，但仍留下后遗症。同时，经检查，王某的身体健康也受到较大程度的损害。

经检测，炼铅车间铅含量超过国家职业卫生标准。对于劳动者的申诉，当地相关职能部门调查核实，并做出如下处理：①有色金属冶炼厂在两天之内调换王某的工作岗位，并保证其不再从事国家规定的第三级体力劳动强度的劳动和哺乳期禁忌从事的劳动，不得安排其从事夜班劳动及延长工作时间的劳动；②厂方给王某及其婴儿的身体健康造成了损害，应当承担赔偿责任。

依据劳动法规定，说说用人单位侵犯女职工劳动权益主要有哪些。

女职工劳动特别权益由单行劳动法规予以具体规定。用人单位履行女职工特别劳动保护义务，县级以上人民政府人力资源社会保障行政部门、安全生产监督管理部门依法在各自职责内进行监督检查和依法查处；同时，工会、妇女组织依法行使监督权利。

（一）女职工禁忌劳动保护

女职工生理机能及身体特点不同于男性，特别在女职工的月经、妊娠、分娩、哺乳等生理机能变化期间，即使在同样作业环境下，职业性有害因素将会对女性身体健康产生不利影响；同样强度的劳动条件，男女所受的影响也不同。劳动法关于女职工禁忌从事的劳动范围，不是对女职工劳动就业权的限制，而是对女职工的特别保护：

1. 女职工禁忌从事劳动的保护

关于女职工在任何时候都禁忌从事的劳动，各种劳动法律法规中都有规定。《劳动法》规定女职工禁忌劳动的范围：“禁忌安排女职工从事矿山井下、国家规定的第四级体力劳动强度的劳动和其他禁忌从事的劳动。”对此，《女职工劳动保护特别规定》做出了更为具体的规定：

（1）矿山井下作业。矿山井下作业，无论是劳动强度还是劳动环境，都非常不适合女性的生理特征。为避免对女性的身体健康造成重大影响，法律将这种工种明确规定在妇女禁忌从事的劳动之首位。

（2）国家规定第四级体力劳动强度的劳动。关于劳动强度的暂行国家标准是《体力劳动强度分级》（GB3869-83）。对于具体工种劳动强度的大小，可由当地劳动部门劳动安全卫生检测站实地测量和计算。

（3）每小时负重6次以上、每次负重超过20千克的作业，或者间断负重、每次负重超过25千克的作业。

【知识拓展】　　**劳动作业危害分级国家标准**

自1983年以来，国家先后颁布实施《体力劳动强度分级》《高温作业分级》《职业性接触毒物危害程度分级》《生产性粉尘危害程度分级》四项国家标准。这四项规定标准，是当前衡量我国企业职工劳动条件好坏、预防职业病能力大小、劳动卫生工作进展程度的主要尺度，也是了解劳动卫生工作现状，明确今后职业危害治理方向的重要手段。

2. 女职工特殊生理期禁忌从事的劳动

女性特殊生理期，是指女性在生理变化过程中的四个不同时期，包括经期、孕期、产期和哺乳期。在这四个特殊生理期中，女性的身体状况和平时有很大的区别，所能承受的劳动强度和劳动环境也不如平时，产期女职工更是完全无法从事任何劳动。出于对女职工身体健康的保护和对优生优育政策的贯彻，法律对女职工在特殊生理期期间禁忌从事的劳动做出专门规定。

（1）经期女职工禁忌从事的劳动

在《劳动法》的基础上，《女职工劳动保护特别规定》增加了经期女职工禁忌从事的劳动范围：冷水作业分级标准中规定的第二级、第三级、第四级冷水作业；低温作业分级标准中规定的第二级、第三级、第四级低温作业；体力劳动强度分级标准中规定的第三级、第四级体力劳动强度的作业；高处作业分级标准中规定的第三级、第四级高处作业。

（2）孕期女职工禁忌从事的劳动

关于女职工在孕期禁忌从事的其他劳动，《女职工劳动保护特别规定》进行列举式规定，包括：①作业场所空气中铅及其化合物、汞及其化合物、苯、镉、铍、砷、氰化物、氮氧化物、一氧化碳、二硫化碳、氯、己内酰胺、氯丁二烯、氯乙烯、环氧乙烷、苯胺、甲醛等有毒物质浓度超过国家职业卫生标准的作业；②从事抗癌药物、己烯雌酚生产，接触麻醉剂气体等的作业；③非密封源放射性物质的操作，核事故与放射事故的应急处置；④高处作业分级标准中规定的高处作业；⑤冷水作业分级标准中规定的冷水作业；⑥低温作业分级标准中规定的低温作业；⑦高温作业分级标准中规定的第三级、第四级的作业；⑧噪声作业分级标准中规定的第三级、第四级的作业；⑨体力劳动强度分级标准中规定的第三级、第四级体力劳动强度的作业；⑩在密闭空间、高压室作业或者潜水作业，伴有强烈振动的作业，或者需要频繁弯腰、攀高、下蹲的作业。

对于怀孕七个月以上的妇女，《劳动法》规定用人单位不得安排其延长工作时间和从事夜班工作。

（3）哺乳期女职工禁忌从事的劳动

哺乳期指的是妇女从胎儿出生时起到婴儿满1周岁这个期间。《劳动法》规定，在哺乳期的女职工，禁忌安排从事的劳动也包括两个方面：①国家规定的第三级体力劳动强度的劳动；②哺乳期禁忌从事的其他劳动，《女职工禁忌从事的劳动范围》第四项规定：孕期禁忌从事的劳动范围的第一项、第三项、第九项；作业场所空气中锰、氟、溴、甲醇、有机磷化合物、有机氯化合物等有毒物质浓度超过国家职业卫生标准的作业。

【案例评析】用人单位侵犯女职工劳动权益主要有以下两方面：

一是女职工哺乳期禁忌从事的劳动范围中主要包括接触有毒有害物质的工作，其目的是保证哺乳女职工有丰富优质的乳汁喂养婴儿，以防乳汁含毒，损害婴儿健康。但在本案中，用人单位安排王某从事有铅危害的有色金属冶炼岗位工作，严重侵害了王某作为女职工在哺乳期所享有的特别保护劳动权益，用人单位的违法行为造成哺乳期孩子铅中毒的严重后果，应当承担赔偿责任。

二是依据《劳动法》规定，用人单位不得安排哺乳期女职工延长工作时间和夜班劳动。该有色金属冶炼厂安排王某三班倒，并经常安排其加班的行为属于劳动违法行为。

（二）女职工产假、哺乳期特别保护

女职工的特别假期是指法律在女性生产期间、产前检查和产后哺乳中假期的规定。由于在生产期间完全无法从事任何劳动，并且由于女性承担着照顾孩子的责任，因此女性需要在产期进行休息，在产期前后和哺乳期期间需要占用正常的劳动时间来进行产前检查，产后哺乳婴儿等。

1. 基本产假

关于女职工的产假，《女职工劳动保护特别规定》规定："女职工生育享受 98 天产假，其中产前可以休假 15 天；难产的，应增加产假 15 天；生育多胞胎的，每多生育 1 个婴儿，可增加产假 15 天。""女职工怀孕未满 4 个月流产的，享受 15 天产假；怀孕满 4 个月流产的，享受 42 天产假。"由于女性在临产前的一段时间行动已经非常困难，而且随时有生产的可能，处于比较危险的阶段，在这段时间，女职工已经不适合再从事任何劳动。因此，妇女 98 天的产假中有 15 天是产前假。临产的女职工可以在预产期前 15 天请产假在家休养待产。产前假一般不得放到产后使用，若孕妇提前生产，可将不足的天数和产后假合并使用；若孕妇推迟生产，可将超出的天数按病假处理。

《女职工劳动保护特别规定》规定女职工生育享受 98 天的基本产假。在基本产假的基础上，对符合地方法规和政策的女职工，各省还出台了延长产假以及男职工护理假的规定。例如，《四川省人口与计划生育条例》第二十六条规定，符合本条例规定生育子女的夫妻，除法律、法规规定外，延长女方生育假 60 天，给予男方护理假 20 天。生育假、护理假视为出勤，工资福利待遇不变。《四川省〈中华人民共和国母婴保健法〉》第二十四条规定，推行母乳喂养。医疗保健机构应当为母乳喂养提供技术指导和必要条件，提高婴儿母乳喂养率。实行纯母乳喂养的女职工增加一个月产假，产假视为出勤。

2. 哺乳期

哺乳期的女职工在正常劳动的同时，还要承担着哺乳婴儿的责任。在婴儿 1 周岁前，属于法定哺乳期。《女职工劳动保护特别规定》第九条规定，女职工依法享有哺乳期劳动待遇：①用人单位不得延长其劳动时间或者安排夜班劳动。②在每天的劳动时间内，用人单位为哺乳期女职工安排 1 小时哺乳时间；女职工生育多胞胎的，每多哺乳 1 个婴儿每天增加 1 小时哺乳时间。

【法律链接】 **女职工产前检查时间**

产前检查是确保优生优育的重要环节。因医疗机构的工作时间，女职工不得不挤占正常的工作时间做产前检查。法律规定，用人单位应允许女职工在正常劳动时间内到医院进行产前检查。《女职工劳动保护特别规定》规定："怀孕女职工在劳动时间内进行产前检查，所需时间计入劳动时间。"

（三）女职工生理期劳动关系特别保护

（1）对在孕期、产期、哺乳期的女职工，用人单位不得单方降低工资待遇、不得非法解除劳动合同。《劳动合同法》规定，处于孕期、产期和哺乳期的女性劳动者，用人单位不能单方解除劳动合同。《女职工劳动保护特别规定》规定：“用人单位不得因女职工怀孕、生育、哺乳降低其工资、予以辞退、与其解除劳动或者聘用合同。”换言之，用人单位不得因女职工怀孕、生育、哺乳的事实或因此引发的事实作为降低其工资、予以辞退、与其解除劳动或者聘用合同的理由。否则，用人单位承担侵犯女职工特别保护权益的违法责任。

（2）劳动者在孕期、产期、哺乳期内，劳动合同期限届满时，用人单位不得终止劳动合同。合同期限应自动延续至相应的期限届满为止。《劳动合同法》规定，使处于特殊生理期的女职工的保护更为完善，让女职工得到更切实的保护以解决实际的困难。

【案例链接】　女职工怀孕提交假材料被解除劳动合同案

2014年6月12日，程某入职某商贸公司，双方签订了起止期限为2014年6月12日至2018年6月30日的劳动合同。程某于2016年3月怀孕，并在2016年4月15日至2016年9月16日期间休了病假。2016年10月12日，商贸公司以程某存在提交虚假诊断证明和门诊就诊记录为由与程某解除了劳动合同。程某申请劳动仲裁，仲裁委裁决某商贸公司支付程某违法解除劳动合同赔偿金368 258元。商贸公司不服裁决，起诉至法院。商贸公司向法庭提交了北京某妇幼保健院诊断证明书、门诊就诊记录复印件及其休假申请表，主张该组证据系程某向其公司提交的请假材料。公司员工手册载明：员工提供虚假的个人信息（包括但不限于教育学历、离职证明、健康证明、体检证明、病休证明……）属于严重违纪行为，公司可立即解除与其之间的劳动合同。原告请求法院判令其公司无须向程某支付违法解除劳动关系赔偿金。经法院调查核实，程某提交的门诊就诊记录并非程某所述的医院医生所出具。2017年5月，法院审理认为，程某存在提交虚假门诊就诊记录请假的行为，原告公司依据员工手册规定与程某解除劳动合同，符合法律规定，原告公司无须向程某支付违法解除劳动合同赔偿金。

（四）女职工其他劳动特别权益保护

（1）劳动合同内容方面。劳动法专门就用人单位与女职工签订的劳动合同的内容上做出规定，以确保女职工合法权益受到保护。例如，《妇女权益保障法》中规定用人单位在录用女职工时，应当依法与其签订劳动（聘用）合同或者服务协议，而且劳动（聘用）合同或者服务协议中不得规定限制女职工结婚、生育的内容。

（2）卫生保健方面。劳动法保障女职工享有社会保险、社会救助、社会福利和卫生保健等权益。《女职工保健工作规定》（2011年修正）规定：①不同规模的用人单位应当配备的医疗保健设备和人员；②用人单位在女职工各个生理期期间的应当开展的保健工作，包括女职工经期、婚前、孕前、孕期、产后、哺乳期和更年期的保健工作。

（3）生育保险待遇方面。女职工产假期间的生育津贴，对已经参加生育保险的，按照用人单位上年度职工月平均工资的标准由生育保险基金支付；对未参加生育保险的，按照女职工产假前工资的标准由用人单位支付。

（4）生育医疗费用方面。女职工生育或者流产的医疗费用，按照生育保险规定的项目和标准，对已经参加生育保险的，由生育保险基金支付；对未参加生育保险的，由用人单位支付。

(5) 女职工卫生安全方面。女职工在特殊生理期期间进行劳动会有一些不方便，为帮助女职工解决这方面困难，劳动法律规定用人单位应建立一些方便女职工的特别设施。《女职工劳动保护特别规定》规定：女职工比较多的用人单位应当根据女职工的需要，建立女职工卫生室、孕妇休息室、哺乳室等设施，妥善解决女职工在生理卫生、哺乳方面的困难。

(6) 精神和心理方面。不但关注女职工身体和生理的劳动保护，而且增加了对女职工精神和心理方面的保护，《女职工劳动保护特别规定》还强调："在劳动场所，用人单位应当预防和制止对女职工的性骚扰。"

(7) 权利救济方面。女职工合法劳动权益受到侵害时，除了可以通过协商、调解、仲裁和诉讼的方式解决外，还可以采用向劳动监察部门、安全监督管理部门等申诉、投诉等方式解决。

四、侵犯女职工劳动特别权益的法律责任

(1) 用人单位违规安排怀孕7个月以上女职工延长工作或夜班工作的、没有安排女职工基本产假的、违规安排哺乳未满1周岁的女职工延长工作或夜班工作的行为，由县级以上人民政府人力资源社会保障行政部门责令限期改正，按照受侵害女职工每人1 000元以上5 000元以下的标准计算，处以罚款。

(2) 用人单位违规安排女职工从事禁忌劳动的、违规安排女职工从事经期禁忌劳动的行为，由县级以上人民政府安全生产监督管理部门责令限期改正，按照受侵害女职工每人1 000元以上5 000元以下的标准计算，并处以罚款。

(3) 用人单位违规安排女职工从事孕期禁忌劳动的、违反安排女职工从事哺乳期禁忌劳动的行为，由县级以上人民政府安全生产监督管理部门责令限期治理，处5万元以上30万元以下的罚款；情节严重的，责令停止有关作业，或者提请有关人民政府按照国务院规定的权限责令关闭。

第二节　未成年工劳动特别保护

相对于用人单位而言，劳动者往往是弱势群体；而在劳动者的群体中，还存在着未成年工的弱势群体。未成年工因处于身体发育期，对承担劳动作业有特别要求。超强的劳动作业或有毒有害的劳动作业，对于未成年工来说特别容易造成身体健康的伤害。未成年工是祖国的未来，正如"少年强，则国家强"。为了保护未成年工身体健康和劳动权益，法律对未成年工劳动就业做出了特别保护规定，以区别于成年工劳动就业。未成年工劳动特别保护规定主要有：禁忌安排未成年工的劳动范围、定期身体检查和未成年工登记制度等方面。

一、未成年工劳动权益

【案例讨论】 2014年10月，17岁的李某从某电工职业技术学校毕业后应聘到某电力公司，与该电力公司签订了劳动合同，招用时经过了劳动部门的批准并进行了体检。2014年

12月初，电力公司对新招进的工人的岗位进行重新调整安排，将李某从公司调配到电力公司下属高空高压作业组，李某以自己未满18岁的事实为由予以拒绝。电力公司认为李某不服从工作安排，决定将其辞退。2015年1月25日，该电力公司人力资源部向李某送达了辞退通知书。对此，李某不服并向当地劳动争议仲裁委员会提出申诉，要求撤销用人单位的辞退决定，并另行安排工作。

请问：李某是否属于未成年工劳动特别对象？对电力公司的调动和辞退行为是否符合法律规定？

未成年人与未成年工是两个不同的法律概念。未成年人是指未满18周岁的自然人。未成年工包括两个群体：一是年满16周岁而未满18周岁的劳动者，二是文艺、体育单位依法招用未满16周岁的未成年工。未成年工作为劳动者的特殊群体，受到法律的特别保护。对未成年工特别保护是指法律给予未成年工优于成年工的法律保护。

（一）未成年工劳动权益保护的意义

未成年工是劳动者中的未成年人，未成年人身体发育尚未完善。如果从事劳动工作超过其身体正常承受能力，可能对身体健康造成不良影响。特别是从事强度过大，有毒有害的劳动，更容易在未成年工的身体发育过程中引起重大的疾病。同时，未成年工年轻，职业经历少，心理正处在从不成熟到成熟的过渡阶段。在这段特殊时期，对其心理上进行正确引导和对其身体健康进行保护，是尤其必要的。未成年工是国家的未来和希望，是国家潜在的主要生产力量，对其保护就是对生产力的保护。可以说，对未成年工劳动特别保护，不仅关系到未成年人的健康成长，也关系到国家和民族的兴旺发达。

（二）未成年工劳动特别保护法

未成年工劳动特别保护，是指根据未成年工身体发育尚未定型的特点，对未成年工在劳动就业时给予特别的法律保护。

国家重视未成年工劳动特别保护的立法工作。《劳动法》第七章对未成年工劳动权益保护做出了基本性规定。《未成年人保护法》（2013年）规定："任何组织或者个人不得招用未满十六周岁的未成年人，国家另有规定的除外。任何组织或者个人按照国家有关规定招用已满十六周岁未满十八周岁的未成年人的，应当执行国家在工种、劳动时间、劳动强度和保护措施等方面的规定，不得安排其从事过重、有毒、有害等危害未成年人身心健康的劳动或者危险作业。"

对未成年工的专门立法有《禁止使用童工规定》（2002年）和《未成年工特别保护规定》（1995年）两个重要行政法规。前者对禁止招录童工及违法责任做出了明确的规定；后者对用人单位依法招录的未成年工及其劳动特别保护做出了详尽的规定。

二、禁止使用童工

（一）使用童工

童工是未成年人，但不是法律上的未成年工。使用童工，是指用人单位非法招用不满16周岁的未成年人从事劳动的违法行为。未成年人的身心健康处于人生重要的发育阶段，也是国家义务教育实施的时期，维护未成年人的合法权益，各国都在倡导禁止使用童工规定。《禁止使用童工规定》（2002年）是我国处理使用童工行为的法律依据。

禁止使用童工，其父母、用人单位和职业中介机构等都“人人有责”：

（1）不满16周岁的未成年人的父母或者其他监护人，应当保护其身心健康，保障其接受义务教育的权利，不得允许其被用人单位非法招用。

（2）用人单位不得招用不满16周岁的未成年人。用人单位招用人员时，必须核查被招用人员的身份证；对不满16周岁的未成年人，一律不得录用。用人单位录用人员的录用登记、核查材料应当妥善保管。

（3）任何单位或者个人，不得为不满16周岁的未成年人介绍就业。

（4）不满16周岁的未成年人，禁止开业从事个体经营活动。

为了监督禁忌使用童工行为，县级以上各级人民政府劳动保障行政部门负责监督检查，县级以上各级人民政府公安、工商行政管理、教育、卫生等行政部门在各自职责范围内监督检查，并配合劳动保障行政部门的监督检查工作。

（二）招录未满16周岁未成年工的条件

使用童工行为属于违法行为，但法律另有规定的除外。《禁止使用童工规定》规定，招用未满16周岁的未成年工，必须符合下列条件：

（1）招录单位必须是文艺、体育单位。

（2）招录行为必须经未成年人的父母或者其他监护人同意。

（3）招录事由必须是未成年人从事专业文艺工作、运动事项。

在从事专业文艺工作、运动事项过程中，用人单位应当保障被招用的不满16周岁的未成年工的身心健康，保障其接受义务教育的权利。

【法律链接】 **《禁止使用童工规定》规定**

学校、其他教育机构以及职业培训机构按照国家有关规定组织不满16周岁的未成年人进行不影响其人身安全和身心健康的教育实践劳动、职业技能培训劳动，不属于使用童工。

（三）违法使用童工的法律责任

使用童工行为属于违法行为，违法主体应当承担法律责任。《禁止使用童工规定》规定法律责任：

（1）单位或个人为不满16周岁的未成年人介绍就业的，按照每介绍一人处5 000元罚款的标准给予处罚。

（2）用人单位使用童工的，由劳动保障行政部门按照每使用一名童工每月处5 000元罚款的标准给予处罚。在使用有毒物品的作业场所使用童工的，从重处罚。

（3）用人单位在规定期限内仍不改正的，将按照每使用一名童工每月处1万元罚款的标准给予处罚，并吊销营业执照或撤销民办非企业单位登记。

（4）拐骗童工，强迫童工劳动，使用童工从事高空、井下、放射性、高毒、易燃易爆以及国家规定的第四级体力劳动强度的劳动，使用不满14周岁的童工，或造成童工死亡或严重伤残的，除承担工伤赔偿责任外，还要依法追究用人单位及相关责任人员的拐骗儿童、强迫劳动等刑事责任。

【案例链接】 **使用童工处罚案**

2017年4月，劳动保障监察机构接到群众举报，反映昆明市某高校后勤集团食堂使用一名童工。劳动保障监察机构根据举报线索找到一名疑似童工的员工，单位负责人解释说该员工是其在本单位食堂任厨师的舅舅介绍来打工的，录用时其舅舅保证他已满16岁。据查，该员工已经工作二十多天。单位不能提供该员工的身份证以及其他录用登记证明材料，劳动保障监察机构立即与该员工户籍所在地派出所联系核实。当地派出所积极配合，户籍证实该员工出生于2002年5月15日，即违法用工时该员工年龄未满16周岁，确实是童工。劳动保障监察机构根据《禁止使用童工规定》（国务院令第364号）第六条和第八条规定对该单位处以一万五千元罚款，并责令单位在三日内将该童工遣送回家。

三、未成年工劳动权益特别保护

未成年工是指年满16周岁而未满18周岁的劳动者。我国法律虽然规定了最低就业年龄，但并不意味着国家鼓励未成年人一旦达到最低就业年龄就参加工作。未成年人达到就业年龄就参加工作的，为了确保其劳动权益和身心健康不受侵害，法律规定了劳动特别保护。

（一）未成年工禁忌从事的劳动范围

《劳动法》规定未成年工禁忌从事的劳动有四类型，即矿山井下作业、有毒有害劳动、国家规定的四级劳动强度劳动和其他禁忌从事的劳动。为了便于指导未成年工的劳动就业和法律保护，《未成年工特别保护规定》规定了未成年工禁忌从事的劳动的范围。

未成年工禁忌从事的劳动范围，是用人单位应当遵守和执行的法律义务。依据《未成年工特别保护规定》规定，用人单位不得安排未成年工从事的禁忌劳动范围如下：

（1）分级劳动范围。《生产性粉尘作业危害程度分级》国家标准中第一级以上的接尘作业；《有毒作业分级》国家标准中第一级以上的有毒作业；《高处作业分级》国家标准中第二级以上的高处作业；《冷水作业分级》国家标准中第二级以上的冷水作业；《高温作业分级》国家标准中第三级以上的高温作业；《低温作业分级》国家标准中第三级以上的低温作业；《体力劳动强度分级》国家标准中第四级体力劳动强度的作业。

（2）危险劳动范围。矿山井下及矿山地面采石作业；森林业中的伐木、流放及守林作业；工作场所接触放射性物质的作业；有易燃易爆、化学性烧伤和热烧伤等危险性大的作业；地质勘探和资源勘探的野外作业；潜水、涵洞、涵道作业和海拔三千米以上的高原作业（不包括世居高原者）。

（3）强度大的劳动范围。连续负重每小时在六次以上并每次超过二十千克，间断负重每次超过二十五千克的作业；使用凿岩机、捣固机、气镐、气铲、铆钉机、电锤的作业；工作中需要长时间保持低头、弯腰、上举、下蹲等强迫体位和动作频率每分钟大于五十次的流水线作业；锅炉司炉等。

（4）未成年工因身体原因禁忌从事的劳动范围。对患有法律规定的疾病或生理缺陷的未成年工，用人单位不得安排其从事以下禁忌劳动：《高处作业分级》国家标准中第一级以上的高处作业；《低温作业分级》国家标准中第二级以上的低温作业；《高温作业分级》国家标准中第二级以上的高温作业；《体力劳动强度分级》国家标准中第三级以上体力劳动强度的作业；接触铅、苯、汞、甲醛、二硫化碳等易引起过敏反应的作业。

（二）未成年工的强制体检

未成年工的强制体检制度，是对未成年工身体健康进行保护的重要手段和前提。

通过定期的强制体检可以掌握未成年工的身体健康状况，并据此判断未成年工适不适合继续从事劳动或者继续在原来的岗位劳动。对未成年工的体检时间，《未成年工特别保护规定》规定：

（1）在安排工作岗位之前应当体检。这次体检的结果将影响用人单位对未成年工的岗位的安排，对于身体状况不能适应某些工作岗位的未成年工，用人单位不能不因为此岗位不在未成年工禁忌从事的劳动范围内而安排其从事该岗位工作。

（2）在未成年工工作满一年的时候应当体检。在这个时期安排体检是要检查未成年工在从事了一段时间的劳动之后，其身体状况能不能适应这种劳动，在从事劳动的过程中，有没有对未成年工的身体健康造成影响。

（3）在未成年工年满十八周岁并且距前一次的体检时间已经超过半年的时候应当体检。在这个时候，虽然未成年工已经步入成年阶段，但生理方面仍然并不完全成熟，因此要注重检查此前参加劳动有没有对身体健康造成危害，避免对今后的成长造成不良影响。

强制体检制度是用人单位的法定义务，体检的安排以及所有费用的承担都应该由用人单位完全承担。体检时间应算作工作时间，用人单位不得因此克扣其工资。《未成年工特别保护规定》第八条规定：用人单位应根据未成年工的健康检查结果安排其从事适合的劳动，对不能胜任原劳动岗位的，应根据医务部门的证明，予以减轻劳动量或安排其他劳动。

（三）未成年工的职业培训

在未成年工上岗前，对其进行职业安全卫生教育、培训，防范安全卫生事故的发生，保障未成年工的身心健康，也是用人单位的法定义务。

（四）未成年工的登记管理

未成年工的登记管理，是对未成年工进行行政管理保护的重要举措。未成年工持有《未成年工登记证》，才能从事用人单位安排的工作，用人单位才有权安排未成年工从事非禁忌范围内的劳动。劳动行政部门对用人单位使用未成年工的合法性通过登记管理，进行监督检查和行政处罚。

用人单位招收使用未成年工，须向所在地的县级以上劳动行政部门办理登记手续。在办理登记之前，用人单位应当依据法律规定先行安排未成年工进行体检。在办理登记管理时，劳动行政部门依法审核体检情况和拟安排的劳动范围，以确认未成年工的身体状况适合从事拟安排从事的劳动并且此种劳动不属于法律规定禁忌未成年工从事的劳动范围。符合法律规定情形的，劳动行政管理部门根据《未成年工健康检查表》和《未成年工登记表》等材料，向用人单位核发《未成年工登记证》。

【案例评析】李某未满18周岁，属于未成年工。劳动法律中对未成年工禁忌从事劳动范围有明确规定，其中《高处作业分级》国家标准中第二级以上的高处作业属于未成年工禁忌从事的劳动范围，因此，该电力公司安排其从事的高空高压作业属于未成年工禁忌从事的劳动范围。该电力公司违法在先，李某拒绝从事该电力公司安排的工作是有法律依据的。劳动争议仲裁委员会应当裁定该电力公司撤销辞退李某的决定，并安排李某从事适合未成年工的其他工作。

实训项目

一、改错题

1. 禁忌安排怀孕七个月以上的女职工从事矿山井下、国家规定的第四级体力劳动强度的劳动和其他禁忌从事的劳动。

2. 对于哺乳期女职工，用人单位可以根据生产经营状况安排其延长工作时间和夜班劳动。

3. 女职工生育享受98天产假，但女职工怀孕期间流产的，不能享受产假。

4. 未成年工是指已满14周岁未满18周岁的劳动者。

5. 用人单位可以与已满16周岁的未成年工签订劳动合同，无须向劳动行政管理部门办理登记手续。

6. 用人单位不得安排未成年工从事《高处作业分级》国家标准中第一级以上的高处作业。

二、案例分析题

1. 潘某于2015年10月开始在某广告公司工作，双方签有《劳动合同》，并约定潘某工资为每月6 000元。2016年8月潘某怀孕，广告公司于2017年1月起对其进行了岗位调换，降低工资至4 500元。2014年4月，公司再次更换潘某工作并降低工资至3 000元。多次与公司沟通无果后，潘某提起仲裁申请，要求公司补足工资差额。

请问潘某的要求是否合法？为什么？

2. 范某、李某是夫妻关系，举办个体户经营，并租用广州市越秀区王圣堂大街十一巷16号201房做手表加工业务及员工住宿场所。2015年4月至10月间，范某与李某以招工为名，先后从中介处招来钟某（案发时16岁）、苏某（案发时13岁）、周某（案发时15岁）三名被害人，使用锁门禁止外出的方法强迫三名被害人在该处从事手表组装工作。其间，范某对被害人钟某、周某有殴打行为，李某对三名被害人有语言威胁的行为。罗某于2015年5月入职后，协助范某看管三名被害人。2015年10月20日，经被害人报警，公安人员到场解救了三名被害人，并将范某、李某、罗某抓获归案。经法医鉴定，被害人钟某和周某的头部、颈部、臂部受伤，损伤程度属轻微伤。

请说说范某、李某违反了劳动法的哪些规定，并说明理由。

第八章 职工民主管理法实务

【导入案例】

职工民主管理也是生产力

珠海某松下有限公司是2003年成立的一家外资企业。在建立初期，该公司并没有一套完善的工资发放制度，员工拿多少工资都是由公司说了算。因为劳资纠纷，松下公司成立第五年还发生过一次规模不小的“罢工”事件，给公司的行政管理方和投资方上了深刻的一课。在“罢工”事件之后，公司成立了工会组织，通过各种形式搭建劳资双方沟通的“绿色和平桥梁”。

在企业工会的倡议下，公司采纳了劳资双方协商月例会，即每个月第四周周一下午为松下公司的劳资关系协商会议召开时间。该协商会谈判代表由劳资双方组成，其中资方代表由总经理、财务经理和总务经理三人组成；劳方代表由工会主席和两位副主席组成。在协商例会的进程中，首先由资方先向劳方汇报公司经营收支状况、当月销售、员工福利奖金等运作状况；其次由工会代表员工就公司需要整改的劳动条件和劳动安全卫生等向公司提出要求；最后双方就职工问题和企业问题进行“论辩”，找到解决问题的方案。正如公司工会主席说：“通过协商例会，我们找到了员工利益和企业利益的平衡点，特别是工资协商不但改善了职工待遇，还调动职工积极性和创造性，提升了产品合格率和客户满意度，促进了企业快速发展。”

公司工会的头等大事就是每两年一次的工资集体协商。每到谈判前，工会委员们都要进行市场调研，内容涉及本企业经营效益、劳动强度，还涉及国家的物价指数、同行业工资水平等经济数据，为了更具有说服力，委员们还要调查公司‘左邻右舍’的其他外资企业的工资情况和生产情况等。在大量真实可靠的数据面前，职工协商代表和单位协商代表很快就能达成一个双方都能接受的工资集体合同方案。例如，2015年4月份的工资谈判，资方提出工资增长幅度为4%，工会提出10%的增幅方案。工会提交了增幅的理由，上年度是企业成立以来业绩最好的一年，且同行业的工资均有较大幅度提高。特别是企业工资合理增长更能激发员工的工作热情，提高工作效率和加快产品创新。通过努力谈判，最终实现了集体合同工资8%的涨幅。

松下公司推行工资集体协商制度，保障了公司职工工资与公司效益挂钩，职工分享企业经济增长成果。从引发职工民主管理开始，公司效益蒸蒸日上，规模不断壮大，职工人数从当初的900人发展到4 500人。

集体协商制度作为企业民主管理的重要措施，不仅实现了职工通过集体力量维护自身利益，真正实现了与用人单位平等协商，不再让工资等多年“原地踏步”。集体协商作为企业民主管理的重要形式，为职工参与企业管理，提供了一个良好的切入点，不但让劳动者更有尊严，还让企业主明白“职工民主管理也是生产力”。

第一节 职工民主管理概述

凡是在激烈市场竞争中发展壮大的现代化企业，无论是投资者还是企业管理人员都擅于利用职工民主管理措施来激发全体职工的智慧和责任。与用人单位建立劳动关系后，劳动者就成了用人单位的职员。当单位注重劳动者参与企业事务管理权时，职工就会视单位为自己的大家庭。如何促进单位快速发展和提高经济效益，就会成为投资方、企业管理者以及广大员工共同的责任和努力方向。“职工民主管理也是生产力”。结合企业实际情况，做好职工民主管理，是企业人力资源管理的重要工作内容。

一、职工民主管理的概念

【案例讨论】 为了加强物质安全工作，某特殊货物押运公司招聘了4名高中毕业的农民工担任保安工作，双方签订了一年期的劳动合同。公司人事负责人说，加入工会的劳动者要按工资的一定比例缴纳会员费。基于各种因素的考虑，他们表示不参加公司工会活动。在工作过程中，这4名劳动者发现自己的工资待遇低于同样岗位的其他保安的待遇标准，当问及原因时才知道其他员工参加工会，享受了集体合同所约定的最低工资和福利待遇标准。当4名农民工重新提出加入公司工会组织，但因自己的身份被公司拒绝。“农民工不能成为工会会员”成为劳动者心中的不解之谜。

对此，请谈谈你的看法。

（一）职工民主管理

职工民主管理，主要是指通过工会代表或组织职工民主参与单位生产经营活动和管理活动的行为。其主要目的是实施职工监督，促进单位决策民主、利益关系公平公正、职工团结和谐。职工参与单位民主管理是国家法律赋予劳动者的一项权利，让劳动者不仅获得劳动报酬还包括对其劳动的尊重。职工民主管理是现代管理制度和管理方式的重要内容，是构建和谐劳动关系的强大动力。

职工民主管理形式多种多样，有职工代表大会、集体协商、职工董事制或者监事制、厂务公开制和职工合理化建议等。职工民主管理是职工依法直接或间接参与管理所在单位内部事务，其在协调劳动关系中的作用主要表现为职工意志对用人单位意志的影响和制约以及用人单位意志对职工意志的吸收和体现，从而使劳动关系建立在民主的基础上。

（二）职工民主管理特征

1. 职工民主管理的主体是单位职工

职工民主管理的主体是单位职工，也就是说，职工民主管理的主体是劳动者以职工的身份参与管理的。劳动者以单位职工身份参与管理，有别于以股东等其他身份参与管理。实行内部职工持股的企业，职工参与管理和股东参与管理有一定的关联关系，但二者是两种不同性质的法律行为。

2. 职工民主管理的对象是单位内部事务

单位内部事务可分为重大决策事务、一般经营管理事务、职工切身利益事务、廉政建设事务等不同层次，而每个层次又包含许多具体内容。职工民主管理参与对象，体现了职工民主管理的深度和广度，是衡量职工民主管理的重要指标。

3. 职工民主管理是参与性管理

职工作为单位的被管理者，通过民主管理，使自身意志体现在单位管理中，并与管理者意志相协调。民主管理组织中的决策是在员工参与的情况下做出的，从某种意义上体现了职工的意志，但这并不意味着完全替代单位经营者、决策者和高级管理者的意志。

【案例链接】　　工会主席履行职责遭辞退的二倍索赔案

岳某是某管理咨询（上海）公司北京分公司的区域销售总监。2011 年 9 月，经民主选举成为北京分公司的工会主席，任职期为 5 年。2014 年 6 月 23 日，单位以不胜工作为由将他辞退。岳某认为单位的管理规定有悖《劳动法》，他代表工会与公司沟通时产生了矛盾，单位领导对其打击报复，把可以放到北京的项目放到了上海，造成业绩下滑，随后与其解除了劳动关系。对此，申请劳动争议仲裁，要求公司继续履行劳动合同。庭审核实，用人单位以工会主席不胜任工作为理由解除劳动合同，公司既未告知岳某本人，也没按照《劳动合同法》的规定，对其进行调岗或者培训。同时，在庭审过程中单位对解除劳动合同理由未出示相关证据。因此，仲裁庭认定公司与岳某解除劳动合同不符合法律规定。仲裁裁决单位继续履行与岳某的劳动合同。单位不服，提起诉讼，一审和二审均败诉。

在二审后，岳某及其代理律师继续与公司协商合同履行事项。最后，双方达成和解协议：①双方同意解除劳动关系；②《工会法》第五十二条规定，即单位违法解除履行工会职责的工会工作人员的劳动合同，按照其本人年收入二倍标准赔偿。据此，单位向岳某一次性支付赔偿金共计 229 万元。

二、职工民主管理立法

落实和保障职工民主管理，离不开法律制度的规范和指导。为实现单位职工民主权利，发挥国家主人翁的作用，维护工人阶级领导的、以工农联盟为基础的人民民主专政的社会主义国家政权，我国建立了职工民主管理法律制度。

《宪法》规定：国有企业依照法律规定，通过职工代表大会和其他形式，实行民主管理；集体经济组织依照法律规定实行民主管理，由它的全体劳动者选举和罢免管理人员，决定经营管理的重大问题。

《劳动法》规定："企业职工一方与企业可以就劳动报酬、工作时间、休息休假、劳动安全卫生、保险福利等事项，签订集体合同，集体合同草案应当提交职工代表大会或者全体职工讨论通过。集体合同由工会代表职工与企业签订，没有建立工会的企业，由职工推举的代表与企业签订。"

为了配合《宪法》《劳动法》关于单位职工民主管理精神，我国颁布实施了《中华人民共和国工会法》(2016 年修订，以下简称《工会法》)。《工会法》是职工民主管理最重要的法律依据。公司是现代企业最主要形式，是劳动者最为集中的用人单位。对此，《公司法》规定："公司职工依照《中华人民共和国工会法》组织工会，开展工会活动，维护职工合法权益。公司应当为本公司工会提供必要的活动条件。公司工会代表职工就职工的劳动报酬、工作时间、福利、保险和劳动安全卫生等事项依法与公司签订集体合同。公司依照宪法和有关法律的规定，通过职工代表大会或者其他形式，实行民主管理。"除此之外，《全民所有制工业企业职工代表大会条例》《私营企业暂行条例》《中外合资经营企业法实施条例》《中外合资经营企业法实施条例》《城镇集体所有制企业条例》等针对不同性质企业的职工民主管理提供了法律依据。

三、基层职工民主管理组织

（一）工会履行职工民主管理的主要方式

工会是职工自愿结合的工人阶级的群众组织，承担维护职工合法权益的基本职责。劳动者作为单位职工都有自愿参加或者退出工会的权利，任何组织和个人不得阻挠和限制。为了便于工会开展工作，工会成立工会委员会，由会员大会或者会员代表大会依照法律规定民主选举产生。其中，基层工会委员会每届任期三年或者五年。

企业、事业单位依法建立的基层工会组织，是实现单位职工民主管理最主要的组织保障。基层工会履行职工民主管理的主要方式：

（1）工会通过平等协商和集体合同制度，协调劳动关系，维护企业职工劳动权益。

（2）工会依照法律规定通过职工代表大会或者其他形式，组织职工参与本单位的民主决策、民主管理和民主监督。

（3）工会必须密切联系职工，听取和反映职工的意见和要求，关心职工的生活，帮助职工解决困难，全心全意为职工服务。

【律师提示】　对参加工会或履行工会职责的劳动权益保护

1. 对依法履行职责的工会工作人员无正当理由调动工作岗位进行打击报复的，由劳动行政部门用人单位责令改正、恢复原工作；造成损失的，给予赔偿。

2. 因下列原因违法解除劳动合同的，由劳动行政部门责令用人单位恢复工作并补发被解除劳动合同期间应得的报酬或者责令给予本人年收入二倍的赔偿：

（1）职工因参加工会活动而被解除劳动合同的；

（2）工会工作人员因履行本法规定的职责而被解除劳动合同的。

（二）基层工会职工民主管理主要职权

（1）对企业、事业单位违反职工代表大会制度和其他民主管理制度的，工会有权要求纠正，保障职工依法行使民主管理的权利。

（2）工会依法代表职工与企业以及实行企业化管理的事业单位进行平等协商，签订集体合同。

（3）对企业、事业单位处分职工的，工会认为不适当有权提出意见。

（4）企业单方面解除职工劳动合同时应当事先将理由通知工会。工会认为企业违反法律、法规和有关合同规定要求重新研究处理的，企业应当研究工会的意见并将处理结果书面通知工会。

（5）企业、事业单位违反劳动法侵犯职工劳动权益的，工会应当代表职工与企业、事业单位交涉，要求企业、事业单位采取措施予以改正；企业、事业单位拒不改正的，工会可以请求当地人民政府依法做出处理。

（6）工会发现企业违章指挥、强令工人冒险作业或者生产过程中发现明显重大事故隐患和职业危害，有权提出解决的建议；发现危及职工生命安全的情况时，工会有权向企业建议组织职工撤离危险现场，企业必须及时做出处理决定。

（7）职工因工伤亡事故和其他严重危害职工健康问题的调查处理，必须有工会参加。工会应当向有关部门提出处理意见，并有权要求追究直接负责的主管人员和有关责任人员的责任。对工会提出的意见，应当及时研究，给予答复。

（8）企业、事业单位发生停工、怠工事件，工会应当代表职工同企业、事业单位或者有关方面协商，反映职工的意见和要求并提出解决意见。对于职工的合理要求，企业、事业单位应当予以解决。

（9）法律、法规规定基层工会组织的其他权利和义务。

（三）基层工会工作经费与财产保障规定

（1）工会经费主要用于为职工服务和工会活动。工会经费的来源主要有：

①工会会员缴纳的会费；

②建立工会组织的企业、事业单位、机关按每月全部职工工资总额的百分之二向工会拨缴的经费；

③工会所属的企业、事业单位上缴的收入；

④人民政府的补助；

⑤其他收入。

（2）工会应当根据经费独立原则，建立预算、决算和经费审查监督制度。各级工会建立经费审查委员会。工会经费的使用符合国家相关规定，并依法接受国家的监督。

（3）企业、事业单位无正当理由拖延或者拒不拨缴工会经费，基层工会或者上级工会可以向当地人民法院申请支付令；拒不执行支付令的，工会可以依法申请人民法院强制执行。

（4）工会的财产、经费和国家拨给工会使用的不动产，任何组织和个人不得侵占、挪用和任意调拨。

【案例评析】《劳动法》规定，劳动者有权依法参加和组织工会。《工会法》规定：“在中国境内的企业、事业单位、机关中以工资收入为主要生活来源的体力劳动者和脑力劳动者，不分民族、种族、性别、职业、宗教信仰、教育程度，都有依法参加和组织工会的权利。任何组织和个人不得阻挠和限制。”农民工与公司签订了劳动合同，即成为公司的职工，符合《劳动法》和《工会法》加入工会的标准。因此，本案中14名农民工有权利参加工会，在履行工会会员义务的同时，享受工会会员权利。

四、职工民主管理的职能

（一）审议职能

审议职能，是指职工大会或职工代表通过一定的形式，对单位的重大决策方案进行审议，提出改进建议，单位在此基础上做出决定或决议的一种有组织的民主参与活动。无论是职工代表大会还是集体谈判，都体现了职工民主管理的重要职能。审议职能是建立社会主义新型劳动关系的保障，也是单位决策的民主化和科学化的重要措施。

（二）监督职能

职工民主管理的监督职能来源于民主体制，是民主的本质要求。民主的本质是制约，制约的目的在于防止权力腐败。在单位内部通过民主管理，如工会组织、公司职工监事制等，建立对单位的经营者、决策者和高级管理者的监督机制，保障单位正常运转，保障职工劳动权益得到应有的尊重。另外，职工除民主参与方式对决策过程和决策的执行情况进行检查外，还可以通过考核、评议、奖惩等方式，对发现的问题及时予以纠正，确保单位劳动关系公平和谐。

（三）维护职能

职工民主管理的组织形式主要是工会。俗话说工会是劳动者的“娘家”，当劳动者的合法权益受到不法侵害时，劳动者可以借助工会的力量来维护自己的合法利益。当然，职工民主管理在履行维护职工合法权益的同时，也要处理好劳动者权益与单位整体利益的关系。

（四）协调职能

协调职能，是指协调劳动关系主体之间以及劳动者不同群体之间的各种利益矛盾，使经营者与劳动者之间、管理者与被管理者之间、部门之间、职工群众之间建立起良好的人际和工作关系，增强组织的凝聚力和向心力，有效实现管理目标。其主要手段是推进厂务公开、开展劳动争议调解等工作。

（五）教育职能

职工民主管理是一种应用性、政策性很强的活动。职工参与民主管理，一方面需要职工民主管理的组织者对其职工尤其是职工代表进行有针对性的培训，让他们学习民主管理的法律法规和操作规程，引导他们参与民主管理实践；另一方面，通过积极组织职工参加民主管理，让单位管理者认识到提高民主管理的质量和水平，有助于单位生产经营顺利发展。

【律师提示】　　企事业单位职工民主管理主要途径

一是企业制定劳动规章制度必须通过职代会讨论，并向全体职工公开；二是企业的集体合同草案、工资集体协议草案必须经职代会审议通过后公开，履行情况要向职代会报告；三是平等协商的职工代表要经职代会选举产生；四是公司制企业的职工董事、职工监事必须通过职代会选举并接受其监督。在企业民主制度建设过程中，还应当把职代会制度与企业劳动合同、集体合同等协调劳动关系的制度和机制结合起来，以促进单位民主管理。

五、职工民主管理的机制

（一）完善职代会制度，确保职工民主管理

职代会是单位职工开展民主管理的主要渠道，职代会职权的实现依赖于完善的配套制度和机制。如单位建立职代会组长联席会议制度、职代会督办事项检查汇报制度、职工代表巡视及质询制度等，并以此开展工作，确保职工民主管理权利的实现。

（二）强化劳动争议调解机制，化解劳动纠纷

劳动争议调解委员会应当坚持以制度为依据，以法律为准绳，加强信访和调研工作，并建立企业领导每周接待日制度。针对职工的难点、热点问题，宣传政策，听取

意见，化解职工与单位之间的矛盾纠纷。

（三）完善厂务公开机制，注重职工监督管理

厂务公开是实施民主监督的有效形式，其最大优势在于让职工知情、参与、监督。

（四）完善平等协商，实现集体合同制度

集体合同在协调劳动关系中具有强制力，进而使劳动关系在合同框架内达到高度的协调。单位应当重视并认真实行平等协商和签订集体合同制度，更好地保障职工的合法权益和激发职工的工作热情。

第二节　职工民主管理

对于不同类型的企（事）业单位，法律规定了符合其自身特点需要的职工民主管理形式。全民所有制工业企业实行职工代表大会制，公司企业实行职工董事和职工监事制，所有企（事）业单位都可以实行集体协商制、厂务公开制和职工合理化建议等。当然，除法律专属于某类企业的职工民主管理形式外，其他类型的民主管理都可以因单位生产经营活动的需要而搭配组合运用。

一、全民所有制工业企业职工代表大会

【案例讨论】 李刚是某信托投资有限责任公司的职员，该公司系全民所有制工业企业。公司在2014年12月出台了新的考勤管理制度，其中有一项是实行出勤签到制度，职工须每天早、中、晚都必须按时在《职工签到册》上签名以示出勤，且每日有值班领导进行考勤管理。出勤签到制度还规定，职工当月无故缺勤一次即扣发当月奖金，月累计缺勤两次，单位可以单方解除劳动合同。李刚认为，公司可以加强规范管理，但不符合职工民主管理。公司负责人表示，考勤管理制度是由公司董事会集体表决的，具有约束力。

请问公司的做法是否合法？为什么？

（一）职工代表大会制度

职工代表大会制度是全民所有制工业企业职工实行民主管理的基本形式，是职工代表通过民主选举，组成职工代表大会，在单位内部行使民主管理权的制度。职工代表大会是全民所有制工业企业职工依法行使民主管理权力的机构，企业工会委员会是职工代表大会的工作机构，负责职工代表大会的日常工作。

全民所有制工业企业职工代表大会，实现职工的民主管理权力，充分发挥职工的积极性、智慧和创造力，办好全民所有制工业企业和发展社会主义经济。对职工代表行使民主权利，任何组织和个人不得压制、阻挠和打击报复。《全民所有制工业企业职工代表大会条例》（1986）对企业民主管理做出了明确规定。《全民所有制工业企业法》（1988）以法律的形式肯定了职工代表大会的性质和职权。它们共同构成了规范全民所有制工业企业以及全民所有制交通运输、邮电、地质、建筑施工、农林、水利等企业的职工民主管理基本法律制度。《工会法》《公司法》等，进一步完善全民所有制工业企业职工民主管理。

（二）职工代表的产生、比例和任期

凡依法享有政治权利的职工都可以当选为职工代表。职工代表的产生有两种方式：一是以班组或者工段为单位的，由职工直接选举；二是大型企业的职工代表可以由分厂或者车间的职工代表相互推选产生。

职工代表中应当有工人、技术人员、管理人员、领导干部和其他方面的职工。其中企业和车间、科室行政领导干部一般为职工代表总数的五分之一。青年职工和女职工应当占适当比例。为了吸收有经验的技术人员、经营管理人员参加职工代表大会，可以在企业或者车间范围内，经过民主协商，推选一部分代表。

《全民所有制工业企业职工代表大会条例》第十三条规定：职工代表实行常任制，每两年改选一次，可以连选连任。职工代表对选举单位的职工负责。选举单位的职工有权监督或者撤换本单位的职工代表。

（三）职工代表的权利与义务

1. 职工代表的权利

（1）在职工代表大会上，有选举权、被选举权和表决权。

（2）有权参加职工代表大会及其工作机构对企业执行职工代表大会决议和提案落实情况的检查，有权参加对企业行政领导人员的质询。

（3）因参加职工代表大会组织的各项活动而占用生产或者工作时间，有权按照正常出勤享受应得的待遇。

2. 职工代表的义务

（1）努力学习党和国家的方针、政策、法律、法规，不断提高政治觉悟、技术业务水平和参加管理的能力。

（2）密切联系群众，代表职工的合法利益，如实反映职工群众的意见和要求，认真执行职工代表大会的决议，做好职工代表大会交给的各项工作。

（3）模范遵守国家的法律、法规和企业的规章制度、劳动纪律，做好本职工作。

（四）职工代表大会的职权

职工代表大会接受企业党的基层委员会的思想政治领导，贯彻执行党和国家的方针、政策，正确处理国家、企业和职工三者的利益关系，在法律规定的范围内行使职权。职工代表大会实行民主集中制。根据《全民所有制工业企业法》《全民所有制工业企业职工代表大会条例》等规定，职工代表大会的职权主要有五项：

（1）定期听取单位负责人的工作报告，审议企业的经营方针、长远和年度计划、重大技术改造和技术引进计划、职工培训计划、财务预决算、自有资金分配和使用方案，提出意见和建议，并就上述方案的实施做出决议。

（2）审议通过单位负责人提出的企业的经济责任制方案、工资调整计划、奖金分配方案、劳动保护措施方案、奖惩办法及其他重要的规章制度。

（3）审议决定职工福利基金使用方案、职工住宅分配方案和其他有关职工生活福利的重大事项。

（4）评议、监督企业各级领导干部，并提出奖惩和任免的建议。对工作卓有成绩的干部，可以建议给予奖励，包括晋级、提职。对不称职的干部，可以建议免职或降职。对工作不负责任或者以权谋私，造成严重后果的干部，可以建议给予处分，直至撤职。

（5）主管机关任命或者免除企业行政领导人员的职务时，必须充分考虑职工代表大会的意见。职工代表大会根据主管机关的部署，可以民主推荐厂长人选，也可以民主选举厂长，报主管机关审批。

【律师提示】　　用人单位奖惩制度的法律依据

《全民所有制工业企业职工代表大会条例》第七条规定，职工代表大会审议通过厂长提出的企业的经济责任制方案、工资调整计划、奖金分配方案、劳动保护措施方案、奖惩办法及其他重要的规章制度。《集体合同规定》第十七条规定，集体谈判的奖惩主要包括：①劳动纪律；②考核奖惩制度；③奖惩程序。根据职工民主管理规定，用人单位可以采用适当方式制定单位奖惩办法，以加强单位劳动纪律管理，维护单位正常生产秩序。

（五）职工代表大会组织及法律效力

1. 职工代表大会组织

职工代表大会选举主席团主持会议。主席团成员应有工人、技术人员、管理人员和企业的领导干部。其中工人、技术人员、管理人员应超过半数。《全民所有制工业企业职工代表大会条例》第十八条规定，职工代表大会至少每半年召开一次。每次会议必须有三分之二以上的职工代表出席。遇有重大事项，经厂长、企业工会或三分之一以上职工代表的提议，可召开临时会议。职工代表大会进行选举和做出决议，必须经全体职工代表过半数通过。

职工代表大会闭会期间，需要临时解决的重要问题，由企业工会委员会召集职工代表团（组）长和专门小组负责人联席会议，协商处理，并向下一次职工代表大会报告予以确认。

2. 职工代表大会决议的法律效力

职工代表大会应当围绕增强企业活力、促进技术进步、提高经济效益，针对企业经营管理、分配制度和职工生活等方面的重要问题确定议题。职工代表大会在其职权范围内决定的事项，非经职工代表大会同意不得修改。

（六）企业工会职责

企业工会委员会作为职工代表大会的工作机构，在上级工会的指导、支持和维护职工代表大会正确行使职权下，承担下列工作：

（1）组织职工选举职工代表。

（2）提出职工代表大会议题的建议，主持职工代表大会的筹备工作和会议的组织工作。

（3）主持职工代表团（组）长、专门小组负责人联席会议。

（4）组织专门小组进行调查研究，向职工代表大会提出建议，检查督促大会决议的执行情况，发动职工落实职工代表大会决议。

（5）向职工进行民主管理的宣传教育，组织职工代表学习政策、业务和管理知识，提高职工代表素质。

（6）接受和处理职工代表的申诉和建议，维护职工代表的合法权益。

（7）组织企业民主管理的其他工作。

【案例评析】《劳动合同法》规定，用人单位在制定规章制度时，对于其中涉及劳动者切身利益的方面，例如劳动报酬、工作时间、休息休假等，要经职工代表大会或者全体职工讨论，提出方案和意见，与工会或者职工代表平等协商确定。其中，涉及劳动者切身利益的项目用人单位应当公示或者告知劳动者。作为全民所有制工业企业，还应当遵守《全民所有制工业企业职工代表大会条例》。其规定单位负责人提出的企业的经济责任制方案、工资调整计划、奖金分配方案、劳动保护措施方案、奖惩办法及其他重要的规章制度，应由职工代表大会审议通过。本案中，用人单位在制定规章制度时没有经过职工代表大会程序，只是董事会的决议，没有满足民主程序标准，该规章制度不具备法律效力。

二、集体协商

（一）集体协商与集体合同

1. 集体协商

集体协商又称集体谈判，是指职工方代表（工会组织）与企业方代表（企业组织）为签订关于劳动标准和劳动条件的集体合同所进行平等对话与磋商的行为。集体协商是为纠正职工单独弱势签订苛刻劳动合同而制定的。

2. 集体合同

集体协商成果是集体合同。集体合同，是指工会或者职工推举的职工代表代表职工与用人单位依法协商劳动报酬、工作条件、工作时间、休息休假、劳动安全卫生、保险福利等事项而签订的协议。

职工个人与企业订立的劳动合同中劳动条件和劳动报酬等标准不得低于集体合同的规定。行业性、区域性集体合同对当地本行业、本区域的用人单位和劳动者具有约束力。它适用于签订集体合同的企业和所有与企业形成劳动关系的劳动者。

（二）集体协商的作用

职工代表大会适用范围受企业所有制的限制，而集体协商的民主管理形式可以广泛适用各行各业的单位组织。作为企业职工民主管理的重要形式之一，它产生如下作用：

（1）在签订劳动合同时，单个劳动者处于弱势而不足以同用人单位相抗衡，因而难以争取到公平合理的劳动条件。由工会代表全体劳动者同用人单位签订集体合同，就可以规定集体劳动条件，集体劳动条件是本单位内的最低个人劳动条件。因此，集体合同能够纠正和防止劳动合同对于劳动者的过分不公平，使之比较公平合理，也使劳资双方在实力上达到基本的平衡。

（2）劳动合同难以涉及的职工整体利益问题，可通过集体合同进行约定，如企业工资水平的确定、劳动条件的改善、集体福利的提高等。这样就会大大简化劳动合同的内容，也会大大降低签订劳动合同的成本。由于集体合同和劳动合同具有上述作用，集体合同被认为是劳动合同的“母合同”。

（3）在劳动合同的有效期内，如果企业经营状况和社会经济形势等因素发生了较大变化，那么可以通过集体合同调整和保障劳动者的利益。根据劳动法的有关规定，用人单位需要裁减人员，采用集体协商方式，使企业经济性裁员规范化，有利于社会的稳定。

（4）实行集体合同制度，可以实现对劳动关系的多方位、多层次调整。集体合同对劳动关系的调整，同一般的劳动法律法规相比对不同企业劳动关系的针对性比较强，同时也有利于消除或弥补劳动合同存在的某些随意性，实现工会在协调劳动关系和维护职工劳动权益的职能发挥得更直接、更有效，使工会的“维权”职能实现法制化。

（5）实行集体合同制度，有利于职工和企业之间的沟通和理解，有利于维护和发展企业生产经营的良好秩序，促进企业的稳定和发展。

【律师提示】 **集体合同的特殊性**

集体合同不同于规定劳动者个人劳动条件的劳动合同，而是规定劳动者集体的劳动条件。集体合同是特殊的劳动合同，特殊性主要有以下几点：

（1）集体合同是特定的当事人之间订立的协议。在集体合同中当事人一方是代表职工的工会组织或职工代表；另一方是用人单位。

（2）集体合同内容包括劳动报酬、工作时间、休息休假、劳动安全卫生、保险福利等事项。劳动标准是集体合同的核心内容，生效的集体合同劳动条件就会构成用人单位的基准劳动义务。

（3）集体合同的双方当事人的权利义务不均衡，其规定用人单位的劳动义务，强调劳动者劳动权益的保护。

（4）集体合同采取要式合同的形式。其还需要履行劳动行政部门的登记、审查、备案手续，才能产生法律效力。

（5）集体合同效力高于劳动合同。劳动合同规定的职工个人劳动条件和劳动报酬标准，不得低于集体合同的规定。

（三）集体协商法律制度

为了规范集体协商，确保集体合同的履行，《劳动法》《工会法》和《劳动合同法》等都对集体协商作了规定。《工会法》第二十条规定：“工会代表职工与企业以及实行企业化管理的事业单位进行平等协商，签订集体合同。集体合同草案应当提交职工代表大会或者全体职工讨论通过。”

为规范集体协商和签订集体合同行为，依法维护劳动者和用人单位的合法权益，国家颁布实施《集体合同规定》（2003 年）。《集体合同规定》适用于中国境内的企业和实行企业化管理的事业单位与本单位职工之间进行集体协商。为规范工资集体协商和签订工资集体协议行为，国家颁布实施了《工资集体协商试行办法》（2000 年）。

（四）集体协商代表

集体协商代表应依照法定程序产生。《集体合同规定》规定，集体协商双方代表人数应当对等，每方至少 3 人，并各确定 1 名首席代表。用人单位协商代表与职工协商代表不得相互兼任。法律对集体协商代表及首席代表的产生和更换做出如下规定：

职工协商代表，由工会选派，未建工会的企业由职工民主推举代表，并得到半数以上职工的同意。职工首席代表应当由工会主席担任，工会主席可以书面委托其他人员作为自己的代理人；未成立工会的，由职工集体协商代表推举。

用人单位协商代表，由用人单位法定代表人指派，首席代表由单位法定代表人担任或由其书面委托的其他管理人员担任。

集体协商双方首席代表可以书面委托本单位以外的专业人员作为本方协商代表。委托人数不得超过本方代表的三分之一。首席代表不得由非本单位人员代理。工会可以更换职工一方协商代表；未建立工会的，经本单位半数以上职工同意可以更换职工一方协商代表。用人单位法定代表人可以更换用人单位一方协商代表。

【法律链接】　集体协商职工代表的权利与义务

企业内部的协商代表参加集体协商的行为，视为提供了正常劳动。

职工一方协商代表在其履行协商代表职责期间劳动合同期满的，劳动合同期限自动延长至完成履行协商代表职责之时。用人单位不得非法与其解除劳动合同。

职工一方协商代表履行协商代表职责期间，用人单位无正当理由不得调整其工作岗位。

协商代表应当保守在集体协商过程中知悉的用人单位的商业秘密。

（五）集体协商程序

1. 制定集体合同草案的拟订

一般情况下，各个企业应当成立集体合同起草委员会或者起草小组，主持起草集体合同。起草委员会或者起草小组由企业行政和工会各派相同数量的代表组成。起草委员会或者起草小组进行调查研究，广泛征求各方面的意见和要求，提出集体合同的初步草案。

2. 集体合同草案的审议

起草委员会或者起草小组将集体合同草案文本提交职工大会或职工代表大会审议，企业经营者和工会主席分别就协议草案的产生过程、依据及涉及的主要内容作说明。由职工大会或职工代表大会对协议草案文本进行讨论，做出审议决定。

职工代表大会或者全体职工讨论集体合同草案，应当有2/3以上职工代表或者职工出席，且须经全体职工代表半数以上或者全体职工半数以上同意，集体合同草案方获通过。

3. 集体合同的签章

经职工大会或职工代表大会审议通过的集体合同草案，由双方首席代表签字或盖章。

4. 集体合同的登记备案

在集体合同签订后，将集体合同文本提请劳动保障行政主管部门登记备案。《集体合同规定》规定，劳动保障行政部门对集体合同有异议的，应当自收到文本之日起15日内将《审查意见书》送达双方协商代表。劳动保障行政部门在收到集体合同文本之日起15日内未提出异议的，集体合同发生法律效力。

5. 集体合同的公布

集体合同一经生效，企业应及时向全体职工公布集体合同内容。

【案例链接】　集体协商随意，集体合同无效

2014年，银川市一家中外合资企业在签订集体合同时，面临的一个问题就是该企业没有设立工会。企业认为应当选取了解企业状况的职工参与，决定提名7名职工代表候选人名单供职工推选5人。职工认为集体合同协商的职工代表应当全体职工推选，对公司的方案半数以上职工不参与表决。最终，参与表决过半数职工同意选举5名职工协商代表。5名职工代表与企业行政5名代表就集体合同开始谈判。为了防止出现反对和赞成同等票数情况的发生，企业决定由企业方的某代表作为谈判的总决定人，在意见难以通过时行使最终决定票。谈判中的议案是企业预先拟定的，忽视了职工基本诉求，2名职工代表坚决反对，但受到了企业解雇的威胁。无奈之下，职工代表签订了企业的集体合同。

根据反映情况，当地劳动行政部门审查备案时指出企业的违法行为有：①集体协商中职工代表推选程序错误，企业不能确定劳动者协商代表名单。若单位没有工会，则应当由职工代表大会选举产生，而且应当由全体员工半数以上同意才能担任协商代表，而不是参与投票的人半数以上同意即可。②企业行政方的谈判代表无权担任总决定人。③签订集体劳动合同时应当相互尊重，平等协商，公司威胁谈判职工代表的行为属于违法行为。根据《集体合同规定》，劳动部门送达了《审查意见书》，此次集体合同不产生法律效力。

三、职工董事和职工监事

（一）职工董事与职工监事

职工董事和职工监事，是指公司职工依照法律规定，选举一定数量的职工代表进入董事会和监事会，担任董事或者监事，参加企业重大决策，实现企业民主管理。职工董事和职工监事的民主管理模式，只存在于公司企业中。

职工董事与职工监事，让职工代表直接参与公司高层管理决策机构和监督机构，体现了职工作为企业成员应当享有的劳动权利。职工董事、职工监事制度，是现代企业制度的客观要求，是公司制企业民主决策、民主管理和民主监督的必要途径。与其他职工民主管理形式相比，职工董事和监事制有参与层次高、管理直接性强等优点。

（二）实行职工董事和职工监事的法律安排

职工董事和职工监事在公司相关机构中的安排，与公司的类型以及投资者身份不同有关。根据《公司法》的规定，其具体主要体现在以下几方面：

（1）有限责任公司的职工董事

两个以上的国有企业或者两个以上的其他国有投资主体投资设立的有限责任公司，其董事会成员中应当有公司职工代表；其他有限责任公司董事会成员中可以有公司职工代表。董事会中的职工代表由公司职工通过职工代表大会、职工大会或者其他形式民主选举产生。（《公司法》第四十五条）

（2）有限责任公司和股份有限公司的职工监事

监事会应当包括股东代表和适当比例的公司职工代表，其中职工代表的比例不得低于三分之一，具体比例由公司章程规定。监事会中的职工代表由公司职工通过职工代表大会、职工大会或者其他形式民主选举产生。（《公司法》第五十二条）

（3）国有独资公司职工董事和职工监事

国有独资公司董事会成员中应当有公司职工代表。董事会成员由国有资产监督管理机构委派；但是，董事会成员中的职工代表由公司职工代表大会选举产生。（《公司法》第六十八条）

国有独资公司监事会成员不得少于五人，其中职工代表的比例不得低于三分之一，具体比例由公司章程规定。监事会成员由国有资产监督管理机构委派；监事会成员中的职工代表由公司职工代表大会选举产生。（《公司法》第七十一条）

四、其他职工民主管理制度

（一）厂务公开

厂务公开是指企业、事业和民办非企业单位通过一定的形式和程序，适时向本单位职工公开与本单位发展和职工切身利益密切相关的重大事项，接受职工监督的民主管理制度。厂务公开是加强单位民主管理和保障职工民主监督的基础和前提。为了加强单位民主管理，各地都在推行厂务公开并制度化、责任化和法律化。

1. 厂务公开的基本形式

厂务公开的基本形式是职工代表大会，企业、事业单位还可通过固定的厂务公开栏、厂情发布会等形式及时公开厂务。企业、事业单位应当将厂务公开的内容每年至少向职工（代表）大会报告一次。遇有重大事项需要公开的，经单位法定代表人、工会组织或者三分之一以上职工（代表）提议，应当召开职工（代表）大会予以公开。企业、事业单位的法定代表人或行政主要负责人是厂务公开的责任人。

2. 厂务公开的内容

厂务公开要求单位一切有关单位重大决策问题、企业生产经营管理方面的重要问题、涉及职工切身利益方面的问题、与单位领导班子建设和党风廉政建设密切相关的问题，都应向职工公开。

厂务公开有两点需要注意：一是国有、集体及其控股企业和事业单位与民营企业、事业单位的厂务公开在内容上有所不同；二是国家法律规定禁止公开的不得公开，单位商业秘密和技术秘密不得公开。

（二）职工合理化建议

职工合理化建议，是指由职工向用人单位提出的有关改进和完善企事业单位生产技术和经营管理方面的办法和措施。

在实践中，职工位于生产第一线，对单位生产经营遇到的问题最先了解，最为关心。发挥职工合理化建议，单位可以及时发现生产问题，解决问题，防微杜渐。广大企业事业单位，采用奖励措施，鼓励职工合理化建议，实现单位的职工民主管理。

实训项目

一、判断题

1. 职工代表大会制度是各类企（事）业单位职工民主管理的基本形式。

2. 职工代表大会的职工代表由职工直接选举、职工代表相互推选和单位领导直接任命三种方式产生。

3. 集体合同只适用于签订集体合同的企业和与企业形成劳动关系的劳动者，但不包括合同签订后新加入的职工。

4. 集体合同草案经职工大会或职工代表大会审议通过，并自双方首席代表签字后生效。

5. 有限责任公司董事会应当配有公司职工董事，实现职工代表参与企业民主管理。

二、案例分析题

（一）2016 年 3 月，内蒙古某市矿业公司发生一起生产安全事故，造成 2 人死亡，直接经济损失达 600 万元。事故发生后，所在省煤矿安全监察局、市安全生产委员会与市工会组成了事故调查组。但矿业公司对市工会的事故调查不予积极配合，认为工会不是行政管理部门，不应当参加事故调查。公司一名负责人甚至对参与调查的工会同志说："这事跟工会没有什么关系，工会不要瞎掺和。"事故调查处理受到阻挠。

该矿业公司负责人的观点是否正确？为什么？

（二）海口市某大型建材生产有限公司董事长关某经常强令工人加班加点，不安排补休，象征性地发放加班津贴。对此，公司职工意见很大。在单位工会听取职工意见后，工会主席侯某多次找关某解决问题，纠正违反劳动法损害职工利益的行为。对于侯某三番五次找他麻烦，关某很是恼火，认为工会有意与企业生产经营管理为难。当侯某要求单位拨发工会经费时，关某说："工会搞不搞都无所谓，现在厂里的资金都要用于生产开支以保证企业生产经营。"面对关某的无理行为，侯某只有请求上级有关部门协调解决。

关某的做法对吗？请说出你的法律依据。

第九章 社会保险法实务

【导入案例】

用人单位瞒报社会保险被处罚案

小张是四川都江堰市一家建筑工程有限公司的技术骨干，一年前与公司签订了劳动合同，约定小张的基本工资为3 500元，另有绩效工资6 000元。小张每月完成单位所安排的工作，单位都能及时足额地发放合同所约定工资。前段时间，听职工反映，单位对职工社会保险存在“打折缴费”现象，那就是公司在为职工缴纳社会保险时一直是按照上一年全省职工月平均工资的40%作为缴费基数。这与国家规定按劳动者月实际收入缴纳费用不符。当然，单位这样做的目的是降低单位所承担的社会保险缴费金额，从而节省企业社会保险成本开支。小张到当地社会保险经办部门查看个人社会保险信息，发现职工之间的“传闻”属实。

通过对社会保险法律知识的学习，小张明白社会养老保险是劳动者退休时期经济上“最忠诚的依靠”，而退休以后所享受社会保险待遇的高低直接与现在职工社会保险账户上缴存保费的多少有直接关系。对于单位在社会保险上存在的问题，小张向公司提出应以本人应发工资办理社会保险，但单位认为缴费符合当地政策而不愿意调整。双方发生社会保险争议，小张非常不情愿地向当地劳动保障监察部门投诉。

接到投诉后，劳动保障监察员经调查发现，该工程公司多年来一直按照国家规定的标准为所有职工办理社会保险。对此，该公司负责人声称由于职工工资差距较大，政策允许参保基数可以在上年度全省月平均工资40%~300%之间选择，因此就选择采取这种方式参保。对此，劳动保障监察员指出：《四川省人民政府贯彻国务院建立统一的企业职工基本养老保险制度的决定的通知》等规定，当劳动者的月平均工资在上年度全省职工月平均工资40%~300%时，用人单位就应当以职工本人工资为基数办理社会保险；当职工本人工资低于全省上年度月平均工资40%时，才按上年度全省职工月平均工资40%缴费。《劳动保障监察条例》第二十七条规定：用人单位向社会保险经办机构申报应缴纳的社会保险费数额时，瞒报工资总额或者职工人数的，由劳动保险行政部门责令改正，并处瞒报工资数额1倍以上3倍以下罚款。

鉴于工程公司为职工缴纳社会保险费时瞒报了劳动者的部分工资收入，不足额办理社会保险属于违法行为，严重损害劳动者的合法权益，劳动监察部门责令工程公司限期向社保经办机构补足全体职工少缴部分的社会保险，并处以瞒报工资数1倍罚款。

第一节　社会保险法概述

一、社会保险与社会保险法概述

（一）社会保险

国家建立社会保障制度，以保障劳动者在内的广大公民在年老、疾病或者丧失劳动能力的情况下从国家和社会获得物质帮助的权利。社会保障体系包括社会保险、社会福利、社会救济、社会优抚和社会救助等。社会保险是社会保障体系的重要组成部分，在整个社会保障体系中居于核心地位。社会保险是市场经济的产物，是维系和谐市场经济秩序和劳动关系的基本保障。可以说，社会保险是社会文明进步的重要标志。

关于社会保险的理解，一般分为广义的社会保险和狭义的社会保险。广义的社会保险包括基本社会保险、补充性社会保险、个人储蓄性保险和商业保险等。狭义的社会保险是指国家法律强制性规定，由专门机构负责实施，通过向用人单位和个人等渠道筹集资金建立专项基金，以保障劳动者在失去劳动收入的特殊情况时能获得一定经济补偿的制度，即主要是指基本社会保险。本书所指的社会保险专指狭义的社会保险。

（二）社会保险法

建立一个现代化的、具有中国特色的社会主义社会保障体系，直接关系到中国经济体制改革的成败、社会的全面发展和社会的稳定。社会保险是社会保障的最重要方式，也是《宪法》赋予劳动者的基本权利。为了适应社会主义市场经济建设，我国建立了基本养老保险、基本医疗保险、工伤保险、失业保险、生育保险等社会保险法律制度，并将“广覆盖、保基本、多层次、可持续”作为我国社会保险制度的方针。

为了规范社会保险关系，维护公民参加社会保险和享受社会保险待遇的合法权益，使公民共享发展成果，促进社会和谐稳定，《中华人民共和国社会保险法》（以下简称《社会保险法》）于2010年10月28日通过，自2011年7月1日起施行。国家人力资源和社会保障部颁布配套细则即《实施〈社会保险法〉若干规定》（2011）。

【案例链接】　农民工是否可以享受工伤保险待遇

因承建安居工程项目，成都某建筑公司招收了一批农民工，双方口头约定了每天的工资，但没有签订劳动合同。在劳动用工期间，公司没有为农民工办理工伤保险。有一天，农民工许某在进行高空作业时，由于安全绳突然脱落从高处摔下，导致脊椎骨折。经治疗，许某下肢瘫痪，生活不能自理。许某要求该公司承担工伤责任，但公司以农民工没有资格办理工伤保险为由拒绝承担工伤责任。在劳动法律师的帮助下，根据《工伤保险条例》和《劳动和社会保障部关于农民工参加工伤保险有关问题的通知》等规定，许某提出了工伤认定，获得了劳动保障部门的支持。

（三）社会保险的主要作用

1. 能发挥社会稳定器的作用

社会成员的老、弱、病、残、孕等丧失劳动能力情形是在任何时代和任何社会制度下都无法避免的客观现象。当风险事故发生时，许多劳动者因灾害事故损失和丧失收入而难以维持基本的生活条件，成为社会的一种不安定因素。社会保险就是当劳动者遇到这些情况时给予适当的补偿以保障其基本生活水平，从而防止不安定因素的出现，起着社会安定的“稳定器”的重要作用。

2. 有利于保证社会劳动力再生产顺利进行

劳动者在劳动过程中遇到各种意外事件，如疾病、伤残、失业等，必然会使劳动者失去正常收入，造成劳动力再生产过程的停顿。而社会保险就是劳动者在遇到上述风险事故时给予必要的经济补偿和生活保障，使劳动力得以恢复。

3. 有利于实现社会公平和社会进步

由于劳动者在文化水平、劳动能力等方面的差异，必然造成收入上的差距。社会保险可以通过强制征收保险费，聚集成保险基金，对收入较低或失去收入来源的劳动者给予补助，提高其生活水平，在一定程度上实现社会的公平分配。社会保险还能体现出劳动者相互间的互助合作、同舟共济的精神，有利于促进社会进步。

【知识拓展】　　商业保险与社会保险的区别

(1) 性质不同。社会保险由国家立法并强制实施的，属于政府行为；商业保险是商业行为，保险人与被保险人之间完全是一种自愿的合同关系。

(2) 目的不同。社会保险不以营利为目的，其出发点是为了确保劳动者特殊情况下的基本生活，同时维护社会稳定和促进经济发展；商业保险的经营目的是获取商业利润，在此前提下给投保者在合同约定范围内以经济补偿。

(3) 对象不同。社会保险的参保对象是已建立劳动关系的劳动者，不论用人单位和劳动者主观上是否愿意，都必须参加，属于强制性保险；而商业保险的参保对象是全体社会成员，由公民自愿参加，属于任意性保险。

(4) 资金来源不同。社会保险费原则上由用人单位和个人共同承担，在必要时国家通过财政补贴等方式予以支持；商业保险费完全由投保人自己负担。

(5) 政府责任不同。社会保险是公民享有的一项基本权利，政府对社会保险承担最终的兜底责任。商业保险受市场竞争机制制约，政府依法对商业保险进行监管，以保护投保人的利益。

二、社会保险的主要特征

（一）国家强制性

社会保险是由国家立法并强制实施的，其实施条件和内容都必须按照法律规定的标准办理，凡符合法律规定的用人单位和个人与社会保险机构之间建立了社会保险关系，不必事先订立合同认可。负有社会保险交费义务的个人和单位都必须按规定的保险项目、标准费率交纳社会保险费。对用人单位未及时足额缴纳社会保险费的，除强制缴纳外，还要承担滞纳金等法律责任。

（二）基本保障性

社会保险保障劳动者的基本生活需要，劳动者基于法定原因失去劳动能力或中断劳动收入，社会保险就要对劳动者的生活等起到基本保障作用。保障水平应能维持其基本生活，解决其经济困难，也利于社会安定。

（三）非营利性

社会保险不能以盈利为目的，其倡导的理念精神是“以最小的花费，解决最大的问题”。社会保险费依法由用人单位和个人缴纳，在特殊情况下由国家给予保障。由于社会保险费是由多方共同分担，所以劳动者的缴费负担不会太重。

（四）保障普遍性

社会保险实施范围很广，一般情况下覆盖了本国的劳动者及其亲属。社会保险具有普遍性，但其保障的广度和深度取决于社会经济发展水平和社会承受能力。在条件不成熟情况下，社会保险可以先在一部分劳动者中实施，随着条件的发展再逐步扩大到所有的劳动者，以至于全体社会成员。

（五）待遇差别性

社会保险待遇并非实行“平均享受主义”，而是以参保劳动者的社会保险期限和缴纳保险费的多少等差异而实行差别待遇。例如基本养老保险，其社会保险缴费期限越长和缴纳费用越多的，劳动者退休时所享受的基本养老保险待遇就越高。

【案例链接】　　把社保费当工资发，单位受处罚

江苏扬州市某私营布艺商店招用的10名劳动者联名向劳动监察大队反映，该单位老板在劳动合同中约定企业缴纳的社保费包括在工资里，即单位每月补发每人社会保险费300元，劳动者自行办理社会保险。其结果是，员工只能以自由职业者身份参加社会保险，每月承担社会保险费用总额为950元。

劳动监察部门认为，依据《社会保险费征缴暂行条例》等规定，对于不依法办理社会保险的缴费单位，劳动监察部门可责令其限期整改；情节严重的，可以对缴费单位和其有关责任人处以罚款。对于未依法缴纳和代扣代缴社保费的缴费单位，由社会保险征缴机关责令限期缴纳；逾期仍不缴纳的，除补缴欠缴数额外，从欠缴之日起，按日加收千分之二的滞纳金。对此，劳动监察部门要求该用工单位在收到《限期整改指令书》之日起，5个工作日内进行整改，未开户的开户，少缴、漏缴的都要补全。同时，对单位未足额参保，且不按法规整改的情况，市劳动监察支队将给予相应的行政处罚。

三、社会保险基金

国家发展社会保险事业，建立社会保险制度，设立社会保险基金，使劳动者在年老、患病、工伤、失业、生育等情况下获得帮助和补充。社会保险基金是指国家为了举办社会保险事业、支付给丧失劳动能力或丧失劳动机会的劳动者各项保险金而设立的基金。

（一）社会保险基金的来源

社会保险基金按照保险类型确定资金来源，逐步实行社会统筹，用人单位和劳动者必须依法参加社会保险，缴纳社会保险费。社会保险基金是国家通过立法方式进行强制征收，并主要面向用人单位和劳动者筹集，必要时国家给予保障支持，如《社会保险法》规定“基本养老保险基金出现支付不足时，政府给予补贴”。同时，国家还通过税收优惠等政策支持社会保险事业健康稳步发展。

社会保险基金的主要来源有：一是用人单位和劳动者依法缴纳的社会保险费和滞纳金；二是社会保险基金的增值性收入；三是政府拨给的资金；四是各种捐赠收入；

五是法定的其他收入。

【社会观察】 2018年度成都市企业职工社会保险费缴纳结构及比例

（1）单位缴纳部分：月缴费工资×单位缴费率=月缴费工资×（基本养老保险19%+基本医疗保险6.5%+失业保险0.6%+生育保险0.8%+工伤保险×行业基准费率）；

（2）职工个人缴纳部分：月缴费工资×职工缴费率=月缴费工资×（基本养老保险8%+基本医疗保险2%+失业保险0.4%）；

其中，缴费工资按照国家统计局《关于工资总额组成的规定》执行，即包括计时工资、计件工资、奖金、津贴和补贴、加班加点工资和特殊情况下支付的工资等；工伤保险行业基准费率实行浮动制，由政府根据单位行业不同确定基准费率和单位上一年享受工伤保险待遇的情况来确定。

（二）社会保险基金的管理

社会保险基金经办机构依照法律规定收支、管理和运营社会保险基金，并负有使社会保险基金保值增值的责任。社会保险基金监督机构依照法律规定，对社会保险基金的收支、管理和运营实施监督。社会保险基金经办机构和社会保险基金监督机构的设立和职能由法律规定，任何组织和个人不得挪用社会保险基金。

社会保险基金是社会保险事业的生命线，是百姓的“养命钱”“活命钱”，是社会保险制度运行的物质基础。社会保险基金的安全与完整，直接关系到广大参保人员的切身利益和社会稳定。国家对社会保险基金实行严格监管。国务院和省、自治区、直辖市人民政府建立健全社会保险基金监督管理制度，保障社会保险基金安全、有效运行。县级以上人民政府应当采取措施，鼓励和支持社会各方面参与社会保险的监督。

（三）社会保险基金的支取

劳动者在退休、患病负伤、因工伤残或者患职业病、失业、生育时，依法享受社会性保险待遇。劳动者死亡后，其遗属依法享受遗属津贴。

劳动者享受社会保险待遇的条件和标准由法律法规规定，社会保险机构必须按时足额支付劳动者享受的社会保险金。

四、社会保险费征缴管理

为了加强和规范社会保险征缴工作，保障社会保险金的发放，依据《社会保险费征缴暂行条例》（1999）规定，社会保险费征缴管理事项如下：

（1）社会保险登记、变更和终止管理

缴费单位必须向当地社会保险经办机构办理社会保险登记，参加社会保险。登记事项包括：单位名称、住所、经营地点、单位类型、法定代表人或者负责人、开户银行账号以及国务院劳动保障行政部门规定的其他事项。

社会保险登记证件不得伪造、变造。登记事项发生变更或者缴费单位依法终止的，应当自变更或者终止之日起30日内，到社会保险经办机构办理变更或者注销社会保险登记手续。

（2）社会保险缴费数额管理

缴费单位必须按月向社会保险经办机构申报应缴纳的社会保险费数额，经社会保险经办机构核定后，在规定的期限内缴纳社会保险费。

缴费单位不按规定申报应缴纳的社会保险费数额的，由社会保险经办机构暂按该单位上月缴费数额的110%确定应缴数额；没有上月缴费数额的，由社会保险经办机构暂按该单位的经营状况、职工人数等有关情况确定应缴数额。缴费单位补办申报手续并按核定数额缴纳社会保险费后，由社会保险经办机构按照规定结算。

（3）税务机关征收社会保险费管理

依法由税务机关征收社会保险费的，社会保险经办机构应当及时向税务机关提供缴费单位社会保险登记、变更登记、注销登记以及缴费申报的情况。

由税务机关征收社会保险费的，税务机关应当及时向社会保险经办机构提供缴费单位和缴费个人的缴费情况；社会保险经办机构应当将有关情况汇总，报劳动保障行政部门。

五、社会保险中用人单位的义务与劳动者的权利

（一）用人单位的社会保险义务

（1）缴费义务。职工基本养老保险、职工基本医疗保险、失业保险的缴费义务由用人单位与职工共同承担；工伤保险、生育保险的缴费义务全部由用人单位承担。缴费单位和缴费个人应当按时足额缴纳社会保险费。

（2）登记义务。用人单位应当自成立之日起30日内凭营业执照、登记证书或者单位印章，向当地社会保险经办机构申请办理社会保险登记；用人单位应当自用工之日起30日内为其职工向社会保险经办机构申请办理社会保险登记。

（3）申报和代扣代缴义务。用人单位负有自行申报、按时足额缴纳社会保险费的法定义务，非因不可抗力等法定事由不得缓缴、减免。

职工应当缴纳的社会保险费由用人单位代扣代缴。用人单位未依法代扣代缴的，由社会保险费征收机构依据《实施〈社会保险法〉若干规定》第二十条规定，责令用人单位限期代缴，并自欠缴之日起向用人单位按日加收万分之五的滞纳金。用人单位不得要求职工承担滞纳金。

【律师提示】　用人单位未依法足额缴纳社会保险费的法律风险

（1）用人单位未足额缴纳工伤保险费，造成工伤职工享受的工伤保险待遇降低的，降低部分由该用人单位支付。

（2）用人单位向社会保险经办机构申报应缴纳的社会保险费数额时，瞒报工资总额或者职工人数的，由劳动保障行政部门责令改正，并处瞒报工资数额1倍以上3倍以下的罚款。

（3）用人单位未按时足额缴纳社会保险费的，由社会保险费征收机构责令限期缴纳或者补足，并自欠缴之日起，按日加收万分之五的滞纳金；逾期仍不缴纳的，由有关行政部门处欠缴数额一倍以上三倍以下的罚款。

（4）用人单位未按照规定申报应缴纳的社会保险费数额的，由劳动保障行政部门责令限期改正；情节严重的，对直接负责的主管人员和其他直接责任人员可以处罚款。

（二）劳动者的社会保险权利

（1）享受社会保险待遇的权利。用人单位负有对劳动者办理社会保险的义务，还应做到“应保尽保”。当缴费个人依法履行了缴费义务且符合法律规定的情形时，有权

依法享受社会保险的各项待遇。

（2）享有社会保险知情权。缴费个人有权按规定向社会保险经办机构查询本单位缴费状况和本人个人账户记录情况，在发现本人个人账户记录有误时，缴费个人可依法要求社会保险经办机构予以更正。同时还有权要求所在单位向职工公布全年社会保险费的缴纳情况。

（3）享有监督举报权。任何人对有关社会保险费征缴的违法行为，都有举报权。如用人单位未按规定履行缴费义务，缴费个人认为其社会保险权益受到侵犯时，可以举报或提请有关部门处理，劳动保障行政部门或者税务机关对举报应及时调查，按规定处理，并为举报人保密。

（4）享有程序救济权利。在办理社会保险或享受社会保险待遇，与用人单位发生争议的，或与社会保险经办机构发生争议的，劳动者享有通过行政复议、劳动争议仲裁或劳动争议诉讼等程序救济权利。职工认为用人单位有未按时足额为其缴纳社会保险费等侵害其社会保险权益行为的，也可以要求社会保险行政部门或者社会保险费征收机构依法处理。

【法律链接】　国家税收优惠支持社会保险事业

通过税收优惠以减轻纳税人的纳税义务，是国家干预经济的重要手段之一。目前，我国对社会保险方面的税收优惠主要内容有：①用人单位和个人社会保险缴费部分在所得税税前列支。单位为个人缴付和个人缴付的基本养老保险费、基本医疗保险费、失业保险费、住房公积金，从纳税义务人的应纳税所得额中扣除；②个人账户资金免收利息税。个人账户不得提前支取，记账利率不得低于银行定期存款利率，免征利息税；③社会保险待遇免征个人所得税。

第二节　基本养老保险

养老保障是每一位劳动者必须面对且必须解决的人生大计，它好似“远在天边”但又“近在眼前”，因为享受养老保障是劳动者退休时期才产生的基本需要，但享受养老保险的前提是劳动者工作时期必须依法办理社会保险缴费问题。做好劳动者养老保障工作，也是政府面对的国家责任问题。对于一个负责任的政府来说，有义务使国民安享晚年，有责任让国民“老有所养”。目前，我国建立了基本养老保险制度，为劳动者在年老退休后提供稳定的基本养老保障。事实证明，国家举办的基本社会养老保险已经成为劳动者退休之后经济上“最忠诚的依靠”。

一、基本养老保险概述

（一）基本养老保险

基本养老保险又称国家基本养老保险，是指国家根据法律、法规的规定，强制建立和实施的，用人单位和劳动者依法共同缴纳养老保险费，在劳动者达到法定退休年龄或因其他原因而退出劳动岗位后，由社会保险经办机构依法向其支付养老金等待遇，从而保障其基本生活的制度。

基本养老保险制度是社会保障制度的重要组成部分，我国建立了“覆盖城乡居民”的职工基本养老保险制度、新型农村社会养老保险制度、城镇居民社会养老保险制度。对于职工养老保险而言，形成了基本养老保险、企业补充养老保险和个人储蓄性养老保险等多层次相结合的养老保险体系。其中，基本养老保险是多层次职工养老保险体系的核心内容。

【案例链接】　　双方过错导致劳动者退休无法享有社会保险待遇案

自1993年5月开始，劳动者林平之就在华山公司上班，2014年8月，林平之因年满60周岁办理了退休手续。在职期间，华山公司未为林平之办理社会保险，但2009年1月至2014年8月，林平之每月从华山公司领取了应由单位承担的180元社会保险费用，2014年9月林平之一次性领取了2001年至2008年社会保险费用17 280元（每月180元）。2014年9月24日，林平之向劳动争议仲裁委员会申请仲裁，仲裁请求：要求华山公司赔偿林平之因未办理社会保险手续而无法享受社会养老保险待遇的损失人民币148 200元（社会保险养老金：950元/月×12个月×13年=148 200元）等。同年9月25日，劳动争议仲裁委员会做出不予受理通知书，以主体不适格为由不予受理。林平之不服，遂诉至法院。法院一审判决支持林平之要求用人单位赔偿无法享受社会保险待遇的损失。同时，法院认为林平之对损失的造成负有过错，自己应承担50%的责任。

（二）基本养老保险法律制度

1997年，国务院发布《关于建立统一的企业职工基本养老保险制度的决定》（国发〔1997〕26号），建立了由国家、企业和个人共同负担的基金筹集模式，确定了社会统筹与个人账户相结合的基本模式，统一了企业职工基本养老保险制度。为了配合《关于建立统一的企业职工基本养老保险制度的决定》的实施，国家颁布实施了《职工基本养老保险个人账户管理暂行办法》《关于规范企业职工基本养老保险个人账户管理有关问题的通知》《关于严格执行职工基本养老保险个人账户转移政策的通知》等制度。

随着人口老龄化、就业方式多样化和城市化的发展，现行企业职工基本养老保险制度还存在个人账户没有做实、计发办法不尽合理、覆盖范围不够广泛等不适应的问题，需要加以改革和完善。为此，国务院颁布实施了《国务院关于完善企业职工基本养老保险制度的决定》（国发〔2005〕38号）。

二、基本养老保险的参保范围

【案例讨论】厦门市某外商独资公司高薪聘用了一位博士毕业生赵某担任项目经理。在建立劳动关系时，公司人事部经理说：“公司约定合同工资为1.8万元/月，条件是社会保险等福利待遇由个人负责。”听了这话，赵博士心里盘算开了：“这个公司给我的工资的确是够多的，可就是将来万一得了大病或者老了怎么办呢？”但他转念又一想：“我刚30多岁，一般也不会有什么大病，至于养老问题，现在考虑还为时过早。倒不如趁年轻多挣些钱来得实惠。”工作以后，赵博士为了解除自己的后顾之忧，每月从工资中拿出2 000元，向保险公司投了一份养老保险。几个月后，由于赵博士与董事长在公司的经营管理等重大问题上产生了分歧，被董事长炒了“鱿鱼”。赵博士不服，提起了劳动争议仲裁。

在劳动争议仲裁过程中，赵博士提出公司未给他缴纳养老保险，侵犯了劳动者的合法权益。公司反驳并认为不办养老保险，是事先征得了劳动者本人的同意；同时，劳动者本人也已经向保险公司投了养老保险。

在此情况下，该公司是否还应该给赵某缴纳养老保险？

基本养老保险的参保范围，也就是指负有缴纳基本养老保险费义务的单位和个人。根据我国现行法律制度规定，基本养老保险的参保范围包括以下当事人：

（1）各种企业及其劳动者。其中，各种企业包括不同所有制形式和各种组织形式的企业。

（2）实行社会化管理的事业单位、社会团体、民办非企业单位及其劳动者。

（3）机关事业单位和社会团体及其编制外聘用人员。

（4）城镇个体工商户及其雇工、城镇自由职业者等。

参加基本社会养老保险的劳动者包括正式工、临时工、外来工和农民工等。根据《国务院关于完善企业职工基本养老保险制度的决定》规定，城镇各类企业职工、个体工商户和灵活就业人员都要参加企业职工基本养老保险。当前及今后一个时期，政府要以非公有制企业、城镇个体工商户和灵活就业人员参保工作为重点，扩大基本养老保险覆盖范围。

三、基本养老保险缴费标准

职工参加基本养老保险的，由用人单位和职工共同缴纳基本养老保险费。基本养老保险费缴费总额=缴费工资×(单位缴费比例+职工缴费比例)，具体规定如下：

（一）缴费比例

基本养老保险单位缴费比例与职工缴费比例有不同规定。单位缴纳比例相对较高，其具体标准由各省级人民政府确定；职工个人基本养老保险缴费标准，由《国务院关于建立统一的企业职工基本养老保险制度的决定》（国发〔1997〕26号）和《国务院关于完善企业职工基本养老保险制度的决定》（国发〔2005〕38号）两份规范性文件做出具体规定。自2006年起，职工个人缴纳基本养老保险费的比例为8%。

对国家机关、事业单位实行劳动合同制的职工和自由职业者等的缴费比例，又有别于上述规定。

（二）缴费工资

用人单位及其劳动者的基本养老保险缴费工资口径，统一按国家统计局规定列入工资总额统计的项目计算，其中包括工资、奖金、津贴、补贴等收入。《国务院关于建立统一的企业职工基本养老保险制度的决定》（国发〔1997〕26号）规定，当劳动者月平均工资低于当地职工月平均工资60%的，按当地职工月平均工资的60%作为缴费基数；当劳动者月平均工资高于当地职工月平均工资300%的，按当地职工月平均工资的300%作为缴费基数。当劳动者月平均工资处于当地职工月平均工资60%~300%的区间段的，应以劳动者的实际工资收入作为缴费基数。

对于无雇工的个体工商户、未在用人单位参加基本养老保险的非全日制从业人员以及其他灵活就业人员参加基本养老保险的，《社会保险法》规定由个人缴纳基本养老保险费，分别记入基本养老保险统筹基金和个人账户。

四、基本养老保险账户

基本养老保险账户分基本养老社会统筹账户和基本养老保险个人账户。其中，基本养老保险个人账户，是指社会保险经办机构以居民身份证号码为标识，为每位参加基本养老保险的职工个人设立的唯一的、用于记录职工个人缴纳的养老保险费的账户。基本养老保险个人账户是职工在符合国家规定的退休条件并办理了退休手续后，领取基本养老金的主要依据。

基本养老保险个人账户直接关系到劳动者退休后领取养老保险金的多少，也是退休职工所领取退休养老保险金差异的根源。个人账户记入的资金包括三部分：①当年缴费本金，个人全部缴费。关于用人单位缴费中按比例划入个人账户的，自 2006 年 1 月 1 日起国家不再执行此项规定；②当年本金生成的利息；③历年累计储存额生成的利息。

对于国有企业、事业单位的职工，在参加基本养老保险前视同缴费年限期间应当缴纳的基本养老保险费，由政府承担并分别计存于基本养老社会统筹账户和基本养老保险个人账户。

五、国家对个人基本养老保险的保障

（1）个人账户记账利率不得低于银行定期存款利率，并免征利息税。所得利息部分免征个人所得税，并滚动进入个人账户。

（2）劳动者流动不影响待遇。劳动者在所有企业和个体经济组织之间的工作流动，养老保险关系和个体账户都可以保留并随之转移，缴纳的基本养老保险费可累计计算，退休时不影响基本养老金待遇的计发。

（3）基本生活有保障。参保人员在达到法定退休年龄后，符合按月领取基本养老保险条件的，终其一生，均可按月领取养老金直到死亡。参保人员退休后的养老金水平随职工工资水平的提高而提高。

（4）养老保险个人账户中的金额属于个人私有财产。法律不但规定劳动者生前未支取的部分可以继承或者赠予，而且还规定了劳动者终止社会保险关系的其他一次性领取情形。

六、基本养老保险待遇

（一）基本养老金的给付条件

职工基本养老保险个人账户不得提前支取。职工享受基本养老保险待遇，应当符合下列条件：

（1）劳动者达到国家法律、法规规定的退休条件并办理了退休手续。

（2）劳动者基本养老保险费缴费年限必须满 15 年。缴费年限，包括实际缴费年限和国家规定的视同缴费年限两种情形。

对于参加基本养老保险的个人达到法定退休年龄时累计缴费不足十五年的，《社会保险法》规定劳动者可以选择：一是缴费至满十五年，劳动者可以按月领取基本养老金；二是可以转入新型农村社会养老保险或者城镇居民社会养老保险，劳动者享受新型农村社会养老保险待遇或者城镇居民社会养老保险待遇。

【法律链接】 **社会保险缴费年限不足的处理规定**

《实施〈社会保险法〉若干规定》对未满社会保险缴费年限的具体处理规定如下:

参加职工基本养老保险的个人达到法定退休年龄时，累计缴费不足十五年的，可以延长缴费至满十五年。社会保险法实施前参保、延长缴费五年后仍不足十五年的，可以一次性缴费至满十五年。

参加职工基本养老保险的个人达到法定退休年龄后，累计缴费不足十五年，且未转入新型农村社会养老保险或者城镇居民社会养老保险的，个人可以书面申请终止职工基本养老保险关系。在终止职工基本养老保险关系确认后，将个人账户储存额一次性支付给本人。

(二) 基本养老保险待遇

1. 基本养老金

(1) 实施基本养老保险制度后参加工作的退休职工：月基本养老金=月基础养老金+月个人账户养老金

其中，基础养老金每月标准以计发所在省上年度在岗职工月平均工资和本人指数化月平均缴费工资的平均值为基数，缴费每满1年发给1%，从社会统筹基金账户中支付；个人账户养老金每月标准为个人账户储存额除以计发月数，从本人个人账户中支付；不足支付时，从社会统筹基金账户中继续支付。计发月数根据职工退休时城镇人口平均预期寿命、本人退休年龄、利息等因素确定。目前，各地多采用120作为计发月数。

(2) 实施基本养老保险制度前参加工作的退休职工，其基本养老金计发标准为：在发给基础养老金和个人账户养老金的基础上再发给过渡性养老金，即所谓的过渡办法或者“老人老办法”等。对此，《国务院关于完善企业职工基本养老保险制度的决定》(国发〔2005〕38号) 做出了明确的规定。

2. 基本养老保险其他待遇

参加基本养老保险的个人，因病或者非因工死亡的，其遗属可以领取丧葬补助金和抚恤金；在未达到法定退休年龄时因病或者非因工致残完全丧失劳动能力的，可以领取病残津贴。

第三节 基本医疗保险

疾病是人类无法回避的重大风险，它不仅伤害人的身体健康和精神健康，而且会增加患者的经济负担，甚至导致其家庭贫困等。由于疾病危害的广泛性、普遍性和不可避免性，医疗保险和其他社会化的医疗保障制度才逐渐成为许多国家社会保障体系中的重要组成部分。目前，我国建立的社会医疗保险体系由基本医疗保险（个人账户、统筹基金)、补充医疗保险（公务员医疗补助、企业补充医疗保险）和大额医疗费补充保险三部分组成。其中，基本医疗保险保障所有劳动者对医疗费用的基本需求。

一、基本医疗保险的概念

(一) 基本医疗保险

基本医疗保险，是指国家通过立法建立的，保障劳动者及其供养亲属非因工伤病后从国家和社会获得基本医疗帮助的一种社会保险制度。我国城镇所有用人单位及其职工都要参加基本医疗保险；同时，为了不降低一些特定行业职工的医疗消费水平，在参加基本医疗保险的基础上，还允许建立补充医疗保险。

目前，我国建立了保障职工基本医疗保险的法律制度，主要有《国务院关于建立城镇职工基本医疗保险制度的决定》（国发〔1998〕44 号）和《社会保险费征缴暂行条例》等。为了配合基本医疗保险制度的实施，各地省级人民政府制订了配套地方法规。

（二）基本医疗保险的特征

（1）基本医疗保险具有普遍性、短期性和经常性的特点。基本医疗保险的覆盖对象是全体职工，并且疾病风险的发生是随机的、突发性的，因此为该风险提供社会保障的基本医疗社会保险必须具有普遍性、短期性和经常性的特点。

（2）风险事故的高发性。疾病风险具有较强的不可避免性、随机性和不可预知性。人们很难对疾病的发生时间、类型、严重程度进行准确判断，这加大了疾病风险的危害。因此，在法律规定范围内的群体，无论患病与否，必须一律参加基本医疗保险，以有效分担不可预期的疾病风险，提高全社会的医疗保障能力。

（3）基本医疗保险涉及面广，具有复杂性。实行基本医疗保险必须处理好医、患、保、药等方面的关系。患病时每个人的实际医疗费用无法事先确定，支出多少不仅取决于患病的实际情况，还有医疗处置手段、医药服务提供者的行为甚至可能的道德风险等对医疗费用产生的影响。因此，需要对医疗服务提供者以及医药服务的项目和内容进行管理，以提高医疗保险基金的利用效率。

（4）基本医疗保险待遇补偿方式为非定额补偿。患者获得的补偿与缴费多少无关而与医疗费用直接相关，即这种补偿不是取决于其所缴的基本医疗保险费，而是取决于病情、疾病发生的频率以及实际需要。

二、基本医疗保险的原则

（1）基本医疗保险费由用人单位和职工双方共同负担。随着疾病风险类别的增多、后果严重性的加剧，依靠个人的力量是远远不能够控制疾病风险的；同时，在社会化大生产的过程中，劳动者作为社会劳动力的形式存在。因此，疾病风险需要由单位和职工共同分担。

（2）基本医疗保险管理的规范化原则。基本医疗保险的根本宗旨是既要保障参保人的医疗需求，又要避免或尽量减少基本医疗保险基金的浪费。基本医疗保险基金的使用必须严格遵循法律规章制度，保证专款专用。我国对基本医疗保险基金实行社会统筹和个人账户相结合的管理体制，并实行属地管理原则。

（3）基本医疗保险的统筹和保障水平与经济社会发展水平相适应原则。目前，我国处于社会主义初级阶段，国家应根据财政、单位和个人的承受能力，建立了保障职工基本医疗需求的基本医疗保险制度。

【法律链接】 **参保人员在非协议医疗机构就医规定**

参保人员在协议医疗机构发生的医疗费用，符合基本医疗保险药品目录、诊疗项目、医疗服务设施标准的，按照国家规定从基本医疗保险基金中支付。

参保人员确需急诊、抢救的，可以在非协议医疗机构就医；因抢救必须使用的药品可以适当放宽范围。参保人员急诊、抢救的医疗服务具体管理办法由统筹地区根据当地实际情况制定。

三、基本医疗保险覆盖范围和缴费办法

（一）基本医疗保险的覆盖范围

城镇所有用人单位，包括企业、机关、事业单位、社会团体、民办非企业单位及其职工都必须参加基本医疗保险。乡镇企业及其职工、城镇个体经济组织业主及其从业人员是否参加基本医疗保险，由省级人民政府决定。

（二）基本医疗保险费的缴费办法

基本医疗保险费由用人单位和职工共同缴纳。用人单位缴费率应控制在职工工资总额的6%左右，职工缴费率为本人工资收入的2%。随着经济发展，用人单位和职工缴费率可作相应调整。

参加职工基本医疗保险的个人，达到法定退休年龄时累计缴费达到国家规定年限的，退休后不再缴纳基本医疗保险费，按照国家规定享受基本医疗保险待遇；未达到国家规定年限的，可以缴费至国家规定年限。

灵活就业人员可以自愿参加职工基本医疗保险。灵活就业人员参加职工基本医疗保险的，可以参照当地基本医疗保险建立统筹基金的缴费水平确定缴纳基本医疗保险的义务。

四、基本医疗保险统筹基金和个人账户管理

基本医疗保险基金由统筹基金和个人账户构成。

（一）基本医疗保险统筹基金和个人账户的资金来源

职工个人缴纳的基本医疗保险费，全部计入个人账户。用人单位缴纳的基本医疗保险费分为两部分：一部分用于建立统筹基金，一部分划入个人账户。划入个人账户的比例一般为用人单位缴费的30%左右，具体比例由统筹地区根据个人账户的支付范围和职工年龄等因素确定。

（二）基本医疗保险个人账户管理

（1）个人账户的本金及其利息属参保人员个人所有，可以结转和依法继承，但不得提取现金或挪作他用。职工跨地区流动时其个人账户随之转移。

（2）个人账户和统筹基金分开核算，互不挤占。个人账户用于支付门诊医疗费，统筹基金用于支付住院医疗费。

（3）个人跨统筹地区就业的，其基本医疗保险关系随本人转移，缴费年限累计计算。

（4）用人单位未按规定按时、足额缴纳基本医疗保险费的，停止计入该单位参保职工个人账户，统筹基金停止支付，并按照《社会保险费征缴暂行条例》的规定加收滞纳金和予以处罚。

五、基本医疗保险金支付管理

基本医疗保险待遇的主要内容表现为医疗服务，其中包括药品、诊疗、住院等项目，其标准及相关管理办法由劳动和社会保障部会同财政部等有关部门制订。符合基本医疗保险药品目录、诊疗项目、医疗服务设施标准以及急诊、抢救的医疗费用，按照国家规定从基本医疗保险基金中支付。

（1）基本医疗保险统筹基金和个人账户在各自的支付范围，分别核算，不得互相挤占。

（2）确定统筹基金的起付标准和最高支付限额，起付标准原则上控制在当地职工年平均工资的 10%左右，最高支付限额原则上控制在当地职工年平均工资的 4 倍左右。

（3）统筹基金起付标准以下的医疗费用，从个人账户中支付或由个人自付。起付标准以上、最高支付限额以下的医疗费用，主要从统筹基金中支付，个人也要负担一定比例。超过最高支付限额的医疗费用，可以通过商业医疗保险等途径解决。

统筹基金的具体起付标准、最高支付限额以及在起付标准以上和最高支付限额以下医疗费用的个人负担比例，根据《国务院关于建立城镇职工基本医疗保险制度的决定》规定，由统筹地区根据以收定支、收支平衡的原则确定。

【法律链接】　医疗费用未纳入基本医疗保险基金支付范围的项目

《社会保险法》规定不纳入基本医疗保险基金支付范围的医疗费用主要有：①应当从工伤保险基金中支付的；②应当由第三人负担的；③应当由公共卫生负担的；④在境外就医的。

医疗费用依法应当由第三人负担，第三人不支付或者无法确定第三人的，由基本医疗保险基金先行支付。基本医疗保险基金先行支付后，有权向第三人追偿。

第四节　工伤保险

当人类社会进入了工业化时代，工作节奏的加快和工作环境的特殊性，劳动者的工伤事故日渐增多；同时，劳动者在工作中接触有毒、有害因素，也增加其职业患病的危险度。工伤事故或者职业病的发生，不但损害了劳动者的人身健康和生命安全，还会使劳动者及其家庭陷入经济困境之中。如果没有办理工伤保险，工伤赔偿责任还会导致用人单位背上沉重的经济包袱，直接影响单位整个生产经营活动。建立工伤保险，转移风险损害，既是对单位负责，更是对劳动者及其家族负责。工伤保险构成社会保险的体系之一，成为社会文明的重要标志。

一、工伤保险的概述

（一）工伤保险

【案例评析】吴某系海口市某医院的聘用职工，在工作期间因私事与本院职工郑某发生口角，双方互殴，致使吴某受伤住院治疗。在住院期间，单位减发了其工资。吴某出院后，要求单位支付其住院期间的工资及津贴，并报销医疗费用。单位认为吴某在工作时间斗殴是违反劳动纪律的行为，致伤住院的一切经济损失应由个人承担，所以未答应吴某的要求。而吴某认为是自己是在工作地点和工作期间内受到的伤害，应认定为工伤，遂向当地工伤认定部门提出工伤认定申请。

工伤认定部门会支持吴某的请求吗？

工伤保险，是指劳动者因工负伤或残废或患职业病，暂时或永久丧失劳动能力，从社会得到物质帮助的一种社会保险制度。工伤保险是社会保险中最具普及性的一种保障制度。依法享受工伤保险待遇是劳动者的基本权益。

为了保障因工作遭受事故伤害或者患职业病的职工获得医疗救治和经济补偿，促进工伤预防和职业康复，分散用人单位的工伤风险，2003 年国务院颁布实施了《工伤保险条例》。随着经济形势和劳动用工的变化，2010 年国务院对《工伤保险条例》进行了修正，并自 2011 年 1 月 1 日起施行。为了配合该条例的实施，各省、自治区和直辖市制订了配套实施细则。在劳动司法实践中，《最高人民法院关于审理工伤保险行政案件若干问题的规定》（2014）成为工伤案件审理的指导依据。

【法律链接】　特殊情况下的工伤保险责任分配

《最高人民法院关于审理工伤保险行政案件若干问题的规定》规定当社会保险行政部门认定下列单位为承担工伤保险责任单位的，人民法院应予以支持：

（一）职工与两个或两个以上单位建立劳动关系，工伤事故发生时，职工为之工作的单位为承担工伤保险责任的单位；

（二）劳务派遣单位派遣的职工在用工单位工作期间因工伤亡的，派遣单位为承担工伤保险责任的单位；

（三）单位指派到其他单位工作的职工因工伤亡的，指派单位为承担工伤保险责任的单位；

（四）用工单位违反法律、法规规定将承包业务转包给不具备用工主体资格的组织或者自然人，该组织或者自然人聘用的职工从事承包业务时因工伤亡的，用工单位为承担工伤保险责任的单位；

（五）个人挂靠其他单位对外经营，其聘用的人员因工伤亡的，被挂靠单位为承担工伤保险责任的单位。

前款第（四）、（五）项明确的承担工伤保险责任的单位承担赔偿责任或者社会保险经办机构从工伤保险基金支付工伤保险待遇后，有权向相关组织、单位和个人追偿。

（二）工伤保险的特征

（1）工伤保险适用范围具有广泛性。中国境内的企业、事业单位、社会团体、民办非企业单位、基金会、律师事务所、会计师事务所等组织和有雇工的个体工商户（以下称用人单位）应当依照规定参加工伤保险，为本单位全部职工或者雇工（以下称职工）缴纳工伤保险费。职工依法享受工伤保险待遇。

（2）工伤保险实行无过错推定责任的基本原则。除劳动者故意行为所致的伤害等法定情形外，工伤事故符合“工作任务、工作时间、工作场所”即“三工”特征的，无论事故发生是归于用人单位还是职工个人或第三人原因的，用人单位都应当对职工承担工伤保险责任。对工伤有异议的，用人单位依法负有举证责任。

（3）工伤保险是用人单位的法定义务。《工伤保险条例》规定，工伤保险费用由用人单位负担，劳动者个人不缴纳费用。用人单位未履行工伤保险法定义务，造成劳动者不能享受工伤保险待遇的，应当承担工伤保险待遇的赔偿责任。

（4）工伤保险待遇标准较高，享受待遇项目多。相对于医疗保险待遇而言，工伤保险待遇标准较高，享受待遇项目多，但工伤程度不同而待遇有所差别。

二、工伤保险制度的原则

（一）无责任补偿原则

无责任补偿原则又称无过失补偿原则，是指劳动者在工作过程中遭遇工伤事故或职业病，无论企业或雇主是否有过错，只要不是劳动者本人故意所为，均按照法律规定的标准支付劳动者相应的工伤保险待遇，并且雇主不直接承担补偿责任，而由工伤社会保险机构统一组织工伤补偿。

（二）职工不承担工伤保险缴费原则

劳动者为企业提供劳动时，企业有义务为劳动者提供基本的人身安全保障。因此，工伤保险费全部由用人单位按照国家规定的缴费率缴纳，劳动者个人不需要承担缴费的责任，这也是工伤保险与养老、失业、基本医疗保险等的区别。

（三）一次性补偿和长期补偿相结合原则

对因工伤而部分丧失或完全永久性丧失劳动能力的职工或是因工死亡的职工，其工伤保险待遇补偿实行一次性补偿和长期补偿相结合的办法。根据《工伤保险条例》的规定，对1~6级伤残的职工，以及因工死亡职工遗属，工伤保险机构一般在支付一次性补偿金项目的同时，还按月支付长期待遇。

（四）区别因工伤残与非因工伤残原则

职业伤害与职工的工作性质、职业特点有很大的关系，工伤保险待遇具有补偿性质，医疗康复、伤残待遇和死亡抚恤待遇比其他保险待遇优厚。只要属于工伤保险范围内的事故，不受年龄、性别、缴费期限的限制。这是区别于非因工受伤的关键之处。

（五）补偿与预防、康复相结合原则

工伤保险的根本任务是预防、减少和消除工伤事故的发生，保障劳动者的安全，促进经济发展。工伤补偿是工伤保险的途径，医疗康复和职业康复是工伤保险的目标，工伤预防是工伤保险实施的前提，将工伤补偿与预防、康复有机结合，是工伤保险的重要原则。

【案例评析】工伤认定部门不会支持吴某的工伤认定请求，因为吴某虽是在工作期间和工作地点发生的伤害，但其发生原因是因私事斗殴所致，而非工作原因受到暴力事件。我国《工伤保险条例》规定，斗殴造成负伤、致残、死亡的，不属于工伤的法定情形。因此，吴某不能享受工伤待遇，单位有权拒绝按工伤标准报销吴某的医疗费和发放其工资。

三、工伤保险基金的管理

（1）工伤保险基金由用人单位缴纳的工伤保险费、工伤保险基金的利息和依法纳入工伤保险基金的其他资金构成。

（2）用人单位应当按时缴纳工伤保险费，并构成工伤保险基金最主要的来源渠道。职工个人不缴纳工伤保险费。

用人单位缴纳工伤保险费=本单位职工工资总额×单位缴费费率。其中，工伤缴费费率由国家根据不同行业的工伤风险程度确定行业的差别费率，并根据工伤保险费使用、工伤发生率等情况在每个行业内确定若干费率档次。

行业差别费率及行业内费率档次由国务院劳动保障行政部门会同国务院财政部门、

卫生行政部门、安全生产监督管理部门制订，报国务院批准后公布施行。

（3）工伤保险基金存入社会保障基金财政专户。工伤保险基金应当留有一定比例的储备金，用于统筹地区重大事故的工伤保险待遇支付；储备金不足支付的，由统筹地区的人民政府垫付。

四、工伤情形

【案例讨论】张某、王某是一对刚刚认识的好朋友，都在广州某钢板企业上班。2016年2月22日下班准备回出租屋时，张某见同工作岗位李某的摩托车车锁放在办公桌上，想想自己熟悉驾车技术，于是留下借车纸条后就将车开走。张某驾车，王某坐后座，二人顺便购物。在某商场不远的一个拐弯处，由于车速太快，摩托车掉进了路边的引水渠。张某和王某均受伤，住院一个月，张某和王某各花费医药费分别为68 000元和40 000元。交通事故发生后，张王二人都没有驾证，交警认定张某对事故发生负有全责，王某不负责任。二人认为均是在下班途中发生的交通事故，符合工伤法定情形，应当享受工伤待遇。于是，他们都向单位提出工伤待遇，但都被公司拒绝。

对于此事，你认为张某、王某都属于工伤吗？

工伤，是指劳动者在工作岗位从事与生产劳动有关的工作中，发生的人身伤害事故、急性中毒事故，包括工伤事故和职业病造成的各种伤害。

工伤认定直接涉及当事人的切身利益，《工伤保险条例》和相关司法解释对工伤的情形做出了明确的规定，具体分为一般意义上的工伤情形、视同工伤情形和不得认定为工伤或者视同工伤的情形三种类型。

（一）一般意义上的工伤情形

法律规定，当职工有下列情形之一的，应当认定为工伤：

（1）在工作时间和工作场所内，因工作原因受到事故伤害的。

（2）工作时间前后在工作场所内，从事与工作有关的预备性或者收尾性工作受到事故伤害的。

（3）在工作时间和工作场所内，因履行工作职责受到暴力等意外伤害的。

（4）患职业病的。

（5）因工外出期间，由于工作原因受到伤害或者发生事故下落不明的。其中“因工外出期间”，主要是指职工受用人单位指派或者因工作需要在工作场所以外从事与工作职责有关的活动期间、派外出学习或者开会期间、因工作需要的其他外出活动期间等。

（6）在上下班途中，受到非本人主要责任的交通事故或者城市轨道交通、客运轮渡、火车事故伤害的。其中“上下班途中”，包括在合理时间内往返于工作地与住所地、经常居住地、单位宿舍的合理路线的上下班途中、在合理时间内往返于工作地与配偶、父母、子女居住地的合理路线的上下班途中、从事属于日常工作生活所需要的活动，且在合理时间和合理路线的上下班途中。

（7）法律、行政法规规定应当认定为工伤的其他情形。

【法律链接】

《最高人民法院关于审理工伤保险行政案件若干问题的规定》(2014) 规定当社会保险行政部门认定下列情形为工伤的，人民法院应予以支持：

（一）职工在工作时间和工作场所内受到伤害，用人单位或者社会保险行政部门没有证据证明是非工作原因导致的；

（二）职工参加用人单位组织或者受用人单位指派参加其他单位组织的活动受到伤害的；

（三）在工作时间内，职工来往于多个与其工作职责相关的工作场所之间的合理区域因工受到伤害的；

（四）其他与履行工作职责相关，在工作时间及合理区域内受到伤害的。

（二）法律视同工伤情形

法律规定，当职工有下列情形之一的，视同工伤：

（1）在工作时间和工作岗位，突发疾病死亡或者在 48 小时之内经抢救无效死亡的。关于“48 小时之内”的起算时间，劳动司法实践原则上从员工被初步诊断出突发疾病时起算。

（2）在抢险救灾等维护国家利益、公共利益活动中受到伤害的。

（3）职工原在军队服役，因战、因公负伤致残，已取得革命伤残军人证，到用人单位后旧伤复发的。

（三）不得认定为工伤或者视同工伤的情形

法律规定，当职工有下列情形之一的，不得认定为工伤或者视同工伤：

（1）因故意犯罪的。

（2）醉酒或者吸毒的。

（3）自残或者自杀的。

【案例评析】《工伤保险条例》规定职工“在上下班途中，受到非本人主要责任的交通事故或者城市轨道交通、客运轮渡、火车事故伤害的”，属于工伤。张某、王某下班回出租屋，在顺便购物的路上发生交通事故，其所经路线符合工伤法律规定的“上下班途中”；法律规定交通事故所致伤害属于工伤的，还应具备“非本人主要责任”的法律特征。在本案中，交警认定张某对事故发生负有全责，王某不负责任。因此，张某不符合工伤情形而不能享受工伤；王某符合工伤情形，可以要求单位办理工伤待遇手续，享受相关待遇。

五、工伤认定

劳动者要享受工伤待遇，必须首先进行工伤认定，在被认定为工伤之后再进行劳动能力鉴定。工伤认定与劳动能力鉴定是两种不同的法律行为，前者直接关系到劳动者能否享受工伤待遇，后者直接关系到劳动者享受工伤待遇的标准。为了规范工伤认定行为，维护当事人合法权益，人力资源和社会保障部颁布实施《工伤认定办法》(2011)。

（一）工伤认定的申请

工伤认定申请，应由用人单位依法向有关部门提出；用人单位未提出的申请的，劳动者等可以在法定期间内提出。

（1）用人单位的工伤认定申请。职工发生事故伤害或者按照职业病防治法规定被诊断、鉴定为职业病，所在单位应当自事故伤害发生之日或者被诊断、鉴定为职业病之日起30日内，向统筹地区社会保险行政部门提出工伤认定申请。遇有特殊情况，经报社会保险行政部门同意，申请时限可以适当延长。提出工伤认定申请的，根据属地原则应当向用人单位所在地设区的市级社会保险行政部门提出。

（2）劳动者等的工伤认定申请

用人单位未在规定的时限内提出工伤认定申请的，受伤害职工或者其近亲属、工会组织在事故伤害发生之日或者被诊断、鉴定为职业病之日起1年内，可以直接按照《工伤认定办法》规定提出工伤认定申请。劳动者等申请工伤认定的，应当在规定期限内提交申请手续。由于不属于职工或者其近亲属自身原因超过工伤认定申请期限的，被耽误的时间不计算在工伤认定申请期限内。

不论是用人单位还是劳动者等作为申请人，申请工伤认定时都应提交下列文件：一是工伤认定申请表。该申请表应当包括事故发生的时间、地点、原因以及职工伤害程度等基本情况；二是与用人单位存在劳动关系（包括事实劳动关系）的证明材料；三是医疗诊断证明或者职业病诊断证明书（或者职业病诊断鉴定书）。其中，关于劳动关系的证明材料，如果劳动行政部门认为不足以证明劳动关系的存在或者用人单位对该劳动关系存在争议时，劳动者应先向劳动争议仲裁委员会提出申请，由劳动争议仲裁委员会确认双方存在劳动关系。持有确认劳动关系存在的生效法律文书，劳动者再向劳动行政部门提出工伤认定申请。

【律师提示】　　特殊情形下工作伤害的理赔

1. 非法发包、转包、分包的伤亡赔偿

《原劳动和社会保障部关于印发〈建设领域农民工工资支付管理暂行办法〉的通知》（劳社部发〔2004〕22号）和《关于执行〈工伤保险条例〉若干问题的意见》（人社部发〔2013〕34号）等规定，具备用工主体资格的承包单位违反法律、法规规定，将承包业务发包、转包、分包给不具备用工主体资格的组织或自然人，该组织或者自然人招用的劳动者从事承包业务时因工伤亡的，由该具备用工主体资格的承包单位承担用人单位依法应承担的工伤保险责任等。

2. 非法用工单位伤亡赔偿

《非法用工单位伤亡人员一次性赔偿办法》（人社部2010）规定，无营业执照或者未经依法登记、备案的单位以及被依法吊销营业执照或者撤销登记、备案的单位受到事故伤害或者患职业病的职工，或者用人单位使用童工造成的伤残、死亡童工。相关单位必须按照《非法用工单位伤亡人员一次性赔偿办法》规定向伤残职工或者死亡职工的近亲属、伤残童工或者死亡童工的近亲属给予一次性赔偿。

（二）工伤申请的受理

社会保险行政部门收到工伤认定申请后，应当在15日内对申请人提交的材料进行审核，材料完整的，做出受理或者不予受理的决定；材料不完整的，应当以书面形式一次性告知申请人需要补正的全部材料。工伤认定申请人提交的申请材料符合要求，属于社会保险行政部门管辖范围且在受理时限内的，社会保险行政部门应当受理。社会保险行政部门收到申请人提交的全部补正材料后，应当在15日内做出受理或者不予受理的决定。

（三）工伤申请的审核与认定

职工或者其近亲属认为是工伤，用人单位不认为是工伤的，由该用人单位承担举证责任。用人单位拒不举证的，社会保险行政部门可以根据受伤害职工提供的证据或者调查取得的证据，依法做出工伤认定决定。

社会保险行政部门对于事实清楚、权利义务明确的工伤认定申请，应当自受理工伤认定申请之日起15日内做出工伤认定决定。

（四）工伤决定或认定的异议

职工或者其近亲属、用人单位对不予受理决定不服或者对工伤认定决定不服的，可以依法在规定的时间内申请行政复议或者提起行政诉讼。

【案例链接】　确认劳动关系时，劳动者负有举证责任

刘某是某石材加工公司的打磨技术职工，2017年4月2日，刘某在使用无齿锯作业时，不慎发生工伤事故，致其左手四指切断。该公司负责人吕某为逃避责任，拒不支付刘某的医疗费用。刘某要求公司确认劳动关系以申请工伤认定，但该公司的负责人吕某不承认招用刘某。在确认劳动关系的庭审之前，在法律援助的帮助下，刘某收集了工作服、出入证、工作岗位照片、数份证人证言及120出诊记录等证据，证明双方之间存在事实劳动关系。劳动争议仲裁庭最终确认，双方自2017年2月至2017年4月期间存在事实上的劳动关系。确认劳动关系是工伤认定的前提条件，劳动者负有举证责任。在发生工伤争议后，某些单位出于逃避相关法律责任的目的，往往不承认劳动关系。劳动者没有搜集证据的意识，难免工伤维权困难重重。

六、劳动能力鉴定

劳动能力鉴定是指劳动功能障碍程度和生活自理障碍程度的等级鉴定。为了加强劳动能力鉴定管理，规范劳动能力鉴定程序，人力资源社会保障部和国家卫生计生委共同颁布实施《工伤职工劳动能力鉴定管理办法》（2014）。劳动能力鉴定委员会依据《劳动能力鉴定 职工工伤与职业病致残等级》国家标准，对工伤职工劳动功能障碍程度和生活自理障碍程度进行技术性等级鉴定。

劳动功能障碍分为十个伤残等级，最重的为一级，最轻的为十级；生活自理障碍分为三个等级：生活完全不能自理、生活大部分不能自理和生活部分不能自理。劳动能力鉴定是工伤职工享受工伤保险待遇的前提条件。

（一）劳动能力鉴定申请

劳动能力鉴定由用人单位、工伤职工或者其直系亲属向设区的市级劳动能力鉴定委员会提出申请，并提供工伤认定决定和职工工伤医疗的有关资料。

劳动能力鉴定申请的时间一般是在职工发生工伤，经治疗伤情相对稳定后存在残疾、影响劳动能力时提出。

（二）劳动能力鉴定

设区的市级劳动能力鉴定委员会收到劳动能力鉴定申请后，应当从其建立的医疗卫生专家库中随机抽取3名或者5名相关专家依法组成专家组，由专家组提出鉴定意见。劳动能力鉴定委员会根据专家组的鉴定意见做出工伤职工劳动能力鉴定结论；必要时，可以委托具备资格的医疗机构协助进行有关的诊断。劳动能力鉴定实行回避制度。

劳动能力鉴定委员会应当自收到劳动能力鉴定申请之日起60日内做出劳动能力鉴定结论，必要时，做出劳动能力鉴定结论的期限可以延长30日。劳动能力鉴定结论应当及时送达申请鉴定的单位和个人。

（三）劳动能力鉴定的异议

申请鉴定的单位或者个人对设区的市级劳动能力鉴定委员会做出的鉴定结论不服的，可以在收到该鉴定结论之日起15日内向省、自治区、直辖市劳动能力鉴定委员会提出再次鉴定申请。省、自治区、直辖市劳动能力鉴定委员会做出的劳动能力鉴定结论为最终结论。

七、工伤保险待遇的基本内容

（一）工伤医疗期间的待遇

职工治疗工伤应当在签订服务协议的医疗机构就医，情况紧急时可以先到就近的医疗机构急救。工伤职工在工伤医疗期间，享受法定的工伤医疗期间的各项待遇。在停工留薪期满后仍需治疗的，可以继续享受工伤医疗期间的待遇。

1. 工伤医疗费用待遇

治疗工伤所需费用符合工伤保险诊疗项目目录、工伤保险药品目录、工伤保险住院服务标准的，从工伤保险基金支付。

2. 伙食补助费、护理费等待遇

职工住院治疗工伤的伙食补助费，以及经医疗机构出具证明，报经办机构同意，工伤职工到统筹地区以外就医所需的交通、食宿费用从工伤保险基金支付，基金支付的具体标准由统筹地区人民政府规定。生活不能自理的工伤职工在停工留薪期需要护理的，由所在单位负责。

3. 停工留薪期工资福利待遇

职工因工作遭受事故伤害或者患职业病需要暂停工作接受工伤医疗的，在停工留薪期内，原工资福利待遇不变，由所在单位按月支付。停工留薪期一般不超过12个月。伤情严重或者情况特殊，经设区的市级劳动能力鉴定委员会确认，可以适当延长，但延长不得超过12个月。

工伤职工治疗非工伤引发的疾病，不享受工伤医疗待遇，按照基本医疗保险办法处理。

（二）工伤致残待遇

工伤职工在被评定伤残等级后，停发工伤医疗期间的待遇，按照规定享受伤残待遇。当工伤职工的工伤复发，确认需要治疗的，继续享受工伤待遇。伤残待遇是工伤待遇的基本内容，待遇标准与伤残鉴定等级有关。根据《工伤保险条例》规定，不同等级伤残职工享受不同的伤残待遇：

1. 生活护理费待遇

工伤职工已经评定伤残等级并经劳动能力鉴定委员会确认需要生活护理的，从工伤保险基金按月支付生活护理费。生活护理费按照生活完全不能自理、生活大部分不能自理或者生活部分不能自理三个不同等级支付，其标准分别为统筹地区上年度职工月平均工资的50%、40%或者30%。

2. 工伤职工属一至四级伤残的伤残待遇

工伤职工属一至四级伤残的，保留劳动关系，退出工作岗位，享受以下待遇：

（1）从工伤保险基金按伤残等级支付一次性伤残补助金，标准为：一级伤残为27个月的本人工资，二级伤残为25个月的本人工资，三级伤残为23个月的本人工资，四级伤残为21个月的本人工资；

（2）从工伤保险基金按月支付伤残津贴，标准为：一级伤残为本人工资的90%，二级伤残为本人工资的85%，三级伤残为本人工资的80%，四级伤残为本人工资的75%。伤残津贴实际金额低于当地最低工资标准的，由工伤保险基金补足差额；

（3）工伤职工达到退休年龄并办理退休手续后，停发伤残津贴，按照国家有关规定享受基本养老保险待遇。基本养老保险待遇低于伤残津贴的，由工伤保险基金补足差额。

职工因工致残被鉴定为一级至四级伤残的，由用人单位和职工个人以伤残津贴为基数，缴纳基本医疗保险费。

3. 工伤职工属于五至六级伤残的伤残待遇

（1）从工伤保险基金按伤残等级支付一次性伤残补助金，标准为：五级伤残为18个月的本人工资，六级伤残为16个月的本人工资。

（2）保留与用人单位的劳动关系，由用人单位安排适当工作。难以安排工作的，由用人单位按月发给伤残津贴，标准为：五级伤残为本人工资的70%，六级伤残为本人工资的60%，并由用人单位按照规定为其缴纳应缴纳的各项社会保险费。伤残津贴实际金额低于当地最低工资标准的，由用人单位补足差额。

经工伤职工本人提出，该职工可以与用人单位解除或者终止劳动关系，由工伤保险基金支付一次性工伤医疗补助金，由用人单位支付一次性伤残就业补助金。一次性工伤医疗补助金和一次性伤残就业补助金的具体标准由省、自治区、直辖市人民政府规定。

4. 工伤职工属于七至十级伤残的伤残待遇

（1）从工伤保险基金按伤残等级支付一次性伤残补助金，标准为：七级伤残为13个月的本人工资，八级伤残为11个月的本人工资，九级伤残为9个月的本人工资，十级伤残为7个月的本人工资；

（2）劳动、聘用合同期满终止，或者职工本人提出解除劳动、聘用合同的，由工伤保险基金支付一次性工伤医疗补助金，由用人单位支付一次性伤残就业补助金。一次性工伤医疗补助金和一次性伤残就业补助金的具体标准由省、自治区、直辖市人民政府规定。

（三）工亡待遇

职工因工死亡，其近亲属按照下列规定从工伤保险基金领取丧葬补助金、供养亲属抚恤金和一次性工亡补助金：

1. 丧葬补助金

丧葬补助金，依照6个月的统筹地区上年度职工月平均工资计发。

2. 供养亲属抚恤金

供养亲属抚恤金，按照职工本人工资的一定比例发给由因工死亡职工生前提供主要生活来源、无劳动能力的亲属。具体标准为：配偶每月 40%，其他亲属每人每月 30%，孤寡老人或者孤儿每人每月在上述标准的基础上增加 10%。核定的各供养亲属的抚恤金之和不应高于因工死亡职工生前的工资。供养亲属的具体范围由国务院社会保险行政部门规定。

3. 一次性工亡补助金

一次性工亡补助金标准，按照工亡时间的上一年度全国城镇居民人均可支配收入的 20 倍计发。

法律规定，伤残职工在停工留薪期内因工伤导致死亡的，其近亲属享受丧葬补助金待遇；一级至四级伤残职工在停工留薪期满后死亡的，其近亲属可以享受丧葬补助金和亲属抚恤金待遇。

工伤保险待遇计发中所涉及的“本人工资”是有幅度限制的。《工伤保险条例》规定，本人工资是指工伤职工因工作遭受事故伤害或者患职业病前 12 个月平均月缴费工资。本人工资高于统筹地区职工平均工资 300%的，按照统筹地区职工平均工资的 300%计算；本人工资低于统筹地区职工平均工资 60%的，按照统筹地区职工平均工资的 60%计算。

第五节　生育保险

生育是新生命的希望，是家族延续的需要，是人类社会生生不息的保障。生育对女职工的身体健康和经济负担都提出了新要求，生育本身还会造成生育女职工暂时中断工作，失去挣钱的机会。为了保障女职工生育时期的特别需求，为了保护国家的未来和希望，各国多将生育保险纳入社会保险的范畴。生育保险制度，体现了国家对女职工权益的关爱和保护，它对构建和谐劳动关系与促进社会发展都具有重要作用。

一、生育保险的概述

（一）生育保险

生育保险，是指国家通过法律实施的，在怀孕和分娩的妇女劳动者暂时中断劳动时，由国家或社会对生育的职工依法给予必要的经济补偿和医疗保健的社会保险。生育保险宗旨在于通过向生育女职工提供生育津贴、产假以及医疗服务等方面的待遇，保障她们因生育而暂时丧失劳动能力时的基本经济收入和医疗保健需要，帮助生育女职工恢复劳动能力并重返工作岗位。

生育保险是国家和社会对妇女在生育时期给予的支持和爱护，我国建立了生育保险法律制度，其主要有《劳动法》、《企业职工生育保险试行办法》（劳部发〔1994〕504 号）、《女职工劳动保护规定》（2012）、《关于女职工生育待遇若干问题的通知》（劳险字〔1988〕2 号）等。在法律范围内，各地方政府制订了生育保险相关的实施制度。

（二）生育保险的主要特征

（1）生育保险的实施对象是妇女。生育保险是与职业妇女相关联的一项保障制度，其保障的对象只限于已婚妇女劳动者及其所生育的子女和家庭，覆盖的范围有限。

（2）给付项目多，包括生育假期、生育收入补偿、生育医疗保健和子女补助金等。

（3）待遇标准高。生育保险制度不仅保障了生育妇女本人的健康恢复和基本生活需要，而且通过生育保险的给付保证了劳动力的扩大再生产。因此，生育保险制度的给付水平比养老保险、失业保险制度的给付水平要高，具有鲜明的福利性。

（4）生育保险实行“产前与产后都应享受的原则”。生育保险制度既要照顾妇女生育开始前的一段时间，又要照顾妇女生育后的一段时间。因为妇女在怀孕后，临产分娩前的一段时间，由于行动不便，已经不能工作或不宜工作，分娩以后需要休息一段时间恢复身体和照顾婴儿，所以生育保险实行“产前与产后都应享受的原则”。

【案例链接】 **职工不承担生育保险费案**

陈某，女，2009年2月成为某快递公司的员工，并与该公司签订了二年劳动合同。次年4月，当陈某向公司申请产假时，负责人认为她从未交过生育保险费，不能享受生育保险待遇。陈某不服，将该公司诉至劳动争议仲裁委员会，请求裁决承担生育保险待遇责任。

根据《企业职工生育保险试行办法》规定，生育保险由企业按照其工资总额的一定比例向社会保险经办机构缴纳生育保险费，建立生育保险基金。职工个人不缴纳生育保险。只要符合计划生育政策和生育保险的相关规定，就可以享受生育保险待遇。由于公司未办理陈某的生育保险等社会保险，劳动争议仲裁委员会裁决公司违法，责令公司承担陈某应享受的生育保险法律责任。

二、生育保险费的征缴和管理

（一）生育保险费的征缴

由用人单位按照其工资总额的一定比例向社会保险经办机构缴纳生育保险费，建立生育保险基金。职工个人不缴纳生育保险。生育保险费的提取比例由当地人民政府根据计划内生育人数和生育津贴、生育医疗费等项费用确定，并可根据费用支出情况适时调整，但最高不得超过工资总额的百分之一。目前，四川等多数地区实行征收率为0.6%。

用人单位必须按期缴纳生育保险费。根据《企业职工生育保险试行办法》等规定，对逾期不缴纳的，按日加收千分之二的滞纳金。滞纳金转入生育保险基金。

（二）生育保险基金的管理

生育保险按属地原则组织，生育保险费用实行社会统筹。生育保险基金由劳动部门所属的社会保险经办机构负责收缴、支付和管理。生育保险基金应存入社会保险经办机构在银行开设的生育保险基金专户。银行应按照城乡居民个人储蓄同期存款利率计息，所得利息转入生育保险基金。

生育保险基金的筹集和使用，实行财务预、决算制度，由社会保险经办机构做出年度报告，并接受同级财政、审计监督。

三、生育保险待遇的内容

（一）生育津贴

女职工生育按照法律、法规的规定享受产假。产假期间的女职工在法定产假期间停发工资，按月领取生育津贴。生育津贴按照本用人单位上年度职工月平均工资计发，由生育保险基金支付，支付期限不少于98天。

（二）生育医疗费用

女职工生育的检查费、接生费、手术费、住院费和药费由生育保险基金支付。超出规定的医疗服务费和药费（含自费药品和营养药品的药费）由职工个人负担。

女职工生育出院后，因生育引起疾病的医疗费，由生育保险基金支付；其他疾病的医疗费，按照医疗保险待遇的规定办理。女职工产假期满后，因病需要休息治疗的，按照有关病假待遇和医疗保险待遇规定办理。

（三）其他生育保险待遇

女职工生育或流产后，凭当地计划生育部门签发的计划生育证明，婴儿出生、死亡或流产证明，在当地社会保险经办机构办理手续，领取生育津贴和报销生育医疗费。因配偶不能享受生育保险待遇的男职工，只要参加生育保险且符合政策的，也可以享受生育保险待遇。

【法律链接】　男职工的生育保险待遇

《四川省城镇职工生育保险办法（试行）》规定：参加生育保险的男职工，其配偶属非城镇户籍人口或城镇无业人员且未参加生育保险、符合计划生育规定生育的，按照本条规定标准的50%从生育保险基金中给予一次性生育医疗费补助，由社会保险经办机构通过用人单位支付。

《成都市生育保险办法》（以下简称《办法》）规定：参加生育保险的男职工连续不间断缴纳生育保险费满12个月的，其配偶属于未参加生育保险的非城镇人口、城镇无业人员或已参加生育保险但缴费不满12个月的（不含补缴），按《办法》第八条规定享受女职工生育医疗费50%的一次性生育医疗费补贴。

四、生育保险金的支取

【案例讨论】贾某2016年2月成为北京市某酒店员工，与该酒店签订了三年劳动合同，试用期三个月。2018年4月，未婚的贾某发现自己怀孕了，经慎重考虑她打算生下这个孩子。当贾某向酒店申请产假时，人力资源部负责人认为贾某未婚先孕，不符合酒店关于生育女职工的规定。因此贾某被告知，可以休产假，但产假期间酒店将不支付工资，也不能享受任何与生育相关的待遇。贾某不服，将该酒店诉至劳动争议仲裁委员会，请求裁决该酒店支付其休产假期间的工资及相关的生育保险待遇。

请问：未婚生育者是否可以享受生育保险待遇？

（一）生育保险金的支取条件

（1）女职工符合计划生育政策、婚姻法等法律法规。换言之，我国生育保险要求享受对象必须是合法婚姻者，即必须是符合法定结婚年龄、按婚姻法规定办理了合法手续，并符合国家计划生育政策等的公民。

（2）在生育、流产施行前应持有计划生育部门批准的生育指标。《女职工劳动保护规定》第十五条规定："女职工违反国家有关计划生育规定的，其劳动保护应当按照国家有关计划生育规定办理，不适用本规定。"

（3）所在单位按规定连续缴纳生育保险费达到一定期限的。对于连续缴费达一定期限的，生育保险统筹地区都规定，初次参加生育保险的人员从办理之月起连续不间断参保缴费满 12 个月生育的；已参加生育保险的人员连续缴费不间断满 12 个月（不含补缴）后生育的。

（二）生育保险金的支取程序

（1）生育保险待遇的申请

当事人在申请领取生育保险金时，应当提供单位签公章的生育保险待遇审批表、劳动合同书或者失业证明、身份证、医疗服务收费票据、出院证明书、生育指标、婴儿出生证或其他医学证明、婚姻证明和生育保险经办机构规定的其他资料等。

（2）生育保险待遇申请的受理与审核

社会保险经办机构应当及时受理享受生育保险待遇的申请。经审核后符合条件的，社会保险机构依法从生育保险基金中支付生育保险金。

【案例解析】我国生育保险要求享受对象必须是合法婚姻者，即必须是符合法定结婚年龄、按婚姻法规定办理了合法手续，并符合国家计划生育政策等的公民。《女职工劳动保护规定》规定："女职工违反国家有关计划生育规定的，其劳动保护应当按照国家有关计划生育规定办理，不适用本规定。"本案中，贾某未婚而生育违反了国家计划生育法，不仅不能享受生育保险待遇，而且应依法缴纳社会抚养费。

第六节　失业保险

失业问题是市场经济周期波动、产业结构调整等带来的社会问题。劳动者失业，不仅困扰劳动者生存与发展，还会危及正常的家庭生活。当国家出现高失业率时，就意味社会秩序混乱和国家统治秩序动荡。建立失业保险，保障劳动者在失业时期最基本的生活需要，属于"雪中送炭"的温暖工程。我国法律规定，失业劳动者可以依法享受失业保险待遇。

一、失业保险的概述

【案例讨论】许某 2011 年 1 月到沈阳市某私营企业上班，单位与其签订了劳动合同，劳动期间办理包括失业保险在内的社会保险。2016 年 11 月，单位与他协商一致解除劳动关系。失业保险经办机构按规定核定并发放了许某的失业保险金。2017 年 7 月，许某再就业，失业保险经办机构停发了失业保险金。但许某要求继续发放，理由是在解除劳动关系时原单位承诺他领取一定数额的失业保险金。

经调查核实，2016 年 8 月，单位打算与许某解除劳动关系，但又不愿支付经济补偿，于是就通过内部调岗方式将他调到其他工作岗位。因其难以胜任新的工作岗位，单位遂要求其提出辞职请求，条件是保障享受一定数额的失业保险金。无奈之下，许某只好主动提出并与单位签订了"经双方协商达成解除劳动关系的协议"。

据此，许某的失业保险金能否抵算经济补偿金？

（一）失业保险

失业保险，是指劳动者因失业而暂时中断劳动报酬，由政府给予物质帮助的社会保险制度。失业保险是国家通过立法强制征集资金，对因失业而暂时中断生活来源的劳动者提供物质帮助的一种社会保险制度。

我国建立了失业保险制度，《失业保险条例》（1999 年）是失业保险制度的基本法律依据。《失业保险条例》规定，我国失业保险的覆盖范围包括城镇的国有企业、集体企业、外商投资企业、港澳台投资企业、私营企业等各类企业及事业单位和与之建立劳动关系的劳动者。省级人民政府根据当地实际情况，可以决定本条例适用于本行政区域内的社会团体及其专职人员、民办非企业单位及其职工、有雇工的城镇个体工商户及其雇工。2011 年实施的《社会保险法》对新形势下的失业保险提出了更高要求。

（二）失业保险的特点

失业保险具有社会保险的一般特点，但作为一种具有专门目的和特定保障对象的社会保险项目，它还具备独有的特征：

（1）失业保险的保障对象是非自愿失业的劳动者。失业保险只对有劳动能力并有劳动意愿但无劳动岗位的人即非自愿失业的人提供保险，因此具备正常的劳动能力是当事人享受失业保险的一个必要条件，因丧失劳动能力而失去工作机会的劳动者不包括在失业保险之列。

（2）失业保险待遇有一定的期限限制。养老保险和工伤保险待遇，劳动者可以长期享受，但失业保险只能在法定期限内享受，超过法定期限，即使劳动者仍处于失业状态，也不可以再享受。

（3）失业保险项目是多元化的。我国失业保险待遇可分为两大类：一是以保障基本生活为目的的生活补助的项目，主要有失业保险金、患病者的医疗补助金、死亡者的丧葬补助金和一次性遗嘱抚恤金、合同制农民工的一次性生活补助金等；二是以促进再就业为目的的再就业服务项目，主要有专业培训、生产自救、职业介绍等。

（4）失业风险是非自然因素。失业保险中的失业风险，是由于社会经济方面的原因所导致的，如人口结构的变化、劳动力资源增长与经济增长的比例失调、产业结构调整以及就业政策的变化等，都会成为劳动者失业的原因。

【案例评析】本案中，许某的失业保险金不能抵算经济补偿金，因为二者是两种性质不同但劳动者可以依法同时享受的劳动待遇。在劳动关系中，相对用人单位来说，劳动者往往处于弱者地位。企业提出调整工作岗位，员工难以拒绝。如果员工拒绝调整劳动岗位，将会面临着被解除劳动关系的命运。在难以胜任新岗位的时候，员工的经济收入不仅有大打折扣的可能，而且其精神上也会受到不同程度的折磨。此时，劳动者很容易接受企业提出的不合法要求，要求劳动者主动辞职。劳动者理应得到单位的经济补偿，因其一份辞职报告而无法实现，甚至有可能失去领取失业保险金的资格，因此“知法用法”是劳动者权益保护的重要途径。

二、失业保险费的缴纳制度

失业保险费是失业保险基金的最主要来源，并依法由政府统筹管理。城镇企业事业单位成建制跨统筹地区转移，失业人员跨统筹地区流动的，失业保险关系随之转迁。

为了保障失业劳动者的失业保险金领取，国家以财政补贴等方式给予保障。

劳动者享受失业保险待遇的前提条件，是劳动者及其用人单位应当依法共同缴纳失业保险费。《失业保险条例》第六条规定：城镇企业事业单位按照本单位工资总额的0.6%缴纳失业保险费。城镇企业事业单位职工按照本人工资的0.4%缴纳失业保险费。

城镇企业事业单位招用的农民合同制工人，其本人不缴纳失业保险费。

三、失业保险待遇

【案例讨论】吴某2003年5月在珠海某国有企业参加工作，单位为其缴纳了失业保险金。2015年9月他因企业改制而失业，失业保险经办机构为其核定了应领取的24个月失业保险金。2015年10月他开始领取失业保险金。2016年11月，因他被某单位招聘，失业保险经办机构停发了其剩余12个月的失业保险金。新的用工单位继续为其缴纳失业保险金，一年后即2017年因劳动合同期满而未被续签，吴某再次失业。吴某要求享受上次未享受完的失业保险金。

吴某能否继续享受此项失业保险金?

劳动者享受失业保险待遇，根据法律规定主要有以下项目：

（一）失业保险金

失业保险金由社会保险经办机构按月发放。社会保险经办机构为失业人员开具领取失业保险金的单证，失业人员凭单证到指定银行领取失业保险金。领取失业保险金还涉及金额标准和领取期限问题。

1. 失业保险金的标准

失业保险金的标准，按照低于当地最低工资标准、高于城市居民最低生活保障标准的水平，由省、自治区、直辖市人民政府确定。从实际情况看，各地均以当地同期最低工资标准的一定比例计发失业保险金，该比例普遍为70%左右。

2. 领取失业保险金的期限

失业人员领取失业保险金的起始时间自办理失业登记之日起计算，但领取失业保险金的期限与其缴纳失业保险费的年限有关。《失业保险条例》第十七条规定，失业人员失业前所在单位和本人按照规定累计缴费时间满1年不足5年的，领取失业保险金的期限最长为12个月；累计缴费时间满5年不足10年的，领取失业保险金的期限最长为18个月；累计缴费时间10年以上的，领取失业保险金的期限最长为24个月。重新就业后，再次失业的，缴费时间重新计算，领取失业保险金的期限可以与前次失业应领取而尚未领取的失业保险金的期限合并计算，但是最长不得超过24个月。其中，缴费年限包括实际缴费年限和视为缴费年限。

为了配合该条例的贯彻执行，各地方制订了本地区领取失业保险金的具体期限标准。

（二）医疗补助金

失业人员在领取失业保险金期间参加职工基本医疗保险，享受基本医疗保险待遇。《社会保险法》规定，失业人员应当缴纳的基本医疗保险费从失业保险基金中支付，个人不缴纳基本医疗保险费。

失业人员在领取失业保险金期间患病就医的，可以按照规定向社会保险经办机构申请领取医疗补助金。医疗补助金的标准由省、自治区、直辖市人民政府规定。同时，许多地方失业保险条例规定，女性失业人员在享受失业保险待遇期间，符合国家计划生育规定的生育且未享受生育保险待遇的，可向失业保险经办机构申请生育补助金。

（三）丧葬补助金和抚恤金

失业人员在领取失业保险金期间死亡的，参照当地对在职职工死亡的规定，向其遗属发给一次性丧葬补助金和抚恤金。所需资金从失业保险基金中支付。

个人死亡同时符合领取基本养老保险丧葬补助金、工伤保险丧葬补助金和失业保险丧葬补助金条件的，其遗属只能选择领取其中的一项。

（四）一次性生活补助

农民合同制工人在失业时可以依法享受一次性生活补助。根据《失业保险条例》第二十一条规定，用人单位招用的农民合同制工人连续工作满 1 年，本单位并已缴纳失业保险费，劳动合同期满未续订或者提前解除劳动合同的，由社会保险经办机构根据其工作时间长短，对其支付一次性生活补助。补助的办法和标准由省、自治区、直辖市人民政府规定。

失业人员领取失业保险金后，符合城市居民最低生活保障条件的，还可享受城市居民最低生活保障待遇。

【案例评析】吴某因劳动合同期满而未被续签再次失业的，可以继续申领前次失业应领取而尚未领取的 12 个月失业保险金。理由根据《失业保险条例》第十七条规定，重新就业后，再次失业的，缴费时间重新计算，领取失业保险金的期限可以与前次失业应领取而尚未领取的失业保险金的期限合并计算，但是最长不得超过 24 个月。

四、享受失业保险待遇的发放条件与停止情形

（一）失业保险待遇的发放条件

劳动者失业时享受失业保险金，应当符合法定条件。《社会保险法》和《失业保险条例》规定失业保险待遇的发放条件：

（1）依法参加失业保险且用人单位和劳动者已按照规定履行缴费义务满 1 年的，但已达到法定就业年龄，暂时尚未找到职业的待业人员，不能享受失业保险待遇。

（2）非因本人意愿中断就业的。劳动者本人自愿与用人单位解除劳动关系，以及辞职、自动离职的，原则上没有资格享受失业保险待遇。《实施〈社会保险法〉若干规定》对非因本人意愿中断就业的情形作出了具体规定。

（3）已办理失业登记，并有求职要求。享受失业保险待遇者必须持有关证明文件到其原所在地失业保险机构办理失业登记和提出求职要求。

用人单位应当及时为失业人员出具终止或者解除劳动关系的证明，并将失业人员的名单自终止或者解除劳动关系之日起十五日内告知社会保险经办机构。失业人员应当持本单位为其出具的终止或者解除劳动关系的证明，及时到指定的公共就业服务机构办理失业登记。失业人员凭失业登记证明和个人身份证明，到社会保险经办机构办理领取失业保险金的手续。失业保险金领取期限自办理失业登记之日起计算。

【法律链接】 《实施〈社会保险法〉若干规定》关于非因本人意愿中断就业的情形

（1）依照劳动合同法第四十四条第一项、第四项、第五项规定终止劳动合同的。

（2）由用人单位依照劳动合同法第三十九条、第四十条、第四十一条规定解除劳动合同的。

（3）用人单位依照劳动合同法第三十六条规定向劳动者提出解除劳动合同并与劳动者协商一致解除劳动合同的。

（4）由用人单位提出解除聘用合同或者被用人单位辞退、除名、开除的。

（5）劳动者本人依照劳动合同法第三十八条规定解除劳动合同的

（6）法律、法规、规章规定的其他情形。

（二）失业保险待遇的停止情形

《社会保险法》和《失业保险条例》规定了失业保险待遇的停止情形。失业职工有下列情况之一的，失业保险机构停止失业保险金和相关待遇：

（1）重新就业的。

（2）应征服兵役的。

（3）移居境外的。

（4）享受基本养老保险待遇的。

（5）被判刑收监执行的。

（6）无正当理由，拒不接受当地人民政府指定部门或者机构介绍的适当工作或者提供的培训的。

（7）有法律、行政法规规定的其他情形的。

实训项目

一、改错题

1. 劳动者享有社会保险的权利，可以与用人单位约定免除单位的社会保险的义务。

2. 用人单位及其劳动者的养老保险缴费工资是指劳动者的劳动合同所约定的工资，不包括劳动者本人的奖金、津贴、补贴等其他收入。

3. 参加社会保险的，各险种的保险费都由用人单位与劳动者共同缴纳。

4. 参加失业保险的劳动者，辞职失业可以享受失业保险待遇。

5. 女职工生育都可享受生育保险待遇。

二、案例评析

（一）钱某系某货物仓储公司工人。2015 年 6 月公司与钱某签订岗位承包协议，由钱某承包公司一辆运输货车，合同期限 2 年。合同约定，钱某每年向公司缴纳承包费，并且“本人自行负担个人的社会保险费缴纳，若有伤残死亡事故的，概由本人负责费用”。2015 年 6 月 20 日，当地公证机关对双方合同签订予以公证。2017 年 10 月，钱某在一次外出运货时发生翻车事故，身受重伤。其家庭及本人无力支付高额医疗费，遂要求公司支付医疗费和生活费。公司以承包合同约定伤残风险由钱某个人自负、且经公证具有法定效力为由不同意负担有关费用。钱某向劳动争议仲裁委员会申请仲裁，请求责令公司支付医疗费和生活费。请问：

1. 钱某自行承担社会保险费用的合同条款是否有效？

2. 劳动争议仲裁委员会应否支持钱某的主张？

（二）何龙生前系成都某印制电路板厂工人。2015 年 9 月 24 日下午的上班期间，何龙章被发现摔倒在车间旁的厕所内不省人事，经送往医院急救无效死亡。死亡原因鉴定为重型颅脑损伤，呼吸循环衰竭。因厂方未提起工伤死亡认定，死者家属何文于 2015 年 10 月 8 日向当地劳动局申请对何龙章伤亡性质认定，劳动局认定何龙章不是工伤。死者家属以劳动和社会保障局为被告向当地人民法院提起行政诉讼。

原告提供的主要证据有：①何文与何龙的关系证明，以证明提起行政诉讼的主体资格；②印制电路板厂厕所的照片，以证明该厕所有积水、湿滑，具有不安全因素；③何龙摔倒时被积水浸湿的衣服，用以证明何龙的摔倒为厕所湿滑所致。被告诉讼辩称：我局受理原告申请后，即派人到印制电路板厂进行了调查，因为何龙是上班铃声响后未进车间而先到厕所小便，在厕所里不慎摔伤，经送往医院抢救无效后死亡。原告称厕所存在安全隐患，没有证据证实。故认定何龙上厕所与从事的本职工作无关，不属于工伤。

何龙的死亡应当认定为工亡吗？为什么？

第十章 劳动保障监察法实务

【导入案例】

劳动者维权可以选择劳动保障监察“快速通道”

2016 年 4 月，上海市徐汇区某连锁经营商场在重庆某中等职业学校招聘了 30 名的毕业生以担任商场销售员和收银员。为了明确劳动关系，双方签订了书面劳动合同。劳动合同中明确规定：劳动合同有效期为三年；每周工作 6 天，每天工作时间为 10:00—22:00；劳动报酬分配实行“多劳多得和少劳少得”提成工资制；超出法定工作时间的加班费按每小时 10 元计算。

2017 年 3 月，由于工资待遇纠纷长期得不到解决，30 名劳动者联名向该区劳动保障监察大队举报公司工资报酬违法材料。由于涉及众多劳动者利益，劳动保障监察大队立即进行了劳动执法检查。经调查查明：①劳动者提供的劳动合同标明的月工资为“1 200 元+业务提成”；②单位工资表显示该单位每月发放劳动者的月工资都在 2 190 元以上，但包括加班费、业务提成和月工资三项总和；③该单位加班费计算标准低于本市同期小时最低工资标准即 12.5 元。

劳动保障监察大队认为：虽然单位发放工资总额均高于同期本市月工资标准，但劳动者的基本月工资标准和小时工资标准均违反了本市最低工资标准。上海市劳动和社会保障局公布本市最低工资标准：“2016 年 4 月 1 日起，实行最低月工资标准 2 190 元；非全日制最低小时工资标准 12.5 元”鉴于公司最低工资标准和加班费标准都违反工资法的强制性规定，劳动保障监察大队向该企业发出了补足工资差额和工资限期整改通知书。接到通知后，该单位不但依据劳动法律法规进行了工资整改计算标准的修改，还主动补发了所拖欠劳动者的工资，并额外补偿每位劳动者 500 元。通过劳动保障监察执法，30 名劳动者的劳动权益得到了法律的保护。

据悉，在劳动保障监察过程中，上海市劳动保障监察总队还发现了一种更加隐蔽的劳动违法用工行为，即用人单位将新进职工列为“学徒工”，并以此为名支付低于当地最低标准的工资。对此，劳动保障监察部门指出“学徒工”同样是劳动者，学徒期属于劳动合同期，单位应当按照不低于当地最低工资的标准支付工资。通过国家劳动保障监察执法，能够及时发现和纠正用人单位的违法用工行为，保护劳动者的合法权益。

第一节 劳动保障监察法概述

用人单位、职业中介机构等应当遵守劳动法律制度，尊重劳动者劳动权益，维护社会劳动力市场的正常秩序。对用人单位、职业中介机构违反劳动法律法规，侵犯劳动者劳动权益时，除劳动者可以依法选择劳动争议仲裁或劳动保障监察等方式来解除劳动争议外，劳动保障行政部门依据劳动保障监察法律规定，负有及时有效地调查和查处劳动违法行为的职权。对劳动保障监察执法工作，用人单位应当接受并予以配合。

一、劳动保障监察的概述

【案例讨论】2017 年 11，内蒙古自治区某市劳动保障监察部门接到投诉后，派监察员到本辖区内的某煤矿生产企业检查《劳动合同法》的执行情况。在检查过程中发现该煤矿对井下职工普遍实行“每天 8 小时，每周工作 5 天”的作息制度。市劳动保障监察机构依据《劳动合同法》《贯彻〈国务院关于职工工作时间的规定〉的实施办法》等，对该煤矿企业做出行政处理通知，责令该企业立即停止延长井下工人工作时间的违法行为，并以处 5 万元罚款。该企业认为其行为符合劳动法规定的每天工作 8 小时，每周工作 40 小时的规定，不属于违法行为。若企业存在违法行为，也应当由矿山安全监察机构进行处理，劳动保障监察部门无权对其处罚。请问：

（1）劳动保障监察机构有无对该煤矿企业给予行政处罚的权力？为什么？

（2）煤矿企业对井下员工的工作时间安排存在违法行为吗？

（一）劳动保障监察概念

劳动保障监察简称劳动监察，是指劳动保障行政部门依法对用人单位、就业中介服务机构等遵守劳动保障法律法规的情况进行监督检查，发现和纠正违法行为，并对违法行为依法进行行政处理或行政处罚的行政执法活动。

劳动保障监察工作，是关系到维护劳动者的合法权益，维护劳动力市场的正常秩序，促进形成公平竞争的社会主义市场经济环境。当劳动者合法权益受到侵害时，劳动者可以自力救济，也可以公力救济。劳动保障监察投诉是劳动者运用国家公力获得权益救济的一种重要方式。劳动保障监察工作一手牵着劳动者权益保护，一手牵着经济发展，是劳动用工活动领域内重要的行政执法工作。

【案例链接】 **劳动保障监察查处拖欠劳动报酬案**

2018 年 2 月，国家人力资源和社会保障部公布：2017 年 1 月 21 日，海南省海口市龙华区劳动保障监察大队接到农民工投诉，称海南建新装饰工程有限公司存在拖欠农民工工资问题。经查，海南建新装饰工程有限公司在承建宜欣购物公园装饰项目期间，拖欠 59 名农民工工资共计 209.3 万元。2017 年 1 月 22 日，龙华区人社局依法对该公司下达《劳动保障监察限期整改指令书》。经该项目开发商垫付 42 万元部分工资，海南建新装饰工程有限公司仍拖欠 38 名农民工工资共计 167.3 万元。2017 年 5 月，海口市龙华区人社局以涉嫌拒不支付劳动报酬罪依法将该案移送公安机关立案查处。

（二）劳动保障监察对象

劳动保障监察对象并非包括涉及劳动关系各方当事人，其只针对用人单位和职业介绍机构：

（1）企业和个体工商户。企业包括中国境内的各类型企业，如国有企业、私营企业、合伙企业、外资企业、合资企业等用人单位。

（2）职业介绍机构、职业技能鉴定培训机构和职业技能考核鉴定机构。劳动保障监察对这些机构实施监管，主要是检查其职业中介行为、职业技能鉴定行为、职业技能培训行为，即劳动者就业前的权益保障。

（3）国家机关、事业单位、社会团体。首先，对于依照劳动法执行的与劳动者建立劳动合同关系的国家机关、事业单位、社会团体，主要检查其劳动合同、工作时间和工资支付等劳动用工情况。其次，是对国家机关、事业单位、社会团体执行社会保险相关规定的检查。

（4）非法用工主体。对没有营业执照或已被依法吊销营业执照的单位和或个人存在劳动用工行为时查处，由工商行政管理部门依法取缔，非法用工的单位和个人应承担赔偿责任。

（三）劳动保障监察的特征

劳动监督与工会监督、群众监督以及政府相关部门的监督不同，劳动保障监察是劳动行政部门依照劳动法和《行政处罚法》等规定，对用人单位等违法行为予以处罚的具体行政执法行为。劳动保障监察具有以下主要特征：

（1）法定性。劳动保障监察部门必须严格依据法律规定履行监察执法职责。其法律依据主要是劳动法、社会保险法、劳动保障监察法等。

（2）行政性。劳动保障监察是行使行政权力的具体行政行为。对其做出的行政处理决定或行政处罚决定不服的，被监察主体可以依法提请行政复议或行政诉讼。

（3）专门性。劳动保障监察是由法定的专门机关对劳动保障法律法规的实施情况进行的监督检查。其他执法部门遇到劳动用工违法行为的，应当移交劳动监察部门查处。

（4）强制性。劳动保障监察部门是代表政府实施的劳动处罚，具有国家强制力，被监察主体不得拒绝。即使在被处罚对象所进行的行政复议和行政诉讼过程中，劳动保障监察决定一般情况下也不中止执行。

【律师提示】　　劳动保障监察与劳动者权益保护

《劳动争议调解仲裁法》第九条规定，用人单位违反国家规定，拖欠或者未足额支付劳动报酬，或者拖欠工伤医疗费、经济补偿或者赔偿金的，劳动者既可以向劳动行政部门投诉，由劳动行政部门依法处理，也可以申请劳动仲裁，由劳动仲裁委员会依法裁决。

劳动保障监察范围的劳动争议案件，劳动者有权向劳动保障监察部门投诉，劳动保障监察部门接到投诉后应当依法受理和处理。相对于劳动争议仲裁和诉讼程序而言，劳动保障监察可以说是劳动争议处理的特别程序。劳动保障监察的受案范围与劳动仲裁的受案范围具有交叉关系，对于交叉事项，劳动者有权选择向劳动保障监察部门投诉或申请劳动仲裁。

（四）劳动保障监察的类型

1. 一般劳动保障监察与特定劳动保障监察

一般劳动保障监察是对不确定的劳动行政管理相对人进行的监察；特定劳动保障监察是劳动行政机关对特定的公民、法人或者其他组织进行的监察。一般说来，劳动行政机关往往交互使用这两种手段，宏观上可以制造一个良好的法律环境，微观上可以纠正和防止具体的违法行为。

2. 事先劳动保障监察与事后劳动保障监察

事先劳动保障监察实施于劳动行政管理相对人某一行为完成之前，如事先登记、注册、申报情况等；事后劳动保障监察则实施于劳动行政管理相对人某一行为完成之后，如劳动现场安全条件验收。事先劳动保障监察有预防性，防止违法行为发生；事后劳动保障监察有补救性，阻止违法行为继续进行。

【案例评析】矿山安全监察机构是煤矿企业的行业安全生产主管机关，依法对矿山安全方面的违法行为进行执法管理和行政处罚。矿山开采企业的劳动违法行为，应由劳动保障监察机构查处。当矿山安全监察部门发现类似问题，也应向劳动保障监察机构反映并由劳动保障监察机构对劳动用工违法行为进行处理。

《贯彻〈国务院关于职工工作时间的规定〉的实施办法》规定，从事矿山井下、严重有毒有害岗位和国家规定第四级体力劳动强度作业的劳动者，实行缩短工作时间制，即每日工作不得超过6小时、每周工作时间不得超过36小时。本案中的煤矿企业实行每天工作8小时、每周工作40小时的制度，违反了法律强制性规定，属于劳动违法行为。因此，劳动保障监察机构有权依法做出行政处罚。

二、劳动保障监察法

（一）劳动保障监察法

劳动保障监察法，是指调整劳动保障监察部门履行劳动保障监察职责过程中所发生社会关系的法律规范的总称。劳动保障监察法是劳动保障监察必须遵循的法律依据。

《劳动保障监察条例》（2004）和《关于实施〈劳动保障监察条例〉若干规定》（2005）等，共同构成了我国现行劳动保障监察执法体系。《劳动合同法》第六章“监督检查”，也成为劳动保障监察的重要法律依据。

（二）劳动保障监察法原则

劳动保障监察法的原则，是指劳动保障监察过程中应当遵循的基本准则。劳动保障监察工作应当坚持以下基本原则：

（1）遵循公正、公开、高效、便民的原则

劳动保障监察执法属于行政执法，应当坚持行政执法的公正性和公开性，做到各种违法案件及时得到纠正，劳动者依法主张的权利和申请的事项及时得到答复和办理；同时还应当方便劳动者的检举投诉，实行地域管辖。

（2）坚持教育和惩罚相结合的原则

劳动保障监察中对违法的用人单位在追究责任的同时，要坚持教育原则，对相关用人单位加强劳动法制宣传教育，提高社会法律意识。

（3）实行劳动保障监察与社会监督相结合的原则

劳动保障监察执法应当依法接受社会监督，并加强与同级人民政府有关部门及司法机关的配合与协调。

【知识拓展】 **劳动监察和劳动仲裁的区别**

1. 行为性质不同。劳动监察是劳动争议的行政处罚程序，有行政处罚权，但不能组织双方调解；劳动仲裁乃至劳动诉讼是劳动争议的司法处理程序，没有行政处罚权，但可以组织双方调解。

2. 处理对象不同。劳动监察追究的对象仅限于用人单位、职业介绍机构；劳动仲裁处理的是用人单位或劳动者提起的劳动争议仲裁。

3. 产生法律责任不同。劳动监察导致的法律责任除了民事责任，还有行政责任，处罚力度较大；劳动仲裁只会产生民事责任，不会有行政处罚。

4. 追究违法实效不同。劳动监察的受理时效是二年，劳动仲裁的受理时效是一年。

三、劳动保障监察机构

劳动保障监察机构的职责主要有宣传劳动保障法律、法规和规章，督促用人单位贯彻执行；检查用人单位遵守劳动保障法律、法规和规章的情况；受理对违反劳动保障法律、法规或者规章的行为的举报、投诉；依法纠正和查处违反劳动保障法律、法规或者规章的行为。履行劳动保障监察职责的执法主体包括劳动保障监察机构和劳动监察员。

（一）劳动保障监察机构

劳动保障监察机构，就是县级以上各级人民政府劳动行政部门。其中，国务院劳动行政部门负责全国劳动法律法规实施的监督管理，县级以上的地方人民政府劳动行政部门负责本行政区域内劳动法律法规实施的监督管理。

为适应建立社会主义市场经济体制的需要，我国各地劳动保障行政部门成立专门从事劳动保障监察工作的机构负责监察执法工作，根据工作需要配备专职劳动监察工作人员。省级劳动保障部门设立监察行政处室或监察总队，市（地）级劳动保障部门设立监察科（大队）。劳动监察大队承担劳动监察工作的行政职能并负责劳动监察经办工作。

县级、设区的市级人民政府劳动保障行政部门可以依法委托符合监察执法条件的组织实施劳动保障监察。

（二）劳动监察员

劳动监察员，是指享有劳动监察资格并执行劳动监督检查公务的人员。

县级以上各级人民政府劳动行政部门根据工作需要配备专职劳动监察员和兼职劳动监察员。专职劳动监察员是劳动行政部门专门从事劳动监察工作的人员。兼职劳动监察员，主要负责与其业务有关的单项监察，须对用人单位处罚时，应会同专职监察员进行。

【法律链接】 **劳动监察员的监察职责准则**

1. 两人以上进行执法检查，并向被检查单位出示证件，告知被监察人监察事由。

2. 忠于职守、秉公执法。劳动保障监察员要认真履行职责，不得超越执法职权范围；不得利用职务之便谋取私利；不得在非公务场合使用监察证件。

3. 保守秘密，文明执法。劳动保障监察员要保守国家机密，保守监察工作中获取的用人单位的商业秘密，为举报人保密；自觉遵守文明用语规定，仪容整洁，尊重被检查单位。

4. 依法回避，廉洁执法。劳动保障监察员与被检查的用人单位有利害关系的，应当依法回避。劳动保障监察员不得接受被检查单位的财物和宴请，不得在被检查单位报销个人费用，不准侵占、截留、挪用罚款。

四、劳动保障监察的管辖范围

【法律链接】

2018 年 3 月，长春市某机械公司以张先生等 8 名员工不服从公司工作安排为由解除了与他们的劳动合同。对此决定不服，8 名员工向当地劳动争议仲裁委员会申请劳动仲裁，要求公司支付违法解除劳动合同的双倍经济补偿金和补缴工作期间的社会保险。在等待劳动争议仲裁时，他们听说劳动保障监察机构有权查处用人单位的劳动违法行为，而且能快速处理，张先生等 8 名员工于是也向劳动保障部门投诉，请求劳动部门为其“撑腰”。劳动保障部门调查到本案正在劳动仲裁中，决定暂不受理投诉。

劳动保障监察部门应否受理张先生等 8 人的劳动投诉？

（一）劳动保障监察的管辖范围

劳动保障监察的管辖范围，即依法属于劳动保障监察机构职责的管辖范围。用人单位违反劳动法律法规的行为，原则上都属于劳动保障监察的管辖范围：

（1）用人单位制定直接涉及劳动者切身利益的规章制度及其执行的情况。直接涉及劳动者切身利益的规章制度包括工作时间、休息休假、劳动报酬、劳动条件、劳动保护等，虽然属于用人单位行使用工管理权的范围，但必须合法。劳动行政部门需要对用人单位的规章制度的合法情况进行检查。

（2）用人单位与劳动者订立和解除劳动合同的情况。劳动合同订立形式和订立内容，都受到劳动法律法规的强制性约束；用人单位解除劳动合同往往对劳动者的生活影响非常大，劳动法规定了解除的法定条件，以确保劳动者劳动权益。劳动行政部门对用人单位订立和解除劳动合同的情形进行监督。

（3）劳务派遣单位和用工单位遵守劳务派遣有关规定的情况。劳务派遣作为一种新的劳动用工制度，容易导致对劳动者的保护不利，因而劳动行政部门加强对劳务派遣单位和用工单位的监督检查对保护劳动者权益十分必要。

（4）用人单位遵守国家关于劳动者工作时间和休息休假规定的情况。休息权包括劳动者的工作时间，也包括劳动者在符合条件下的各种休假，还包括加班加点的规定及加班加点工资支付。

（5）用人单位支付劳动合同约定的劳动报酬和执行最低工资标准的情况。劳动者的劳动报酬涉及劳动者的基本工资、奖金、各种津贴补贴等，以及是否符合最低工资标准等。

（6）用人单位参加各项社会保险和缴纳社会保险费的情况。缴纳社会保险费是用人单位的法定义务，用人单位可能为了节约成本而不给劳动者依法办理社会保险。这不但损害劳动者的合法权益，也危及劳动者未来的养老保障等。

（7）职业介绍机构、职业技能培训机构和职业技能考核鉴定机构遵守国家有关职业介绍、职业技能培训和职业技能考核鉴定的规定的情况。

(8) 法律、法规规定的其他劳动保障监察事项。

(二) 不属于劳动保障监察受理或处理的情形

(1) 依法属于其他主管部门职责范围的事项

县级以上人民政府建设、卫生、安全生产监督管理等有关主管理部门，在各自职责范围内对用人单位执行劳动合同制度的情况进行监督检查。

(2) 应当通过劳动争议处理程序解决的事项

对应当通过劳动争议处理程序解决的事项，不属于劳动保障监察部门受理范围，当事人应当依法通过劳动仲裁、劳动诉讼来解决。

(3) 已经按照劳动争议调解、仲裁处理或已经提起诉讼的事项

已经按照劳动争议处理程序申请调解、仲裁或者已经提起诉讼的事项，不属于劳动保障监察部门受理范围。例如，对用人单位拖欠、克扣工资等劳动纠纷，劳动者已经申请劳动争议仲裁委员会仲裁的，如果劳动者再向劳动保障监察部门投诉、举报要求查处的，劳动保障监察行政部门不予以受理，但应当告知其按照劳动争议处理或诉讼程序办理。

(4) 劳动者就用人单位违法用工行为发生损害赔偿争议的事项

用人单位违法用工行为有用人单位制定的劳动规章制度违反法律、法规规定的行为；用人单位违反对女职工和未成年人的保护规定的行为；因用人单位原因订立无效合同的行为；因用人单位违法解除劳动合同或者故意拖延不订立劳动合同的行为等。劳动者就用人单位前述违法用工行为发生损害赔偿争议，应当通过劳动争议程序进行解决。

(5) 社会保险行政争议的事项

劳动者或者用人单位与社会保险行政机构发生的社会保险行政争议，按照《社会保险行政争议处理办法》处理。

(6) 用人单位劳动违法行为已经超过 2 年的事项

《劳动保障监察条例》第二十条规定，用人单位违反法律、法规或者规章的行为在 2 年内未被劳动保障部门发现，也未被举报、投诉的，劳动保障部门不再查处。其中，2 年期限，自违反劳动保障法律、法规或者规章的行为发生之日起计算；违反劳动保障法律、法规或者规章的行为有连续或者继续状态的，自行为终了之日起计算。

【案例评析】已经按照劳动争议处理程序申请调解、仲裁或者已经提起诉讼的事项，不属于劳动保障监察部门受理范围。在本案中，由于张先生等 8 名员工已经按照劳动争议处理程序申请劳动争议仲裁，劳动保障部门不受理张先生等 8 名员工的劳动投诉符合法律规定。

五、劳动保障监察中用人单位的义务

(1) 配合劳动保障监察的义务。用人单位必须接受劳动保障监察机构的检查，如实汇报有关情况，提供所需资料，陪同劳动保障监察员到生产（经营）现场检查，法定代表人或委托人应在调查笔录上签字。在接受劳动保障监察时，用人单位应当根据检查要求提供以下材料：

①劳动合同书及劳动合同附件、劳动关系台账、职工花名册；
②招（聘）用职工的有关材料；
③外来人员就业证；
④营业执照副本；
⑤工资统计台账及工资支付表；
⑥社会保险缴纳的有关资料；
⑦从事技术工种人员职业资格证书；
⑧用人单位制定的劳动管理规章制度；
⑨劳动年审手册；
⑩劳动保障监察机构需要用人单位提供的其他有关材料。

（2）用人单位对劳动行政部门依法做出的行政处理决定，应认真履行。

【律师提示】　劳动保障中用人单位的权利

当事人认为劳动保障监察员法定应当回避情形的，有权向劳动保障行政部门申请要求其回避。

劳动保障行政部门对违反劳动保障法律、法规或者规章的行为做出行政处罚或者行政处理决定前，应当听取用人单位的陈述、申辩；法律、法规规定应当依法听证的，应当告知用人单位有权依法要求举行听证；用人单位要求听证的，劳动保障行政部门应当组织听证。

做出行政处罚或者行政处理决定，应当告知用人单位依法享有申请行政复议或者提起行政诉讼的权利。

六、劳动保障监察中劳动者的权利

（一）举报保密权及受奖励权

劳动者作为举报人，劳动保障行政部门应当为其保密；对举报属实，为查处重大违反劳动保障法律、法规或者规章的行为提供主要线索和证据的举报人，给予奖励。

（二）要求及时答复权

劳动保障行政部门应当在接到劳动者投诉之日起 5 个工作日内做出是否受理立案。立案查处的，应当及时告知劳动者处理后果。

（三）申诉权

劳动者对劳动保障行政处理或处罚决定不服的，可以依法向有关政府部门申请行政复议或者向人民法院提起行政诉讼。

第二节　劳动保障监察程序

劳动保障监察程序有受理与立案、调查与检查、处理、执行四个阶段。程序合法是劳动保障监察正确开展的基本保障。《劳动保障监察条例》和《关于实施〈劳动保障监察条例〉若干规定》等构成劳动保障监察程序的主要法律依据。

一、劳动保障监察受理与立案

【案例讨论】 汤某是郑州市某建筑公司职工，向某市劳动保障监察部门寄送投诉信件，请求劳动保障监察部门对该公司违反劳动保障法规、克扣职工工资收入的行为进行调查处理，维护职工的合法权益，并要求劳动保障监察部门给予答复。但是，两个多月过去了，劳动保障监察部门未予答复。汤某以劳动保障监察部门不履行保护人身权、财产权的法定职责为由向人民法院起诉，请求人民法院责令劳动保障监察部门履行其法定职责。诉讼过程中，劳动保障监察部门辩称：劳动保障监察部门已将汤某的申请作为人民来信转交市建工局处理，依法履行了自己的法定职责。人民法院经审理查明：汤某起诉书中所称事情属实。劳动保障监察部门局长在当年4月12日在此信上批示："将此文转交建工局处理。"事后，既未对投诉信中所反映的问题进行调查处理，也未给汤某本人做出答复。最后，法院判决责成市劳动保障监察部门依法对某建筑公司遵守劳动法律、法规的情况进行监督检查，并在两个月内对汤某本人做出书面答复，案件受理费及其他诉讼费用由市劳动保障监察部门承担。

法院的判决有无合法依据？为什么？

（一）举报与投诉

1. 举报

任何组织或个人对违反劳动保障法律的行为，有权向劳动保障行政部门举报。劳动保障行政部门对举报人反映的违反劳动保障法律的行为应当依法予以查处，并为举报人保密；对举报属实，为查处重大违反劳动保障法律的行为提供主要线索和证据的举报人，给予奖励。

2. 投诉

劳动者对用人单位违反劳动保障法律、侵犯其合法权益的行为，有权向劳动保障行政部门投诉。对因同一事由引起的集体投诉，投诉人可推荐代表投诉。

投诉应当由投诉人向劳动保障行政部门递交投诉文书。书写投诉文书确有困难的，可以口头投诉，由劳动保障监察机构进行笔录，并由投诉人签字。

【律师提示】 **投诉文书内容**

劳动者向劳动保障监察机构的投诉文书应当载明下列事项：

（1）投诉人的姓名、性别、年龄、职业、工作单位、住所和联系方式；

（2）被投诉用人单位的名称、住所、法定代表人或者主要负责人的姓名、职务；

（3）劳动保障合法权益受到侵害的事实和投诉请求事项。

（二）受理与立案

1. 投诉案件的受理与立案

对符合下列条件的投诉，劳动保障行政部门应当在接到投诉之日起5个工作日内依法受理，并于受理之日立案查处：

（1）违反劳动保障法律的行为发生在2年内的；

（2）有明确的被投诉用人单位，且投诉人的合法权益受到侵害是被投诉用人单位违反劳动保障法律的行为所造成的；

(3) 属于劳动保障监察职权范围并由受理投诉的劳动保障行政部门管辖。

2. 举报案件的受理与立案

劳动保障行政部门通过日常巡视检查、书面审查、举报等发现用人单位有违反劳动保障法律的行为，需要进行调查处理的，应当及时立案查处。

立案应当填写立案审批表，报劳动保障监察机构负责人审查批准。劳动保障监察机构负责人批准之日即为立案之日。

【法律链接】 **劳动保障监察的管辖原则**

劳动保障行政部门管辖实行适用地域管辖，县级以上地方各级人民政府劳动保障行政部门主管本行政区域内的劳动保障监察工作。劳动者向劳动保障监察部门投诉，应当向用人单位所在地的劳动保障监察部门提出。

特殊情况下，可以采取移送管辖和指定管辖。上级劳动保障行政部门根据工作需要，可以调查处理下级劳动保障行政部门管辖的案件。劳动保障行政部门对劳动保障监察管辖发生争议的，报请共同的上一级劳动保障行政部门指定管辖。

二、劳动保障监察调查与检查

(一) 劳动保障监察调查与检查的工作人员

劳动保障监察调查与检查的工作人员由劳动保障监察员担任。在调查、检查劳动违法案件时，劳动保障监察员不得少于 2 人，劳动保障监察机构指定其中 1 名为主办劳动保障监察员。

(二) 劳动保障监察员的回避制度

为了保证劳动保障监察案件公正处理，实行劳动保障监察员回避制度。在实施劳动保障监察时，有下列情形之一的，劳动保障监察员应当回避：

(1) 本人是用人单位法定代表人或主要负责人的近亲属的；

(2) 本人或其近亲属与承办查处的案件事项有直接利害关系的；

(3) 因其他原因可能影响案件公正处理的。

当事人认为劳动保障监察员依法应当回避的，有权以书面形式向劳动保障行政部门申请要求其回避。回避决定应在收到申请之日起 3 个工作日内做出。做出回避决定前，承办人员不得停止对案件的调查处理。对回避申请的决定，应当告知申请人。承办人员的回避，由劳动保障监察机构负责人决定；劳动保障监察机构负责人的回避，由劳动保障行政部门负责人决定。

(三) 劳动保障监察调查与检查的规则

劳动保障监察员对用人单位遵守劳动保障法律情况进行监察时，应当遵循以下规定：

(1) 进入用人单位时，应佩戴劳动保障监察执法标志，出示劳动保障监察证件，并说明身份。

(2) 就调查事项制作笔录，应由劳动保障监察员和被调查人（或其委托代理人）签名或盖章。被调查人拒不签名、盖章的，应注明拒签情况。

(3) 保守在履行职责过程中获知的商业秘密。

(4) 为举报人保密。

（四）劳动保障监察机构调查与检查的职权

（1）进入用人单位的劳动场所进行检查；

（2）就调查、检查事项询问有关人员；

（3）要求用人单位提供与调查、检查事项相关的文件资料，并做出解释和说明，必要时可以发出调查询问书；

（4）采取记录、录音、录像、照相或者复制等方式收集有关情况和资料；

（5）委托会计师事务所对用人单位工资支付、缴纳社会保险费的情况进行审计；

（6）法律、法规规定可以由劳动保障行政部门采取的其他调查、检查措施。

当事人可能对证据采取伪造、变造、毁灭行为的或者采取措施不当可能导致证据灭失的以及不采取证据登记保存措施以后难以取得的，劳动保障监察机构可以依法采取证据登记保存措施。对于涉及异地调查取证的，可以委托当地劳动保障行政部门协助调查。

（五）劳动保障监察调查时限

对违反劳动保障法律的行为的调查，劳动保障行政部门应当自立案之日起 60 个工作日内完成；情况复杂的，经劳动保障行政部门负责人批准，可以延长 30 个工作日。

三、劳动保障监察案件处理

在劳动保障监察案件处理过程中，涉及行政处理和行政处罚。其中，行政处理，是指行政主体为了实现相应法律、法规和规章所确定的行政管理目标和任务，而依行政相对人申请或依职权处理涉及特定行政相对人某种权利义务事项的具体行政行为。其表现形式一般为“行政处理决定”或者“行政决定”。行政处罚，是指行政主体依照法定职权和程序对违反行政法规范，尚未构成犯罪的相对人给予行政制裁的具体行政行为。其性质是一种以惩戒违法为目的、具有制裁性的具体行政行为。

劳动保障行政部门立案调查完成，应在 15 个工作日内做出行政处罚（行政处理或者责令改正）或者撤销立案决定；特殊情况，经劳动保障行政部门负责人批准可以延长。劳动保障监察案件处理分为现场处理和非现场处理。

（一）现场处理案件

对用人单位存在的违反劳动保障法律的行为事实确凿，并有法定处罚（处理）依据的，劳动保障监察员可以依法当场做出限期整改指令或依法当场做出行政处罚决定，当场交付当事人。其中，当场处以警告或罚款处罚的应当按照下列程序进行：

（1）口头告知当事人违法行为的基本事实、拟做出的行政处罚、依据及其依法享有的权利；

（2）听取当事人的陈述和申辩；

（3）填写预定格式的处罚决定书；

（4）当场处罚决定书应当由劳动保障监察员签名或者盖章；

（5）将处罚决定书当场交付当事人，由当事人签收。

（二）非现场处理案件

（1）对不能当场做出处理的违法案件，劳动保障监察员经调查取证，应当提出初步处理建议，并填写案件处理报批表。

（2）根据调查、检查的结果，劳动保障行政部门依法做出以下处理：

①对依法应当受到行政处罚的，依法做出行政处罚决定；

②对应当改正未改正的，依法责令改正或者做出相应的行政处理决定；

③对情节轻微，且已改正的，撤销立案。

④经调查、检查，劳动保障行政部门认定违法事实不能成立的，也应当撤销立案。发现违法案件不属于劳动保障监察事项的，应当及时移送有关部门处理；涉嫌犯罪的，应当依法移送司法机关。

（3）发现行政处罚、行政处理决定不适当的，做出处理的劳动保障行政部门应当予以纠正并及时告知当事人。

【案例评析】法院判决合法有效。第一，被告市劳动保障监察部门是该市行政区域内劳动工作的主管部门，汤某有权就用人单位违反劳动法律的行为向当地劳动保障部门投诉举报。第二，市劳动保障部门应认真履行劳动保障监督检查的法定职责，依法制止和纠正违法行为，维护劳动者的合法权益。劳动保障部门对群众的举报不按规定进行调查处理，属于行政不作为。第三，劳动保障部门不应把群众“举报信”转交企业主管部门处理视为已履行了劳动监督检查职责。在工作中，各有关部门要互相配合，按照各自的职权范围监督用人单位遵守劳动保障法律的情况，更好地保障劳动保障法律的实施。本案例中市劳动保障监察部门要把要求查处违法行为的来信批转建工局去处理，自己既不履行监督检查的职责，也不向建工局了解监督的结果如何，并且不给来信人答复，不能认为其已履行了法定职责。

四、劳动保障监察处理的执行

（1）劳动保障行政处理或处罚决定依法做出后，当事人应当在决定规定的期限内予以履行。当事人对劳动保障行政部门做出的行政处罚决定，责令支付劳动者工资报酬、赔偿金或者征缴社会保险费等行政处理决定逾期不履行的，劳动保障行政部门可以申请人民法院强制执行或者依法强制执行。

（2）当事人对劳动保障行政处理或行政处罚决定不服申请行政复议或者提起行政诉讼的，行政处理或行政处罚决定不停止执行。法律另有规定的除外。

（3）当事人确有经济困难，需要延期或者分期缴纳罚款的，经当事人申请和劳动保障行政部门批准，可以暂缓或者分期缴纳。

【案例链接】　　用人单位拖欠劳动报酬被列入“失信黑名单”案

2018年2月，国家人力资源和社会保障部公布：2017年1月6日，江苏省宿迁市宿豫区人社局接到投诉，称四川锦川建筑劳务有限公司存在拖欠劳动者劳动报酬问题。经查，四川锦川建筑劳务有限公司在承建宿迁市宿豫区印象99花园项目期间，拖欠360名劳动者工资共计689.97万元。2017年1月19日，宿豫区人社局依法向该公司下达《劳动保障监察限期整改指令书》，该公司逾期未履行。2017年1月，宿豫区人社局以涉嫌拒不支付劳动报酬罪依法将该案移送公安机关立案查处。随后，犯罪嫌疑人余贤勇被公安机关采取强制措施。该公司已被宿豫区住建局列入建筑领域用工单位“黑名单”。

实训项目

一、改错题

1. 劳动保障监察的对象包括用人单位和劳动者。

2. 劳动者就用人单位违法用工行为发生损害赔偿争议的事项属于劳动保障监察管辖范围。

3. 用人单位劳动违法行为已经超过 1 年的，劳动监查部门不再受理和处理。

4. 当事人认为劳动保障监察员依法应当回避的，有权以口头形式或书面形式向劳动保障行政部门申请要求其回避。

5. 劳动保障行政部门应在立案后 15 个工作日内做出行政处罚（行政处理或者责令改正）或者撤销立案决定；特殊情况，经劳动保障行政部门负责人批准可以延长。

二、案例分析题

（一）2016 年 4 月，王小妹被北京市一家用人单位辞退。用人单位口头承诺辞退后 15 日内支付王小妹 20 000 元的工资和加班费。由于单位迟迟没有兑现承诺，2017 年 6 月，王小妹被迫申请劳动仲裁，要求用人单位支付工资和加班费。仲裁委员会以王小妹的申请仲裁时效已过为由做出不予支持裁定。王小妹对仲裁委员会裁定不服，向法院提起诉讼。法院也以相同理由驳回王小妹的诉讼请求。2017 年 9 月，王小妹向劳动保障监察部门投诉，请求责令公司支付其加班费。劳动保障监察部门内部对王小妹的投诉是否应该受理存在两种观点：一种观点认为，王小妹的投诉属于劳动保障监察受理范围，虽然申请事项经过劳动仲裁和诉讼，但都没有做出实体处理；同时，王小妹的投诉未超过 2 年的监察时效，劳动保障监察部门应当依法受理；另一种观点认为，虽然王小妹的投诉属于劳动保障监察受理范围，也未超过二年监察时效，但本案已经通过劳动仲裁、诉讼处理，劳动保障监察部门不应再受理王小妹的投诉。

依据法律规定，劳动保障监察部门应否受理王小妹的投诉？为什么？

（二）2017 年 7 月，李某到成都市温江区劳动保障监察大队投诉某商店拖欠 5 月份的工资 4 500 元。温江区劳动保障监察大队接到投诉后，派劳动保障监察员到李某工作地点调查并查明：该商店的营业执照显示系某公司的分支机构；商店的职工工资均由公司负责发放；该公司位于成都市的成华区。在调查之后，温江区劳动保障监察大队经与成华区劳动保障监察大队协商后，告知李某到成华区劳动保障监察大队投诉。

劳动保障监察机构的处理有法律依据吗？

第十一章
劳动争议仲裁法实务

【导入案例】

解除劳动合同引发两次劳动争议仲裁案

2014年12月，博士毕业的夏先生进入上海一家美资公司从事在华投资高级顾问工作。在进入公司工作之前，他曾两次赴美与公司的大老板协商工作待遇事宜。公司承诺与夏先生签订无固定期限劳动合同，年薪为80万元人民币。回国后，公司（上海总部）与夏先生签订书面劳动合同，合同中明确了试用期6个月的期间及年薪80万元，但未标注合同属于无固定期限劳动合同。在夏先生试用期快结束时，公司突然向他发来的一份劳动合同终止通知，引发劳动争议。

对于公司的做法，夏先生表示无法接受，启动了劳动争议仲裁程序，请求恢复双方的劳动关系。因对劳动法相关规定不甚解，夏先生未在仲裁申请书中提出要求公司支付违法解除劳动合同期间的工资的请求。劳动争议仲裁未支持夏先的仲裁请求。

不服仲裁裁决，夏先生诉至法院，并追加了要求单位支付违法解除劳动合同期间工资的诉请。法院审理认为，虽然劳动合同未明示“无固定期限”，但从约定年薪的角度来看，用人单位签订劳动合同并非只想短期试用夏先生，因此推定双方劳动合同应为无固定期限的劳动合同。单位解除劳动合同理由不充分，属于违法解除，双方的劳动关系应当恢复。2015年9月，一审法院判决支持了夏先生关于恢复劳动关系的诉讼请求，但对一审所起诉追加的工资赔偿请求，则因违反劳动争议仲裁前置程序而未予支持。

对法院的判决，双方都没有上诉。在判决生效后的次日，单位给夏先生发来了复岗通知书。回到公司上班第一个月，夏先生被要求学习单位规章制度和从事打印等杂务工作。公司对夏先生表示，暂时难以安排原岗位，要求其继续等待工作岗位安排。在此期间，夏先生要求单位支付违法解除劳动合同期间的工资，但公司认为法院未在判决书中予以支持，故不予支付。

2015年11月，因公司存在长期拖欠工资的情形且拒不安排合理工作岗位，夏先生单方提出解除劳动关系。为了维护自己的劳动权益，追究公司拖欠工资及经济补偿金的法律责任，夏先生又不得不花费大量的时间和精力启动第二次劳动争议仲裁。

第一节　劳动争议程序法概述

随着国家经济结构的不断调整转型和劳动力市场的竞争日趋激烈，劳动者与用人单位之间的劳资纠纷也会日益增多。目前，我国劳动争议进入了“高发阶段”。劳动争议表面上只涉及劳动者与用人单位的经济利益，但还牵涉劳动者家族利益和用人单位整体利益和长远利益，也关系到社会的和谐稳定。避免劳动争议的出现，是当事人订立劳动合同和履行劳动合同应当预见的法律风险。及时化解劳动争议，还要当事人具备正确处理劳动纠纷的态度和技能。因此，熟习并运用劳动争议程序法处理劳动争议，是劳动者和人力资源管理工作者必备的法律知识。

一、劳动争议概念

（一）劳动争议

劳动争议又称劳动纠纷，泛指劳动关系主体双方之间因执行劳动法律、法规或履行劳动合同、集体合同持有不同的主张和要求而产生的争议。其中，有的劳动争议属于既定权利的争议，即因适用劳动法和劳动合同、集体合同的既定内容而发生的争议；有的劳动争议属于要求新的权利而出现的争议，即因制定或变更劳动条件而发生的争议。劳动争议，特指是用人单位与劳动者之间因劳动关系而发生的争议，这也是劳动争议中最主要的部分。

（二）劳动争议的特征

1. 主体的特定性

劳动争议的主体主要表现为劳动关系的双方当事人，即劳动者和用人单位，这是由劳动关系特定性所决定的。

《劳动争议调解仲裁法》规定，工会、劳务派遣单位和用工单位在特殊情况下也是劳动争议的当事人。工会作为劳动者利益的代表，与用人单位之间发生的劳动权利义务争议，属于劳动争议的范畴。劳务派遣单位或者用工单位与劳动者发生劳动争议的，劳务派遣单位和用工单位为共同当事人。

2. 内容的限定性

劳动争议的内容仅涉及劳动权利和劳动义务，包括劳动就业、工资待遇、工作时间与休息休假、劳动保护、劳动保险、劳动福利、职业培训、民主管理、奖励惩罚等。劳动争议不但包括大量的劳动合同争议，也包括集体合同争议。劳动司法实践中，劳动争议最突出的领域是劳动报酬、社会保险和工伤待遇三大领域。

二、劳动争议程序法

劳动争议程序法是指国家制定的处理劳动争议的程序法律规范的总称。它是劳动争议能够获得合法、公正、及时处理的程序保障依据。

目前，我国处理劳动争议的程序法律规范主要有《劳动法》《劳动争议调解仲裁法》和《民事诉讼法》等。为了配合《劳动争议调解仲裁法》的实施，2009 年人力资源和社会保障部制定并实施了《劳动人事争议仲裁办案规则》。人力资源和社会保障部于2017年5月8日颁布新了《劳动人事争议仲裁办案规则》，并于同年7月1日实施。关于劳动争议审理的司法解释有《最高人民法院关于审理劳动争议案件适用法律若干问题的解释》（2001年）、《最高人民法院关于审理劳动争议案件适用法律若干问题的解释（二）》（2006年）、《最高人民法院关于审理劳动争议案件适用法律若干问题的解释（三）》（2010年）、《最高人民法院关于审理劳动争议案件适用法律若干问题的解释（四）》（2013年）和《关于人民法院对经劳动争议仲裁裁决的纠纷准予撤诉或驳回起诉后劳动争议仲裁裁决从何时起生效的解释》（2000年）等。

【法律链接】 **劳动人事争议仲裁办案规则**

为公正及时处理劳动人事争议，规范仲裁办案程序，根据《劳动争议调解仲裁法》以及《公务员法》《事业单位人事管理条例》《中国人民解放军文职人员条例》和有关法律、法规、国务院有关规定，人力资源和社会保障部于2017年5月8日颁布新的《劳动人事争议仲裁办案规则》。《劳动人事争议仲裁办案规则》成为劳动争议和人事争议案件的仲裁程序规则。

三、劳动争议处理方式

根据《劳动争议调解仲裁法》规定，劳动争议的处理方式包括协商、调解、仲裁和诉讼。劳动者与用人单位应当掌握各种方式的优缺点，以便根据实际情况进行选择，快速有效地解除劳动争议。

（一）协商方式

协商方式是劳动争议当事人在争议发生后最先选择解决纠纷的方法。它是指在劳动争议发生后，以自愿为基础，当事人针对双方所发生的劳动争议进行磋商或者谈判，在澄清事实、阐明立场、消除误会和明确彼此责任的基础上自行达成和解协议，以此解决纠纷的方式。根据《劳动争议调解仲裁法》第四条规定，发生劳动争议，劳动者可以与用人单位协商，也可以请工会或者第三方共同与用人单位协商，达成和解协议。

劳动争议发生后，当事人往往希望协商以便快速、有效地解决纠纷。当事人在不违反国家强制性法律规定的前提下，本着互谅互让的合作原则，达成和解协议。若双方协商不能达成和解协议或者达成和解协议不履行的，当事人可以依法选择其他方式解决劳动争议。

（二）调解方式

【案例讨论】 在半月病假之后回公司上班时，贵阳市王某发现自己被单位调岗，而且工资待遇也随之降低。为此，王某认为自己的劳动权益受到了侵犯，于是向公司劳动争议调解委员会申请调解。在调解员的主持下，王某与单位达成了调解协议：他所在单位承诺在一周内恢复王某的原工作岗位和工资待遇。但一周过去后，单位仍然没有恢复王某的工作岗位和工资待遇。王某多次向单位提出交涉，要求履行调解协议，但单位以原岗位不好安排为由给予拒绝。

问：王某的单位拒绝履行调解协议后，王某应该怎样维护自己的权益？

劳动争议调解是解决劳动争议行之有效的途径，对解决争议化解矛盾，建立和谐的劳动关系具有重要作用。劳动争议调解包括劳动争议调解委员会的调解、劳动人事争议仲裁委员会的调解和人民法院的调解，这里仅指劳动争议调解委员会的调解。劳动争议调解是劳动争议的双方当事人向劳动争议调解机构申请调解，劳动争议调解机构通过调停，使当事双方在互谅互让基础上达成协议，进而解决争议的方式。在发生劳动争议以后，当事人不愿协商、协商不成或者达成和解协议后不履行的，可以依法向调解组织申请调解。《劳动争议调解仲裁法》对调解组织、申请方式、调解方式和调解协议效力等做出了具体规定：

1. 劳动争议调解的调解组织

（1）企业劳动争议调解委员会。这是企业内部解决劳动争议的组织，由职工代表和企业代表组成。职工代表由工会成员担任或者由全体职工推举产生，企业代表由企业负责人指定。企业劳动争议调解委员会主任由工会成员或者双方推举的人员担任。

（2）依法设立的基层人民调解组织。人民调解组织是人民调解委员会，基本形式是村民调解委员会和居民调解委员会，它在基层人民政府和基层人民法院的指导下进行工作。

（3）在乡镇、街道设立的具有劳动争议调解职能的组织。

2. 劳动争议调解的申请方式

（1）书面申请方式。书面申请方式是向劳动争议调解委员会递交调解申请书，提出调解申请，请求调解委员会予以处理。当事人采用书面方式提出调解申请的，应在其申请中写明以下事项：

第一，当事人的基本情况。劳动者应写明自己的姓名、性别、年龄、住址、工作单位、身份证号码、联系电话等基本情况；用人单位应写明单位的名称、法定代表人或主要负责人、住所地或经营地址、单位的性质、联系电话等；如有代理人的应写明代理人的情况。

第二，申请调解的事项。申请人应当明确地提出自己具体的条件请求事项。如因解除劳动合同、工伤医疗等涉及金钱给付发生争议的，应当明确请求支付工资、医疗费、医疗补助费、违约金、赔偿金等的具体数额。

第三，事实和理由。申请人应当说明请求事项所依据的事实和理由。这项内容既要反映出申请人的调解请求，又要反映出申请人主张自己申请事项的主要依据。主要应包括申请人与被申请人建立劳动关系的情况、争议发生的时间、争议内容、请求事项的法律依据等。

第四，申请时间。申请时间是当事人向劳动争议调解组织主张权利的时间，它既是诉讼时效中断的法定事由，又是15日调解期限的起算点，申请时间将影响到劳动争议仲裁时效的计算。

（2）口头申请方式。当事人提出口头申请的，应当由劳动争议调解组织的工作人员记录当事人的申请。记录内容与书面方式的内容相同，工作人员应注意对当事人的口头申请记录完后让当事人签名确认；当事人对记录内容无异议的，应当签名确认。

3. 劳动争议的调解方式

调解劳动争议应当在充分听取双方当事人对事实和理由的陈述，耐心疏导的情形下，帮助其达成调解协议。充分听取双方对事实和理由的陈述。调解不等于无原则的“和稀泥”，调解劳动争议也要在弄清事实、分清是非的基础上进行。调解成功与否，在一定程度上取决于争议双方解决争议的诚意。

《劳动争议调解仲裁法》第十三条规定，自劳动争议调解组织收到调解申请之日起十五日内未达成调解协议的，当事人可以依法申请仲裁。

4. 劳动争议调解协议的效力

根据《劳动争议调解仲裁法》的规定，经调解达成协议的，应当制作调解协议书。这是劳动争议双方达成调解的书面证明，是一项重要的法律文书，它可以作为履行的明确依据，并可以作为相关的证据使用。调解协议书由双方当事人签名或者盖章，经调解员签名并加盖调解组织的印章后生效，对双方当事人具有合同约束力，当事人应当履行。劳动争议调解达成协议后，一方当事人在协议约定期限内不履行调解协议的，另一方当事人可以依法申请仲裁，该协议可以作为劳动仲裁和诉讼的证据。

为了提高劳动争议处理效率，法律对劳动争议调解协议效力处理做出了特别规定。《劳动争议调解仲裁法》第十六条规定：因支付拖欠劳动报酬、公司医疗费、经济补偿或赔偿金事项达成调解协议，用人单位在协议约定期限内不履行的，劳动者可以持调解协议书依法向人民法院申请支付令。人民法院应当依法发出支付令。《劳动人事争议仲裁办案规则》规定，经调解组织调解达成调解协议的，双方当事人可以自调解协议生效之日起十五日内，共同向有管辖权的仲裁委员会提出仲裁审查申请。仲裁委员会经审查认为调解协议的形式和内容合法有效的，应当制作调解书。调解书的内容应当与调解协议的内容相一致。调解书经双方当事人签收后，发生法律效力。

【案例评析】在单位不履行调解组织主持下所达成的调解协议，王某可以依法向劳动人事争议仲裁委员会申请仲裁，因为《劳动争议调解仲裁法》第十五条规定，“达成协议后，一方当事人在协议约定期限内不履行调解协议的，另一方当事人可以依法申请仲裁。”

（三）仲裁方式

劳动仲裁是指劳动争议当事人将劳动争议提交劳动人事争议仲裁委员会处理，由其就劳动争议的事实与责任做出对双方当事人具有一定约束力的判断和裁决。

在发生劳动争议后，当事人不愿协商、协商不成或者达成和解协议后不履行的，当事人不愿调解、调解不成或者达成调解协议后不履行的，都可以向劳动人事争议仲裁委员会申请仲裁。当事人也可以不经协商或者调解程序，直接向劳动人事争议仲裁委员会申请仲裁。

（四）诉讼方式

劳动争议诉讼，指劳动争议当事人不服劳动人事争议仲裁委员会的裁决，在规定的期限内向人民法院起诉，人民法院依照民事诉讼程序，依法对劳动争议案件进行审理的活动。

一般情况下，劳动争议仲裁是劳动争议诉讼的前置程序，而劳动争议诉讼是处理劳动争议的最终程序，除法律另有规定外。劳动争议诉讼是通过司法程序保障劳动争议的最终解决。由人民法院参与处理劳动争议，有利于保障当事人的诉讼权，有助于监督仲裁委员会的裁决，有利于生效的调解协议、仲裁裁决和法院判决的执行。

劳动者对仲裁裁决不服的，自收到裁决之日15日内，可以向基层人民法院提起诉讼。根据《劳动争议调解仲裁法》第四十七条的规定，用人单位对于“一裁终局”的仲裁裁决，须自收到裁决之日起30日内先向中级人民法院申请撤销，在中级人民法院做出撤销仲裁裁决后15日内，方可提起诉讼；对于其他仲裁裁决则与劳动者相同，用人单位可自收到裁决之日起15日内向基层人民法院提起诉讼。

四、解决劳动争议的基本原则

（1）合法原则。合法原则要求劳动争议的处理机构在处理争议案件时，应当做到：一是以法律为准绳，严格依法裁决；二是遵循有关法定程序，要严格按照程序法的有关规定办理，并对双方当事人应该享受的请求解决争议、举证、辩解、陈述和要求回避等有关程序法的权利要给予平等的保护。

（2）公正和平等原则。尽管用人单位与劳动者在劳动关系的地位不一样，但劳动争议进入处理程序阶段，两者便是平等的争议主体，都受到法律的平等保护。公正和平等原则要求企业劳动争议的任何一方当事人都不得有超越法律和有关规定以上的特权。

（3）注重调解原则。注重调解原则是指调解这种手段贯穿于劳动争议第三方参与处理的全过程。企业调解委员会、仲裁委员会或法院在处理企业劳动争议中要先行调解，调解不成时，才会行使裁决或判决。《劳动人事争议仲裁办案规则》规定，仲裁委员会处理争议案件时应当坚持调解优先，引导当事人通过协商、调解方式解决争议，给予必要的法律释明以及风险提示。

（4）及时处理原则。及时处理原则是指企业劳动争议的处理机构在处理争议案件时，要在法律和有关规定要求的时间范围内对案件进行受理、审理和结案，及时处理原则就是要使双方当事人的合法权益得到及时的保护。

【律师提示】《劳动争议调解仲裁法》强化劳动者权益保护的主要体现：

（1）注重劳动调解作用，劳动者可持调解协议向法院申请支付令；

（2）劳动仲裁基本时效扩大为1年，并且适用中断、中止规定；

（3）减轻劳动者的举证责任，扩大用人单位的举证范围；

（4）劳动争议解决周期缩短，部分给付案件可由劳动者决定是否“一裁终局”；

（5）劳动仲裁不收费，降低劳动者的维权成本。

第二节　劳动争议仲裁基本制度

一、劳动争议仲裁概念

1. 劳动争议仲裁

劳动争议仲裁，是指劳动争议当事人根据法律法规的规定，将劳动争议提交劳动仲裁机构，通过仲裁机构认定双方争议的事实并依法解决争议纠纷的一种法律活动。劳动争议仲裁是我国处理劳动争议具有法律权威的最主要方式。

一般情况下，劳动争议仲裁往往是当事人不能通过协商或者调解方式解决劳动争议的结果。根据《劳动争议调解仲裁法》的规定，劳动争议仲裁是劳动争议诉讼的必经程序，当事人不服劳动争议仲裁裁决的，才能向人民法院提起诉讼，但法律另有规定的除外。

【律师提示】　　劳动争议案件处理程序的调整

《劳动争议调解仲裁法》对劳动争议案件的处理机制，改变了以往的劳动争议先行仲裁和“一裁二审”的传统模式，实行劳动争议案件“一裁二审”的基本审理程序；对小额劳动争议案件和劳动标准明确的案件实行由劳动者决定的“一裁终局”审理程序；基于法律规定，少数劳动争议案件由劳动者直接启动法院诉讼审理程序。

《最高人民法院关于审理劳动争议案件适用法律若干问题的解释（二）》规定：劳动者以用人单位的工资欠条为证据直接向人民法院起诉，诉讼请求不涉及劳动关系其他争议的，视为拖欠劳动报酬争议，和当事人在劳动争议调解委员会主持下仅就劳动报酬争议达成调解协议，用人单位不履行调解协议确定的给付义务。对上述案件，劳动者直接向人民法院起诉的，人民法院可以按照普通民事纠纷受理。

2. 劳动争议仲裁的特征

劳动争议仲裁除具有劳动争议处理程序的基本特征外，根据《劳动争议调解仲裁法》规定，其还具有如下特征：

（1）三方代表原则。《劳动法》规定：“劳动人事争议仲裁委员会由劳动行政部门代表、同级工会代表、用人单位方面的代表组成。”《劳动争议调解仲裁法》第十九条规定，劳动人事争议仲裁委员会由劳动行政部门代表、工会代表和企业方面代表组成。劳动人事争议仲裁委员会组成的人员应当是单数。劳动争议仲裁实行三方原则有利于国家、用人单位和劳动者三方利益均衡，有利于增强仲裁的权威性，有利于保证仲裁的公正性。

（2）强制仲裁原则。除法律另有规定外，劳动争议案件须先行仲裁，其强制性表现在：第一，劳动争议仲裁是劳动争议处理的必经程序，不经劳动人事争议仲裁委员会裁决，当事人不能向人民法院提起诉讼；第二，劳动争议仲裁无须双方自愿。只要争议一方当事人提出仲裁申请即能启动劳动争议仲裁程序。

（3）裁决强制履行原则。这是劳动争议仲裁与企业劳动争议调解的重要区别，也是劳动争议仲裁权威的显著标志。不论劳动争议仲裁调解书还是仲裁裁决书，只要其生效后便产生强制执行的法律效力，当事人一方不主动履行的，另一方可向人民法院申请强制执行。

二、劳动人事争议仲裁委员会

（一）劳动人事争议仲裁委员会的设立

劳动人事争议仲裁委员会是依法由劳动行政部门代表、工会代表和企业方面代表组成，并处理劳动争议仲裁事务的专门机构。劳动人事争议仲裁委员会下设实体办事机构即劳动人事争议仲裁院，负责办理劳动人事争议仲裁委员会的日常工作。

省、自治区人民政府可以决定在市、县设立劳动人事争议仲裁委员会；直辖市人民政府可以决定在区、县设立劳动人事争议仲裁委员会。直辖市、设区的市也可以设立一个或者若干个劳动人事争议仲裁委员会。劳动人事争议仲裁委员会不按行政区划层层设立。

国务院劳动行政部门依法制定劳动争议仲裁规则，如人力资源和社会保障部于2017年颁布实施新的《劳动人事争议仲裁办案规则》。省、自治区、直辖市人民政府劳动行政部门对本行政区域的劳动争议仲裁工作进行指导。

（二）劳动人事争议仲裁委员会的职责

（1）聘任、解聘专职或者兼职劳动仲裁员；

（2）受理劳动争议案件；

（3）讨论重大或者疑难的劳动争议案件；

（4）对仲裁活动进行监督。

三、劳动人事争议仲裁委员会的受案与管辖范围

劳动争议当事人向劳动人事争议仲裁委员会提起劳动争议仲裁，劳动争议应当属于其受案范围和管辖范围。

（一）劳动人事争议仲裁委员会的受案范围

劳动仲裁的受案范围表现为劳动争议，但并非一般意义上的劳动争议。《劳动争议调解仲裁法》第二条规定，在我国境内发生的用人单位与劳动者之间的下列劳动争议，才属于劳动仲裁的受案范围：

1. 因确认劳动关系发生的争议

用人单位是各项规章制度的制定者和实施者，是劳动者档案资料、考勤记录、工资发放等的管理者。在实践中，因部分用人单位不与劳动者签订或者提供劳动合同，在双方劳动关系难以认定的情形下，劳动者维权几乎成为不能。为了保护劳动者的合法权益，《劳动争议调解仲裁法》将因确认劳动关系发生的争议纳入劳动争议的处理范围。

2. 因订立、履行、变更、解除和终止劳动合同发生的争议

劳动争议发生在劳动合同订立、履行、变更、解除和终止的各个阶段。劳动合同履行过程的争议是劳动争议发生的最主要阶段，如因用人单位拖欠工资、不支付加班工资、未提供劳动保护、变更劳动者工作岗位和地点等引发的劳动争议。在订立劳动合同时多出现是否签订无固定期限的劳动合同、提供书面劳动合同争议。在劳动合同终止时多发生经济补偿、社会保险等劳动争议。

3. 因除名、辞退和辞职、离职发生的争议

除名和辞退是用人单位单方解除劳动关系的行为。除名是指因职工无正当理由旷工且超过一定期间的，用人单位将其从职工名册中删除的行为。辞退是指用人单位对严重违反劳动纪律或犯有严重错误的职工或者经济困境下的富余职工，按照有关规定与职工结束劳动关系的一种行为。

辞职和离职是劳动者解除劳动关系的行为。辞职是指职工根据劳动法规或劳动合同的规定，提出辞去工作从而解除劳动关系。自动离职是指职工终止劳动关系时不履行解除手续，擅自出走离岗，或者解除手续没有办理完毕而离开单位。

4. 因工作时间、休息休假、社会保险、福利、培训以及劳动保护发生的争议

工作时间、休息休假、社会保险、福利、培训以及劳动保护是劳动合同的主要内容，也是劳动基准法强制规范的范围。其中，用人单位是否按国家法律法规的规定为职工购买社会保险成为劳动争议的主要情形之一。

【律师提示】　　未依法办理社会保险争议性质划分

未依法办理社会保险争议性质划分有两种：一是单位未办理社会保险的，属于劳动争议；另一种是单位未足额办理社会保险的，属于行政争议。其法律依据来源于《关于审理劳动争议案件适用法律若干问题的解释》（〔2001〕14号）。其第一条第（3）项规定“劳动者退休后，与尚未参加社会保险统筹的原用人单位因追索养老金、医疗费、工伤保险待遇和其他社会保险费而发生的纠纷，当事人不服劳动仲裁后，依法向人民法院起诉的，人民法院应当受理”。该条本意就是未参加社会保险统筹的，属于劳动争议；参加社会保险统筹但缴纳标准有争议的，人民法院不予受理。我国实行社会统筹保险制度，社会保险费统一由税务机关和劳动保障行政部门设立的社会保险经办机构向企业及其职工征收、征缴和管理。因社会保险费的征收、发放、领取发生的纠纷，属于行政诉讼。

5. 因劳动报酬、工伤医疗费、经济补偿或者赔偿金等发生的争议

关于劳动报酬、工伤医疗费、经济补偿或者赔偿金等劳动争议，是劳动争议中最常见的情形。为了保护劳动者的合法权益，《劳动争议调解仲裁法》在处理程序上做出了特别的规定。在劳动者符合法律规定的条件下，劳动者持调解书可以向人民法院申请支付令，通过人民法院以法律的权威督促用人单位履行义务，从而及时地维护自己的合法权益。

6. 法律、法规规定的其他劳动争议

根据司法解释，下列争议均属于劳动争议：个体工商户与帮工、学徒之间的劳动争议；劳动者与用人单位解除或者终止劳动关系后，请求用人单位返还其收取的劳动合同定金、保证金、抵押金、抵押物产生的争议；办理劳动者的人事档案、社会保险关系等移转手续产生的争议；劳动者退休后，与尚未参加社会保险统筹的原用人单位因追索养老金、医疗费、工伤保险待遇和其他社会保险费而发生的争议等。

【法律链接】　　劳动争议的除外情形

《最高人民法院关于审理劳动争议案件适用法律若干问题的解释》（二）等规定，下列纠纷不属于劳动争议：

1. 劳动者请求社会保险经办机构发放社会保险金的纠纷；
2. 劳动者与用人单位因住房制度改革产生的公有住房转让纠纷；
3. 劳动者对劳动能力鉴定委员会的伤残等级鉴定结论或者对职业病诊断鉴定委员会的职业病诊断鉴定结论的异议纠纷；
4. 家庭或者个人与家政服务人员之间的纠纷；
5. 个体工匠与帮工、学徒之间的纠纷；
6. 农村承包经营户与受雇人之间的纠纷；
7. 用人单位与未建立劳动关系的劳动者因就业歧视所产生的纠纷；
8. 劳动者与用人单位因住房公积金产生的争议；
9. 用人单位与达到退休年龄的劳动者的用工纠纷。

（二）劳动争议仲裁案件的管辖范围

劳动争议仲裁案件的管辖指各劳动人事争议仲裁委员会之间受理劳动争议案件的分工和权限。根据《劳动争议调解仲裁法》的规定，劳动争议仲裁案件的管辖涉及以

下方面：

1. 级别分工管辖

劳动争议仲裁不实行两裁制度，不存在类似于诉讼的级别管辖。劳动人事争议仲裁委员会在省、市、县或者区的三级行政区域层层设置，因此劳动争议案件的受理也存在事实上的级别分工管辖。劳动人事争议仲裁委员会劳动仲裁立案级别分工管辖，原则上根据劳动争议中用人单位的行政级别或者工商登记机关等因素分工管辖：

（1）在省工商行政部门（不含分局）进行工商登记的企业的劳动争议、央属驻省会城市国有（含国有控股）企业发生的劳动争议，省级国家机关、事业单位和社会团体发生的劳动争议，由省劳动人事争议仲裁委员会立案管辖。

（2）在市级工商行政部门（不含分局）进行工商登记的企业的劳动争议、省驻市国有（含国有控股）企业发生的劳动争议、省级国家机关、事业单位和社会团体发生的劳动争议，由市劳动人事争议仲裁委员会立案管辖。

（3）发生在本县（区）范围内的劳动争议，除省、市劳动人事争议仲裁委员会受理的仲裁案件外，由县（区）劳动人事争议仲裁委员会立案管辖。

【律师提示】　劳动人事争议仲裁立案分工管辖具体指南

省劳动人事争议仲裁委员会仲裁立案的范围有：①省直机关及其直属驻省会城市事业单位、社会团体和省属驻省会城市国有（含国有控股）企业发生的劳动争议；②央属驻省会城市国有（含国有控股）企业发生的劳动争议；③省直机关及其直属驻省会城市事业单位发生的人事争议；④人事关系（或党的关系）在省的中央驻省会城市单位发生的人事争议；⑤驻省部队军级（含）以上文职人员聘用单位与文职人员之间因履行聘用合同发生的人事争议；⑥省内跨地区、跨行业、有重大影响的劳动人事争议；⑦其他应该由省劳动人事争议仲裁委员会受理的劳动人事争议。

市劳动人事争议仲裁委员会仲裁立案的范围有：①市国家机关、事业单位和社会团体发生的劳动、人事争议；②驻市部队师级单位发生的劳动、人事争议；市范围内的中央、省驻市国有及国有控股企业发生的劳动争议（不含分支机构）；③在市工商行政部门（不含分局）进行工商登记的企业与劳动者之间在市区范围内发生的劳动争议；④其他应由市劳动人事争议仲裁委员会处理的其他争议。

县（区）劳动人事争议仲裁委员会仲裁立案范围有：①发生在本县（区）范围内的劳动、人事争议，除市劳动人事争议仲裁委员会受理的仲裁案件外；②本县（区）范围内中、省驻市国有及国有控股企业设立的分支机构发生的劳动争议；③同时有多个被申请人，且被申请人中既有属市仲裁委员会受理范围的，也有属县（区）仲裁委员会受理范围的，由劳动合同履行地县（区）仲裁委员会受理；④市人力资源和社会保障局根据工作需要指定受理的劳动、人事争议。

2. 地域管辖

实行劳动争议由劳动合同履行地或者用人单位所在地的劳动人事争议仲裁委员会管辖。双方当事人分别向劳动合同履行地和用人单位所在地的劳动人事争议仲裁委员会申请仲裁的，由劳动合同履行地的劳动人事争议仲裁委员会管辖。劳动合同履行地为劳动者实际工作场所地，用人单位所在地为用人单位注册、登记地或者主要办事机构所在地。用人单位未经注册、登记的，其出资人、开办单位或者主管部门所在地为用人单位所在地。

双方当事人分别向劳动合同履行地和用人单位所在地的仲裁委员会申请仲裁的，由劳动合同履行地的仲裁委员会管辖。有多个劳动合同履行地的，由最先受理的仲裁委员会管辖。劳动合同履行地不明确的，由用人单位所在地的仲裁委员会管辖。案件受理后，劳动合同履行地和用人单位所在地发生变化的，不改变争议仲裁的管辖。多个仲裁委员会都有管辖权的，由先受理的仲裁委员会管辖。

3. 移送管辖和指定管辖

仲裁委员会发现已受理案件不属于其管辖范围的，应当移送至有管辖权的仲裁委员会，并书面通知当事人。对移送案件，受移送的仲裁委员会应依法受理。受移送的仲裁委员会认为受移送的案件依照规定不属于本仲裁委员会管辖，或仲裁委员会之间因管辖争议协商不成的，应当报请共同的上一级仲裁委员会主管部门指定管辖。

【法律链接】 **涉外劳动争议仲裁管辖**

《劳动部关于涉外劳动争议管辖权问题的复函》(1994) 规定，我国公民与国（境）外企业签订的劳动（工作）合同，如果劳动（工作）合同的履行在我国领域内，因履行劳动（工作）合同发生劳动争议，由劳动（工作）合同履行地的劳动人事争议仲裁委员会受理。

四、劳动争议仲裁参与人

劳动仲裁参与人指为维护劳动争议当事人的合法权益而参加劳动争议仲裁活动，依法享有仲裁权利，承担仲裁义务的人或单位，主要有劳动争议仲裁当事人、共同当事人、仲裁中的第三人及仲裁代理人等。

（一）劳动争议仲裁当事人

劳动争议仲裁当事人，是指因劳动权利义务纠纷，能以自己的名义向劳动人事争议仲裁委员会提起仲裁并受仲裁裁决约束的直接利害关系人。劳动争议仲裁，须有明确的被申请人。

发生劳动争议的劳动者和用人单位，为劳动争议仲裁案件的双方当事人。劳务派遣单位或者用工单位与劳动者发生争议的，劳务派遣单位和用工单位为共同当事人。提起集体合同仲裁的工会，也是劳动争议仲裁当事人。在劳动仲裁实践中，当涉及的用人单位有特殊情况的，应按下列方式确定被申请人：①用人单位发生变更的，在劳动争议仲裁中应以变更后的用人单位作为当事人；②用人单位与其他单位合并的，合并前发生劳动争议的，由合并后的用人单位作为当事人；③用人单位分立为若干单位的，其分立前的劳动争议，由分立后承受其劳动权利义务的实际用人单位为当事人，若承受其劳动权利义务的单位不明确的，分立后的单位均为当事人；④用人单位正处于清算阶段的，应由依法成立的清算组作为当事人；⑤发生争议的用人单位未办理营业执照、被吊销营业执照、营业执照到期继续经营、被责令关闭、被撤销以及用人单位解散、歇业，不能承担相关责任的，应当将用人单位和其出资人、开办单位或者主管部门作为共同当事人；⑥劳动者与个人承包经营者发生争议，依法向仲裁委员会申请仲裁的，应当将发包的组织和个人承包经营者作为当事人；⑦劳动者与起有字号的个体工商户产生的劳动争议诉讼，应当以营业执照上登记的字号为当事人，但应同时注明该字号业主的自然情况。

【律师提示】 **共同仲裁与共同代表**

共同仲裁是指在劳动争议仲裁中，无论是申请人还是被申请人，人数在二人以上的，具有共同或者同种类的争议标的，由同一劳动人事争议仲裁委员会审理。在人数众多的共同仲裁中，由当事人推选或者公告的权利人推选共同代表并由其依法参加仲裁活动。

《劳动争议调解仲裁法》规定，发生劳动争议的劳动者一方在十人以上，并有共同请求的，可以推举代表3~5名代表参加调解、仲裁或者诉讼活动。代表人参加仲裁的行为对其所代表的当事人发生效力，但代表人变更、放弃仲裁请求或者承认对方当事人的仲裁请求，进行和解，必须经被代表的当事人同意。因履行集体合同发生的劳动争议，经协商解决不成的，工会可以依法申请仲裁；尚未建立工会的，由上级工会指导劳动者推举产生的代表依法申请仲裁。

（二）劳动争议仲裁第三人

劳动争议仲裁第三人，是指与劳动争议案件的处理结果有法律利害关系，因而参与到正在进行的劳动争议仲裁的人。《劳动争议调解仲裁法》第二十三条规定，与劳动争议案件的处理结果有利害关系的第三人，可以申请参加仲裁活动或者由劳动人事争议仲裁委员会通知其参加仲裁活动。

劳动仲裁中产生的第三人的主要情形有：①由于劳动者跳槽，并未与原用人单位解除劳动合同，给原用人单位造成损害，新用人单位因使用未解除劳动合同的劳动者而应承担相应的连带责任；②因履行职务受到他人伤害的；③劳动者被其他单位借用、聘用未与原用人单位解除劳动合同，借用职工在借用单位发生工伤事故致残或死亡的；④用人单位的劳动者在履行与用人单位和另一单位签订的经济合同时，由于另一单位的原因受到伤害的等。

（三）劳动争议仲裁代理人

劳动争议仲裁代理人，指根据法律规定或当事人的委托，代理人以被代理人的名义并在授权范围内进行劳动争议仲裁活动，被代理人承受代理人的代理法律后果。行使代理权的人是劳动仲裁代理人；委托或者法定的他人代为实施代理权的人是被代理人。

（1）委托代理。当事人可以委托代理人参加仲裁活动。委托他人参加仲裁活动，应当向劳动人事争议仲裁委员会提交有委托人即被代理人签名或者盖章的委托书，委托书应当载明委托事项和权限。

（2）法定代理或者指定代理。《劳动争议调解仲裁法》对法定代理和指定代理也作了明确的规定，丧失或者部分丧失民事行为的劳动者，由其法定代理人代为参加仲裁活动；无法定代理人的，由劳动人事争议仲裁委员会为其指定代理人。劳动者死亡的，由其近亲属或者代理人参加仲裁活动。

五、劳动争议仲裁时效

（一）劳动争议仲裁时效

劳动争议仲裁时效，是指在法律规定的期限内，劳动争议当事人不行使劳动争议仲裁权则因期满而归于消灭的制度。其分为劳动争议仲裁基本时效和劳动报酬争议仲裁特别时效制度。

1. 劳动争议仲裁基本时效

对一般劳动争议仲裁实行基本时效制度。根据《劳动争议调解仲裁法》规定，劳动争议申请仲裁的基本时效为一年，仲裁时效从当事人知道或者应当知道其权利被侵害之日起计算。如果逾期不提出，则丧失申请仲裁的权利。劳动人事争议仲裁委员会对其提出的仲裁申请不予受理。仲裁时效从当事人知道或者应当知道其权利被侵害之日起，被侵害之日是有证据表明权利人知道自己的权利被侵害的日期就是劳动争议发生之日。

2. 劳动争议仲裁特别时效

对劳动报酬争议仲裁实行特别时效制度。由于劳动者在劳动关系中处于弱势地位，有些单位恶意长期拖欠劳动者的劳动报酬，为了保住工作，劳动者不得不对自己权利遭受侵害保持沉默。如果仍然都适用一年的仲裁时效，将不利于保护劳动者的合法权益。因此，《劳动争议调解仲裁法》进行了规定，劳动关系存续期间因拖欠劳动报酬发生争议的，劳动者申请仲裁不受劳动争议仲裁基本时效的限制，劳动报酬时效应当从劳动关系终止之日计算，劳动者应在劳动关系终止之日起一年内提出。

【律师提示】　　拖欠劳动报酬的举证责任的分配

劳动关系存续期间因拖欠劳动报酬发生争议的，劳动者申请仲裁不受劳动争议仲裁基本时效的限制，劳动报酬时效应当从劳动关系终止之日计算，劳动者应在劳动关系终止之日起一年内提出。《工资支付暂行规定》规定，用人单位必须书面记录支付劳动者工资的数额、时间、领取者的姓名以及签字，并保存两年以上备查。用人单位在支付工资时应向劳动者提供一份其个人的工资清单。

因此，在主张单位拖欠劳动报酬司法实践中，用人单位应当对争议发生前的两年内支付劳动者工资负有举证责任；劳动者对争议发生的两年前拖欠工资负有举证责任。举证不力的，承担败诉责任。

（二）劳动争议仲裁时效的中断

劳动争议仲裁时效的中断，是指在仲裁时效进行期间，因发生一定法定事由，使已经经过的仲裁时效期间统归无效，待时效中断事由消除后，重新开始计算仲裁时效期间。仲裁时效中断的法定事由有三种情形：

（1）向对方当事人主张权利。如用人单位拖欠劳动报酬，因劳动者向用人单位要求支付而发生的劳动仲裁时效中断等。

（2）向有关部门请求权利救济。劳动争议发生后，劳动者向用人单位的劳动争议调解委员会申请调解，向劳动监察部门请求帮助，向政府、人大等部门反映等，都可以被视为向有关部门申请权利救济，从而导致劳动仲裁时效中断。

（3）对方当事人同意履行义务。

（三）劳动争议仲裁时效的中止

劳动争议仲裁时效的中止，是指在仲裁时效进行期间，因发生法定事由致使权利人不能行使请求权，暂停计算仲裁时效，当阻碍时效期间进行的法定事由消除后，继续进行仲裁时效期间的计算。仲裁时效中止的法定事由主要有：

（1）不可抗力。不可抗力是指不能预见、不能避免并且不能克服的客观情况。如发生地震、水灾等特大自然灾害、战争等。

（2）其他正当理由。其他正当理由是指不可抗力以外的，非由权利人的意志所决定的足以阻碍权利人行使权利的情况。如无法定代理人、法定代理人死亡、指定代理人死亡等。

六、仲裁员回避制度

（一）仲裁员回避

仲裁员回避制度是当事人监督仲裁庭成员的重要权利，同时也是保障仲裁程序公正的必要措施。它是指在仲裁活动中，仲裁员及其他可能影响案件公正裁决的其他人员，依照法律的规定，退出案件仲裁活动的制度。

当事人申请回避，应当在案件开庭审理前提出，并说明理由。回避事由在案件开庭审理后知晓的，也可以在庭审辩论终结前提出。当事人在庭审辩论终结后提出回避申请的，不影响仲裁程序的进行。

（二）仲裁员回避理由

根据《劳动争议调解仲裁法》第三十三条规定，仲裁员有下列情形之一，应当回避，但当事人也有权以口头或者书面方式提出回避申请：①是当事人或者当事人、代理人的近亲属的；②与本案有利害关系的；③与本案当事人、代理人有其他关系，可能影响公正裁决的；④私自会见当事人、代理人，或者接受当事人、代理人的请客送礼的。

仲裁委员会应当在回避申请提出的三日内，以口头或者书面形式做出决定。以口头形式做出的，应当记入笔录。《劳动争议调解仲裁法》第三十四条规定，仲裁员有本法第三十三条第四项规定情形，或者有索贿受贿、徇私舞弊、枉法裁决行为的，应依法承担法律责任。劳动人事争议仲裁委员会应当将其解聘。

（三）仲裁员回避方式与决定

仲裁员回避的方式有两种：一是自行回避。自行回避是指承办案件的仲裁员知道自己具有应当回避的情形时，主动向劳动仲裁委员会提出退出案件的审理活动。二是申请回避。申请回避是指仲裁双方当事人的任何一方发现仲裁庭的组成人员有法律规定的回避情形时，有权向劳动人事争议仲裁委员会要求该仲裁员回避。

被申请回避的人员在仲裁委员会做出是否回避的决定前，应当暂停参与本案的处理，但因案件需要采取紧急措施的除外。仲裁员是否回避，由仲裁委员会主任或其授权的办事机构负责人决定。仲裁委员会主任担任案件仲裁员是否回避，由仲裁委员会决定。劳动人事争议仲裁委员会对回避申请应当及时做出决定，并以口头或者书面方式通知当事人。

第三节　劳动争议仲裁程序

一、劳动争议仲裁申请和受理

（一）劳动争议仲裁申请

1. 仲裁申请

当事人申请劳动仲裁应当采用书面形式，即劳动仲裁申请书。书面仲裁申请有利于明确申请人和被申请人、仲裁请求及所依据的事实和理由等相关信息，使劳动人事争议仲裁委员会便于审查和决定是否受理，以及在决定受理后便于向对方当事人转达申请人的仲裁请求及依据；同时，也有利于对方当事人的答辩，使仲裁活动顺利进行。

由于文化水平低或法律知识欠缺而导致申请人书写困难的，根据《劳动争议调解仲裁法》规定也可以口头方式申请仲裁。对口头申请人，由劳动人事争议仲裁委员会记入笔录，笔录应由申请人签名或盖章，与书面申请具有同等效力。劳动人事争议仲裁委员会可以将抄录的申请人的口述笔录送达被申请人，也可以将其主要内容口头告知被申请人。

2. 仲裁申请的内容

劳动仲裁申请书（附参考格式）的基本内容有以下几个方面：

（1）劳动仲裁申请人或者被申请人。劳动仲裁申请的申请人或者被申请人是劳动者或者用人单位。其中，劳动者的基本信息包括其姓名、性别、年龄、职业、工作单位和住所；用人单位的基本信息包括其名称、住所和法定代表人或者主要负责人的姓名、职务。仲裁是由法定代理人或者委托代理人代理参加的，还需要说明代理人的基本情况，如代理人是律师则应列明其所属律师事务所。

（2）仲裁请求和所根据的事实、理由。仲裁请求是申请人想通过仲裁达到的目的。仲裁请求所依据的事实和理由可以概括为：当事人争议形成的情况、双方争议的焦点、请求所依据的事实和理由等。当事人应当以客观充分的事实和理由作依据来支持自己的仲裁请求。

（3）证据和证据来源、证人姓名和住所。劳动争议证据是依法定程序提供或搜集的，被劳动争议仲裁机构或人民法院审查属实的，用于证明、支持劳动争议双方当事人主张的事实材料，主要包括书证、物证、视听资料、证人证言、当事人的陈述、鉴定结论等。一般情况下，申请人对自己主张的事实有责任提供证据加以证明。如提供证人证言的，需写明证人的姓名、住所和工作单位等。

实践中，劳动者提起申请仲裁时还需要提供用人单位的工商登记证明等。用人单位参加仲裁活动时，也要求提供工商登记证明和法定代表人或者负责人相关证明等。

（二）仲裁受理与不予受理

劳动人事争议仲裁委员会接到申请后，一般从以下几方面进行审查：①是否属于劳动争议；②是否属于受理的劳动人事争议仲裁委员会管辖；③申请人是否与本案有直接利害关系；④申请时间是否符合申请仲裁的时效规定。劳动人事争议仲裁委员会并以此决定是否受理和处理方式等。

1. 受理

劳动争议仲裁的受理，是指劳动人事争议仲裁委员会对当事人的申请，经审查后认为符合受理条件的，决定立案受理的行为。劳动人事争议仲裁委员会收到申请之日起五日内，认为符合受理条件的，应当受理，并通知申请人。

2. 不予受理

劳动人事争议仲裁委员会经过审查认为不符合受理条件的，应书面通知申请人不予受理，并应当说明理由，以便于申请人寻求司法救济，因为申请人要寻求司法救济必须证明其已经经过了申请仲裁的程序。对于劳动人事争议仲裁委员会做出不予受理或者逾期未做出决定的，申请人可以向人民法院提起劳动诉讼。

3. 送达程序

劳动人事争议仲裁委员会对劳动争议案件决定受理的，应在规定的时间内，将相关的仲裁文书送达劳动争议的双方当事人。《劳动争议调解仲裁法》第三十条对此做出了明确规定，其送达期限为受理仲裁申请后五日内将仲裁申请书副本送达被申请人。

被申请人收到仲裁申请书副本后，应当在十日内向劳动人事争议仲裁委员会提交答辩书。劳动人事争议仲裁委员会收到答辩书后，应当在五日内将答辩书副本送达申请人。被申请人未提交答辩书的，不影响仲裁程序的进行。

【律师提示】　举证责任与证据收集

在劳动争议仲裁活动中，当事人对自己提出的申请请求所依据的事实或者反驳对方申请请求所依据的事实有责任提供证据加以证明，如没有证据或者证据不足以证明当事人的事实主张的，那么负有举证责任的当事人就要承担由此带来的不利后果。因此，证据的保存和收集就显得尤为重要。其证据的收集主要有三种方式：第一，当事人依义务提供。第二，有劳动人事争议仲裁委员会直接调查。因为客观原因确实无法调查收集的重要证据且经当事人申请的，劳动人事争议仲裁委员会可以进行调查收集。第三，由各劳动人事争议仲裁委员会之间委托调查。

二、劳动争议仲裁庭组成

劳动人事争议仲裁委员会根据一案一庭的原则，经过法定程序选择仲裁员组成仲裁庭以处理劳动案件。《劳动争议调解仲裁法》第三十一条规定：“劳动人事争议仲裁委员会裁决劳动争议案件实行仲裁庭制。仲裁庭由三名仲裁员组成，设首席仲裁员；简单劳动争议案件可以由一名仲裁员独任仲裁。”因此，劳动仲裁庭可分为两种形式，一是合议制仲裁庭，一是独任制仲裁庭。

（一）合议制仲裁庭

合议制仲裁庭由三名仲裁员组成，其中首席仲裁员一名、仲裁员两名。根据原劳动部《劳动人事争议仲裁委员会组织规则》（1993）第二十一条规定，仲裁庭的首席仲裁员由仲裁委员会负责人或授权其办事机构负责人指定，另两名仲裁员由仲裁委员会其办事机构负责人指定或由当事人各选一名，具体办法由省、自治区、直辖市自行确定。首席仲裁员主持开庭，应尊重其他仲裁员的意见，而其他仲裁员要积极配合。仲裁庭对认定事实和适用法律达不成一致意见的，首席仲裁员在做出最后裁决时，必须有充分的事实和法律依据。

（二）独任仲裁庭

对于事实清楚、情节简单、权利义务关系明确、适用法律法规清楚、争议不大的简单的劳动争议案件，由一名仲裁员组成独任仲裁庭审理。独任仲裁一般适用仲裁简易程序，避免了不必要的烦琐，提高了办案的效率，能迅速解决劳动争议。

【法律链接】　集体劳动人事争议处理规定

处理劳动者一方在十人以上并有共同请求的争议案件或者因履行集体合同发生的劳动争议案件，应当由三名仲裁员组成仲裁庭，设首席仲裁员。仲裁委员会处理因履行集体合同发生的劳动争议，还应当按照三方原则组成仲裁庭处理。

三、劳动争议仲裁审理

（一）开庭

劳动争议双方当事人应按仲裁庭指定的时间、地点参加庭审活动。《劳动争议调解仲裁法》第三十五条规定，仲裁庭应当在开庭五日前，将开庭日期、地点书面通知双方当事人。当事人有正当理由的，可以在开庭三日前请求延期开庭。是否延期，由劳动人事争议仲裁委员会决定。

申请人收到开庭书面通知，无正当理由拒不到庭或者未经仲裁庭同意中途退庭的，可以视为撤回仲裁申请。被申请人收到书面通知，无正当理由拒不到庭或者未经仲裁庭同意中途退庭的，可以缺席裁决。

（二）庭审调查

在仲裁案件的审理中，仲裁员以询问的方式对需要进一步理解的问题进行当庭调查，并征询双方当事人的最后意见。其具体的步骤为：

1. 仲裁申请人陈述和被申请人答辩

仲裁申请人根据申请书进行陈述并提出具体的仲裁请求。被申请人根据答辩书进行答辩，对仲裁申请人的观点和主张予以反驳。

2. 当事人举证

证据提交时间原则上由当事人在举证期间完成，逾期举证的视为放弃举证权。当事人因客观原因不能自行收集的证据，仲裁委员会可以根据当事人申请，根据有关规定予以收集；仲裁委员会认为有必要的，也可以根据有关规定主动收集。当事人的举证规则主要有：

（1）“谁主张，谁举证”的基本原则。劳动争议案件同其他民事案件一样，当事人对自己的主张负有提供书证、物证、视听资料、证人证言和鉴定结论等举证义务。当事人对自己提出的仲裁请求所依据的事实或者反驳对方仲裁请求所依据的事实依据法律规定负有责任提供证据加以证明，没有证据或者证据不足以证明当事人的事实主张的，由负有举证责任的当事人承担不利后果。

（2）劳动争议举证责任倒置规则。作为劳动关系的管理方，用人单位在劳动争议相关证据上占有优势，实行严格的“谁主张，谁举证”原则，则会使劳动者的许多合法权益得不到法律的保护，并有失社会公正。因此，《劳动争议调解仲裁法》第六条规定，与争议事项有关的证据如工资支付凭证、缴纳各项社会保险费记录、招工招聘记录和考勤记录等属于用人单位掌握管理的，用人单位应当提供；用人单位不提供的，应当承担不利后果。最高人民法院《关于民事诉讼证据的若干规定》第六条与《关于审理劳动争议案件适用法律若干问题的解释》第十三条也规定：因用人单位做出的开除、除名、辞退、解除劳动合同、减少劳动报酬、计算劳动者工作年限等决定而发生的劳动争议，用人单位负举证责任。

（3）公平确定举证规则。在法律没有具体规定，依《劳动人事争议仲裁办案规则》仍无法确定举证责任承担时，仲裁庭可以根据公平原则和诚实信用原则，综合当事人举证能力等因素确定举证责任的承担。

【律师提示】 **劳动争议仲裁证据类型**

无论是劳动者还是用人单位，在处理劳动争议时，不但需要有法律依据的支持，还需要对自己所主张的事实提供客观有效的证据。劳动争议仲裁证据分为以下类型：

(1) 书证。书证包括劳动合同书、工资单、考勤记录、请假条、病假条、医院诊断证明、用人单位发的辞退证明书、解除劳动合同的通知书等。

(2) 物证。物证应当提供原物，物证的复制品、照片、录像，只有经过与原件、原物核对无误的，或者经双方当事人确认，或者经鉴定证明真实的才具有与原件、原物同等的证明力。

(3) 视听资料。录音、录像、相片、传真资料、电脑储存数据等。用有形载体固定或表现的电子数据交换、电子邮件、电子数据等电脑储存资料的复制件，其制作应经公证或者经对方当事人确认后，才具有同等的证明力。

(4) 证人证言。证人证言的收集过程中，应尊重证人客观的表述，不应对证人的表述加以干扰，或者对证人进行不当暗示，更不能诱使威胁证人做假证。

(5) 当事人陈述。当事人的陈述只有与其他的证据结合起来，才能作为认定事实的根据。

(6) 鉴定结论。鉴定结论必须以书面的形式递交劳动人事争议仲裁委员会和仲裁庭，鉴定人必须在鉴定结论上签名盖章，其结论必须公正客观。

3. 质证

证据经查证属实，才能作为认定事实的根据。任何一方当事人在仲裁过程中都有权就对方的证据进行质证。质证是指在仲裁庭的主持下，当事人及仲裁庭对各方所提供证据的真实性、关联性和合法性提出质疑，判定其证据的证明力的活动。其中，仲裁证据的真实性是指不以人的主观意志为转移的客观事实；证据的关联性是指与案件事实有内在的联系，能够证明案件的部分或者全部事实；证据的合法性是指证据的收集不与法律强制性规定相抵触。在质证过程中，一方当事人所举证据，应当向对方出示，并说明所要证明的事实或问题。另一方当事人可以对该证据的真伪以及是否可以证明相关事实和问题发表意见，予以认可或提出异议。当事人有相反证据的应当提交反证，向对方当事人出示并由对方当事人进行质证。证人不得旁听仲裁庭审理，证人出庭时，双方当事人均可就证人所证明的事实或问题，对证人进行提问。针对对方提出的质疑，当事人应就自己提供的证据的真实性、合法性和关联性进行论证。

仲裁中关于证据提交、证据交换、证据质证、证据认定等事项，可以参照民事诉讼证据规则的有关规定执行。例如，《劳动争议调解仲裁法》第三十七条规定，仲裁庭对专门性问题需要鉴定的，可以交由当事人约定的鉴定机构鉴定；当事人没有约定或者无法达成约定的，由仲裁庭指定的鉴定机构鉴定。根据当事人的请求或者仲裁庭的要求，鉴定机构应当派鉴定人参加开庭。当事人经仲裁庭许可，可以向鉴定人提问。

4. 辩论

在仲裁调查结束后，劳动仲裁进入辩论阶段。辩论是指在仲裁庭的主持下，双方当事人就争议的事实的认定和法律的适用，通过举证、答辩、陈述意见、申诉理由等，维护自己的合法权益。辩论双方当事人及其代理人应在仲裁庭的主持下依次进行。

5. 最后陈述

质证和辩论终结时，依据法律规定，首席仲裁员或者独任仲裁员应当征询当事人的最后意见，并在此基础上进行调解或者裁决。

【案例链接】　飞行员零赔付解除劳动合同

2008年3月，中国新华航空公司飞行员王某和郭某申请劳动仲裁，要与新华航空解除劳动合同，但遭到新华航空反诉并分别被索赔总额为500余万元违约金和补偿费。在庭审中，对于要求两名飞行员支付空职成本和管理费的主张，是航空公司根据自己的利润和管理情况自行测算的，对此两名飞行员不予认可且航空公司无相关具体证据予以证明；申请人证据证明，在转业前就他们已是空军的成熟飞行员，新华航空并没有为他们花费巨额的培训费用；同时，根据民航局的有关规定，飞行员70万至210万元之间的"转会费"应由接受飞行员的"下家"而不是飞行员个人承担。据此，2008年4月北京市顺义区劳动仲裁委首次裁决两名飞行员零赔付解除劳动合同，驳回新华航空公司的全部反诉请求。

四、劳动争议仲裁中的先予执行

先予执行，是指劳动人事争议仲裁委员会在终局裁决之前，为解决权利人生活的急需，依法裁定义务人预先履行义务的制度。先予执行主要着眼于满足劳动者的迫切需要，因为劳动争议案件中有很多属于追索劳动报酬、工伤保险案件等。这些案件涉及工资、医疗费用，申请人依靠劳动收入维持生活或者遭受工伤，造成严重身体伤害，急需治疗，而又无力负担医疗费用。同时，仲裁庭受理从劳动争议案件到做出裁决，从裁决生效到当事人履行或强制执行需要一个较长的过程。如不先予执行将给当事人带来极大的影响。《劳动争议调解仲裁法》建立了劳动仲裁的先予执行制度。

仲裁庭对追索劳动报酬、工伤医疗费、经济补偿或者赔偿金的案件，根据当事人的申请，可以裁决先予执行，移送人民法院执行。仲裁庭裁决先予执行的，应符合下列条件：当事人之间权利义务关系明确；不先予执行将严重影响申请人的生活。为了保障劳动者的基本利益，法律明确规定，劳动者申请先予执行的可以不提供担保。

五、劳动争议裁决

在仲裁过程中，当事人可以和解；在仲裁裁决前，仲裁庭应当进行调解。调解不成或者调解书送达前，一方当事人反悔的，仲裁庭应当及时做出裁决。

（一）和解

当事人申请仲裁后，可以自行和解。和解可以在开庭中，也可以在庭外达成协议。自行和解后，当事人可以撤回仲裁申请。当事人撤回仲裁申请后，如果一方当事人逾期不履行和解协议，另一方当事人可以向劳动争议仲裁机构在仲裁时效期内重新申请仲裁。由于和解协议不具有强制执行力，因此不能作为法院强制执行的依据。

（二）仲裁调解

在做出裁决前，仲裁庭应当先行调解。调解达成协议的，仲裁庭应当制作调解书。调解书应当写明仲裁请求和当事人协议的结果。调解书由仲裁员签名，加盖劳动人事争议仲裁委员会印章，送达双方当事人。调解书经双方当事人签收后，发生法律效力，当事人应当履行相关义务，一方不履行的另一方可以向人民法院申请强制执行。调解不成或者调解书送达前，一方反悔的，仲裁庭应当及时做出裁决。

（三）仲裁裁决

仲裁庭应遵循少数服从多数的原则，按照多数仲裁员的意见做出裁决，少数仲裁员的意见应当记入笔录。仲裁庭不能形成多数意见时，裁决应当按照首席仲裁员的意见做出。仲裁裁决可分为先行裁决和最终裁决两种。

1. 先行裁决

当事人向劳动人事争议仲裁委员会申请仲裁，可以有多个仲裁请求。对仲裁案件的裁决一般应在查明事实的前提下依法对当事人的全部仲裁请求做出，但有些仲裁案件由于各种原因不能一次对所有仲裁请求做出裁决，如果不能及时裁决将有可能直接影响当事人的基本生存，仲裁庭在裁决劳动争议案件时，可以对其中一部分事实已经清楚的部分先行裁决。

先行裁决适用于当事人之间权利义务关系明确，用人单位有履约能力，不做出部分裁决将严重影响劳动者一方生活的情况。一般有几种情况，如企业无故拖欠、扣发或停发工资超过3个月，致使职工生活确无基本保障的；职工因工负伤，企业不支付急需医疗费的；职工患病，在规定的医疗期间内，企业不支付急需的医疗费的。先行裁决是通过行使部分裁决权做出的裁决，从性质上与最终裁决具有同样的法律效力。先行裁决与最终裁决的内容不能相互矛盾，应保持一致。

【案例链接】　先行裁决和先予执行案

王某在福州市某有限公司工作。2015年冬季的某天夜班，王某不慎被设备轧断左手和胸骨，医院治疗期间，公司在支付了部分医疗费后拒绝继续支付，理由是工伤者的伤情已经超过了相应的医疗期。王某由于伤势严重，急需继续进治疗，而王某家境困难，无法自筹治疗费用。据查，该公司没有为王某等劳动者办理工伤保险。代理律师接受王某的委托后，在收集了相关证据后，向劳动部门申请了工伤认定和劳动能力鉴定。在劳动仲裁审理过程中，申请劳动仲裁机关对医疗费等先行裁决。对此，劳动仲裁机关审理认为符合法定先行裁决标准，做出了对医疗费部分的裁决。根据先行裁决书，当事人立即申请人民法院先予执行并获得了法院的支付。先行裁决和先予执行，让王某渡过了医疗过程的经济困难期。

2. 最终裁决

最终裁决是指仲裁庭依据案件事实和有关法律规定，对当事人申请仲裁的有关事项做出的确认。当事人之间的权利义务关系由有法律约束力的书面判定。对不能调解案件或者调解达不成协议时，仲裁庭应及时做出裁决。

为使劳动争议案件得到及时处理，有效地保护当事人的合法权益，防止劳动人事争议仲裁委员会不裁决或者拖延裁决，《劳动争议调解仲裁法》第四十三条规定："仲裁庭裁决劳动争议案件，应当自劳动人事争议仲裁委员会受理申请之日起四十五日内结束。案情复杂需要延期的，经劳动人事争议仲裁委员会主任批准，可以延期并书面通知当事人，但是延长期限不得超过十五日。逾期未做出仲裁裁决的，当事人就该劳动争议事项向人民法院提起诉讼。"

六、劳动仲裁裁决效力及执行

（一）劳动仲裁裁决效力

根据《劳动争议解调仲裁法》规定，劳动仲裁裁决效力根据不同情况有不同的规定：

1. 实行“一裁两审”案件的裁决效力

我国劳动争议案件采取“一裁两审”的基本模式。其中，“一裁”就是指劳动争议仲裁裁决行为；“两审”就是指向人民法院提起一审二审的诉讼活动。根据《劳动争议解调仲裁法》第五十条规定，除法律规定另有规定外，当事人对劳动争议仲裁裁决不服的，可以在收到仲裁裁决书之日起十五日内向人民法院提起诉讼。期满不起诉的，裁决书发生法律效力，当事人可以向人民法院申请强制执行。

2. 实行“附条件一裁终局”案件的裁决效力

附条件一裁终局是劳动争议经仲裁庭裁决后在一定条件下可以终结审理的制度。适用一裁终局的案件主要有两类：一是小额仲裁案件；二是劳动标准明确的仲裁案件。《劳动争议调解仲裁法》第四十七条规定：“下列劳动争议，除本法另有规定的外，仲裁裁决为终局裁决，裁决书自做出之日起发生法律效力：①追索劳动报酬、工伤医疗费、经济补偿或者赔偿金，不超过当地月最低工资标准十二个月金额的争议；②因执行国家的劳动标准在工作时间、休息休假、社会保险等方面发生的争议。”

（1）终局裁决对劳动者的影响，《劳动争议调解仲裁法》第四十八条规定，劳动者对一裁终局不服的，应当自收到仲裁裁决书之日十五日内向人民法院提起诉讼。对于劳动者而言，不存在终局裁决，被“终局”的只是用人单位。劳动者为了实现快速维权，应当充分尊重和信任劳动争议仲裁机构，尊重仲裁裁决的效力。

（2）终局裁决对用人单位的影响，终局裁决对于用人单位而言，已经发生法律效力，其无权向人民法院提起诉讼。只有在存在《劳动争议调解仲裁法》第四十九条规定的情形下，用人单位自收到仲裁裁决书之日 30 日内向劳动人事争议仲裁委员会所在地的中级人民法院申请撤销裁决。具体情形包括：第一，适用法律、法规确有错误。第二，劳动人事争议仲裁委员会无管辖权。第三，违反法定程序。第四，裁决所依据的证据系伪造。第五，对方当事人隐瞒了足以影响公正裁决的证据。第六，仲裁员在仲裁该案件时有索贿、徇私舞弊、枉法裁决的行为。

3. 其他情况下的裁决效力

劳动人事争议仲裁委员会做出仲裁裁决后，当事人对裁决中的部分事项不服，依法向人民法院起诉的，劳动争议仲裁裁决不发生法律效力。

劳动人事争议仲裁委员会对多个劳动者的劳动争议做出仲裁裁决后，部分劳动者对仲裁裁决不服，依法向人民法院起诉的，仲裁裁决对提出起诉的劳动者不发生法律效力；对未提出起诉的部分劳动者，发生法律效力，如其申请执行的，人民法院应当受理。

（二）劳动仲裁裁决的执行

对发生法律效力的劳动争议调解书和裁决书，负有义务的当事人应当在规定的期限内履行裁决义务。一方当事人逾期不履行的，另一方当事人可以依照《民事诉讼法》（2012 年修正版）的有关规定向人民法院申请强制执行。

申请仲裁裁决强制执行必须在法律规定的期限内提出。《民事诉讼法》第二百三十九条规定，申请执行的期间为二年。申请执行时效的中止、中断，适用法律有关诉讼时效中止、中断的规定。执行时效的期间，从法律文书规定履行期间的最后一日起计算；法律文书规定分期履行的，从规定的每次履行期间的最后一日起计算；法律文书未规定履行期间的，从法律文书生效之日起计算。

受理申请的人民法院应当依法执行。《民事诉讼法》第二百二十六条规定，法院自收到申请执行书之日起超过六个月未执行的，申请执行人可以向上一级法院申请执行。上一级法院经审查，可以责令原法院在一定期限内执行，也可以决定由本院执行或者指令其他法院执行。执行完毕后，据以执行的判决、裁决和其他法律文书确有错误，被人民法院撤销的，对已被执行的财产，法院应当做出裁定，责令取得财产的人返还；拒不返还的，强制执行。

实训项目

一、改错题

1. 劳动争议调解达成协议后，负有义务的当事人未在协议约定期限内履行调解协议的，另一方当事人可以向人民法院申请强制执行。

3. 劳动者请求社会保险经办机构发放社会保险金的纠纷属于劳动争议，劳动者可以申请劳动仲裁。

4. 劳动争议仲裁案件举证责任实行“谁主张，谁举证”原则。

5. 申请仲裁裁决强制执行必须在法律规定的期限内提出。申请执行的期间为一年。

二、案例分析

（一）李某为拉萨市某公司的职工，一天李某外出为公司办事时被违章的机动车撞后瘫痪，公司通知了李某的妻子来协助办理相关事务。李某的妻子向公司提出要求享受工伤保险待遇时，公司却不同意，因为公司没有为李某办理工伤保险，也不想承担对工伤保险待遇的赔偿。于是，李某的妻子准备通过劳动争议仲裁主张权利。请问：

1. 李某妻子能否申请劳动争议仲裁？

2. 若能申请仲裁，李某应在何时申请仲裁？

3. 因为经济困难，李某能否在劳动争议仲裁过程中申请先予执行？

（二）在解除劳动合同后，劳动者王某因经济补偿金争议，将用人单位告上了劳动争议仲裁庭。仲裁庭安排5月15日为开庭日，并提前于5月9日通知王某开庭的日期、地点等事项。接到通知后，王某发现5月15日也是自己参加一年一次的国家职业资格考试时间。对此，在收到开庭通知后王某立即与该案仲裁员进行了沟通，解释了自己开庭当日要参加此前报名的职称考试，希望能延期开庭。

问：王某是否可以要求仲裁庭延期开庭？

附：劳动仲裁申请书文本格式（劳动者）

劳动仲裁申请书

申请人：姓名、性别、年龄、身份证号、住所、通信地址、联系电话

被申请人：用人单位的名称、住所和法定代表人或者主要负责人的姓名、职务

请求事项：（写明申请仲裁所要达到的目的）

1. ______________________________

2. ______________________________

3. ______________________________

事实和理由：（写明申请仲裁或提出主张的事实依据和法律依据，包括证据情况和证人姓名及联系地址）______________________________

____

____。

此致

××劳动人事争议仲裁委员会

申请人：（签名）

×年×月×日

附：1. 申请书副本×份（按被申请人人数确定份数）；

2. 相关证据种类及×份；

3. 其他材料×份。

第十二章
劳动争议诉讼法实务

【导入案例】

“一波三折”的劳动争议诉讼案

2016年6月30日，江苏省丹阳市某化工研究院集中进行了一次外聘人员的清退行动。在研究院后勤处工作15年的吴女士，也属于清退之列。吴某在工作期间，单位每年都与其签订劳动合同，社会保险申办手续却一直悬而未决。鉴于单位未履行社会保险义务，本人又距法定退休年龄不足5年，单位依法不应解除劳动合同，吴某向丹阳市劳动争议仲裁委申请劳动仲裁。

庭审核实争议事实后，丹阳市劳动争议仲裁委做出了仲裁决定，裁决如下：“一、丹阳市医院应于本裁决生效之日起十日内为吴某办理社会保险登记和申报手续，双方均应按照本地社会保险经办机构核定的缴费标准和期限补缴社会保险费。二、驳回吴某的其他申诉请求。”

在劳动争议仲裁裁决书生效后，单位仍不履行裁决义务，吴某依法向丹阳市人民法院申请执行。2017年4月，在丹阳市人民法院执行局举行了双方听证会。以裁决书执行标的不明确为由，丹阳市人民法院做出裁定：“对丹阳市劳动争议仲裁委员会做出的仲裁裁决，本院不予执行。当事人在收到本裁定书次日起三十日内，可依法就该劳动争议事项向人民法院起诉。”

接到法院裁决书后，吴某向丹阳市人民法院提起劳动争议诉讼，并在起诉书中追加了单位少发10年的经济补偿金请求。在庭审过程中，单位表明已对吴某进行了经济补偿，双方达成了经济补偿协议，同时表示吴某诉讼请求违反了劳动争议仲裁前置程序规定。2017年8月，丹阳市人民法院做出了一审民事判决：“一、被告于本判决生效后十日内为原告吴某办理2001年4月至2016年6月30日的基本养老保险、医疗保险的登记和申报手续。双方均应按照当地社会保险机构核定的缴费标准、缴费期限补缴社会保险费（其中，基本养老保险补缴基数为补缴时本省上一年度在岗职工平均工资，补缴比例为28%，其中单位承担20%，个人承担8%；医疗保险补缴基数为补缴时本市上年度职工平均工资，补缴比例为11%，其中单位承担9%，个人承担2%）。二、驳回原告桂春花的其他诉讼请求。”

吴某不服一审劳动争议民事判决，上诉至镇江市中级人民法院。2017年11月，镇江市中级人民法院做出了维持一审法院判决的终审判决。

第一节　劳动争议诉讼概述

劳动争议诉讼是劳动争议当事人可能面临解决争议的重要程序。《劳动争议调解仲裁法》规定，劳动争议实行“一裁两审”制，对劳动争议仲裁裁决不服的，当事人可以在收到仲裁裁决书后依法向人民法院提起诉讼；《就业促进法》规定，对劳动就业歧视有争议的，劳动者有权向人民法院提起诉讼；《劳动合同法》和《工会法》等规定，因履行集体合同发生争议，经协商解决不成的，工会可以依法申请仲裁、提起诉讼。因此，把握劳动争议诉讼程序法律制度，无论是劳动者还是用人单位都能实现正确处理劳动纠纷、依法维护自身合法权益的目的。

一、劳动争议诉讼法概念

【案例讨论】2016 年 6 月，四川宜宾市胡某与湖南长沙市某网络服务有限公司签订了一年期的劳动合同，由于公司位于岳阳市分公司的业务繁忙，担任项目主管的胡某自工作开始后每周六都在加班，公司没有安排补休。劳动合同期满后，关于加班费一事，双方经协商达成协议，公司补发 12 000 元加班费。对此，公司出具了 12 000 元的加班费欠条，并承诺在 15 天内支付。但 15 天过去了，公司没有任何动静，胡某几次去公司办公室找经理都没有结果。请问：

1. 对于公司拖欠加班费一事，胡某能否直接向法院起诉？
2. 胡某与单位之间的劳动争议案件应由何地法院管辖？

（一）劳动争议诉讼

劳动争议诉讼简称劳动诉讼，是指国家法律赋予劳动争议当事人因不服仲裁裁决而依法启动的人民法院行使裁判权的一种司法救助活动。劳动争议诉讼是劳动争议处理的重要方式之一，也是当事人可以提起劳动诉讼的劳动案件的最终解决途径。

（二）劳动争议诉讼法

劳动争议诉讼法，是指国家制定的涉及法院与劳动争议诉讼参与人诉讼活动的法律规范的总和。劳动争议发生在平等主体即劳动者（或者工会）与用人单位（或者行业协会）之间，符合民事争议特征。因此，劳动争议诉讼属于民事范畴，理应适用民事诉讼法进行审理。

目前，处理劳动争议涉及的民事诉讼法主要有《中华人民共和国民事诉讼法》（以下简称《民事诉讼法》）。为了适应社会发展变化，全国人民代表大会常务委员会于 2012 年 8 月 31 日对《民事诉讼法》进行了第二次修正并于 2013 年 1 月 1 日起施行。为了保障劳动争议案件正确处理，维护劳动者的合法权益，最高人民法院还出台了若干关于劳动争议审理的司法解释。

二、劳动争议诉讼案件范围

劳动争议诉讼案件是人民法院依法应当立案审理的案件。当事人提起劳动争议诉讼必须属于劳动争议诉讼案件的范围。否则，法院不予受理或者受理后予以驳回。它包括当事人对劳动仲裁不服可以依法提起诉讼的案件，也包括当事人依法直接向人民法院起诉的案件。根据法律规定，人民法院受理的劳动争议诉讼案件主要有：

（1）实行“一裁两审”的劳动争议案件。当事人对劳动争议仲裁裁决不服的，可以在收到仲裁裁决书之日起十五日内向人民法院提起诉讼。

（2）实行“附条件的一裁终局”的劳动争议案件。附条件一裁终局劳动争议案件，劳动者不服裁决的，可以在收到仲裁裁决书之日十五日内向人民法院提起诉讼，而用人单位无权提起诉讼程序。

【律师提示】　附条件一裁终局劳动争议案件

《劳动争议调解仲裁法》确立的部分劳动争议案件终局裁决制度，根本目的在于防止用人单位恶意诉讼，避免劳动争议处理时间过长，降低劳动者维权成本，切实保障劳动者的正当权益。不同于民事仲裁一裁终局，其是附件的一裁终局：

《劳动争议调解仲裁法》第四十七条规定，下列劳动争议，除本法另有规定的外，仲裁裁决为终局裁决，裁决书自作出之日起发生法律效力：①追索劳动报酬、工伤医疗费、经济补偿或者赔偿金，不超过当地月最低工资标准十二个月金额的争议；②因执行国家的劳动标准在工作时间、休息休假、社会保险等方面发生的争议。第四十八条规定，劳动者对本法第四十七条规定的仲裁裁决不服的，可以自收到仲裁裁决书之日起十五日内向人民法院提起诉讼。

（3）对履行集体合同争议的裁决不服的案件。集体合同争议包括集体合同订立争议和集体合同履行争议。集体合同订立争议，由双方当事人协商解决，协商不成可由劳动保障行政部门协调处理，不及诉讼程序；因履行集体合同发生争议，当事人协商解决不成的，可以向劳动争议仲裁委员会申请仲裁；对仲裁裁决不服的，可以自收到仲裁裁决书之日起十五日内向人民法院提起诉讼。

（4）劳动就业歧视争议案件。对劳动就业歧视争议，劳动者可以直接向人民法院提起诉讼（《就业促进法》第六十二条）。

（5）拖欠劳动报酬且无争议的案件。劳动者以用人单位的工资欠条为证据直接向人民法院起诉，诉讼请求不涉及劳动关系其他争议的，视为拖欠劳动报酬争议，按照普通民事纠纷受理［《最高人民法院关于审理劳动争议案件适用法律若干问题的解释（二）》第三条］。

（6）不履行劳动报酬调解协议的案件。当事人在劳动争议调解委员会主持下仅就劳动报酬争议达成调解协议，用人单位不履行调解协议确定的给付义务，劳动者直接向人民法院起诉的，人民法院可以按照普通民事纠纷受理［《最高人民法院关于审理劳动争议案件适用法律若干问题的解释（二）》第十七条］。

（7）法律、法规规定的人民法院可以受理的其他劳动争议案件。例如，当事人以劳动争议仲裁委员会逾期未做出受理决定而直接向人民法院提起诉讼的；当事人以劳动争议仲裁委员会逾期未做出仲裁裁决而直接向人民法院提起诉讼的等。

三、劳动争议案件诉讼管辖

劳动争议诉讼案件的管辖，是指各级人民法院之间和同级人民法院之间受理第一审劳动争议诉讼案件的分工和权限。根据《民事诉讼法》等相关规定，劳动争议诉讼的管辖主要涉及级别管辖、地域管辖和移送管辖三方面。

1. 级别管辖

级别管辖，是指按照一定的标准，划分上下级人民法院之间受理第一审劳动争议案件的分工和权限。确定级别管辖，主要以案件的性质、案件的繁简程度、案件的影响范围为标准。

根据《最高人民法院关于审理劳动争议案件适用法律若干问题的解释》规定，劳动争议诉讼案件由基层人民法院管辖。

2. 地域管辖

地域管辖是指同级人民法院之间受理第一审劳动争议案件的分工和权限。地域管辖又可分为：一般地域管辖和特殊地域管辖。一般地域管辖是指以当事人所在地为根据确定管辖法院。特殊地域管辖。特殊地域管辖是指依据诉讼标的所在地、法律事实所在地、被告住所地与法院辖区之间的关系所确定的管辖。

《最高人民法院关于审理劳动争议案件适用法律若干问题的解释》第八条规定："劳动争议案件由用人单位所在地或者劳动合同履行地的基层人民法院管辖。劳动合同履行地不明确的，由用人单位所在地的基层人民法院管辖。"

3. 移送管辖

移送管辖是指两个以上法院受理同一劳动争议诉讼案件的，后受理的人民法院应当将案件移送先受理案件的人民法院。

《最高人民法院关于审理劳动争议案件适用法律若干问题的解释》第九条第二款规定："当事人双方就同一仲裁裁决分别向有管辖权的人民法院起诉的，后受理的人民法院应当将案件移送给先受理的人民法院。"

【案例分析】对于公司拖欠加班费一事，胡某可以直接向法院起诉，法律依据是《最高人民法院关于审理劳动争议案件适用法律若干问题的解释（二）》第三条规定："劳动者以用人单位的工资欠条为证据直接向人民法院起诉，诉讼请求不涉及劳动关系其他争议的，视为拖欠劳动报酬争议，按照普通民事纠纷受理。"胡某可以向用人单位所在地或者劳动合同履行地法院起诉。本案诉讼管辖地有两个：一是用人单位所在地，二是劳动合同履行地。《最高人民法院关于审理劳动争议案件适用法律若干问题的解释》第八条规定："劳动争议案件由用人单位所在地或者劳动合同履行地的基层人民法院管辖。劳动合同履行地不明确的，由用人单位所在地的基层人民法院管辖。"

四、劳动争议诉讼的基本制度

劳动争议诉讼的基本制度与普通民事诉讼的基本制度是一致的，其主要涉及以下基本制度：

1. 回避制度

审判人员、书记员、翻译人员、鉴定人和勘验人与案件有利害关系或者其他关系，可能影响案件公正审理的，应当退出对案件的审理，以保证人民法院裁判结果的公正性。

2. 公开审判制度

公开审判制度，是指依照法律规定，对民事案件的审理和宣判向群众、社会公开的制度。人民法院审理民事案件，除涉及国家秘密、个人隐私或者法律另有规定的以外，应当公开进行。涉及商业秘密的案件，当事人申请不公开审理的，可以不公开审理。

3. 两审终审制度

两审终审，是指一个民事案件经过两级人民法院审判后即告终结的制度。据此，一般的民事诉讼案件，当事人不服一审人民法院的判决、允许上诉的裁定，可上诉至二审人民法院，二审人民法院对案件所作的判决、裁定为生效裁判，当事人不得再上诉。

五、劳动争议诉讼参与人

劳动争议诉讼参与人是指依法参加劳动争议诉讼活动，享有诉讼权利、承担诉讼义务的人。根据我国《民事诉讼法》等相关规定，劳动争议诉讼参与人包括当事人、第三人和诉讼代理人。

（一）当事人

劳动争议诉讼中的当事人，是指在劳动争议发生后，能以自己的名义进行诉讼，并受人民法院裁判约束的人，其包括原告和被告。原告是因劳动权益发生争议或受到侵害，向人民法院起诉要求保护其合法权益的公民、法人或其他组织。被告是指与原告发生民事权益争议或被指控侵害他人劳动权益，并被人民法院通知应诉的公民、法人或其他组织。

劳动争议案件适用“谁先起诉谁是原告”的原则。若劳动者和用人单位均不服劳动争议仲裁委员会的同一裁决，向同一人民法院起诉的，人民法院应当并案审理，双方当事人互为原告和被告。在诉讼过程中，一方当事人撤诉的，人民法院应当根据另一方当事人的诉讼请求继续审理。

在一些特殊的劳动用工过程中，除了劳动者和用人单位作为原、被告主体外，还有其他主体作为当事人。劳动者在用人单位与其他平等主体之间的承包经营期间，与发包方和承包方双方或者一方发生劳动争议时依法向人民法院起诉的，应当将承包方和发包方作为当事人。劳动者因履行劳动力派遣合同产生劳动争议而起诉的，以派遣单位为被告；争议内容涉及接受单位的，以派遣单位和接受单位为共同被告。在招聘未解除劳动合同的劳动争议中，原用人单位以新的用人单位和劳动者共同侵权为由向人民法院起诉的，新的用人单位和劳动者列为共同被告。

（二）第三人

第三人是指对他人之间的诉讼标的有独立的请求权，或者虽没有独立的请求权，但与诉讼结果有法律上的利害关系，因而参加到他人已经开始的民事诉讼中来，以维护自身合法权益的人。

第三人又可分为有独立请求权的第三人和无独立请求权的第三人。有独立请求权的第三人与本诉的原被告双方对立，处于原告的地位，享有原告的诉讼权利，承担原告的诉讼义务；无独立请求权的第三人则依附或支持某一方当事人而参加诉讼，在诉讼中享有一定的诉讼权利，人民法院判决其承担民事责任的，享有提起上诉的权利，以及在二审程序中承认和变更诉讼请求、进行和解、请求执行等权利。

根据劳动法规定，用人单位招用尚未解除劳动合同的劳动者，原用人单位与劳动者发生的劳动争议，可以将新的用人单位列为第三人。

（三）诉讼代理人

诉讼代理人是指为了被代理人的利益，在法定的或者委托的权限范围内，以被代理人的名义进行诉讼的人。诉讼代理人可分为法定代理人和委托代理人。

1. 法定诉讼代理人

法定诉讼代理人是指根据法律规定代理无诉讼行为能力的当事人实施诉讼行为的人。法定诉讼代理人的范围与监护人的范围是一致的，他在诉讼中类似于当事人的地位。如未成年人以其父母为其法定诉讼代理人；精神病人以其父母、配偶、成年子女为其法定诉讼代理人等。法定诉讼代理人之间互相推诿代理责任的，由人民法院指定其中一人代为诉讼。

2. 委托诉讼代理人

委托诉讼代理人是指受诉讼当事人或法定代理人的委托，以当事人的名义代为诉讼行为的人。委托代理人必须在委托权限内实施诉讼行为。当事人或其法定代理人可以委托 1~2 人代为诉讼。代理人可以是单位工作人员或劳动者的亲属，也可以是律师。在实践工作中，由于律师精通劳动法和业务知识，当事人更多地将案件委托律师作为劳动诉讼代理人参与诉讼业务。

第二节　劳动争议诉讼程序

法院审理劳动争议诉讼案件时必须依法定程序进行。《民事诉讼法》规定，劳动争议诉讼程序主要包括第一审程序、第二审程序、审判监督程序和执行程序。

一、劳动争议诉讼一审程序

【案例讨论】福州的周女士与用人单位的劳动争议案件已经由劳动仲裁委员会做出裁决。但单位不服，向法院提起诉讼程序。法院受理后，适用普通程序审理。本案立案后 2 个月，法院才安排开庭。在法院一审闭庭都过去了 3 个月，判决书迟迟没有下来。对此，周女士几乎每周打电话联系主审法官，法官都说案子多事务繁忙，还需要等一等。为此，急需外出打工的周女士都“着急上火”了。

按照《民事诉讼法》的规定，本案应当在什么时间审结完毕？

民事诉讼第一审程序分为普通程序和简易程序。适用普通程序审理的案件，由 3 名以上单数的陪审员、审判员共同组成合议庭或者由审判员组成合议庭；适用简易程序审理的案件，由审判员一人独任审理。第一审普通程序是最完整的审判程序，是民事诉讼审判的基础程序，适用具有独立性、广泛性和排他性。通常包括以下几个阶段：

（一）起诉

起诉是指争议当事人就民事纠纷向法院提起诉讼，请求其按照法定程序进行审判的法律行为。起诉的方式，以书面起诉为原则，以口头起诉为例外。书面起诉即为民事起诉状，在起诉时原告应按被告人数提交起诉状副本。

劳动争议的民事起诉状（后附参考格式）应当依照《民事诉讼法》的规定，起诉时具备如下条件：①原告是与本案有直接利害关系的当事人，主要包括劳动者（工会）

或者用人单位；②有明确的被告；③有具体的劳动诉讼请求、事实和理由；④属于法院受理民事诉讼的范围和受诉法院管辖。

（二）受理

受理是指人民法院对当事人符合法定条件的起诉，予以立案登记的行为。对当场不能判定是否符合起诉条件的，应当接收起诉材料，需要补充相关材料的，当事人在补齐后，人民法院应当在七日内做出是否立案登记的决定。

【法律链接】　　劳动争议诉讼请求增加问题

《最高人民法院关于审理劳动争议案件适用法律若干问题的解释》（法释〔2001〕14号）第六条规定，人民法院受理劳动争议案件后，当事人增加诉讼请求的，如该诉讼请求与讼争的劳动争议具有不可分性，应当合并审理；如属独立的劳动争议，应当告知当事人向劳动争议仲裁委员会申请仲裁。

（三）审理前的准备

法院应当在立案之日起5日内将起诉状副本发送被告，被告在收到之日起15日内提出答辩状。被告提出答辩状的，法院应当在收到之日起5日内将答辩状副本发送原告。被告不提出答辩状的，不影响法院审理。法院对决定受理的案件，应当在受理案件通知书和应诉通知书中向当事人告知有关的诉讼权利义务。合议庭组成人员确定后，应当在3日内告知当事人。审判人员必须认真审核诉讼材料，调查收集必要的证据。

劳动争议案件在法院受理之后，在开庭审理之前，一般情况下由法院主持双方当事人进行先行调解。当事人不愿意调解或调解不成功的，进入审理程序。

（四）开庭审理

开庭审理是指在法院审判人员的主持下，在当事人和其他诉讼参与人的参加下，在法庭上，依照法定的程式和顺序，对案件进行实体审理并做出裁判的诉讼活动。法院审理民事案件，应当在开庭前3日通知当事人和其他诉讼参与人。开庭审理的主要步骤如下：

1. 宣布开庭

开庭审理前，书记员应当查明当事人和其他诉讼参与人是否到庭，宣布法庭纪律。原告经传票传唤，无正当理由拒不到庭的，或者未经法庭许可中途退庭的，可以按撤诉处理；被告反诉的，可以缺席判决。被告经传票传唤，无正当理由拒不到庭的，或者未经法庭许可中途退庭的，可以缺席判决。开庭审理时，由审判长核对当事人，宣布案由、审判人员和书记员名单，告知当事人有关的诉讼权利与义务，询问当事人是否申请审判人员和书记员回避。

2. 法庭调查

根据《民事诉讼法》的规定，法庭调查涉及以下内容：①当事人陈述；②证人作证，宣读未到庭的证人证言；③出示书证、物证和视听资料；④宣读鉴定结论和勘验笔录。

劳动争议诉讼实行“谁主张谁举证”的举证原则。最高人民法院《关于民事诉讼证据的若干规定》和《关于审理劳动争议案件适用法律若干问题的解释》规定：因用人单位做出的开除、除名、辞退、解除劳动合同、减少劳动报酬、计算劳动者工作年限等决定而发生的劳动争议，用人单位负举证责任。

3. 法庭辩论

法庭辩论是由当事人及其诉讼代理人就案件事实和法律适用各自陈述自己的意见和理由。法庭辩论按照下列顺序进行：

（1）原告及其诉讼代理人发言；

（2）被告及其诉讼代理人答辩；

（3）第三人及其诉讼代理人发言或答辩；

（4）互相辩论。

法庭辩论终结，由审判长按照原告、被告、第三人的先后顺序征询各方最后意见。双方同意调解的，可以进行调解，调解达成协议的，法院应当制作调解书，经双方当事人签字后生效。

4. 评议和宣判

法庭辩论终结后，对不进行调解或调解不成的，由合议庭评议，确定案件事实和认定法律适用，依法做出裁判。宣告判决时，必须告诉当事人上诉权利、上诉期限和上诉的法院。

人民法院适用普通程序审理的案件，应当在立案之日起六个月内审结。有特殊情况需要延长的，由本院院长批准，可以延长六个月；还需要延长的，报请上级人民法院批准。人民法院适用简易程序审理案件，应当在立案之日起三个月内审结。

【案例分析】周女士与公司的劳动争议案件经劳动仲裁委裁决后，公司不服提起诉讼，人民法院适用普通程序进行审理。根据《民事诉讼法》的规定，人民法院适用普通程序审理的案件，应当在立案之日起六个月内审结。有特殊情况需要延长的，由本院院长批准，可以延长六个月；还需要延长的，报请上级人民法院批准。所以，周女士可以根据法律规定提示法官的判决时间。

二、劳动争议诉讼二审程序

第二审程序，是指劳动争议诉讼当事人不服地方各级人民法院的第一审裁判，在法定期限内通过第一审法院向上一级人民法院提起上诉，是第二审级的人民法院审理上诉案件所适用的程序。当事人不服第一审判决的，上诉期限为 15 日；不服第一审裁定的，上诉期限为 10 日。

上诉应当递交上诉状。上诉状应当包括：当事人的姓名、法人的名称及其法定代表人的姓名或者其他组织的名称及其主要负责人的姓名；原审人民法院名称、案件的编号和案由；上诉的请求和理由，并按照对方当事人或者代表人的人数提出副本。

对上诉案件，第二审人民法院应当组成合议庭，开庭审理。经过审理，按照下列情形，分别做出处理：

（1）原判决认定事实清楚，适用法律正确的，判决驳回上诉，维持原判；

（2）原判决适用法律错误的，依法改判；

（3）原判决认定事实错误，或者原判决认定事实不清，证据不足的，裁定撤销原判决，发回原审人民法院重审，或者查清事实后改判；

（4）原判决违反法定程序，可能影响案件正确判决的，裁定撤销原判决，发回原审人民法院重审。

当事人对重审案件的判决、裁定，可以上诉。第二审人民法院的判决、裁定，是终审的判决、裁定。

三、劳动争议诉讼审判监督程序

审判监督程序即再审程序，是指对已经发生法律效力的劳动争议案件的判决、裁定、调解书发现确有错误的，人民法院依法对该案件再行审理的司法活动。再审程序不是每个案件必经的程序，而是在第一审和第二审程序之外的特殊程序，对保护当事人的合法权益具有重要意义。提起审判监督程序的情形如下：

（一）基于审判监督权的再审

根据民事诉讼法的规定，本院院长及审判委员会、最高人民法院、上级人民法院可以基于审判监督权提起再审。再审既可以由原审人民法院进行，也可以由最高人民法院、上级人民法院提审或指令下级再审。

（二）基于检察监督权的抗诉和再审

最高人民检察院对各级人民法院已经发生法律效力的裁判，上级人民检察院对下级人民法院已经发生法律效力的裁判，发现有下列情形之一的，应当按照审判监督程序提出抗诉：①原判决、裁定认定事实的主要证据不足的；②原判决、裁定适用法律确有错误的；③人民法院违反法定程序，可能影响案件正确判决、裁定的；④审判人员在审理案件时有贪污受贿、徇私舞弊、枉法裁判行为的。

（三）基于当事人诉权的申请再审

申请再审是指当事人对已经发生法律效力的劳动争议案件的判决、裁定、调解书认为确有错误，请求原审人民法院或者上一级人民法院对案件再次审理并加以改判的诉讼行为。申请再审时，不停止判决、裁定、调解书的执行。当事人申请再审，应当在判决、裁定、调解书生效之日起2年内提出。

当事人的申请符合下列情形之一的，人民法院应当再审：①有新的证据，足以推翻原判决、裁定的；②原判决、裁定认定事实的主要证据不足的；③原判决、裁定适用法律确有错误的；④人民法院违反法定程序，可能影响案件正确判决、裁定的；⑤审判人员在审理案件时有贪污受贿、徇私舞弊、枉法裁判行为的。

当事人对已生效的调解书，提出证据证明调解违反自愿原则或者调解协议的内容违反法律的，可以申请再审。

【案例链接】 **劳动裁决因回避问题被撤销案**

刘某、周某于2015年成为三明市某公司职工。2016年12月15日，以“经董事会集体研究决定”为由，公司宣布与刘某、周某所签劳动合同提前解约。经双方协商后，公司向刘某、周某二人打下欠条，即欠两人工资、补偿金分别为16 500元和16 800元。由于公司并未在约定时间内支付补偿金，刘某、周某于2017年1月12日向所在市的劳动争议仲裁委员会申请，请求裁决撤销该公司终止劳动合同通知，并补发工资和承担经济赔偿。2017年3月2日劳动争议仲裁委员会裁决，对刘某、周某的请求予以支持。

公司经调查发现，劳动争议仲裁委员会仲裁该案的仲裁员王某是刘某的中学同学，且两人的妻子还是姐妹关系，但王某并未主动提出回避。据此，公司于2017年3月15日向该市中级人民法院提出撤销仲裁裁决的申请。法院受理后经调查，发现公司提供的证据属实，裁定撤销仲裁裁决。

对此，刘某、周某直接向人民法院提起诉讼。经一审法官的调解工作后，公司与刘某和周某达成赔偿协议，纠纷得以解决。

四、劳动裁决执行程序

执行也称强制执行，是指法院依法运用国家强制力将已经生效且具有给付内容的法律文书付诸实现的活动。劳动争议案件中生效且具有给付内容的法律文书有劳动争议裁决书、劳动争议调解书、法院劳动判决书和法院劳动调解书等。劳动裁决生效后负有义务一方当事人不主动履行义务的，另一方当事人有权依法申请人民法院强制履行。

1. 执行法院管辖

发生法律效力的民事判决、裁定以及刑事判决、裁定中的财产部分的执行管理，依据《民事诉讼法》第二百二十四条规定，由第一审人民法院或者与第一审人民法院同级的被执行的财产所在地人民法院执行。法律规定由人民法院执行的其他法律文书，由被执行人住所地或者被执行的财产所在地人民法院执行。

2. 申请执行时效

申请法院强制执行的，当事人应当注意在法定期间进行。《民事诉讼法》第二百三十九条规定：申请执行的期间为二年。申请执行时效的中止、中断，适用法律有关诉讼时效中止、中断的规定。申请执行的期间，从法律文书规定履行期间的最后一日起计算；法律文书规定分期履行的，从规定的每次履行期间的最后一日起计算；法律文书未规定履行期间的，从法律文书生效之日起计算。错过申请执行的法定期间，当事人将丧失通过法院强制执行的权利。

【法律链接】《最高人民法院关于人民法院对经劳动争议仲裁裁决的纠纷准予撤诉或驳回起诉后劳动争议仲裁裁决从何时起生效的解释》（法释〔2000〕18号）

第一条 当事人不服劳动争议仲裁裁决向人民法院起诉后又申请撤诉，经人民法院审查准予撤诉的，原仲裁裁决自人民法院裁定送达当事人之日起发生法律效力。

第二条 当事人因超过起诉期间而被人民法院裁定驳回起诉的，原仲裁裁决自起诉期间届满之次日起恢复法律效力。

3. 强制执行措施

人民法院可以采取的强制执行措施有：查询、冻结、划拨被执行人的存款；扣留、提取被执行人应当履行义务部分的收入；查封、扣押、冻结、拍卖、变卖被执行人应当履行义务部分的财产。对未履行裁判义务的被执行人，法院可以依法将其列为全国信用系统中的失信“黑名单”，让失信者“一处失信，处处受限”。

附：劳动争议的民事起诉状文本格式（劳动者）

民事起诉状

原告：姓名、性别、出生年月、民族、身份证号、住址、联系电话。

被告：单位名称、法定代表人姓名及职务、单位地址法定代表人、联系电话

案由：劳动争议

请求事项：（写明诉讼所要达到的目的）

1. ______________________________

2. ______________________________

事实和理由：（应写明劳动争议诉讼涉及的事实和适用的法律依据）______

____

____

______________________________。

此致

××人民法院

起诉人：（签名或盖章）

×年×月×日

注：

1. 起诉状副本份数应按被告人数提交。

2. 证据种类、份数和证明作用。

实训项目

一、改错题

1. 实行一裁终局制度的劳动争议案件，劳动者和用人单位都不得对劳动争议仲裁裁决不服而向人民法院提起诉讼。

2. 一审劳动争议案件由用人单位所在地的基层人民法院管辖。

3. 劳动争议诉讼实行“谁主张，谁举证”制度，因此劳动者应当对自己的诉讼请求负有举证责任。

4. 人民法院适用简易程序审理的劳动争议案件，应当在立案之日起六个月内审结。

5. 劳动者申请执行劳动仲裁裁决或者法院判决的法定期间是 12 个月，申请执行期间从法律文书规定履行期限的最后一天起算。

二、案例分析

肖某是成都人，大学毕业后在成都一家房地产公司应聘成功。根据劳动合同的约定，肖某被公司派往位于上海的分公司工作。在劳动合同期间，分公司拖欠劳动合同约定的销售业务提成费和福利待遇共计 6 万余元。肖某解除了劳动合同后，在上海某劳动争议仲裁委员会提起仲裁。该案经开庭审理后，做出了仲裁裁决。对劳动争议裁决不服，肖某仍希望通过诉讼方式来达到案件的理想结果。此时的肖某已经回到成都，并在成都找了一份新工作。肖某希望能在成都的法院提起劳动诉讼，以节省费用且不影响自己的新工作。

（1）肖某在成都法院提起劳动诉讼的愿望能实现吗?

（2）请根据案情帮助肖某拟定一份起诉书。

参考文献

[1] 姚会平. 劳动者权益保护法律实务 [M]. 成都：西南财经大学出版社，2010.

[2] 梁硕南. 劳动合同甲方乙方 [M]. 北京：中国法制出版社，2009.

[3] 李欣宇，隋平. 中华人民共和国劳动合同法精解 [M]. 北京：中国政法大学出版社，2007.

[4] 肖太福. 劳动合同法重点解读及实务应对技巧 [M]. 北京：中国法制出版社，2008.

[5] 陈荣鑫，杨国益. 劳动和社会保障法常见案例解析 [M]. 长沙：湖南人民出版社，2004.

[6] 郭英杰，安淑珍. 劳动法 [M]. 北京：经济科学出版社，2008.

[7] 郭捷. 劳动法与社会保障法 [M]. 北京：法律出版社，2008.

[8] 王全兴，黄昆. 中国劳动法 [M]. 北京：中国政法大学出版社，2008.

[9] 赵永乐. 劳动关系管理与劳动争议处理 [M]. 3 版. 上海：上海交通大学出版社，2016.

[10] 王兴全. 劳动法 [M]. 北京：法律出版社，2008.

[11] 夏志强，杨红. 劳动关系与劳动法 [M]. 成都：四川大学出版社，2007.

[12] 姜颖. 劳动法学 [M]. 北京：中国劳动社会保障出版社，2007.

[13] 黎建飞.《中华人民共和国劳动合同法》最新完全释义 [M]. 北京：中国人民大学出版社，2008.

[14] 刘瑛. 劳动关系与劳动法实用教程 [M]. 北京：海洋出版社，2015.

[15] 张志京. 劳动法学 [M]. 2 版. 上海：复旦大学出版社，2008.

[16] 张世诚. 劳动争议调解仲裁法 [M]. 北京：中国法制出版社，2009.

[17] 七五普法图书中心. 劳动法案例读本 [M]. 北京：中国法制出版社，2016.

[18] 刘元文. 职工民主管理理论与实践 [M]. 北京：中国社会保障出版社，2007.

[19] 李彬. 最新劳动者维权应对攻略 [M]. 北京：中国法制出版社，2009.